구원 약속의 계시와 성취로 본
언약과 삼위일체

구원 약속의 계시와 성취로 본
언약과 삼위일체

초판 1쇄 발행 2020년 11월 13일
펴낸이 유하늘
펴낸곳 마루
신고 2020.01.28. 제2020-000020호
주소 서울 강남구 청담동 1 1-35 (삼성로147길 24-3)
전화 070-8285-7163
메일 maru.publisher@gmail.com
지은이 문덕수
디자인 이수정
인쇄 우은문화
ISBN 979-11-91070-03-3

* 이 출판물의 저작권은 저자와 독점 계약한 마루에 있습니다.
  저작권법에 의하여 보고받는 저작물이므로
  허락 없이 이 책의 일부 또는 전체를무단 복제, 전재, 발췌하지 않도록 합니다.

구원 약속의 계시와 성취로 본

언약과 삼위일체

Covenant and Trinity

추천사

본 저서는 신학의 가장 중요하면서도 난해한 두 주제를 접목하려는 도전이 낳은 산물입니다. 이 두 주제는 언약과 삼위일체입니다. 언약은 저자가 요약하듯 구약과 신약을 하나로 연결하는 성경 전체의 주제이며, 삼위일체 또한 하나님에 대한 바른 지식을 위해 반드시 알아야 하는 진리입니다. 삼위 하나님이 언약의 주체라는 생각은 자명한 진리이지만, 이것이 온전한 신앙고백이 되려면, 언약의 의미를 더욱 풍성하게 이해하고, 언약의 관점에서 삼위 하나님을 조명해 보아야 합니다. 이러한 접근 방법은 저자가 자신의 신앙 여정을 통해서 체득한 것이기도 합니다. 삼위일체 때문에 신앙에 커다란 걸림돌을 경험하던 저자는 언약을 중심으로 삼위일체의 수수께끼를 풀면서 현재의 자리에 있으며, 이 저술의 동기와 목적을 부여받았다고 합니다.

본 저서의 특징은 삼위 하나님이 언약을 이루시는 일에 일체로서 협력하심을 명쾌하게 드러내는 것입니다. 본 저서는 그동안 삼위일체를 단지 신앙 고백적으로 접근하거나 하나님의 존재 양식으로 설명해 보려는 시도 및 좁은 의미의 구원론으로 국한하여 다루려는 방법론이 가진 한계를 극복하는데 일조할 것입니다. 특히 언약과 성령의 관계를 다룬 제5장은 그동안 삼위일체에 대한 변증이 성부 하나님의 칭호가 성자와 성령에게도 동일하게 사용된다는 주장을 통해 견지해오던 입장을 넘어, 언약을 중심으로 성부 성자 성령이 사역적으로 일체임을 입증합니다. 삼위 하나님의 사역적인 협력의 핵심에 언약이 있음을 밝힘으로 언약과 삼위일체 교리를 성도들의 삶에 역동적으로 적용할 수 있는 길을 열고 있습니다.

  삼위일체에 대하여 좀 더 명확한 이해를 원하시는 분들에게, 또 언약에 대한 체계적인 학습이 필요한 분들에게 본 저서를 추천합니다.

신학박사 한규삼 (충현교회 담임목사)

추천사

베드로는 예수님께 "주는 그리스도시요, 살아 계신 하나님의 아들입니다"라고 고백했다. 예수님은 이 고백 위에 교회를 세우셨다. 예수 그리스도께서 하나님이시라는 기독론적 고백은 하나님은 한 분이시라는 성경의 가르침과 어떻게 조화를 이룰 수 있는가? 그래서 기독론은 바로 삼위일체론 논쟁으로 넘어갔다. 그리고 성부뿐 아니라 성자와 성령도 위격으로서 하나님이시며 동시에 한 분 하나님이시라는 고백이 니케아 신조를 통해 확립되었다. 삼위일체론을 부정하는 사람은 이단으로 정죄 되었다. 바빙크가 강조하듯이, "삼위일체론은 우리 신앙이 서고 무너지는 토대이다."

문덕수 박사는 삼위일체의 신비를 이성적 논리로 받아들일 수 없었다고 고백한다. 이것이 삼위일체의 신비를 이해하기 위해 신학을 시작한 동기가 되었다. 오랜 연구 끝에 구약의 모든 언약이 예수 그리스도와 그분의 구원 성취라는 구원 계시를 담고 있다는 결론을 찾아서 박사학위 논문에 담아내었고, 오랜 시간 수정, 보완의 과정을 거친 후에 단행본으로 결실을 맺었다. 모든 논의의 근거를 성경에서 찾고자 한 점에서 '오직 성경'을 근간으로 하는 개혁신학에 충실했다 할 수 있다. 무엇보다 이 책은 문덕수 박사의 실존적인 신앙 여정과 고백을 담고 있기에 삼위일체의 신비 앞에서 어려움을 겪는 많은 분들에게 큰 도움이 되리라 생각한다.

신학박사 이경직 (백석대학교 신학대학원 조직신학 교수)

언약론은 구원역사에서 매우 중요한 개념이다. 이 언약론이 삼위일체론적 관점에서 해명이 되어야 구원역사의 추동력으로서 언약론의 의미가 입체적으로 명증하게 해명될 수 있다. 왜냐하면 그리스도교는 삼위일체이신 하나님을 믿는 종교이기 때문이다.

독자들은 이 책을 읽음으로써 언약론을 삼위일체 하나님의 구원 역사의 원천이며 추동력으로 깨닫는 유익을 누리게 될 것이며, 우리 구원의 하나님이신 삼위 하나님께 감사함으로 나아가 삼위를 향하여 마땅한 존귀와 영광을 돌리게 될 것이다. 이에 이 책을 기쁘게 독자들에게 추천하여 일독을 권하는 바이다.

신학박사 이동영 (서울성경신학대학원대학교 조직신학 교수)

머리말

먼저 책을 펴낼 수 있도록 인도하여주신 하나님께 감사를 드립니다. 저 자신도 제가 신학을 하게 될 줄을 생각지 못했습니다. 모태신앙으로 태어나 기독교인으로 살아왔지만, 저의 이성으로는 역사적 인물인 예수가 하나님이심을 인정할 수 없었습니다. 삼위일체에 대한 인정이 유일신이신 하나님의 본질을 훼손한다고 생각했기 때문입니다. 삼위일체 하나님이 곧 한 분이신 하나님이라는 기독교의 진리가 믿음보다는 이성적 논리를 앞세운 저에게 신앙의 걸림돌이 되었던 것입니다.

이 문제는 교회 생활에 대한 회의와 신앙의 혼란으로 이어졌습니다. 저는 이 문제를 해결하지 않고는 구원과 멀어진 인생으로 끝날 것 같은 예감이 들었습니다. 혹시 신학을 공부하면 이 문제에 대한 답을 찾을 수 있지 않을까 하는 생각에서 서둘러 생업을 정리하고 늦은 나이에 신학을 할 것을 결심하였습니다. 그 과정에서 인간적인 생각으로는 불가능하게 보였던 일들이 하나님의 도우심으로 순조롭게 진행되어 결국 신학의 길로 들어섰습니다. 비록 인간의 생각으로는 무모해 보이는 결정이었지만, 지나고 보니 그 모든 과정에는 결국 하나님의 뜻과 인도하심이 있었음을 고백합니다.

저는 신학교에 들어온 이후 언약에 깊은 관심을 두게 되었고, 대부분 구약의 언약들이 예수 그리스도와 그의 성취를 향한 구원 계시를 내적으로 포함하고 있음을 깨닫게 되었습니다. 언약은 비록 인간의 문자로 주어졌지만, 그 이면에는 하나님께서 그리스도에 의한 구원을 영적 의미로 깊이 새겨놓으셨던 것입니다. 이 언약의 계시가 예수 그리스도의 십자가로 성취되고, 그 성취된 구원이 성령에 의한 믿음으로 세상에 복음으로 전해지게 됩니다.

언약과 삼위일체는 서로가 잘 어울리지 않는 개념처럼 보입니다. 언약은 과거 이스라엘 민족과 관련된 구약의 용어였으며, 삼위일체는 예수 그리스도의 십자가 사건 이후 초대교회로부터 정립된 신약의 용어이기 때문입니다. 그러나 전혀 어울릴 것 같지 않은 이 두 용어는 언약의 구원 계시와 그 성취의 관점에서 서로 밀접하게 연결되어 있습니다. 그것을 논의하는 것이 이 책의 주요 내용입니다. 그리고 그 결론은 언약은 인간의 구원을 향한 복음의 계시였으며, 삼위일체 하나님은 그 계시를 성취하고 완성하시는 분이라는 사실입니다.

필자는 언약 연구를 통해 신구약 성경에 걸쳐 하나님께서 펼쳐 놓으신 구원의 청사진을 들여다볼 수 있었습니다. 그때의 기쁨은 그동안 신학을 공부하며 겪었던 모든 고생을 상쇄할 만큼이나 지대하였습니다. 그제야 삼위일체에 대한 회의로 신앙적 방황을 경험했던 저를 늦은 나이에 신학교로 부르신 하나님의 뜻을 비로소 깨달을 수 있었습니다. 이 깨달음은 곧 하나님께서 저에게 주신 소명이 되었습니다. 그것은 과거의 저와 같이 삼위일체 하나님에 대한 회의로 신앙적 방황을 겪는 기독교인들을 위한 소명이라고 생각합니다.

그 일은 언약의 계시를 성취하기 위해 말씀으로 육신이 되어 세상에 오신 그리스도가 곧 하나님이시라는 근거를 언약의 성취 과정을 통해 논증하는 일입니다. 물론 예수 그리스도에 대한 믿음과 확신은 우리의 의지나 노력으로 얻을 수 있는 것이 아님을 잘 압니다. 바울의 언급과 같이 그것은 오직 성령의 도움으로만 가능한 일입니다. 그러나 믿음 후에 신앙의 유익을 위해 하나님을 아는 지식 즉 삼위일체이신 하나님을 아는 지식을 쌓는 일에는 노력이 필요하며, 그에 대한 올바른 지침(guideline)이 필요하다고 생각합니다.

그렇지만 아쉽게도 현재까지는 언약과 삼위일체를 연결하는 신학적 선행 연구를 찾아보기 어렵습니다. 이는 제가 박사학위 논문을 쓰면서 가장 힘들었던 부분입니다. 어떤 때는 저의 주장에 대한 신학적 근거가 문제가 되었고, 또 어떤 때는 과거에 없었던 생소한 주장이라는 공격을 받기도 했습니다. 물론 제가 본론에서 다루는 논의가 그동안 뚜렷이 제기된 적이 없는 새로운 주장일 수 있습니다. 또한, 이를 논증하기 위하여 부득이 기존 신학자의 주장을 반박하는 내용을 쓰지 않을 수 없었습니다.

그러나 이러한 문제가 있을 때마다 하나님께서는 저에게 새로운 지혜를 주셔서 조금씩 깨닫게 하셨고, 나아가 저의 주장에 대한 확신을 심어주셨습니다. 저는 논의의 내용을 뒷받침하기 위해 성경 구절들을 인용하는 일에 나름대로 최선을 다했습니다. 이는 논의에 대한 근거를 최대한 성경에서 찾으려는 의도였습니다. 그렇지만 저의 주장에도 부족한 점과 바로잡아야 할 점이 분명히 있으리라 생각합니다. 다만 이 책의 전반적인 내용이 성경의 범위 안에서 신자들에게 삼위일체 하나님에 대한 신앙의 확신을 다지는 기반이 되기를 바라는 마음입니다. 나아가 이 분야에 관한 연구가 이 책을 계기로 활성화되었으면 하는 희망을 품어봅니다.

본서의 출판을 도와주신 모든 분께 감사드리며, 이 모든 영광을 하나님께 올려드립니다.

2020. 9. 27.
저자 문덕수

목차 Contents

추천서 _ 4

머리말 _ 8

제 1 장 서 론 _ 17

    A. 언약신학 내의 문제 _ 19

    B. 언약과 칭의의 관계 _ 30

    C. 신적 죽음에 대한 언약의 계시 _ 34

    D. 연구 범위와 방법 _ 44

        1. 연구 내용의 범위 _ 44

        2. 언약을 중심으로 한 구약의 해석 방법 _ 47

            1) 모형론적 해석 방법 _ 48

            2) 약속과 성취를 통한 해석방법 _ 52

제 2 장 창세기 15장에 나타난 아브라함 언약 _ 57

    A. 창세기 15장의 본문 해석 연구 _ 63

        1. 월터 부르그만의 해석 _ 63

        2. 클라우스 웨스만의 해석 _ 66

        3. 마틴 루터의 해석 _ 68

B. 아브라함 언약과 그 약속의 양면적 의미 _ 72
　　1. 후손에 대한 약속 _ 80
　　2. 가나안 땅에 대한 약속 _ 87
　　　　1) 가나안 땅의 문자적 약속의 의미 _ 92
　　　　2) 가나안 땅의 영적 약속의 의미 _ 95

제 3 장   언약과 성부 하나님 _ 107

A. 언약의 계시자이신 하나님 _ 115
　　1. 여호와의 말씀과 계시 _ 115
　　2. 언약의 계시자 _ 118
　　3. 제의적 죽음 의식의 계시자 _ 120
　　　　1) 자기 저주 맹세로서의 해석 _ 124
　　　　2) 자기 확증 맹세로서의 해석 _ 127
　　4. 계시의 성취자 _ 137

B. 언약의 주관자이신 하나님 _ 140
　　1. 아브라함의 믿음 _ 142
　　　　1) 하나님 말씀에 대한 순종 _ 143
　　　　2) 하나님 약속에 대한 믿음 _ 146
　　2. 아브라함의 믿음과 칭의 _ 151
　　3. 믿음과 언약의 조건 _ 171

목차 Contents

    4. 새 관점주의와 칭의 교리 _ 176
        1) 율법의 행위 _ 186
        2) 샌더스의 칭의 이해 _ 189
        3) 제임스 던의 칭의 이해 _ 198
        4) N. T. 라이트의 칭의 이해 _ 203
            (1) 칭의의 근거로서의 하나님의 의 _ 209
            (2) 칭의의 의미 _ 214
            (3) 언약 공동체 회원의 표지인 믿음 _ 218
            (4) 칭의의 시제 _ 220

제 4 장 언약과 예수 그리스도 _ 227

    A. 언약에 계시된 그리스도 _ 234
        1. 그리스도의 비밀 _ 236
        2. 그리스도의 자기계시 _ 241
            1) 직접적인 자기계시 _ 242
            2) 간접적인 자기계시 _ 246
    B. 언약과 하나님 말씀이신 그리스도 _ 249
    C. 언약과 십자가 사건 _ 260
        1. 그리스도와 십자가 _ 260
        2. 언약의 계시와 삼위일체 _ 267

    D. 새 언약과 중보자이신 그리스도 _ 280

        1. 새 언약의 중보자 _ 281

        2. 새 언약의 이중 구조 _ 289

제 5 장 언약과 성령 _ 295

    A. 새 언약 백성의 창조자로서의 성령 _ 307

        1. 구약에 예언된 새 언약 백성의 변형 _ 307

        2. 이스라엘의 신약적 의미 _ 313

    B. 언약을 내면화하시는 성령 _ 325

        1. 율법과 성령의 구속사적 기능의 차이 _ 325

        2. 성령에 의한 인치심의 구속사적 의미 _ 332

        3. 언약의 표징으로서의 할례와 세례 _ 337

            1) 옛 언약의 표징으로서의 할례 _ 340

            2) 새 언약의 표징으로서의 세례 _ 351

제 6 장 결 론 _ 361

참고문헌 _ 369

언약과 삼위일체

제1장
서 론

제1장 서론

A. 언약 신학 내의 문제

성경은 하나님의 약속에 관한 말씀이다. 그 말씀의 주된 내용은 창조 이후 타락한 인간을 구원하시고 그들을 새로운 하나님의 백성으로 창조하시겠다는 하나님의 구원에 관한 약속이다. 이를 위해 예수 그리스도가 오시기 전까지 하나님이 인간에게 주신 구원에 관한 약속이 구약(舊約)이며, 그가 세상에 오셔서 십자가에서 흘리신 피로 그 약속을 성취하신 복음의 말씀이 신약(新約)이다. 성경은 구약과 신약으로 구분되어 있지만, 그 내용은 하나님께서 예수 그리스도를 통해 모든 민족을 구원하시겠다는 계시적 예언과 성취로 서로 연결된다. 따라서 하나님의 구원 약속은 예수 그리스도를 중심으로 서로 연결된 하나의 영원한 하나님의 언약이다.

구약의 옛 언약은, 인간을 죄에서 구원하실 예수 그리스도를 지속적으로 계시하였고, 신약의 새 언약은 구약에서 계시되었던 그분이 세상에 오셔서 옛 언약의 약속을 성취하심으로써 하나님의 구원 역사가 완성되었음을 선포한다. 성경의 증언에 따르면 원래 하나님의 언약 파트너로 창조되었던 인간은 불순종으로 타락했으나 그리스도의 십자가 사역으로 회복되었고, 여호와 하나님께서 약속하신 유업인 구원은 중보자이신 예수 그리스도의 사역을 믿는 자들의 소유가 되었다.

하나님은 언약을 통해 그분의 구원 계획과 의지를 사람들에게 일방적인 약속으로 확증하셨다. 사람들과 언약을 맺으실 때 하나님은 자신의 정체성을 밝히고 죄로 타락한 인간의 구원을 위해 자신이 미래에 행하실 사역(事役)을 함께 계시하신다. 이런 점에서 언약은 하나님께서 자신을 드러내시는 자기계시의 중요한 수단이며, 이를 통해 인간을 주도적으로 구원하시겠다는 하나님의 일방적 약속의 도구다.

로벗슨(O. Palmer Robertson)은 언약은 주권적으로 사역되는 피로 맺은 약정이라고 말한다.[1] 그는 언약의 외형적 특성을 강조한다. 한편, 바르트(Karl Barth)는 계시는 성경에 있어서 언제나 하나님과 특정한 인간들 사이의 역사라고 주장한다.[2] 그가 비록 언약을 직접 언급하지는 않지만, 언약은 계시를 동반하는 하나님의 주요 약속 행위이므로 이 둘을 분리해서 생각할 수는 없다. 하나님과 인간 사이의 약속이 언약이며, 이는 약속의 계시와 성취로 연결된 하나님의 구속 역사라는 점에서 동전의 양면과 같다.

계시적 측면에서 하나님과 인간 사이에 맺어진 언약은 하나님의 존재뿐만 아니라, 계시자이신 하나님께서 자신의 언약을 성취하시기 위해 미래에 행하실 역사(役事)를 가늠할 수 있는 가장 좋은 도구가 된다. 인간이 에덴동산에서 타락한 후, 아담에게 주어졌던 여인의 후손에 대한 약속이 창세기 15장에서 아브라함의 후손에 대한 약속으로 구체화된다. 하나님은 아브라함에게 후손의 약속을 주시기 전에 방패와 큰 상급이 되어주시겠다는 자기계시를 통해 그에게 자신에 대한 확신을 먼저 심어주신다.

아브라함에게 하신 후손의 약속은 바울이 갈라디아서에서 진실을 밝혔듯이 예수 그리스도에 대한 영적 약속이었다(갈 3:16). 이 약속에 이어서 하나님은 아브라함에게 가나안 땅의 약속을 주시면서 그 약속에 대한 확증의 맹세로 자신의 죽음을 예시하는 의식을 통해 아브라함과 언약을 세우신다. 후손의 약속과 같이 가나안 땅의 약속도 하나님의 죽음을 전제로 한 영적 유업에 관한 구원 약속이었다.

아브라함 언약에는 후손으로 오실 예수 그리스도와 그분의 죽으심을 통하여 모든 민족을 구원하시겠다는 하나님의 구원 의지가 영적으로 계시되어 있다. 이 언약의 계시에 따라 성경은 모든 역사의 중심에 그리스도가 존재하시며, 그를 통해

---

1) O. Palmer Robertson, The Christ of The Covenant (Phillisbrug: P & R Publishing, 1980), 15.
2) Karl Barth, 『교회 교의학 I/1』, 박순경 역 (서울: 대한기독교서회, 2013),

하나님의 구속 계획이 최종적으로 성취되었음을 선포한다. 폰 라트(Gerhard von Rad)는 하나님이 자기 백성 또는 어떤 개인을 다루신 사건이 증언되고 있는 곳마다 신약의 그리스도에 대한 계시의 그림자를 볼 가능성이 존재한다고 말한다.[3]

모형과 원형, 약속과 성취를 통해 성경의 사건과 기록들 속의 그리스도를 기독론적으로 서로 연결하고 결합하는 구조가 바로 언약에 담겨 있다. 그것이 성경의 언약이 구원 역사를 열어가는 열쇠가 되는 이유다. 물론 구약과 신약은 역사적으로나 문화적으로 서로 다르므로 성경은 다양성을 지닌다. 그럼에도 불구하고 성경이 통일성을 지니는 이유는 하나님께서는 성경의 계시를 통해 동일한 언약으로 인간들과 관계를 맺으시며 그 관계를 지속적으로 발전시켜 나가기 때문이다.

하나님의 영원한 예정은 하나님 자신을 '우리를 위한' 존재로, 그리고 인류를 '그분 자신을 위한' 존재로 규정하는 결정이다. 이 예정은 예수 그리스도의 역사 안에서 실행된다. 이것은 단지 그리스도가 인류를 구원하시기 위해 행하신 사역뿐만 아니라 육신이 되신 하나님의 은혜 자체임을 뜻한다. 예수 그리스도의 역사는 언약을 성취하시는 역사이고, 우리의 하나님이 되시려는 하나님의 결정을 시간 가운데 실행하신 사건이다.[4] 밴후저(K. Vanhoozer)는 예수 그리스도가 우리와 하나님 사이의 화해 가운데 계시는 하나님의 존재라고 말한다. 그분의 존재, 사역, 당하신 고통 등은 하나님의 언약의 신실함을 보여주며 하나님의 존재 그 자체가 구체적으로 나타나기 때문이다.[5]

언약이 시대적이며 역사적인 성격을 지닌다는 사실은 중요하다. 하나님의 위대하신 행위들이 다양한 시대와 문화 속에서 계시되기에 성경을 대할 때 그 다양성

---

3) Gerhard von Rad, '구약의 모형론적 해석', Claus Westermann 편, 『구약 해석학』, 박문재 역 (서울: 크리스챤다이제스트, 2006), 38.
4) Kevin J. Vanhoozer, '속죄', Kelly M. Kapic & Bruce I. McCormack 편, 『현대 신학 지형도』, 박찬호 역 (서울: 새물결플러스, 2012), 335.
5) Vanhoozer, '속죄', 335.

을 고려해야 한다. 그렇지만 각 시대를 대표하는 언약 사건 간에도 내적 통일성이 존재한다.[6] 하나님께서 인간의 구원을 향해 품으신 뜻과 사랑의 의지는 시간과 공간을 초월하며 언제나 변함이 없으시기 때문이다.[7]

하나님은 인간을 자신의 언약 파트너로 창조하신 후, 피조물인 그들과의 관계를 언약을 통해 정립해 나가셨다. 그 언약은 하나님의 창조 명령을 이루라는 것이었다. 하지만 인간은 곧바로 불순종하여 타락했으며, 하나님과의 정상적인 관계를 벗어나 하나님의 창조 목적을 왜곡하였다. 하나님은 그들과의 관계를 회복하시기 위해 그들을 유혹하여 죄를 짓게 한 사탄의 세력을 깨뜨릴 '여인의 후손'(창 3:15)을 약속하셨다. 후손을 통해 구원을 주시겠다는 약속은 세상에 오신 그리스도의 모든 소명이 성취되기까지 적절한 말씀과 계시로 지속적으로 나타났다. 언약의 목적은 창조주가 이스라엘을 통해 자신의 온 세계와 소통하며 그 세계를 구원하시려는 의도였기 때문이다.

하나님께서 아브라함과 언약을 세우신 이유는 최초의 인간인 아담의 죄를 원상태로 되돌리려는데 있었다. 이를 위해 하나님은 아브라함에게 후손에 대한 약속을 먼저 주시고, 그 약속을 믿는 아브라함의 믿음을 의롭다 여기신 후, 안식의 땅인 가나안을 주시겠다는 언약을 죽음의 맹세를 통해 확증하셨다. 이 언약은 아브라함의 후손으로 오실 예수 그리스도께서 십자가 죽음을 통해 하나님께서 의도하신 구원 계획을 성취하시며, 이를 믿는 자들을 의롭게 하심으로 약속된 유업을 얻게 하신다는 구원 사역의 비밀을 담고 있다.

그러나 기억해야 할 것은 언약이 비록 하나님의 구원사를 제시하는 청사진이지

---

6) harles G. Dennison, '언약론 소고', 『개혁주의 신학 논문 선집(1)』, 고려신학교교수회 역 (경기: 고려신학출판부, 2013), 14-15.
7) N. T. Wright, What Saint Paul Really Said (Grand Rapids & Cincinnati: Eerdmans & Forward Movement Publications, 1997), 33.

만, 언약 자체는 성경이 드러내고자 하는 종교적 교리가 아니라는 점이다. 하나님 자신이 어떠한 분이시며, 어떤 일을 이루시고자 하는지에 대한 계시는 하나님의 선포로 이어진다. 언약 후에 "나는 그들의 하나님이 되고 그들은 나의 백성이 될 것이라"(렘 24:7; 31:33; 32:38; 겔 11:20; 14:11; 37:23)는 선포가 뒤따르기 때문이다.

언약은 하나님께서 구원사를 통해 그분 자신과 그분의 뜻을 구체적으로 제시하는 도구였다. 인간의 구원을 위한 언약은 구약을 통해 주어졌고, 모든 언약은 그리스도에 의해 신약에서 성취되었다. 이는 구약만을 인정하는 유대교와 신약을 구약의 성취로 여기는 기독교를 구분하는 근거가 된다. 구약에 나타난 언약을 다루는 작업은 자칫 유대교적으로 비칠 우려가 있어서 중세에 이르기까지 언약은 신학적으로 그리 주목을 받지 못했다. 종교개혁 후 17세기에 이르러 로크의 '사회계약설' 등이 주목을 받으면서 비로소 언약은 청교도 신학을 통해 신학의 한 분야로 자리매김하게 되었다.

그러나 짧은 언약 신학의 역사 안에서 많은 이견과 의견 대립으로 인해 논쟁이 생겨나기 시작했다. 이는 모든 언약이 지향하는 그리스도를 통한 언약의 최종적 성취보다는 신학적 이론으로부터 파생된 다양한 부수적인 주제와 함께 그 해석과 적용에 초점을 맞추었기 때문이었다.

오늘날 개혁주의 전통 안에서 언약신학의 기원과 성격을 논의할 때 '두 전통의 테제(Two Tradition Thesis)'를 따른다. 개혁주의 언약신학이 칼빈(John Calvin)이 대변하는 제네바 전통과 불링거(Heinrich Bullinger)가 대표하는 취리히 전통으로 양분되는 것이다. 전자는 하나님의 주권을 중요시하여 하나님의 일방적인 은혜를 강조한 반면, 후자는 사람의 의무를 중요시하여 언약의 쌍방성을 강조한다.[8]

불링거는 언약의 조건성이라는 용어를 통해 하나님의 은혜를 이해할 때 반(半)-

---

8) 안상혁, 『언약신학 쟁점으로 읽는다』 (경기: 도서출판 영음사, 2016), 27.

펠라기안(semi-Pelagian)적으로 접근할 필요가 있음을 암시하며 약간의 혼란을 초래했다. 그러나 불링거는 자신의 조건적 언약이 '오직 은혜'(sola gratia)라는 종교개혁의 원칙에 근거하고 있음을 다시 한번 확언하였다.[9] 사실상 불링거는 칼빈이나 그 밖의 개혁주의 신학자들처럼 어거스틴(Augustine)의 신학 전통을 이어받은 대표적인 종교개혁 신학자였다.[10]

그러나 16세기와 17세기의 종교개혁자들의 문헌을 보면 예정과 언약을 다루는 '오직 은혜(sola gratia)'라는 주제에 대해서도 서로 다른 두 가지 주장으로 나누어진다.[11] 칼빈을 비롯한 제네바 신학자들이 하나님의 주권을 강조하는 어거스틴을 따라 '이중예정교리'를 주장한 반면, 불링거를 비롯한 취리히 신학자들은 언약을 중심으로 하나님의 목적이 역사 속에서 실현되는데 더 많은 무게를 두었다. 블링거는 칼빈의 '이중예정교리'를 부정하고 '단일예정교리'를 옹호하면서 언약의 조건성을 강조하였다.[12]

언약의 조건성은 언약의 상호성과 밀접하게 연관되어 있다. 상호성은 언약 당사자들이 서로에 대해 지니는 책임을 인정한다. 조건성은 각 당사자가 상대방에 대하여 이행해야 할 책임과 의무를 제시한다. 이 언약의 조건들은 언약당사자들의 의무로 알려진 특정한 규례들이다. 우위에 있는 당사자가 상대방을 향해 가지는 책임이 무엇이며, 또한 그에 대한 보상으로 그들로부터 무엇을 기대하는지가 이 조건 가운데 서로 결합되어 있다. 정통 개혁주의 신학자인 바빙크는 만일 언약이 그 어떤 관념이 아니라 실제라고 한다면 언약은 그 언약의 요구를 따라 살려는 의무와 경향을 그 안에 포함한다고 말한다.[13]

---

9) J. Wayne Baker, Heinrich Bullinger and the Covenant (Athens: Ohio University Press, 1980), 194.
10) Cornelis P. Venema, Heinrich Bullinger and the Doctrine of Predestination (Grand Rapids: Baker Academic, 2002), 11.
11) Venema, Heinrich Bullinger and the Doctrine of Predestination, 11-12.
12) Venema, Heinrich Bullinger and the Doctrine of Predestination, 12.
13) Herman Bavinck, 『개혁교의학 3』, 박태현 역 (서울: 부흥과개혁사, 2014), 611.

언약은 절대적이며, 무조건적이다. 언약은 타락한 인간의 구원을 위한 하나님의 일방적인 은혜로 주어졌다. 하나님은 절대적으로 선하시기에 당신의 백성에게 하신 약속을 거부하거나 취소하실 수 없다. 하나님께서 창세기 15장에서 아브라함과 언약을 맺으신 후, 곧이어 17장에서 "너는 내 앞에서 행하여 완전하라"(1절)는 명령과 함께 할례에 대한 규례를 주신다. 하나님의 명령으로 인하여 언약은 인간의 편에서 볼 때 조건적 언약이 되었다.

할례와 같은 언약의 조건에 대하여는 종교개혁자들 간에도 서로 의견이 다르다. 하나님과 언약 관계에 있는 인간의 책임으로 주어진 할례와 율법을 어떻게 이해하느냐의 차이다. 창세기 17장에 기록된 할례라는 율법의 해석을 놓고 츠빙글리와 불링거가 대표하는 취리히 개혁과 루터의 비텐베르크 개혁은 서로 입장을 달리했다. 불링거는 창세기 15장과 17장의 언약을 '하나의 영원한 언약'으로 여겼지만, 루터는 창세기 17장에 두 가지 서로 다른 언약이 존재한다고 믿었다. 루터는 가나안 땅과 관련된 물질적 언약과 영원한 축복이 약속된 영적 언약이 구분되어야 한다고 주장했다.[14]

종교개혁 시대뿐만 아니라 최근에 들어서도 언약에 대해 다양한 신학적 견해가 생겨나기 시작했다. 특히 언약의 본질과 외적 형태를 어떻게 이해하느냐를 놓고 언약신학자들끼리도 서로 첨예한 논쟁을 벌였다. 웨스터민스터 신학대학원의 동료 교수였던 클라인(Meredith G. Kline)과 머리(John Murray)는 언약에 대해 '행위언약(foedus operum)'과 '은혜언약(foedus gratiae)'으로 구분하는 것이 옳은지의 여부를 두고 서로 의견을 달리했다. 클라인은 언약을 '행위언약'과 '은혜언약'으로 구분하는 것이 옳다고 주장하였지만, 머리는 '행위언약'의 존재를 부인하고 언약에는

---

14) Martin Luther, Luther's Work's Vol. 3, Lectures on Genesis Chapter 15-20, ed. Jaroslav Pelikan (St. Louis: Concordia Publishing House, 1961), 111.

단지 하나의 '은혜언약'만이 존재할 뿐이라고 강하게 주장했다.[15]

이러한 논쟁은 17세기 청교도 신학자 루더포드(S. Rutherford)와 후커(Thomas Hooker) 사이의 논쟁으로까지 거슬러 올라간다. 이들은 모두 '행위언약'을 인정한 신학자들이었다. 그러나 그들은 행위언약의 조건으로 제시된 '행위의 원리'와 순종에 대한 보상으로 주어지는 '영생'을 서로 다르게 해석했다.

'행위언약'과 '은혜언약' 사이의 논쟁, 그리고 '행위언약'을 옹호하는 신학자들 사이의 논쟁 이외에도, 삼위 하나님 사이의 '구속언약'(pactum salutis)에 대한 논쟁 또한 계속 진행되고 있다. 성경은 구속언약을 명시적으로 언급하지 않는다. 구속언약은 구원 사역을 완성하시는 삼위 하나님의 사역을 다루는 본문으로부터 도출한 언약으로, 창조 이전에 삼위 하나님 사이에 맺어진 영원한 언약으로 정의된다. 그러나 구속언약에 대해 여러 가지 오해와 부정적인 시각들이 신학자들 사이에도 존재한다. 칼 바르트는 구속언약을 부정적으로 보았고, 그를 따르는 토랜스(James

---

15) 존 머리(John Murray)는 타락 전 아담이 맺은 언약을 '행위언약'으로 규정하는 시각을 거부한다. 그에 의하면 성경의 언약은 항상 하나님의 '구속 계획' 안에서 등장한다. 이 경우 사람을 구원하시겠다는 하나님의 약속이 선포되고 이것을 보증하기 위해 하나님의 맹세가 덧붙여진다. 그런데 하나님께서 타락 전 아담과 맺으신 언약에는 구속의 요소들이 발견되지 않는다. 머리가 '행위언약'을 부정하는 이유는 '행위언약'이 포함하고 있는 '공로' 개념에 반대하기 때문이다. 그에 따르면 아담에게 약속된 '종말론적 영광'은 사람의 공로와 그것에 대한 정당한 대가로 주어지는 것이 아니라, 하나님의 '은혜의 약속'과 그 약속을 지키시는 하나님의 신실하심에 근거한다. 바로 이러한 이유에서 머리는 타락 이전의 아담과 맺은 언약에서 아담의 최초 상태에서 '공로적 보상'을 의미하는 모든 요소를 축출하고자 하였다. John Murray, Collected Writing of John Murray, vol. 2: Select Lectures in Systematic Theology (Edinburgh: The Banner of Truth Trust, 1977), 47-59. 반면 메리디스 클 라인(Meredith G. Kline)은 '행위언약'을 옹호하면서 머리의 견해를 강하게 비판 한다. 그의 비판은 타락 이전의 아담의 최초의 상태에서는 '은혜'의 개념을 도입해서는 안 된다는 것이 그 이유이다. 그에 따르면 '은혜'는 반드시 과실 혹은 범죄를 의미하는 '반(反) 공로'(demerit)와 연관시켜 사용되어야만 한다. 무죄 상태의 아담과 하나님이 맺으신 특별한 관계를 '은혜' 개념으로 설명할 수 없다. 클라인은 타락 전 아담의 언약을 은혜라는 용어 대신에 하나님의 선하심 혹은 자비하심과 연결하여 이해하자고 제안한다. Meredith G. Kline, 『하나님 나라의 서막』, 김구원 역 (서울: 개혁주의신학사, 2007), 116-117.

Torrance)는 17세기 언약신학을 율법주의로 규정하기도 했다.[16]

하지만 17세기 언약신학자들은 구속언약은 은혜언약의 영원하고 확실한 기초이며 구속언약 자체를 은혜의 원천으로 보았다.[17] 개혁신학자 바빙크는 "이 구속 협약의 교리가 흠 있는 형태에도 불구하고 성경적 사상에 근거한다"고 주장한다.[18] 바빙크는 "하나님과 인간 사이의 언약은 그 둘 사이의 무한한 격차로 인해 언제나 주권적 결정과 유언(diaqhkh)의 성격을 지니는 반면, 여기 삼위 사이의 언약은 온전한 의미에서의 언약이다. 최상의 자유와 완전한 합의가 여기서 일치한다. … 삼위일체의 성격은 아직 분명하게 드러나지 않았지만, 여기 구원 협약에서 구원 사역의 신적 아름다움이 완전하게 드러난다"고 구속언약을 긍정적으로 설명한다.[19]

개혁신학을 비판적으로 보는 사람들은 일반적으로 언약신학을 두 가지 형태로 구분한다. 하나는 사변적인 언약신학이고, 다른 하나는 성경적인 언약신학이다. 전자는 언제나 정통 개혁주의 시대에 발흥한 스콜라주의와 관련되며, '행위언약'과 같은 전문 용어를 사용한다고 한다. 비평가들은 성경의 언약들을 이렇게 개념화하는 작업은 자연과 은혜를 대립시킨 중세 스콜라주의의 이원론에 의존한다고 주장한다.[20]

그러나 불링거는 그의 논문인 『데 테스타멘토(De Testamento)』에서 '하나이며 영원한 하나님의 언약'을 강력히 제시했다. 1534년 10월에 출간된 『데 테스타멘토』는 교회 역사상 언약을 다룬 최초의 글이었다. 이 글에 따르면 성령이 영감을 주신 예언자들과 하나님의 아들이 사명을 주신 사도들이 기록한 성경을 통해 진술되는

---

16) 안상혁, 『언약신학 쟁점으로 읽는다』, 24.
17) 안상혁, 『언약신학 쟁점으로 읽는다』, 89.
18) Bavinck, 『개혁교의학 3』, 261.
19) Bavinck, 『개혁교의학 3』, 261-262.
20) Peter Golding, 『언약신학』, 박동근 역 (경기: 그나라출판사, 2015), 192.

언약은 하나님의 하나이며 영원한 언약이라는 것이다.[21] 그는 종교개혁을 실제적인 언약의 회복으로 간주했다.[22]

언약의 약속에는 항상 하나님께서 자신이 어떤 분인지를 충분히 계시하신 후, "나는 너희의 하나님이 되고 너희는 나의 백성이 되리라"(레 26:12)라는 선포로 그의 백성을 위로하신다. 이 선포는 자신의 백성들을 끝까지 구원하시겠다는 하나님의 강력한 구원 의지의 표현이다. 언약에 계시된 약속들이 그리스도의 십자가 사건으로 성취된 후, 그 사건이 우리에게 구원의 복음으로 다가오는 이유이다.

언약 교리는 논쟁의 대상이 될 수 있지만, 언약 자체는 논쟁의 대상이 될 수 없다. 언약을 연구하는 최종 목표는 '하나님의 하나이며 영원한 언약에서 그리스도의 성취를 중심으로 삼위일체 하나님의 사역과 존재를 확인하는 것이다. 그분께서 인간의 구원을 위해 역사 속에서 행하신 사역의 근거를 확인하는 일이기 때문이다. 언약은 복음을 통한 하나님의 자기 계시적 행위다. 이는 인간 구원을 이루시기 위해 약속을 신실하게 이행하고 성취해 가시는 '하나님의 의'에 대한 기록인 동시에 삼위 하나님의 '페리코레시스(περιχωρησις)'적인 관계적 구원 사역에 대한 역사적 증거이다.[23]

하나님은 아브라함에게 하신 언약을 그리스도의 십자가 사건을 통하여 성취하셨다. 따라서 언약 성취를 통한 구원의 복음은, 예수 그리스도가 언약의 성취자로서 우리의 죄 사함을 위해 십자가에서 돌아가신 주(主)이시며 그 복음을 계시하신 성부 하나님과 동일한 하나님이심을 고백함으로 효력이 발생한다. 이때 성령 하나님은 성도들로 하여금 예수 그리스도의 주(主)되심을 믿음으로 고백하게 함으로

---

21) Charles S. McCoy and J. Wayne Baker, Fountainhead of Federalism: Heinrich Bullinger and the Covenantal Tradition, with a Translation of De testamento seu foedere, Dei unico et aeterno (1534) by Heinrich Bullinger (Louisville: Westminster/ John knox Press, 1991), 101.
22) Baker, Heinrich Bullinger and the Covenant, 107.
23) Wright, What Saint Paul Really Said, 46.

써 그리스도와 연합을 이루는 새로운 하나님의 백성을 창조해 가신다. 언약 교리와 삼위일체에 관한 교리 연구가 서로 연결되어야 하는 이유가 바로 여기에 있다.

이를 위해 필자는 창세기 15장에 나타나는 아브라함 언약을 통해 자신의 존재와 사역을 계시하시는 하나님께서 그 언약의 성취를 어떻게 이루시는지를 언약의 계시와 성취의 역사를 통해 찾아보려고 하였다. 창세기 3장 15절에서부터 은혜언약(아담 언약, 노아 언약, 아브라함 언약, 다윗 언약, 새 언약)은 예수 그리스도가 오시기까지 진전되었다. 그 가운데 구속사가 최종적으로 지향하는 예수 그리스도와 하늘나라의 유업은 아브라함 언약의 후손과 가나안 땅의 약속 이면에 계시된 영적 약속을 통해 주어졌다.

하나님은 아브라함에게 후손을 약속하신 후에 가나안 땅을 약속하시면서 자신의 죽음을 계시하는 맹세 의식을 통해 아브라함과 언약을 세우셨다. 이는 하나님께서 아브라함에게 주신 두 약속이 그의 후손으로 오실 그리스도와 함께 그분의 십자가 사건으로 성취될 유업임을 약속하는 계시적 사건이었다. 하나님께서 언약의 약속에 따라 당신께서 장차 행하실 사역을 모형적 사건을 통해 세상에 알리신 것이다.

그러나 하나님이 비록 자신의 죽음에 대한 계시로 아브라함과 가나안 땅의 약속을 언약으로 세우셨지만, 그 누구도 영원불멸하신 하나님의 죽음을 생각할 수 없었을 것이다. 그 결과 신(神)적 죽음이 담보된 가나안 땅에 담긴 영적 의미를 사람들이 주목하지 못한 것은 당연했다. 그러나 신약성경은 구약에 기록된 언약의 계시적 사건의 영적 의미를 그리스도의 언약 성취를 통해 밝히 드러내고 있다.

사도 바울은 아브라함에게 주어진 언약의 약속으로 인하여 모든 이방인이 그로 말미암아 복을 받을 것을 성경이 예견하고 먼저 아브라함에게 복음을 전했다고 서술한다(갈 3:8). 바울은 아브라함 언약에 계시된 언약의 약속이 그리스도와 그의 십자가 사건으로 성취된 구원의 구속사적 근거를 제공한다고 간주한 것이다.

그렇지만 그 근거는 예수 그리스도께서 십자가에서 돌아가시고 부활하시기까지 사람들에게 알려지지 않았던 구원 경륜의 비밀이었다. 그리스도께서 세상에 오셔서 십자가를 지심으로써 언약이 성취되었을 때, 그 성취는 그리스도의 복음이 되어 약속대로 세상 모든 사람에게 구원을 가져다주는 복의 근원이 되었다.

B. 언약과 칭의의 관계

아브라함 언약이 기록된 창세기 15장은 후손과 가나안 땅의 약속 사이에 아브라함의 '믿음에 의한 칭의'(6절)를 기록한다. 이는 아브라함의 믿음에 의한 칭의가 언약의 두 약속을 구속사적으로 연결하는 영적 고리 역할을 하고 있음을 시사한다. 그렇다면 후손과 땅에 대한 약속 사이에 기록된 아브라함의 '믿음에 의한 칭의'는 신약의 그리스도를 믿는 믿음에 의한 칭의와 어떤 연관성을 갖고 있는가? 이에 대한 답은 제5장 언약과 로마서 1장 17절의 논의를 통해 그 답을 얻을 수 있다.

아브라함은 창세기 15장 6절의 칭의 사건 전에도 하나님의 말씀을 믿고 절대적인 순종으로 따랐던 사람이었다. 그는 고향과 친척과 아버지의 집을 떠나라는 하나님의 명령에 갈 바를 알지 못했지만, 명령에 순종하여 길을 떠났다. 그리고 그는 자신이 머무르던 곳마다 여호와를 위하여 제단을 쌓았다. 그러나 하나님께서 정작 그를 의롭게 여기신 것은 후손에 대한 약속을 믿는 그의 믿음을 인정하셨기 때문이다.

그렇다면 후손에 대한 약속을 믿는 것이 하나님께서 아브라함을 의롭다 여기실 만큼 중대한 사건인가? 만약 후손에 대한 약속이 문자적으로 그의 육신의 자손에 한정되었다면, 그 약속의 의미는 '믿음에 의한 칭의'를 성경이 기록할 만큼 가치가 없었을 것이다. 그러나 후손의 약속을 믿는 아브라함의 믿음은 단순히 그의 육신적 후손을 얻는 것에 그치는 것이 아니라 장차 믿음으로 이방을 의롭게 하실 예수 그리스도에 대한 믿음이었다. 바울의 증언과 같이 아브라함에게 주신 후손에 대한 약속은 '이방을 믿음으로 말미암아 의로 정하실' 그리스도에 대한 복음의 약속이었던 것이다.

칭의는 예수 그리스도를 믿는 믿음의 결과에서 비롯된다. 비록 아브라함은 후손의 약속을 주시는 여호와의 말씀을 믿어 의롭다 함을 얻었지만, 그 믿음의 내용은 장차 영적 후손으로 오셔서 세상을 구원하실 예수 그리스도를 믿는 믿음이었다. 이것이 아브라함 언약에 약속된 영적 후손에 대한 아브라함의 믿음에 의한 칭의와 그 약속의 성취로 오신 예수 그리스도를 믿는 믿음에 의한 칭의가 서로 다르지 않은 이유다.

그러나 종교개혁 이후 최근에 이르러 믿음에 의한 칭의가 개혁주의 신학자들이 주장하는 개인의 구원과 바로 직결되는 구원론의 문제인지, 바울의 새 관점주의자들이 주장하는 하나님의 새로운 언약 백성의 소속에 관련된 문제인지에 대한 논쟁이 생겨났다. 칭의의 문제를 언약의 관점에서 해석하려는 라이트(N. T. Wright)를 비롯한 새 관점 학자들은 칭의를 개인의 구원과 바로 연결하는 개혁주의 신학자들이 바울의 의도를 잘못 해석하는 것이라고 주장한다.

필자는 본론에서 '이신칭의' 문제를 언약의 관점에서 살펴나갈 것이다. 이를 위해 기존 바울 신학을 전혀 새롭게 이해하려는 '바울의 새 관점주의'를 옹호하는 제임스 던(James Dunn)과 톰 라이트(N. T. Wright)의 칭의에 관한 주장을 살펴보며 그 문제점도 함께 살펴보고자 한다. 왜냐하면, 칭의의 문제는 루터의 주장처럼 개인의 구원에 한정된 구원론의 문제만으로 보기에는 언약적 관점에서 그 범위가 훨씬 광범위하기 때문이다. 만약 칭의의 문제를 구원론에 한정시켜 해석한다면 그리스도께서 자신의 피로 세운 새 언약과 그 언약의 대상으로 예언되었던 '이스라엘 집과 유다의 집' 혹은 '이스라엘 집'을 대신할 새로운 언약 백성의 창조를 설명하는 것이 어렵기 때문이다.

바울의 새 관점주의자들은 1세기 유대교가 율법 준수를 통해 구원받는 행위 종교였다는 바울 신학의 기존 주장을 뒤엎고 유대교를 '언약적 율법주의'에 입각한 은혜의 종교로 규정한다. 그들은 유대인들의 율법 준수를 구원의 조건이 아니라 하나님의 선택된 백성이 마땅히 지켜야 할 언약의 조건으로 보았다. 율법은 그리스도가 오시기 전까지 하나님께서 자신의 백성을 보전하시는 도구였으며, 율법의 소유에 따라 언약 공동체의 소속이 결정되었기 때문이다.

바울이 말하는 칭의는 율법을 보는 관점에 따라 크게 달라진다. 율법을 부정적으로 보았던 루터를 따르는 신학자들은 인간이 율법 행위와는 상관없이 오직 믿음으로만 의롭게 되어 구원받을 수 있다고 주장한다. 그러나 율법을 하나님의 백성이 된 자들이 자신들의 지위를 유지하기 위해 마땅히 지켜야 할 언약의 조건으로 간주하는 신학자들은 '오직 믿음(sola fide)'으로 인한 칭의는 전적으로 인정하지만, 칭의가 개인 구원보다는 하나님의 새로운 백성인 언약 공동체의 소속과 관련된다고 주장한다.

라이트에 의하면 어거스틴 이후 칭의에 관한 논의는 바울 서신이 기록되었던 시대의 맥락과는 어떤 점에서 상당히 동떨어져 있다. 1세기에 논의된 칭의는 하나님과 개인적 관계를 맺는 방법과 연결되지 않고, 하나님께서 미래와 현재 모두에 있어 누가 실제로 하나님 백성의 일원인지를 정하시는 종말론적 정의와 관련되었기 때문이라는 주장이다.[24]

따라서 라이트는 칭의를 구원론이 아니라 교회론에서 다루어야 한다고 주장한다.[25] 물론 필자는 그 주장을 그대로 받아들이지는 않는다. 언약의 맥락에서 볼 때

---

24) Wright, What Saint Paul Really Said, 119.
25) Wright, What Saint Paul Really Said, 119.

칭의가 구원론보다는 교회론에 더 큰 의미가 있다는 그의 주장은 충분한 근거가 있다. 그러나 언약의 존재 목적이 죄 문제의 해결을 통해 세상에 구원을 가져오는 데 있다면,[26] 이신칭의는 하나님 백성의 소속에 관한 교회론뿐만 아니라 궁극적이고 최종적 목표인 하늘나라라는 종말론적 구원을 지향하고 있기 때문이다.

옛 언약과 마찬가지로 그리스도께서 성취하신 새 언약에서도 "나는 그들의 하나님이 되고 그들은 나의 백성이 될 것이라"(렘 31:33; 히 8:10)는 하나님의 선포가 뒤따른다. 이 선포의 대상은 단수가 아니라 복수인 하나님의 백성이다. 언약을 통한 하나님의 구원 약속은 통상적으로 언약 백성인 공동체에게 주어진다. 따라서 믿음에 의한 칭의는 하나님의 새로운 언약 백성과 그들의 공동체인 교회를 창조하고 그 소속을 확인하는 중요한 요소임이 틀림없다. 그러나 하나님께서 그분의 새로운 백성을 창조하시고 그들을 교회에 소속시키는 목적은 믿음의 공동체인 교회를 통해 언약에 계시된 하늘나라의 유업을 잇게 하려는 데 있다.

그러나 동시에 간과하지 말아야 할 사항이 있다. 칭의가 새 언약 백성의 공동체인 교회와 관계없이 오로지 개인 구원과 직결된다는 주장 또한 언약의 관점에서 볼 때 무리가 있다. 구약 시대의 언약 공동체(이스라엘)나 신약 시대의 언약 공동체(교회)의 본질은 어느 시대든 동일하기 때문이다.[27] 비록 그 공동체 안에는 택함 받은 자와 택함 받지 못한 자 곧 신자와 비신자가 함께 있지만, 하나님의 구원 약속은 항상 믿음 공동체를 향해 주어진다. 언약 선포의 내용이 보여주듯이 하나님의 다스림과 주권 행사는 그분이 통치하시는 나라에 속한 백성들을 대상으로 하기 때문이다.

하나님의 구원 약속에 나타난 언약의 계시는 그리스도의 십자가 사건으로 성취된 복음을 믿는 자들을 하나님이 새로운 백성으로 창조하신다는 것이다. 그것은

---

26) Wright, What Saint Paul Really Said, 118.
27) Peter J. Gentry & Stephen J. Wellum, 『언약과 하나님 나라』, 김귀탁 역 (서울: 새물결플러스, 2017), 105.

하나님의 구원 선포가 믿음에 의해 창조된 새 언약 백성을 향해 주어짐을 의미한다. 따라서 칭의는 먼저 믿음으로 그리스도와 연합되어 믿음의 백성 공동체에 소속됨을 뜻한다. 그 결과 믿는 자들은 아브라함의 자손이 되어 언약의 약속대로 하늘나라를 유업으로 받게 된다(갈 3:29).

그러므로 그리스도께서 세우신 새 언약에서의 칭의를 성령의 인(印)치심을 받아 믿음의 공동체에 속하게 되는 과정을 생략한 채 개인의 구원에만 연관시킬 수는 없다. 또한 개인 구원을 도외시한 채 하나님 백성이 되는 자격에만 문제의 초점을 맞출 수도 없다. 성령에 의해 하나님의 백성으로 인침을 받고 언약 백성의 공동체에 소속된다는 사실은 개인의 구원을 의미하는 동전의 양면과 같은 관계를 맺고 있기 때문이다.

라이트는 하나님의 백성에 소속된 자들이 중도에 타락하여 구원을 잃어버리는 경우를 대비하여 칭의의 시제를 과거와 현재, 미래로 구분하기도 한다. 이는 하나님의 예정에 관한 문제와 연관되기 때문에 이 책에서 자세한 논의는 생략한다. 하지만 칭의의 시제를 구분해야 한다는 라이트의 주장은 율법을 언약의 조건으로 간주하는 불링거를 따르는 취리히 종교개혁자들의 관점에서 볼 때 타당성을 지닌다. 그들은 선택과 유기를 모두 하나님께서 예정하셨다는 이중예정교리를 주장한 칼빈에 반대하여, 선택은 하나님의 예정이지만 유기는 언약의 조건 즉 하나님의 법을 어긴 인간의 책임이라는 단일예정교리를 주장하기 때문이다.

C. 신적(神的) 죽음에 대한 언약의 계시

하나님은 아브라함에게 가나안 땅의 약속을 주시면서 그 약속의 확증을 위해 쪼개진 짐승 사이를 횃불로 지나가심으로써 아브라함과 언약을 세우신다(창 15:17).

창세기 15장은 이 사건을 후손의 약속과 아브라함의 칭의 사건(창 15:6) 다음에 기록한다. 이는 아브라함 언약에 계시된 두 약속의 영적 연결 고리로서 예수 그리스도의 십자가 사건에 의한 언약 성취를 이끌어 내는 구속사적 근거를 제공한다.

영원불멸하신 하나님이 '죽음의 의식'을 통해 아브라함과 언약을 세우신 계시 행위를 당시 상황에서 살펴보자. 이 행위는 고대 근동 지방의 조약이나 계약에서 볼 수 있는 군주와 봉신 사이의 관례적인 '자기 저주의 맹세'로 해석할 수 있다. 계약을 지키지 못한다면 자신의 죽음도 불사하겠다는 맹세의 서약이다.

그러나 이 행위는 하나님께서 자신의 죽음을 담보로 하는 '자기 확증의 맹세'로 해석하는 것이 더 타당하다. 이것은 자신의 죽음으로 약속을 성취하시겠다는 확증 맹세의 엄중한 서약이라는 의미다. 만약 우리가 하나님께서 보여주신 죽음의 계시 행위를 '자기 저주의 맹세'로 간주하여 해석한다면 아브라함 언약을 통해 구원을 약속하신 하나님의 은혜를 구속사적으로 연결하기는 힘들 것이다.

만약 우리가 이 행위를 여호와 하나님께서 미래의 자신의 죽음을 담보로 세우신 언약의 '자기 확증 맹세'로 받아들인다면, 하나님의 아들인 예수 그리스도의 성육신과 그분의 십자가 사건의 근거로 나아갈 수 있는 길이 열리게 된다. 예수 그리스도는 십자가의 죽음으로 사람들을 죄에서 구원하시기 위해 말씀이 육신이 되어 세상에 오신 하나님의 아들이다. 하나님의 본체이신 그는 자신의 죽음으로 아브라함과 '죽음의 자기 확증 맹세'로 세우신 구원의 약속을 실행하고 성취하신 분이시다.

그리스도의 십자가 사건을 통해 드디어 세상에 죄 사함과 함께 구원의 축복인 복음이 전해졌다. 그러나 그리스도의 복음은 전혀 새롭게 등장한 소식이 아니라 이미 하나님께서 아브라함에게 예고한, 이방을 믿음으로 말미암아 의로 정하실 것을 알리셨던 복음이었다(갈 3:8). 하나님께서는 아브라함에게 하신 약속을 완벽하게 이루셨다. 수천 년 후에 말씀이 육신이 되신 예수 그리스도를 세상에 보내셨고 그의 십자가의 죽음을 통해 이전에 자신의 죽음으로 계시하셨던 언약의 구원 약속을 성취하시고 완성하신 것이다.

바울이 로마서 1장 17절에서 언급한 복음에 나타난 '하나님의 의'는 자신의 구원 약속의 계시를 끝까지 실행하심으로써 성취하시는 하나님의 신실하심이다. 약속의 계시를 믿었던 아브라함의 칭의가 '하나님의 의'로 말미암아 그 계시의 성취이신 예수 그리스도를 믿음으로 얻는 칭의에 그대로 적용되는 것이다.

그리스도를 믿는 믿음은 십자가의 죽음을 통해 하나님의 언약을 성취하신 그분의 사역을 믿는 동시에 그분의 주(主)되심, 즉 하나님이심을 믿는 믿음이다. 그리스도는 육신의 몸으로 세상에 오셨지만, 그분의 죽음은 아브라함에게 한 가나안 땅, 즉 영적 하늘나라 약속에 대한 확증이며 죽음의 계시를 통해 언약을 세우신 계시자이신 하나님을 대신한 성취자의 죽음이었다. 십자가에서 죽기까지 낮아지신 그분은, 인간이 되셔서 죽음을 당하기 위하여 스스로 아무것도 아닌 존재가 되신 '하나님의 본체'이시기 때문이다(빌 2:6-8).[28]

존 스토트(John Stott)도 이 점을 지적한다. "히브리서는 우리에게 십자가에서 죽으신 이가 하나님이라고 말할 것을 요구한다. 그 논리는 '언약'과 '유언'의 유사성을 근거로 해서 전개된다. 유언의 내용은 유언자가 죽은 후에야 효력을 발휘한다. 따라서 유언장에 약속을 기록해 놓은 경우에는 그 사람이 죽어야만 유산을 상속할 수 있다. 그런데 여기서 제기되는 것은 하나님의 언약이므로, 죽음 또한 하나님의 죽음이 되어야 한다(히 9:15-17)"는 것이 그의 주장이다.[29]

그러나 그는 우리가 비록 이런 해석의 정당성을 성경에서 찾을 수 있다 하더라도, 특별히 '하나님 자신'이 십자가에서 돌아가셨다고 구체적으로 선언하는 구절은 성경 어디에도 없다고 말한다. 성경은 우리를 위해 자신을 내어주신 분이 하나님

---

28) John Stott, 『그리스도의 십자가』, 황영철 & 정옥배 역 (서울: IVP, 2007), 289.
29) Stott, 『그리스도의 십자가』, 289-290.

이심을 증거하지만, 그것을 증거하는 표현들은 "하나님이 죽으셨다"고 결코 단언할 수 없는 선에서 그친다. 하나님은 결코 죽으실 수 없는 분으로 불사(immortality)는 하나님 존재의 본질이기 때문이다. 스토트에 따르면 성육신의 목적은 죽을 수도 있는 존재가 되시려는 데 있었다.[30]

구약에 기록된 모든 언약에는 구속주 그리스도의 그림자가 희미하게 드러난다. 그 희미한 모습은 신약의 조명이 비칠 때 비로소 뚜렷해지는 경우가 많다. 성경은 현재적 의미뿐만 아니라 성취될 미래적 의미도 함께 담겨 있는 책이기 때문이다.

하나님의 언약과 섭리가 구약 본문을 통해 통시적으로 전개되는 것을 살펴보는 작업은 성경의 통일성을 잘 드러내게 한다.[31] 성경에 나타난 하나님의 말씀은 시간 속에서 펼쳐지는 하나님의 경륜과 섭리를 담고 있으므로 처음에는 희미하지만 점차 분명하게 하나님의 계시가 드러난다. 하지만 하나님의 약속인 구원에 관한 언약의 내용이나 중심 사상은 결코 변할 수 없다.

계시된 언약의 약속이 양면성을 지니는 이유는 그 약속이 주어진 당시 언약 당사자에게 주어진 현재적 의미뿐이 아니라 그 언약을 통해 장차 이루실 하나님의 구속사적 섭리가 영적으로 그 안에 함께 계시되기 때문이다. 그리스도가 오시기 전까지 언약 계시의 미래적 의미는 그분의 오심을 통해 비로소 드러난 하나님의 구원 경륜의 신비로서 사람들에게 알려지지 않은 그리스도의 비밀이었다. 바울이 "이 비밀은 만세와 만대로부터 감추어졌던 것인데 이제는 그의 성도들에게 나타났다"(골 1:26)라고 선언하는 이유다.

바울도 하나님께서 이 비밀을 그에게 계시로 알게 하시기 전까지는 그리스도인을 박해하던 유대인이었다. 이 비밀은 하나님께서 아브라함과 그의 육체적 후손인

---

30) Stott, 『그리스도의 십자가』, 291.
31) Walter C. Kaiser Jr., 『구약에 나타난 메시아』, 류근상 역 (서울: 크리스찬출판사, 2008), 22-23.

이스라엘 백성들에게 이미 주신 아브라함 언약에 이면적으로 계시된 영적 약속이었다. 하지만 그의 후손인 유대인들은 그 영적 의미를 미처 깨닫지 못하고 있었다. 그러나 그리스도가 오심으로 이 모든 사실이 빛 가운데서 확연히 드러나게 되었고 바울의 이방인 전도로 말미암아 이 복음이 온 세상에 퍼지게 되었다.

그리스도는 복음의 정점에 계신 분이다. 그는 아브라함 언약이 지향하고 있는 영적 의미를 성취하신 분이다. 그는 인간의 구속을 위해 하나님의 아들로 세상에 오신 메시아였지만, 근본 하나님의 본체이시며(빌 2:6), 말씀이 육신이 되신 분이다. 로마서 5장 6절은 "우리가 아직 연약한 가운데 있을 때 그리스도께서는 하나님이 정하신 대로 경건하지 않은 자를 위해 죽으셨다"고 기록한다. 그렇다면 그리스도의 죽음이 왜 하나님께서 미리 정하신 일이며, 경건치 않은 자들을 위한 것인가?

하나님은 인간을 창조하신 후 에덴동산에서 인간과 언약을 맺으셨다. 이 언약은 흔히 창조언약 혹은 행위언약으로 불린다. 이는 아담이 타락하기 전, 죄가 없는 상태에서 맺어진 언약이다. 이 언약에서 하나님은 사람에게 자신의 명령에 대한 완벽한 순종을 요구하셨다. 불순종하면 "반드시 죽으리라"(창 2:17)는 영원한 죽음의 선고가 선포되었다. 이 말은 순종하는 경우에는 영생을 주시겠다는 말과 동일하다.

창조 언약에서 하나님의 명령은 반드시 지켜야 할 법이었다. 순종은 하나님의 형상으로 창조된 피조물인 인간이 하나님의 창조 목적에 따라 당연히 지켜야 할 의무였다. 하지만 불순종은 인간을 창조하신 하나님의 뜻과 의도에서 벗어나기 때문에 인간이 더이상 존재할 이유가 없다. 그래서 불순종한 인간에게 죽음이 선포된 것이다.

그런데 아담은 이 명령에 불순종하여 언약을 파기했다. 죄가 그를 지배함에 따라 그에게 있던 하나님의 형상이 완전히 손상되었다.[32] 그 결과 모든 사람이 그의

---

32) Nehemiah Coxe and John Owen, Covenant Theology (from Adam to Christ), eds. Ronald D. Miller, James M. Renihan, and Francisco Orozco (Palmdale: Reformed Baptist Academic Press, 2005), 51.

죄로 인하여 죄를 범하게 되어 하나님의 영광에 이르지 못하게 되었다(롬 3:23). 아담 이래 모든 사람이 아담의 불순종 때문에 저주 아래 놓이게 된 것이다. 그러나 하나님께서는 불순종을 처벌하시겠다는 그분의 법을 아담에게 즉시 시행하지 않으시고 도리어 그와 맺으신 은혜의 언약으로 돌리셨다. 아담의 불순종 문제를 해결할 '여인의 후손'인 그리스도를 약속하심으로 사탄의 사망 권세를 폐하시고 복음으로 우리를 구원하시려는 작정을 실행하신 것이다.

창세기 3장에 약속된 이 '여인의 후손'이 아브라함 언약에서는 '아브라함의 후손'으로 구체화되었고, 다윗 언약에서는 다윗의 후손으로 좀 더 구체화되었다. 이분이 바로 하나님의 약속과 때를 따라 육신의 몸으로 세상에 오신 그리스도다. 결국, 그리스도가 여자의 후손으로 오셔서 사탄과 싸워 승리하셨다. 그리스도는 십자가에서 사탄의 공격을 받아 상처를 입으셨지만, 그것을 십자가로 이기셨다(골 2:15).[33]

하나님은 아브라함에게 "땅의 모든 족속이 너로 말미암아 복을 얻을 것이다"(창 12:3)라고 말씀하셨다. 이는 아브라함에게 주어진 축복이 어느 한 나라나 민족, 개인에게 국한된 것이 아니라 온 세상에 주어질 축복임을 보여준다. 그리고 그 복은 하나님께서 그와 맺으신 언약의 약속에 의거한 축복이다. 아브라함에게 전해진 복음의 내용이었다. 콕스(N. Coxe)와 오웬(John Owen)은 아브라함 언약을 해석할 때, 이를 "복음이 아브라함에게 전파되었고, 은혜의 언약이 그에게 계시되었다"고 해석한다.[34]

앞서 살펴본 바와 같이 창세기 15장을 통해 하나님께서 아브라함에게 약속하신 후손과 가나안 땅은 문자적 의미뿐 아니라 영적 의미가 포함된 하나님의 구속사적 계시였다. 그러나 창세기 15장 본문을 해석하는 제2장에서 좀 더 자세히 다루겠지만, 루터(Martin Luther)는 그의 『창세기 강해』에서 후손의 약속에 포함된 영적 의

---

33) O. Palmer Robertson, 『계약신학과 그리스도』, 김의원 역 (서울: 기독교 문서선교회, 2004), 106.
34) Coxe and Owen, Covenant Theology (from Adam to Christ), 74.

미에는 전적으로 동의하나, 가나안 땅에 영적 의미가 있다는 사실은 강하게 부인한다.

루터는 하나님이 아브라함에게 약속하신 가나안 땅은 지상의 가나안 땅일 뿐 다른 영적 의미가 전혀 포함되어 있지 않다고 주장한다.[35] 약속된 가나안 땅의 영적 의미를 부인하는 그의 견해는, 바울의 복음과 율법에 대한 해석에도 영향을 미치고 있다. 그 결과 그는 바울 당시의 유대교를 율법의 행위로 구원을 얻는 '행위의 종교'로 규정했다. 그가 보기에 율법은 복음과 믿음에 걸림돌이 되는 방해물이었다. 그러나 사도 바울은 그의 서신서에서 율법을 신랄하게 비판하기도 하지만 율법의 긍정적인 면도 동시에 강조한다. 바울 서신에 나타난 복음을 언약의 계시와 성취라는 신구약 성경 전체의 관점에서 보지 않는다면, 바울의 율법 이해를 제대로 파악하지 못한 채 율법에 대한 오해와 편견을 불러일으킬 수 있다.

바울은 갈라디아서를 통하여 믿음에 더하여 할례와 율법 행위를 계속 고집하는 유대인 그리스도인들을 신랄하게 비판한다. 그들은 예수 그리스도로 인하여 하나님의 구원 방식이 옛 언약의 구원 방식과는 전혀 달라졌음을 인식하지 못했던 것이다. 그들은 그리스도에 의한 언약 성취로 인하여 유대인과 이방인을 구별하는 할례와 같은 율법 행위가 더이상 필요치 않게 되었음을 깨닫지 못하고 있었다. 할례와 같은 율법은 그리스도가 오심으로 더이상 하나님의 백성을 구분하던 효력을 상실하였다.

그러나 새 언약의 예언은 율법이 여전히 유효함을 강조한다. 새 언약 후에 하나님은 자신의 법을 그의 백성들 속에 두며 그들의 마음에 기록한다고 말씀하신다 (렘 31:33; 히 8:10). 하나님의 법인 율법은 새 언약에서도 여전히 유효하며, 새 언약

---

35) Martin Luther, Luther's Work's Vol. 3, Lectures on Genesis Chapter 15-20, edited by Jaroslav Pelikan (St. Louis: Concordia, 1961), 26-27.

백성의 삶을 인도하는 길잡이가 된다. 바울의 율법에 대한 부정적인 견해는 오직 믿음으로 구원을 얻는다는 복음을 훼손하고 복음에 율법의 행위를 첨가하려는 사람들의 잘못을 바로잡기 위해서였다. 그는 한편으로는 로마서에서 율법의 선한 용도와 가르침을 기록하고 있다(롬 2:13; 2:18; 3:31; 7:12). 바울은 율법의 유효함을 인정하지만, 그것이 그리스도께서 성취하신 복음에 우선할 수 없음을 단호하게 선언한 것이다.

따라서 바울 신학을 기존의 관점에서 벗어나 새로운 관점으로 보려는 시도가 이루어졌다. 바울의 새 관점 주의자들은 1세기 유대교를 언약적 율법주의로 이해했다. 이 그룹에 속한 라이트(N. T. Wright)와 던(James Dunn), 샌더스(E. P. Sanders)는 기독교의 전통적 칭의론을 언약적 관점에서 새롭게 해석한다. 물론 그들의 주장을 모두 받아들일 수는 없지만, 기존의 신학적 주장을 언약의 관점으로 다시 검토해 볼 필요성을 제시한다는 점에서 성경적 논리를 제공한다.

그리스도의 십자가는 1세기 유대교의 종교적 상황에 의해 우발적으로 발생한 사건이 아니라, 하나님께서 이미 오래전에 언약으로 약속하신 구원 계시를 하나님 자신이 성취하신 사건이다. 하나님은 본질상 죽으실 수 없는 분이시므로 하나님의 본체이신 말씀이 그리스도라는 육신으로 세상에 오셔서 십자가에 죽으심으로써 스스로 계시하신 죽음의 약속을 성취하신 것이다.

여호와 하나님께서 죽음의 의식을 통해 아브라함에게 언약으로 확증하신 그 구원 약속은 아무도 생각할 수 없었던 실행 불가능한 계시였다. 하지만 이를 위해 하나님께서 예비하신 그리스도의 비밀은 하나님의 구원 경륜의 신비를 여는 열쇠가 되었다. 모든 언약의 약속이 그리스도 안에서 성취되었고 믿음의 조상 아브라함에게 주어졌던 가나안 땅의 약속이 주(主)되신 그리스도의 죽음으로 유업이 되어 온 세상에 복음의 축복이 되었다.

이 사실을 확인하기 위해 하나님께서 죽음의 의식을 통해 아브라함과 세우신 언약의 계시가 그분과 동일 본질의 하나님이신 그리스도의 십자가 사건으로 성취되었음을 논증하는 것이 필자의 첫 번째 목적이다. 그리고 이로 인한 복음이 성령에 의한 믿음으로 하나님의 예정된 자들에게 적용되어 구원 언약의 성취가 완결되는 삼위일체 하나님의 사역을 논증하는 것이 두 번째 목적이다.

또한, 첫 번째와 두 번째 목적을 보완하기 위해서는 그리스도께서 자신의 피로 세우신 새 언약에 예언된 하나님 백성의 변형에 대한 고찰이 세 번째로 요구된다. 하나님께서 새 언약의 대상으로 예언하셨던 '이스라엘 집과 유다의 집' 그리고 '이스라엘 집'이 누구를 지칭하는 것이며, 어떻게 새 언약에서 이방인을 포함한 새 언약 백성에게 적용되는지에 대한 설명이 없이는 새 언약에 나타난 언약의 성취를 이해할 수 없기 때문이다.

앞에서 언급한 목적의 논의를 원활하게 하기 위해 각 단원 사이에 믿음과 칭의, 그리고 언약의 조건인 할례를 포함한 율법에 대한 논의를 포함했다. 창세기 17장에 기록된 할례를 통한 언약 의식은 성령 하나님께서 새 언약에서 하나님의 백성을 인(印)치시는 사역으로 언약의 관점에서 할례와 세례는 하나님의 백성을 구별하는 모형과 원형의 관계로 파악할 수 있다.

할례가 이스라엘 언약 공동체의 구성원임을 표시하는 하나님의 규례였듯이, 성령에 의한 세례는 그리스도의 피로 세우신 새 언약 공동체, 곧 교회에 믿는 자들을 소속시키고 그들을 구원받은 백성으로 인(印)치시는 새 언약의 표징이다. 이를 통해 성령은 하나님의 새로운 언약 백성을 창조하신다. 성부와 성자 하나님 사이에 성취된 새 언약이 성령 하나님의 사역에 의하여 믿음으로 예정된 자들에게 적용되어 새로운 하나님 백성의 교회인 믿음의 공동체가 형성되는 것이다.

삼위 하나님의 구속사역에 관한 언약 계시와 성취를 다루는 연구는 창조 언약에서 새 언약에 이르기까지 모든 언약을 다루어야 하는 광범위한 연구다. 이러한 작업은 언약을 통한 삼위 하나님의 구속사역을 일관되게 통찰하기 위해서는 꼭 필요하다. 그렇지만 그 범위가 너무 넓기 때문에 본 책자에서는 모든 언약 중에 핵심이 되는 아브라함 언약과 새 언약에 계시된 약속과 성취를 고찰함으로써, 삼위 하나님께서 구속사를 통해 자신의 존재와 사역을 어떻게 펼치시는지를 살피는 데 집중하였다.

기독교 신앙은 올바른 삼위일체론의 이해에서 시작된다. 삼위일체 교리는 새 언약 공동체인 초대교회가 그리스도를 직접 만난 경험에서 우러나온 신앙고백이었다. 삼위일체의 교리는 아타나시우스가 말한 것처럼 기독교를 세우기도 하고 쓰러지게도 할 수 있는 기독교 신앙의 핵심 교리다. 이 교리는 믿음을 통한 구원의 관점에서 접근되어야 한다. 내재적이고 존재론적 관점에서 접근하여 삼위일체론이 추상적이고 사변적으로 흐르지 않도록 언약 교리에 기초한 논의가 필요하다고 본다.

삼위일체론이 추상적 사변에 빠질 수 있는 위험을 극복하기 위해 20세기에 들어 바르트와 몰트만을 비롯한 다수의 학자가 삼위일체론을 새로운 관점으로 연구하기 시작했다. 최근 삼위일체론은 삼위 하나님이 세상의 구원을 위해 하신 일을 묘사하는 것으로 이해하는 경향을 보인다. 이는 삼위일체 교리가 추상적이고 사변적인 교리가 아니라 기독교인의 삶에 의미가 있는 실질적 교리임을 강조하는 경향이다.[36]

신구약 성경을 통해 인간이 하나님의 존재를 알고 그분의 속성을 체험하는 일은 하나님께서 인간과 맺은 언약의 계시 속에 가장 뚜렷하게 드러난다. 하나님께서는 시종일관 변함없는 창조 목적을 인간의 눈높이에 맞게 점진적으로 계시하셨기 때문이다. 그 약속의 계시는 구속의 역사가 진전됨에 따라 점차 명료해졌지만, 그 본질은 전혀 변함이 없었다. 그 본질의 핵심은 그리스도에 의한 성취였다.

---

36) 웨슬리신학연구소 편, 『관계 속에 계신 삼위일체 하나님』 (서울: 아바서원, 2015), 김영선의 프롤로그 7면의 각주 6 참조. "박만의 『현대 삼위일체론 연구』에 따르면, 첫째, 최근의 삼위일체론은 삼위 하나님의 구원 사건에 대한 신학적 해명으로 간주되어 기독교인의 삶에 큰 영향을 끼치는 실제적인 교리로 인

구약의 모든 언약과 신약의 새 언약은 '하나님의 근본적 약속'인 구원이라는 동일한 목표 아래 서로를 조명하고 있으며 하나님이 어떤 분이신가를 지속적으로 계시한다. 구약의 옛 언약에서 하나님은 자신을 한 분 여호와 하나님으로 계시하셨다. 그러나 그 언약의 성취는 자신의 약속을 죽음으로 성취한 아들 예수 그리스도와 그분이 약속을 성취하신 주(主), 곧 하나님이심을 믿게 하는 성령 사역의 결과다. 계시의 점진성 때문에 우리는 신약에서 비로소 삼위 하나님을 발견하지만, 원래 성자와 성령 하나님은 구약에서 여호와의 말씀과 영으로 계시되었던 구별되지 않는 동일한 한 분 하나님이셨다.

D. 연구 범위와 방법

1. 연구 내용의 범위

언약 교리와 삼위일체론은 지금까지 별개의 신학적 주제로 다루어져 왔다. 언약 교리 자체로도 광범위하지만, 삼위일체 교리 또한 그 논의의 범위가 이루 말할 수 없이 넓다. 그동안 언약 교리와 삼위일체론을 하나로 연결하여 삼위일체 하나님의 존재와 사역을 언약을 통해 인식하고 확인하는 연구는 거의 찾아볼 수가 없었다.

식되고 있다. 이런 성향의 신학자들로 칼 바르트(Karl Barth), 칼 라너(Karl Rahner), 발터 카스퍼(Walter Kasper), 캐서린 라쿠나(Catherine M. LaCugna), 위르겐 몰트만(Jürgen Moltmann) 등이 있다. 둘째, 최근의 삼위일체론은 이상적인 정치와 경제, 사회, 생태계 회복 등을 위한 신학적 원리를 삼위일체에서 찾고자 한다. 이런 성향의 신학자들로 몰트만과 보프, 라쿠나, 샐리 맥페이그 등이 있다. 셋째, 최근의 삼위일체론은 유신론과 무신론의 극복으로서 삼위일체론을 제시하고 있다. 이런 성향의 신학자들로 바르트와 융엘, 몰트만 등을 꼽을 수 있다."

따라서 필자는 아브라함 언약과 새 언약을 언약의 계시와 성취라는 구원 역사를 통해 살펴봄으로써 삼위일체 하나님의 존재 인식의 근거와 논리를 찾으려 하였다. 이 작업은 주로 하나님의 옛 언약의 계시를 해석한 신약의 기록에 의존하였다.

이 책의 제2장은 아브라함 언약이 기록된 창세기 15장 본문에서 그 언약의 약속에 담긴 신학적 의미들을 찾아냄으로써 본론을 시작한다. 그 약속 안에는 기록된 문자적 의미와 함께 그 이면에는 신약의 해석을 통해 밝혀진 영적 계시가 동시에 담겨 있다. 하나님께서는 성경의 언어로 기록된 아브라함 언약의 약속 이면에 구원에 관한 계획을 영적으로 은밀하게 계시해 놓으셨기 때문이다.

그러므로 필자는 먼저 창세기 15장에 기록된 아브라함 언약에 동반된 하나님의 계시 사건을 중심으로, 성경학자들의 본문 주석을 비교 분석함으로써 그 속에 함의된 하나님의 영적 구원 계시를 찾아내려 하였다. 그것은 영적 후손인 예수 그리스도와 믿음에 의한 칭의, 그리고 그리스도를 믿는 자들에게 주어질 약속된 유업인 가나안 땅에 관한 내용들이다.

류폴드(H. C. Leupold)는 창세기 15장이 구원 진리를 제시해 준다는 점에서 성경의 기념비적인 장이라 주장한다. 바울이 구원 진리를 확증할 때 창세기 15장을 인용하는 이유가 바로 여기에 있다고 한다(롬 4:3; 갈 3:6).[37] 그는 "아브람이 여호와를 믿으니 여호와께서 이를 그의 의로 여기시고"라는 6절을 가장 중요시한다. 인간이 어떻게 하나님 앞에서 의롭다고 인정을 받을 수 있었는지에 대한 분명한 대답이 아브라함 시대에 이미 예고되어 있다고 생각하기 때문이다.

창세기 15장 6절은 그리스도를 믿는 믿음이 구원의 방도라는 기독교의 핵심 진리를 예표한다. 구약학자인 부르그만(Walter Brueggemann)은 "아브라함의 믿음은 그가 세상 안에서 보는 어떤 것에도 있지 않다. 오히려 그것은 세상의 불임을 뛰어

---

37) H. C. Leupold, 『신구약성경주석, 창세기(上)』, 최종태 역 (서울: 크리스챤서적, 1993), 406.

넘을 하나님 말씀에 있다. 믿음은 새로운 삶을 위해 현재를 뛰어넘고자 하는 하나님의 약속에 의지하는 것을 뜻한다"고 말한다.[38] 그러나 실제로 아브라함은 후손에 대한 언약의 확증을 받은 후에도, 그 약속을 끝까지 신뢰하지 못하고 그의 여종에게서 이스마엘을 낳는 실패를 경험한다.

여기에서 창세기 15장을 중심으로 아브라함 언약에서 살펴보아야 할 신학적 문제는 다음과 같다. 첫째, 믿음으로 의롭다 함을 얻은 아브라함의 칭의가 아브라함에게 약속으로 주신 후손과 가나안 땅을 영적으로 어떻게 연결하는지의 문제다. 둘째, 하나님께서 가나안 땅에 대한 언약을 아브라함과 세우시며 스스로 행하신 '죽음의 의식'에 담긴 계시적 의미가 후손의 약속과 어떻게 연결되는가이다. 그리고 마지막으로 창세기 17장에 기록된 할례의 규례와 언약을 성취하신 예수 그리스도를 주(主)로 고백하는 믿음을 통하여 새로운 백성을 창조하시는 성령의 사역과의 관계에 관한 문제다.

에베소서 1장 13절은 믿음과 성령의 '인(印)치심'의 관계가 매우 밀접함을 밝힌다. 그리스도를 믿어 약속의 성령으로 인치심을 받고 하나님의 소유가 된 백성은 유업의 보증이 되시는 성령으로 인하여 하나님 나라의 유업을 잇게 된다. 성령 사역의 결과는 하나님의 소유인 새로운 백성의 창조로 나타난다. 구원을 계시하신 성부 하나님과 그 계시를 자신의 죽음으로 성취하신 예수 그리스도, 그리고 그분에 대한 믿음을 통해 새로운 언약 백성을 창조하시는 성령 하나님의 관계적 사역이 새 언약의 성취에 나타난 삼위일체 하나님의 구속 사역이다.

성경 전체를 통해 이 사역을 이해하는 일은 삼위일체 하나님의 존재를 인식하고 그 근거를 깨닫는 하나님에 대한 지식이 된다. 이러한 지식은 삼위일체에 대한 믿

---

38) Walter Brueggemann, Interpretation, A Bible Commentary for Teaching and Preaching, Genesis (Atlanta: John Knox Press, 1982), 146.

음의 확신을 더욱 견고히 세우는 역할을 감당한다. 칼빈의 주장과 같이 하나님을 아는 지식으로 우리의 신앙적 유익이 더해감을 깨닫게 될 것이다.[39]

2. 언약을 중심으로 한 구약의 해석 방법

본고는 창세기 15장과 17장에 나타나는 아브라함 언약과 할례에 관한 규례를 해석하기 위하여 구약을 해석하는 '모형론적 방법'이나 혹은 '약속과 성취'의 방법을 사용하기로 한다. 구약을 해석하는 방법은 이외에도 여러 가지가 있지만, 언약의 계시적 사건들이 그리스도의 십자가 사건으로 성취된다는 점에서 이 두 가지 방법이 가장 유용할 것이다.

실제적으로 모형론적 해석 방법과 신약을 통한 약속(예언)과 성취에 의한 구약 해석 방법은 별 차이가 없다. 이 두 접근 방식 사이에는 형식과 외형적인 차이에도 불구하고 내적으로는 서로 밀접한 관계에 있기 때문이다. 그 이유는 이 두 방법이 모두 구약에서 예비적 형태와 기다림의 때 속에서 하나님 자신에 의한 구원의 완성을 내다보고 있기 때문이다. 모형과 약속의 계시는 미래에 일어날 일을 예견하는 것이며, 원형은 장차 그 약속의 성취가 하나님의 의도와 뜻대로 세상에 드러나는 것이다.

불트만(R. Bultmann)은 "구약 예언(약속)들이 관심을 갖는 미래는 종말과 메시아 시대이고, 이것은 하나님의 에클레시아(εκκλεσια)인 그리스도인 공동체에게 현재가 되었기에 구약의 예언들은 이러한 의미에서 모두 메시아 예언들이다"라고 말

---

[39] John Calvin, 『기독교 강요, (상)』, 원광연 역 (고양: 크리스챤다이제스트, 2003), 45.

한다.⁴⁰ 구약의 언약에 계시된 하나님의 약속들은 불트만의 주장과 같이 하나님에 의해 허가된 예언적 성격을 갖고 있으며, 이 약속들은 모두 메시아를 향해 그 초점을 맞추고 있다.

이러한 주장은 우리에게 신구약 성경을 하나의 통일된 계시로 간주하고 해석하도록 요구한다. 성경 전체가 하나님의 말씀임을 전제로 할 때, 시대에 따른 성경의 다양성에도 불구하고 인간의 구원을 계획하고 성취해 가시는 하나님의 뜻을 기록한 성경의 통일성과 일관성을 인정하는 것이 마땅하다. 따라서 우리가 성경의 언약들을 통찰할 때 각각 독립적인 다양성에도 불구하고 그것의 최종 목표는 항상 예수 그리스도를 중심으로 하는 일관된 하나님의 구원 계획을 지향하고 있음을 먼저 깨달아야 한다.

1) 모형론적 해석 방법

구약과 신약에는 통일성이 있다. 이는 구속에 관해 일관된 가르침을 담고 있으며, 하나님의 특별계시의 본질적인 부분들을 포함하고 있기 때문이다. 구약과 신약에 담긴 계시는 그 의미가 점진적으로 드러나기에 시간이 흐를수록 영적 의미는 점차 명료해진다. 특히 옛 언약의 계시와 그 성취인 새 언약의 규례는 단지 하나님의 경륜에 따라 구별될 뿐이다. 벌코프(Louis Berkhof)는 구약은 신약을 올바르게 해석하는 열쇠를 제공하는 반면, 신약은 구약에 대한 주석이라고 말한다.⁴¹

벌코프가 지적하듯이, 하나님은 말씀뿐만 아니라 사실을 통해서도 스스로를 계

---

40) Rudolf Bultmann, "예언과 성취", Claus Westermann 편, 『구약 해석학』, 박문재 역 (서울: 크리스챤다이제스트, 2006), 51-52.
41) Berkhof, 『성경해석학』, 145.

시하신다. 말씀은 사실을 설명해 주고 사실은 말씀에 구체적인 형체를 부여한다. 그리스도는 말씀이 육신이 되신(요 1:14) 분이기 때문에, 말씀과 사실의 완전한 종합이 그리스도 안에서 발견된다.[42] 따라서 언약의 말씀들과 그 언약 속에 나타나는 사건들은 성경을 역사적으로만 이해해서는 해석될 수 없다. 구약의 역사 속에서 언약이 지닌 상징적이고 모형적인 성격이 신약의 원형적인 성격과 제대로 연결되어 다루어져야 한다. 언약에 나타나는 약속과 사건들이 모두 하나님의 구속 사역과 밀접히 연결되며, 그 역사의 정점에 계신 그리스도께로 초점화되기 때문이다.

아이히로트(W. Eichrodt)에 따르면, 모형(τυποι)이라는 것은 신약의 구원사에 상응하는 실체들에 대한 하나님이 세우신 모델들 또는 예비적인 제시들로 간주되는 구약의 인물, 제도, 사건들이다.[43] 물론 모형과 모든 속성에서 일치하는 것이 아니며, 오히려 대비적인 특성을 띠며 몇몇 중요한 사안은 유비추리를 토대로 논증을 펼치는 경우도 있다.

모형은 상징과 비슷한 성격임에도 불구하고 중요한 점에서 서로 구별이 된다. 상징은 어떤 다른 것의 표시(表示) 또는 표상(表象)인 반면에, 모형은 어떤 다른 것의 본(本)또는 이미지이다. 상징은 과거, 현재, 미래의 것을 가리킬 수 있지만, 모형은 언제나 미래의 실체를 나타낸다.[44] 하지만 구약의 모형들은 동시대인들에게 영적인 진리를 전한 상징들이기도 하다는 점에서, 모형적인 의미를 확인하기 전에 상징적 의미를 먼저 이해할 필요가 있다. 이런 점에서 구약의 모형들은 상징임과 동시에 모형이었다.[45]

---

42) Berkhof, 『성경해석학』.
43) Walther Eichrodt, "모형론적 석의는 적절한 방법론인가?", Claus Westermann 편, 『구약 해석학』, 박문재 역 (서울: 크리스챤다이제스트, 2006), 231.
44) Berkhof, 『성경해석학』, 153.
45) Berkhof, 『성경해석학』, 154.

그 대표적인 예로 창세기 15장 6절에 기록된 아브라함의 칭의를 신약의 그리스도의 믿음을 통한 칭의의 모형으로 꼽을 수 있다. 그 이유는 첫째, 칭의가 모두 믿음에 의한 것이라는 유사점이라는 것이다. 특히 여호와의 말씀을 믿은 아브라함의 믿음은 그 말씀이 육신이 되신 그리스도의 믿음에 대한 참된 모사(模寫)였기 때문이다. 둘째, 하나님은 아브라함의 믿음에 의한 칭의를 통하여 후손의 약속을 그리스도의 성취로서 언약에 이미 계획해 놓으셨기 때문이다. 그리고 성경은 선포된 언약의 약속을 신실하게 이행하시는 '하나님의 의'는 약속의 당사자인 아브라함으로부터 그 약속의 성취이신 예수 그리스도에 이르기까지 오직 믿음으로 사람을 의롭게 하신다고 증언하기 때문이다(롬 1:17).

성경에 기록된 언약들이 어떻게 전개되는지 본질을 파악하게 되면 하나님의 모든 약속이 그리스도 안에서 어떻게 "예"와 "아멘"이 되는지를 더 잘 이해하게 된다(고전 1:20). 모형론은 약속의 성취와 관련되며, 언약을 통해 통시적으로 전개된다. 성경의 언약들과 직접적으로나 간접적으로 관련되지 않은 모형론을 생각하기란 어렵다.[46]

폰 라트는 그의 논문 '구약의 모형론적 해석'에서 다음과 같이 말한다.

"과거 역사와 현재에 관한 구약의 여러 증언들에 관한 성찰의 결과는 우리가 그 증언들 속에서 '신약의 것과 매우 가까운' 사상 세계를 인식하는 것일 수 없다. 오히려 우리는 하나님의 말씀에 의해 일어난 이 역사의 도처에서, 심판의 행위에서나 구속의 행위에서나 신약의 그리스도 사건의 표(prefiguration)를 본 다. 이것만이 이러한 본문들에 대한 신학적 해석을 위해 제공되는 유일한 유비(類比)이다. 구약의 모형들에 대한 이러한 새로운 인식은 비밀스러운 지식을 품 팔이 하는 것도 아니고 기적을 파헤치는 것도 아니며, 단지

---

46) Gentry & Wellum, 『언약과 하나님 나라』, 865.

그리스도 안에서 스스로를 계시한 그 동일한 하나님이 구약의 언약 백성의 역사 속에서 자신의 발 자취들을 남겼다-우리는 '하나의' 하나님 말씀을 갖고 있는데, 구약에서는 선지자들을 통하여 조상들에게 전해졌고 신약에서는 그리스도를 통해 우리에게 전해 졌다(히 1:1).-는 신념과 일치할 뿐이다."⁴⁷

폰 라트에 따르면, 하나님께서 구약에서 하신 약속들은 단지 이스라엘의 미래에만 국한되는 것이 아니었다. 그렇다고 종말 때까지 성취되지 않고 소망으로 남아 있는 것도 아니었다. 도리어 그에 따르면 이스라엘은 하나님께서 역사 속에서 이미 성취된 여러 사례를 얘기했으며, 그 가운데 가장 두드러진 것이 가나안 땅에 대한 약속의 성취였다.

여호수아서는 가나안 땅에 대한 모든 약속이 성취되었고 아무런 부족함이 없었다고 기록한다(수 21:43; 23:14). 하지만 가나안 땅에 대한 약속은 그 최초의 성취에도 불구하고 이스라엘에게 여전히 미래에 대한 약속으로 남아 있었다. 신명기 12장 9절에서 말하는 '사면에 있는 대적으로부터의 안식'이 아직 주어지지 않았고, 이스라엘은 모든 면에서 여전히 땅에 대한 약속의 성취를 여전히 기다려야 했기 때문이다.⁴⁸

하지만 아이히로트는 폰 라트가 그의 논문 「구약의 모형론적 해석」에서 제안하듯이 구약 전체를 모형론적으로 해석해서는 안 된다고 지적한다.⁴⁹ 그는 모형론을 단지 해석의 과정에서 활용할 수 있는 보조 수단으로 보았다. 그는 진정한 모형은 비본질적인 사항들에 있어서 단순한 외적인 유사성에 관련될 수 없고 구약 역사의

47) Von Rad, "구약의 모형론적 해석", 37.
48) Von Rad, "구약의 모형론적 해석", 35.
49) Eichrodt, "모형론적 석의는 적절한 방법론인가?", 250.

중심적인 사실들과 신약 구원의 근본적인 특징들 사이의 본질적인 상응을 다루어야 한다고 주장한다.[50]

벌코프는 구약의 모형들은 상징임과 동시에 모형이었다고 말한다. 그것들은 영적 진리들을 나타내는 상징들이었기 때문이다. 그는 어떤 모형을 제대로 이해하려면, 먼저 그것이 상징으로서 하는 역할을 철저히 연구해야 한다고 주장한다.[51]

그렇지만 모형이 상징으로서 하는 역할로 이해할 때, 알레고리 해석으로 흐르지 않도록 주의해야 한다. 모형론적 해석과 알레고리 해석의 경계가 때로는 모호하기 때문이다. 하지만 모형론적 해석 방법은 알레고리 해석과 같지 않다. 알레고리는 영적 해석을 할 때 아무 제약도 받지 않는 동시에 본문 글자 하나하나에 영적 의미를 지나치게 부여하기 때문이다.[52]

2) 약속과 성취를 통한 해석 방법

구약은 다양한 민족에 관한 역사를 다루지 않고, 하나님과 그분의 백성인 이스라엘과의 관계를 다룬다.[53] 하나님께서는 아브라함을 갈대아 우르에서 불러내신 후, 그와 직접 언약을 맺으시고 후손과 가나안 땅을 약속하셨다. 하나님께서는 그의 후손들에게도 이 약속들을 되풀이하셨는데, 이 약속들은 이스라엘 역사의 중요한 동인(動因)이었다. 특히 가나안 땅에 대한 약속은 창세기 15장의 언약 수립과정에서 예견되었듯이(창 15:13-16) 출애굽 사건을 이끌어 내는 주요 원인인 동시에 목

---

50) Eichrodt, "모형론적 석의는 적절한 방법론인가?", 250.
51) Berkhof, 『성경해석학』, 154.
52) Von Rad, "구약의 모형론적 해석", 22.
53) Walther Zimmerli, "약속과 성취", Clause Westermann 편,『구약 해석학』, 박문재 역 (경기: 크리스챤다이제스트, 2006), 93.

적이기도 하였다.

아브라함 언약의 핵심은 후손과 가나안 땅에 대한 약속이었다. 이 약속들은 아브라함 이야기가 시작되는 창세기 12장부터 다양한 방법과 표현을 통해 여러 차례 주어진다. '큰 민족'(창 12:2), '땅의 티끌'(창 13:16), '하늘의 별'(창 15:5)로 표현된 후손의 번성이 약속되었고, '이 땅'(창 12:7), '네가 보는 모든 땅'(창 13:15), '애굽 강으로부터 그 큰 강 유브라데 까지'(창 15:18), '네가 거류하는 이 땅 곧 가나안 온 땅'(창 17:8)과 같이 점차 구체화되고 있다.

땅에 대한 약속은 항상 후손에 대한 약속과 함께 주어졌다. "이 땅을 너와 네 자손에게 주리라"(창 12:7; 13:16; 15:18; 17:8)는 약속은 땅에 대한 약속이 아브라함과 그 후손과 밀접한 관계에 있음을 나타낸다. 땅에 대한 약속이 아브라함의 육신적 자손에게 적용될 때는 가시적 가나안 땅의 정복과 연결된다. 하지만 그 약속이 유업을 이어받을 '약속의 자녀'(롬 9:8)에 적용될 때 그 땅은 영적 후손에게 주어지는 하늘나라의 복을 상징한다.

하나님께서 아브라함과 조상들에게 하신 약속의 말씀은 이스라엘 신앙의 토대가 되어 그들의 출애굽 신앙고백의 진정한 의미를 밝혀주고 확보해 준다. 하지만 언약의 약속과 성취라는 신학적 의미에 관한 질문은 계속된다. 약속의 성취가 구약 시대에서 종결되지 않고, 그것의 구속사적인 성취가 그리스도에게까지 연결되기 때문이다.

약속과 성취라는 범주는 하나님이 수여하신 은혜가 우리에게 돌이킬 수 없을 정도의 효력을 지니고 있음을 잘 드러낸다. 애굽에서의 구원, 하나님의 산에서의 언약 승인 의식, 그리고 가나안 땅으로의 인도의 과정에서 이스라엘이 겪은 일들은 하나님께서 오래전에 아브라함과 조상들에게 이미 약속하신 것이다. 그러한 약속들의 성취는 변함없는 하나님의 신실하심을 뚜렷이 드러낸다.[54]

---

54) Zimmerli, "약속과 성취", 97-98.

구약의 역사는 약속의 성취에 이르기 위해 끊임없이 흐르는 강물과 같다. 강물이 바다를 향해 흘러가듯, 이 역사의 흐름은 그리스도의 성취를 향해 끊임없이 이어진다. 비록 땅에 대한 하나님의 약속이 여호수아 21장 43-45절의 기록과 같이 모두 성취된 것 같이 보이지만, 이스라엘은 그 땅에서 항구적인 안식을 얻지 못했다. 이스라엘은 주변의 대적들에 지속적으로 시달리면서 그들을 구원해 줄 구원자, 곧 메시아를 대망한다. 이는 땅에 대한 약속이 아직 완전히 성취되지 않았음을 보여주는 증거다.

침멀리는 약속의 성취들은 언제나 사건으로 나타난 하나님의 뜻이라 말한다. 따라서 더 온전하고 최종적인 성취에 관한 질문은 언제나 하나님의 보다 온전하고 궁극적인 뜻에 대한 절실한 질문을 내포한다.[55] 옛 언약의 약속들이 점진적으로 보다 온전한 성취의 성격을 더해가는 이유는, 하나님의 구속사적인 역사의 초점이 모두 그리스도를 향해 맞추어져 있었기 때문이다. 바로 이러한 이유로 구약의 모든 사건들은 점점 더 성취에 다가선다.[56]

그리스도는 신실하신 하나님께서 약속을 성취하시는 종말론적 사건의 중심에 있다. 그리스도는 "옛적에 선지자들로 여러 부분과 여러 모양으로 우리 조상들에게 말씀하신 하나님"(히 1:1)께서 하신 약속을 성취하신 분이다.[57] 그분은 창세기 15장의 아브라함 언약을 비롯하여 모든 옛 언약들의 중심이 되어 하나님의 구원 역사를 완성하셨다.

하나님께서 구속사의 다양한 시기를 하나로 결합하신 중요한 방식 중 하나가 언

---

55) Zimmerli, "약속과 성취", 115.
56) Zimmerli, "약속과 성취", 115.
57) Zimmerli, "약속과 성취", 124.

약의 약속과 성취를 통한 주제다.[58] 언약의 약속과 성취라는 관점은 신구약 성경을 전체적으로 이해하는 데 꼭 필요하다. 하지만 약속과 성취를 통해 구약을 해석하는 방법은 그리스도와 그의 사역을 원형으로 삼는 모형론적 해석 방법과 큰 차이가 없다. 이 두 방법은 옛 언약들을 해석할 때 서로 교차 적용이 가능해진다.

특별히 약속과 성취는 언제나 특정한 역사적 공간에서 일어나기에 통시적인 역사와 밀접하게 결부되어 있다. 특정 역사가 다른 시기의 역사와 연결되어 더 큰 의미를 얻기 위해서 약속과 성취라는 관점이 필요하다.[59] 역사를 약속과 성취의 관점에서 해석할 때, 하나님과의 만남을 하나의 실존적 시점으로 환원시켜 역사의 다른 시기와 서로 연관성을 가지게 하며, 하나님의 존재와 사역을 무시간적이고 초월적으로만 이해하려는 추상적 신론에서 벗어나게 해 준다.[60]

구속사에서 약속의 성취는 언제나 역사적 사건이다. 언약의 성취에 대한 질문은 언제나 하나님의 궁극적인 뜻을 묻는 것을 포함한다.[61] 구약에 기록된 모든 언약의 약속은 하나님께서 말씀으로 이스라엘 백성을 인도하시는 역사 속에서 점진적으로 성취된다.

---

58) Peter J. Gentry & Stephen J. Wellum, 『언약과 하나님 나라』, 김귀탁 역 (서울: 새물결플러스, 2017), 145.
59) Zimmerli, "약속과 성취", 99.
60) Zimmerli, "약속과 성취", 99.
61) Zimmerli, "약속과 성취", 115.

언약과 삼위일체

제2장

창세기 15장에 나타난 아브라함 언약

제2장 창세기 15장에 나타난 아브라함 언약

아브라함 언약은 이스라엘의 탄생을 알리는 시발점이었다. 하나님은 아브라함을 택하여 한 민족의 구성 요소인 후손과 그들이 거주할 가나안 땅의 약속을 일방적 은혜로 주셨다. 성경은 하나님께서 그를 선택한 특별한 이유를 언급하지 않는다. 대신 말씀과 명령에 무조건적으로 순종하는 그의 모습을 그려냄으로써 변함없는 그의 믿음과 신뢰를 기록한다. 그의 이러한 모습은 창세기 15장에서 하나님께서 그와 구속사적 언약을 세우심으로써 장차 그리스도에 의해 성취될 복음의 약속을 주시는 계기가 되었다.

라이트(N. T. Wright)는 아브라함 이야기를 다음과 같이 기술한다.

> 아브라함은 창세기 구조 안에서 모든 인류의 곤경에 대한 해답으로 등장한다. 아담에서 시작해 가인을 거쳐 노아의 대홍수에 이어 바벨탑 사건에 이르기까지 일련의 재앙과 저주는 하나님이 아브라함을 부르셔서 "땅의 모든 족속이 너로 말미암아 복을 얻을 것이라"고 말씀하실 때 반전되기 시작한다.[62]

사실 아담으로부터 아브라함에 이르기까지 창세기에 기록된 인간의 역사는 말씀에 대한 불순종과 죄악과 교만으로 가득 찬 어둠의 연속이었다. 아담의 불순종과 가인의 살인 행위는 그 후 태어난 사람들이 저질렀던 죄악의 표상이 되었고, 이에 따라 하나님의 영이 영원히 사람들과 함께하지 않게 되었다. 그 결과 세상에 죄악이 만연하게 되었고 하나님은 홍수로 노아와 그의 가족들을 제외한 모든 사람을 땅에서 멸하셨다. 그렇지만 노아의 후손들은 다시 바벨탑을 쌓으며 하나님을 향한

---

62) N. T. Wright, 『신약성서와 하나님의 백성』, 박문재 역 (서울: 크리스챤 다이제스트, 2003), 434.

인간의 교만과 불순종을 여지없이 드러내었다.

인간의 끊임없는 실패의 역사 가운데서 하나님은 노아의 아들 셈의 후손 아브라함을 택하여 부르셨다. 그리고 하나님은 그에게 "너의 고향과 친척과 아버지의 집을 떠나 내가 네게 보여 줄 땅으로 가라"(창 12:1)고 명령하신다. 그가 살았던 고대사회 당시에 가족과 고향을 떠난다는 것은 자신의 정체성과 안전의 근거를 저버린다는 뜻이었다.[63] 그러나 그는 갈 바를 알지 못하였지만, 하나님의 명령대로 믿음으로 순종하며 그 땅으로 나아갔다(창 12:4; 히 11:8).

이것은 아브라함 개인에게도 매우 중요한 역사적 걸음이었지만, 성경은 그의 소명을 인류를 향한 위대한 도약으로 본다.[64] 하나님은 이러한 아브라함과 더불어 인류의 역사를 바꿀 만큼 중대한 구속사적 약속의 계시와 함께 언약을 세우신다. 하나님께서 적극적으로 인간의 역사에 개입하셔서 죄로 인해 타락한 인간을 구원하시겠다는 그분의 의지를 아브라함과 언약을 세우심으로 상세히 계시하신 것이다.

하나님은 아브라함과 언약을 세우신 후에도 믿음에 대한 그의 순종의 시험을 멈추지 않으셨다. 하나님은 그에게 100세에 약속으로 얻은 아들인 이삭을 번제로 바치라고 명령하셨다. 상식적인 생각으로는 도저히 이해할 수 없는 이 명령을 받고도 아브라함은 말씀대로 순종하였다. 그는 자신의 아들을 번제로 바칠지라도 하나님은 능히 이삭을 죽은 자 가운데서 다시 살리실 줄로 믿었던 것이다(히 11:19).

아브라함의 순종을 재확인하신 하나님은 "네 씨로 말미암아 천하 만민이 복을 받으리라"(창 22:18)라는 더욱 구체화된 약속의 계시를 주신다. "땅의 모든 족속이 너로 말미암아 복을 얻을 것이라"(창 12:3)라는 처음 하나님의 약속이 아브라함의 변함없는 순종을 확인하신 후에는 '네 씨' 곧 '그의 후손인 그리스도'(갈 3:16)로 말미

---

63) Gordon J. Wenham, 『모세오경』, 박대영 역 (서울: 성서유니온선교회, 2012), 75.
64) Wenham, 『모세오경』, 75.

암아 모든 사람이 복을 얻을 것을 말씀하신다. 아브라함의 후손으로 말미암는 복은 두 번째 약속인 가나안 땅의 영적 약속과 구속사적으로 밀접하게 연결된다.

　성경에 기록된 하나님을 향한 아브라함의 믿음과 순종은 언제나 변함이 없었다. 물론 그가 기근을 피해 애굽으로 내려갔을 때 자신의 안전을 위해 자신의 아내인 사라를 누이라고 속이는 인간적인 실수를 범하기도 했다. 그렇지만 하나님의 말씀에 대한 변함없는 믿음과 순종의 모습으로 보아 그가 언약의 수혜자가 되는 데 있어서 조금도 부족함이 없었다. 이러한 그에게 하나님은 창세기 15장에서 후손의 약속을 주신 후에, 그 약속을 믿는 그를 의롭다 여기시고, 가나안 땅에 대한 약속을 주신다. 그 땅에 대한 약속의 확증을 요구하는 아브라함에게 하나님은 쪼개진 짐승 사이를 횃불로 지나가는 것으로 그분은 스스로의 죽음에 대한 계시를 주심으로써 그와 언약을 견고히 세우셨다.

　믿음에 의한 아브라함의 칭의는 후손과 가나안 땅의 약속을 연결하는 영적 고리 역할을 감당한다. 이는 창세기 15장을 구원 진리를 제시하는 기념비적인 장으로 만든다. 믿음에 의한 칭의가 후손과 가나안 땅에 대한 영적 약속을 서로 이어주기 때문이다. 그 결과 아브라함 언약에 나타난 아브라함의 칭의는 언약을 성취하신 그리스도의 믿음에 의한 칭의의 모형이 되었다.

　그리스도의 십자가 죽음은 하나님께서 구약에서 약속하신 구원 언약을 성취하기 위함이셨다. 언약의 약속을 신실하게 이행하시는 하나님의 의가 그리스도의 십자가 사건을 통해 복음에 그대로 드러난 것이다. 그리스도의 복음으로 모든 믿는 자들은 아브라함과 같이 오직 믿음으로 하나님께 의롭다 함을 얻게 되었다.

　하나님은 불순종한 아담에게 그를 유혹한 뱀의 머리를 상하게 할 '여인의 후손'을 약속하셨다. 하지만 뱀도 그의 발꿈치를 상하게 할 것이라고 예언하셨다. 사탄의 세력이 그 후손의 희생을 통해 꺾일 것을 말씀하신 것이다. 그렇다면 왜 하나님은 굳이 인간의 구원을 위해 약속된 후손의 희생을 언급하셨을까? 그리스도의 십자가 사건이 여인의 후손에 대한 약속의 결과로 나타났지만, 우리는 십자가 사건의 근거를 아브라함 언약에서 좀 더 자세히 찾아볼 필요가 있다.

아브라함에게 약속된 가나안 땅은 천국의 모형이었다.[65] 아브라함이 후손의 약속을 그리스도에 대한 영적 약속으로 받아들였듯이, 가나안 땅의 약속을 하늘나라에 대한 약속으로 받아들였다는 의미다. 그렇기에 그는 하나님이 약속하신 그 땅의 소유에 대한 강한 의문을 드러냄으로써 약속의 확증을 요구한 것이다.

하나님은 자신의 약속에 의문을 제기하는 아브라함에게 스스로 행하신 죽음의 의식을 통하여 그 약속을 확증하시고 그와 더불어 언약을 세우셨다. 믿음으로 의롭게 된 그에게 하나님은 자신의 죽음을 계시하심으로써 하늘나라를 유업으로 주실 것을 약속하셨다. 언젠가 하나님께서 육신의 몸으로 세상에 오셔서 피를 흘리심으로 언약의 약속을 이행하실 것을 계시하신 것이다.

이 약속이 예수 그리스도의 십자가로 성취되었다. 말씀이 육신이 되어 세상에 오신 그분은 십자가에서 흘리신 피로 죄 사함을 통한 구원의 축복을 모든 사람에게 허락하셨다. 이방을 믿음의 의로 정하실 하나님의 약속이 그리스도 안에서 모두 성취된 것이다. 후손으로 오신 아들의 희생을 통하여 사탄의 세력을 꺾으시고 세상을 구원하신 것이다. 십자가에서 돌아가심으로써 언약을 성취하신 분은 말씀이 육신이 되어 세상에 오셨던 하나님이셨다. 이로써 모든 언약의 약속들이 그리스도 안에서 성취되었고, 하나님의 약속은 얼마든지 그분 안에서 "예(yes)"가 된다 (고후 1:20).

---

65) Matthew Henry, 『매튜헨리주석 창세기』, 원광연 역 (서울: 크리스챤 다이제스트, 2008), 287.

A. 창세기 15장의 본문 해석 연구

아브라함 언약을 기록한 창세기 15장의 본문을 좀 더 자세히 이해하기 위해 구약학자 두 명의 주석과 종교개혁자 루터의 주석을 대표적으로 다루어 본다.

1. 월터 부르그만의 해석[66]

월터 부르그만(Walter Brueggemann, 1933-)은 창세기 15장을 아브라함 전승의 중심축으로 보았다. 그는 이 장을 아브라함 전승을 연구하는데 신학적으로 가장 중요한 부분이라고 여겼다.[67] 그는 15장 전체를 두 단락(1-6절, 7-21절)으로 나누어, 처음 단락을 하나님의 약속 행위로 그리고 다음 단락을 그 약속에 대한 극적인 확증으로 간주했다.[68]

첫 단락(1-6절)에서 아브라함은 환상 중에 임하셔서 그분의 약속에 대한 의구심을 드러내는 동시에 그분의 보증에 저항하는 식의 거친 대화를 나눈다. 아브라함이 하나님의 약속에 맞서 자신의 주장을 굽히지 않지만, 하나님께서는 그를 후손에 대한 약속을 믿도록 이끄신다. 두 번째 단락(7-21절)은 땅에 대한 약속과 그에 대한 확증 맹세로 보여주신 죽음의 계시를 한데 묶어주는 언약이다. 부르그만은 "여기에서 말하는 언약은 단순한 약속이자, 하나님께서 아브라함에게 일방적으로 주시는 약속이며, 자유로운 은총의 선물이다"라고 주장한다.[69]

---

66) Walter Brueggemann, Interpretation, A Bible Commentary for Teaching and Preaching, Genesis (Atlanta: John Knox Press, 1982), 148-150.
67) Brueggemann, Interpretation, A Bible Commentary for Teaching and Preaching, Genesis, 138.
68) Brueggemann, Interpretation, A Bible Commentary for Teaching and Preaching, Genesis, 148. 부르그만에 따르면, 창세기 15장의 두 부분이 초기에는 서로 관계가 없었고 후자(vs 7-21)가 더 오래된 본문이라고 보는 것이 지배적인 견해다.
69) Brueggemann, Interpretation, A Bible Commentary for Teaching and Preaching, Genesis, 149-150.

그러나 부르그만은 가나안 땅의 약속을 확증하는 하나님의 맹세 행위를 기술한 17절을 비교적 간단하게 서술한다. 그는 "17절은 아마도 매우 오래된 기이한 의례행위를 보여준다. 이 행위의 구체적인 내용은 불분명하지만, 그 행위 자체는 두 상대방을 한데 묶는 엄숙하고 무게 있는 의식을 제시한다. 아마도 이것은 약속을 강화시키려는 일종의 피의 맹세를 뜻할 것이다(렘 34:18 참조). 17절은 어떤 형식으로나마 하나님의 신비롭고 눈에 보이지 않는 현존이 이 행위에 관여하고 있음을 제시하고 있다"고 주장한다.[70]

하나님의 계시 행위에 하나님의 현존이 관여하고 있다는 그의 주장은 그 계시 행위가 신학적으로 커다란 의미가 있다고 추정할 수 있다. 하나님의 현존이 관여한 자기계시와 그 계시 행위는 장차 성취될 그 계시 행위의 역사(役事)와 동일한 한 하나님을 나타내기 때문이다. 바르트에 따르면, 계시에 있어서의 하나님은 누구인가? 라는 질문에 대한 답은 누가 계시를 통해 스스로를 계시하는 하나님인가 하는 성경적인 대답과 함께 계시의 다른 두 가지 질문이 병행되어야 한다. 그 하나는 그가 무엇을 행하시는가에 대한 것이고 또 다른 하나는 그가 무엇을 그의 계시를 통해 역사(役事)하고 성취하고 창조하고 부여하는가에 대한 답이다.[71] 이 세 가지 질문에 대한 답은 각 질문에 한정된 부차적인 답이 아니라, "계시에 있어서의 하나님은 누구인가?"라는 첫 질문에 대한 답을 나머지 질문들이 수용할 수 있는 답이 되어야 한다. 왜냐하면, 이러한 계시의 주체로서 하나님이신 계시자가 계시 안에서의 그의 행위와 동일하며, 그 행위의 역사(役事)와 동일하다는 것을 이해해야 하기 때문이다.[72] 하나님이 아브라함에게 가나안 땅에 대한 약속의 확증으로 보여주신 죽음의 계시 행위(창 15:17)는 제3장에서 좀 더 자세히 다루기로 한다.

---

70) Brueggemann, Interpretation, A Bible Commentary for Teaching and Preaching, Genesis, 148.
71) Barth, 『교회 교의학 I/1』, 385.
72) Barth, 『교회 교의학 I/1』, 384.

부르그만은 창세기 15장을 지배하는 주제는 하나님의 약속은 오랜 시간 기다려야 한다는 것이며, 실제로 이 긴 기다림을 실현해 보인 대표적 인물로 아브라함을 꼽았다. 아브라함은 상속자가 없었기에 오랜 시간을 아들을 기다려야 했으며, 이 기다림은 여러 세대를 거치는 기다림이기도 하였기 때문이다.[73] 땅에 대한 약속도 마찬가지였다. 실제로 그 약속이 이루어진 것은 여러 세대를 지난 이스라엘 백성의 출애굽 후였다. 아브라함은 하나님의 약속에 대한 기다림이란 걸림돌에 직면하게 되었을 때, 이를 믿음으로 잘 수용함으로써 믿음의 조상의 위치에 서게 된 것이다.[74]

　부르그만은 창세기 15장 본문을 전체로 보았을 때, 이 본문은 아브라함이 하나님을 정말로 신뢰할 수 있을 것인가를 묻는 반면, 또한 여호와 하나님이 진정으로 신뢰를 받을 수 있는 분인가를 묻고 있다. 그는 아브라함이 하나님을 신뢰할 수 있고 또 하나님께서 신뢰받을 수 있는 분인 이유는 바로 믿음에 있었다고 보았다.[75] 아브라함은 잠시 하나님의 약속이 지체됨을 의아하게 여기며 믿음이 흔들리는 듯 하였지만, 하나님 말씀에 대한 그의 근본적인 믿음의 순종은 굳건했다. 이로 말미암아 구속사의 중대한 전환점이 되는 '후손'에 대한 약속을 받음과 동시에 하나님과의 언약의 당사자로서, 그리고 믿음의 조상으로 우뚝 서게 되었다.

　부르그만의 창세기 15장에 대한 주석은 구약 성경 본문에 대한 해석의 범위를 넘어서고 있지는 않지만, 17절에서 "어떤 형식으로나마 하나님의 신비롭고 눈에 보이지 않는 현존이 이 행위에 관여하고 있음을 암시하고 있다"는 그의 해석은 17절을 하나님의 자기 계시적 사건으로 연결시킬 수 있는 여지를 남긴다.

---

73) Brueggemann, Interpretation, A Bible Commentary for Teaching and Preaching, Genesis, 149.
74) Brueggemann, Interpretation, A Bible Commentary for Teaching and Preaching, Genesis, 149.
75) Brueggemann, Interpretation, A Bible Commentary for Teaching and Preaching, Genesis, 150.

2. 클라우스 웨스터만의 해석[76]

클라우스 웨스터만(Clause Westermann, 1909-2000)은 "창세기 15장은 아브라함 이야기의 외적 구조의 중심뿐만 아니라 아브라함 이야기의 핵심으로 현재까지 이어지는 성경 해석의 역사로도 평가되어진다. 그와 맺은 하나님의 언약과 그의 믿음이, 성경이 그에 대해 증언하는 요점으로 나타난다"고 말한다.[77]

그는 창세기 15장이 두 개의 약속 설화로 이루어져 있다고 보았다. 이 두 개의 약속 설화는 서로 나란히 연결되어 후대에 들어 결정적으로 밝혀지는 두 약속 중에 하나씩을 각각 주요 내용으로 지닌다. 곧 후손(1-6절)과 땅(7-21절)에 대한 약속이다. 그는 아브라함의 생애 중간에 이 두 약속을 놓고, 이들을 약속 설화로 변환시킨 사실은 명백히 의도적이었다고 주장한다.[78]

웨스터만은 첫 번째 약속 설화(1-6절)의 구조 안에 구원의 신탁(神託)에 대한 흔적들이 있다고 보았다. 그는 하나님의 약속에 대한 아브라함의 이의가 푸념의 형태로 나타날 때, 하나님께서 그 푸념에 대한 해결책을 제시한 것이 바로 '구원의 신탁(oracle of salvation)'이었다고 말한다.[79] 그에 따르면 15장 6절은 첫 번째 약속 설화(1-6절)에서 중요한 기능을 하는 것을 물론 그것의 결론이었다. 그는 6절은 창세기 15장 전체 구절들을 한 본문 단위로 읽으려는 시도뿐만이 아니라, 6절이 나중에 첨가된 구절이라는 견해에 대하여 분명한 반대를 표시하고 있다.[80] 그는 폰 라드가 제시한 것과 같이, 15장 6절의 표현이 제의적인 언어로 표현되며 그 배경은 희생제

---

76) Clause Westerman, Genesis 12-36, translated by John J. Scullion (Minneapolis: Augsburg Pub. House, 1985), 215-231.
77) Westerman, Genesis 12-36, 230.
78) Westerman, Genesis 12-36, 216.
79) Westerman, Genesis 12-36, 217.
80) Westerman, Genesis 12-36, 222.

물이 정당하게 제공되었다는 것을 제사장이 공식적으로 인정하는 것에서 유래되었다고 보았다.[81]

언약 제정 의식의 수행이 17절에 나타난다. 그는 폰 라드와는 달리 9-10절과 마찬가지로 의식과 언약을 세우는 17-18절의 행위에는 어떠한 환상의 흔적도 포함되어 있지 않다고 주장한다. 그것은 아브라함이 완전한 의식 안에서 경험한 하나님에 의한 맹세의 제정이었다.

그는 17절에 나타난 의식과 매우 근접한 성경의 유사 구절로 예레미야 34장 18절을 소개한다. 하지만 창세기 15장 17절은 단순한 고대의 제의식일 수만은 없다. 예레미야 34장 18절과 같이 쪼개진 짐승 사이를 지나간 당사자는 자신에게 부과된 의무를 수행하지 못하면 자신의 운명도 그 짐승과 같이 될 것이라는 조건적인 자기 저주의 의미를 포함하고 있다. 그러나 그는 이러한 맹세 의식을, 쪼개진 동물과 맹세를 서약한 사람의 운명을 동일 선상에서 취급한다면, 17절에 나타난 맹세의 주체인 하나님께 이것을 적용한다는 것은 이스라엘의 하나님에 대한 이미지를 벗어나는 부차적인 전이가 된다고 주장한다.[82]

웨스터만은 18절에 나타난 '언약을 세우다'라는 의미가 '의무를 지우다(to set up an obligation)'라기보다는 '의무에 매인다(binding obligation)'라는 넓은 의미가 있다고 보았다. 그래서 그는 그것이 맹세나 약속에 더 가깝다고 보았다. 그리고 그는 언약은 법적인 합의이기 때문에, 가나안 땅이 이스라엘과 아브라함 자손의 소유가 될 것이라는 하나님의 약속은 결코 폐지될 수 없는 것으로 간주했다.[83] 그렇지만 언약이 법적인 합의가 되기 위해서는 그것이 먼저 약속의 말씀으로 주어져야 한다.

---

81) Westerman, Genesis 12-36, 223.
82) Westerman, Genesis 12-36, 228.
83) Westerman, Genesis 12-36, 229.

그는 하나님의 행하심은 오직 약속의 말씀과의 관계나 관련성을 통해서만 역사적 사실로 드러나게 된다고 말한다.[84]

그의 주장에서 또 한 가지 살펴보아야 할 점이 있다. 그의 주장과 같이 가나안 땅에 대한 하나님의 약속이 결코 폐지될 수 없는 것이라면, 17절에 쪼개진 짐승 사이를 횃불로 지나시는 하나님의 행위에 대한 해석은 의미심장할 수밖에 없다. 그 당시 조약의 관습과 같이 약속을 지키지 못하면 쪼개진 짐승과 같이 죽을 것이라는 자기 저주의 맹세는 이 경우에 적용될 수 없다는 해석이다. 하나님의 약속은 결코 폐지되거나 무효화 될 수 없을 뿐만 아니라, 설사 그 약속이 지켜지지 못한다고 하여도 하나님은 그 약속에 대한 책임을 지고 죽으실 수 있는 분이 아니기 때문이다.

그의 주장대로라면 하나님께서 제의적 죽음의 계시를 통해 아브라함과 세우신 언약의 맹세는 결코 자기 저주의 맹세가 될 수 없다. 약속 위반에 대한 저주 행위가 하나님께는 전혀 해당되지 않기 때문이다. 따라서 그 맹세 행위는 자신의 약속을 죽음으로써 보증하시겠다는 확고한 자기 확증의 맹세였다.

3. 마틴 루터의 해석[85]

마틴 루터(Martin Luther, 1483-1546)는 창세기 15장을 깊은 묵상 가운데 읽어야 할 아주 중요한 장(章)으로 간주했다. 하나님의 계시를 통해 이룬 아브라함의 영광

---

84) Clause Westermann, "구약의 해석: 역사적 개관", Clause Westermann 편, 『구약 해석학』, 박문재 역 (서울: 크리스챤다이제스트, 2006), 49.
85) Martin Luther, Luther's Works Volume 3, Lectures on Genesis Chapter 15-20, (American Edition), translated by George V. Schick (St. Louis: Concordia Publishing House, 1961), 3-41. Luther's Commentary on Genesis, translated by J. Theodore Mueller (Grand Rapids: Zondervan Publishing House, 1958), 259-275.

스러운 승리와 업적은, 모든 사람이 가장 높고 전능하신 아브라함의 하나님을 받아들이도록 격려하기 위함이었다고 주장한다.[86]

루터는 창세기 15장 6절에 대한 해석에서 로마서 12장 3절을 들어, 바울보다 이 구절을 더 풍부하고, 명확하고, 강력하게 다룬 사람은 없다고 말한다. 바울은 아브라함 후손에 관한 약속을 단지 법적으로 육신적 혹은 임시적인 후손에 적용한 것이 아니라, 영적이고 영원한 유업을 이을 후손으로 해석하였다. 그러므로 그는 이 약속이 육신의 자녀에 관한 것이 아니라 영적인 후손, 혹은 바울이 로마서 9장 8절에 말한 것과 같이 '약속의 자녀'에 관한 것이라 말한다.[87]

루터는 하나님의 모든 약속에는 예수 그리스도가 포함되어 있다고 주장한다. 만약 그 약속들이 중보자이신 그리스도와 별개의 것이라면, 하나님은 우리와 전혀 상관이 없으신 분이 되기 때문이다. 그러므로 아브라함의 믿음과 우리의 믿음이 다른 것은, 아브라함은 분명하게 오실 그리스도를 믿었던 반면, 우리는 이미 오셔서 분명하게 드러난 그리스도를 믿고 그 믿음으로 구원을 받는다는 사실이다.[88]

그러나 루터는 15장 7절 이하에 나오는 땅에 대한 하나님의 약속에 대하여는 후손에 대한 약속과는 전혀 다른 입장을 취한다. 그는 15장 7절의 해석에서 땅에 대한 하나님의 약속을 양면적 의미(문자적 의미와 영적 의미)에서 해석하는 것이 필요하다고 말한 중세 라틴 교회의 주석가인 니콜라스 라이라(Nicholas of Lyra)의 주장을 정면으로 반박한다.

라이라가 성경을 이해하는 가장 근본적인 원칙은 성경의 많은 구절이 양면적 의미를 지님을 인정하는 것이었다. 하나는 지상의 일들에 관련된 문자적 의미이며 다른 하나는 영적이며 영원한 상급을 내포하는 의미다. 그는 하나님께서 아브라함

---

86) Luther, Luther's Works Volume 3, Lectures on Genesis Chapter 15-20, 3,87)
87) Luther, Luther's Works Volume 3, Lectures on Genesis Chapter 15-20, 18-19.
88) Luther, Luther's Works Volume 3, Lectures on Genesis Chapter 15-20, 26.

에게 주신 땅에 대한 약속이 협의의 의미로는 실제적인 가나안 땅의 소유이지만, 광의의 의미로는 영적이며 영원한 생명에 관한 것이라고 말했다. 또한, 그는 "그는 나의 아들이 되고 나는 그의 아버지가 되리라"(시 89:26-27과 삼하 7:14 참조)는 구절을 좁은 의미에서는 다윗의 아들 솔로몬을 지칭하지만, 근본적으로는 예수 그리스도로 이해해야 한다고 주장한다.[89]

그러나 루터는 15장 17절이 하나의 특별한 의미만을 가진다고 라이라의 주장을 정면으로 반박한다. 가나안 땅에 대한 약속은 하나님이 약속하신 지상의 가나안 땅에 대한 물리적인 약속으로, 이 구절은 양면적 의미를 지니고 있지 않기 때문에 단지 문자적 해석만 허용된다는 것이 그의 주장이었다.[90] 하나님께서 아브라함에게 땅에 대한 약속을 주실 때 진실한 믿음의 사람이었던 그가 징표를 구한 것은 그 자신을 위한 것이 아니라 그 땅을 유업으로 받을 그의 후손들을 위함이었다는 것이 그의 주장이다.[91]

또한 루터는 15장 9-10절에 언급된 쪼개진 짐승은 애굽에서 여러 가지 고통을 당했던 이스라엘 민족이며, 쪼개어 놓은 먹이를 먹으려고 달려들던 솔개는 애굽인과 바로를 상징한다고 주장한다. 이스라엘 민족의 조상인 아브라함은 그의 백성이 멸망하지 않게 약속에 의거하여 그들을 쫓아내고 있다. 또한 네 종류의 준비된 제물은 그의 후손들이 애굽에서 고난당했던 사백 년의 기간을 상징한다고 해석한다.[92]

비록 루터는 자신의 해석을 상징으로 표현했지만, 정확한 의미에서 그의 해석은 알레고리 방식에 더 가깝다고 볼 수 있다. 벌코프는 모형과 상징이 비슷한 성격임

---

89) Luther, Luther's Works Volume 3, Lectures on Genesis Chapter 15-20, 27. 루터는 가나안 땅에 대한 하나님의 약속을 문자적으로만 이해해야 한다는 것을 설명하기 위해 Lyra의 성경의 이중적 의미에 대한 주장을 소개하며 강하게 반박한다.
90) Luther, Luther's Works Volume 3, Lectures on Genesis Chapter 15-20, 28.
91) Luther, Luther's Commentary on Genesis, 271.
92) Luther, Luther's Commentary on Genesis, 271-272.

에도 불구하고 중요한 점에서 서로 구별된다고 보았다. 상징은 어떤 것의 표시 또는 표상으로 과거, 현재, 미래의 것을 가리킬 수 있지만, 모형은 어떤 다른 것의 본(本)또는 이미지로 항상 미래의 실체를 나타낸다고 보았다.[93] 더구나 그 해석이 알레고리 방식에 가까운 상징적 해석이라면 성경 본문에 의도된 말씀의 진의가 손상될 염려가 있다.

그러나 라이라의 양면적 해석 원칙에 반대 의사를 표시하였던 루터도 결론적으로는 다음과 같은 사실을 인정한다. 그는 "하나님의 약속은 훨씬 많은 것을 포용한다. 성령에 의하여 조명을 받았던 아브라함은 의심할 나위 없이 이 약속을 죽은 사람의 부활과 영원한 생명에 적용하였다. 이 영적인 약속은 가나안 땅의 소유에 대한 한시적 약속에 의해 아브라함이 이해하였던 것과 같은 영적 약속임을 내포한다"고 한다.[94]

루터는 15장 17절 이하의 언약 제정 의식에 관하여는 아주 간단하게 언급한다. 그는 "하나님께서 아브라함과 언약 맺기를 원하셨을 때, 하나님은 아브라함의 자손들이 가나안 땅을 소유할 것을 그에게 확신시키신다. 하나님께서는 쪼개진 짐승 사이를 횃불로 지나심은 당신께서 그들을 기뻐 받으신다는 것을 희생제물의 소모를 통해 보여주신 것이다. 따라서 아브라함은 그의 유업에 대한 약속을 확증 받은 것이다"라고 주장한다.[95]

루터는 창세기 15장을 상당히 세부적으로 취급해야 하지만, 자신의 다른 여러 가지 일들로 말미암아 그렇게 할 수 없었다고 고백한다. 그러나 모세가 이 장에 대하여 밝혔던 위대한 진리들을 자신이 할 수 있는 만큼은 최선을 다해 고려하고 설명하였다고 마지막으로 밝힌다.

---

93) Berkhof, 『성경해석학』, 153.
94) Luther, Luther's Commentary on Genesis, 274.
95) Luther, Luther's Commentary on Genesis, 275.

결론적으로 루터는 창세기 15장의 주석에서 구속사적인 영적 의미를 아브라함 언약의 두 약속 – 후손과 가나안 땅 – 에 동일하게 부여하는 것을 의도적으로 거부하였다. 그는 '후손'에 대한 약속은 그리스도에 대한 영적 약속으로 받아들였지만, 가나안 땅에 대한 약속은 현실적 땅에 대한 약속으로 한정시키며 그 안에 담긴 영적 의미를 강하게 부정하였다.

그러나 만약 루터의 주장과 같이 '후손'의 약속과는 달리 가나안 땅의 약속에 영적 의미가 없다면, 영적 후손으로 오신 그리스도를 믿는 믿음으로 얻게 될 약속된 유업을 구원사적으로 서로 연결시키기가 쉽지 않다. 매튜 헨리(Mattew Henry)의 주장과 같이 하나님께서 아브라함에게 주시겠다고 약속하신 가나안은 믿는 자들이 유업으로 잇게 될 천국의 모형이었기 때문이다.[96]

B. 아브라함 언약과 그 약속의 양면적 의미

창세기 15장은 하나님께서 아브라함이라는 한 사람을 믿음의 조상으로 세워 그를 통해 땅의 모든 족속에게 복을 주시겠다는 언약을 공식적으로 세우는 장이다. 이 장에서 하나님께서는 아브라함에게 이전에 제시하셨던 가나안 땅과 그의 자손을 번성케 하리라는 약속(창 12:1-3; 13:14-17)을 공식적인 언약으로 세우신다.

학자들은 족장들에게 주신 약속은 하나님께서 태초에 인간에게 의도하신 것에 대한 재확증이라고 말한다. 다시 말해서 하나님께서 아브라함에게 주신 약속은 처음부터 전 인류를 향한 하나님의 구원 의도였다는 것이다.[97] 첫 인류인 아담과 하와의 불순종 때문에 잃어버렸던 하나님의 창조 이상이 아브라함을 부르심으로 되살

---

96) Henry, 『매튜헨리주석 창세기』, 287.
97) Wenham, 『모세오경』, 77-78.

아난 것이다. 웬함은 "구약 전체의 비전은 아니더라도 창세기의 오랜 비전은 죄의 지배가 끝나고 이 세상이 하나님께서 원래 의도하신 대로 되는 것이다. 아브라함 때문에 인류는 이 목적을 향해서 나가기 시작한 것이다"라고 말한다.[98]

웬함의 주장과 같이 아브라함을 통해 온 인류가 죄의 지배에서 벗어나는 것이 하나님의 원래 의도라면, 아브라함에게 언약의 계시를 통해 주신 그 약속들 안에는 이 의도의 성취를 위한 하나님의 분명한 구원 계획과 목적이 담겨 있을 것이다. 따라서 "땅의 모든 족속이 너로 인하여 복을 얻을 것이라"(창 12:3)는 하나님의 선언은 온 세계를 향한 미래지향적인 축복의 메시지였다. 그러므로 아브라함에게 주신 언약의 약속들은 비단 이스라엘 백성들에게만 한정된 것이 아니었다. 그것은 장차 언약의 성취이신 그리스도로 말미암아 온 인류가 누리게 될 범세계적인 구원의 축복이었다.

창세기 15장 본문 연구에서 살펴본 바와 같이 아브라함에게 주신 하나님의 약속은 후손과 가나안 땅에 대한 두 가지 약속이었다. 문자로 기록된 이 약속들의 이면에는 그리스도에 의해 성취될 인류 구원을 위한 영적 의미가 같이 담겨 있다. 따라서 아브라함 언약은 그리스도께서 성취하신 복음과 그 복음의 근거를 제공한다.

그런데 만약 후손과 가나안 땅의 두 약속에 담겨 있는 영적 의미를 배제한 채, 문자적 의미만을 강조한다면 아브라함 언약은 이스라엘 민족에 한정된 약속의 범위를 벗어나지 못하게 될 것이다. 하나님께서 아브라함을 부르신 원래 목적은 그를 통하여 만인에게 복을 주시기 위함이었다. 이 목적을 위해 하나님께서는 아브라함 언약의 두 약속 안에 인류의 구원을 위한 영적 청사진을 이면적으로 이미 그려 놓으셨다. 후손의 청사진은 장차 세상에 오실 그리스도를 그리고 있으며, 가나안 땅의 청사진에는 그분의 대속적인 죽음으로 믿는 자들이 얻게 될 영원한 하늘나라의 유업이 드러나 있었다.

---

98) Wenham, 『모세오경』, 78.

바르트(K. Barth)는 그의 저서 『교회 교의학(I/1)』에서 그의 삼위일체론을 계시 개념으로부터 확립시켜 나간다. 그는 다음과 같이 주장한다.

하나님의 계시는 성경에 따르면 하나님 자신께서 직접적으로 말씀해 오심이며, 이러한 말씀해 오심의 행위로부터 하나님 자신이 구별될 수 없으며, 인간에게 너(Du)라고 말하는 이러한 행위에서 인간에게 다가가는 신적인 나(Ich)로부터 구별될 수 없다. 계시는 '하나님의 말하는 인격(Dei loquentis persona)'이다.[99]

하나님의 계시에서는 하나님의 말씀이 하나님 자신과 동일하며, 말씀해 오심의 행위와도 동일하다는 주장이다. 그의 주장을 따른다면 환상 중에 아브라함에게 임하셔서 언약의 약속을 주시는 여호와 하나님의 말씀과 또한 말씀해 오심의 행위는 하나님의 계시적 사건으로 하나님 자신과 구별될 수 없는 동일성을 가진다. 여기에서 계시에 있어서의 하나님은 누구인가? 라는 물음에 대한 성경적인 답을 위해서 그는 다음과 같은 질문이 병행되어야 한다고 말한다.[100]

기독교 교회의 성경에 있어서는 언제나, 첫째, 누가 거기에서 스스로를 계시 하는가, 누가 거기에서 하나님인가 하는 물음이 먼저 물어질 수 있고 또 물어져야 하며, 둘째, 이러한 하나님이 무엇을 행하시는가, 그리고 셋째, 그가 무엇을 계시에서 역사(役事)하고 성취하며 창조하고 부여하는가 하는 물음들이 있어야 한다.

바르트의 주장에 따른다면, 아브라함 언약에 주어진 두 약속의 계시에서 하나님께서 장차 행하시고 성취하실 일들에 대한 질문들이 병행될 때, 계시 행위의 역사(役事)를 이루시는 하나님에 대한 인식의 문(門)이 열리게 될 것이다. 특별히 가나안 땅에 대한 약속을 보증하시기 위해 쪼개진 짐승 사이를 횃불로써 지나가신 계시적 사건의 현장인 그 땅은 구속사적 의미로 볼 때 매우 중대한 의미가 있는 장소

---

99) Barth, 『교회 교의학(I/1)』, 395.
100) Barth, 『교회 교의학(I/1)』, 385-386.

다. 또한, 이 계시적 행위는 땅에 대한 약속의 성취를 위해 장차 하나님께서 행하실 역사(役事)를 세상에 미리 나타내신 것이다.

문자적 의미에서 본 가나안 땅에 대한 약속은 기원전 586년에 유대민족이 바벨론에 포로로 끌려감으로 인하여 일차적으로 깨어졌다. 그들이 그 땅으로 귀환한 후에도 주후 70년에 로마에 정복당함으로 또 다시 깨어졌다. 거의 2,000년이라는 세월이 지난 지금 이스라엘이 다시 건국되었지만 그들의 영토는 아직도 완전한 회복을 이루지 못한 상태로 남아 있다.

이 상황에서 언약의 이면에 숨어 있는 의미를 살펴보아야 한다. 가나안 땅에 대한 가시적 약속이 하나님의 약속 맹세에도 불구하고 아직 불완전한 상태로 남아 있는 이유는 그 땅의 약속이 지상의 가나안 땅에 한정된 것이 아니기 때문이다. 하나님이 죽음의 제의 의식을 통하여 계시하신 가나안은 하나님께서 믿는 자들에게 유업으로 주실 영적 하늘나라였다. 하나님의 계시 행위가 인간의 구원을 위한 하나님의 미래적 행위를 지향하지 않는다면 그것은 더는 계시로서의 의미를 가질 수 없게 된다. 그것은 계시가 아니라 단지 하나님이 역사의 한 시점에서 필요에 따라 행하신 외형적 행위에 대한 진술에 지나지 않는다.

신구약 성경을 통합적으로 이해한다면, 하나님께서 아브라함에게 주신 언약은 모든 인간의 구원을 위한 구원 사역을 제시한 하나님의 계시적 사건으로 이해할 수 있다. 이 사역을 위해 그리스도께서는 말씀이 육신이 되어 후손으로 세상에 오셨고, 많은 사람의 죄 사함을 위해 십자가에서 죽으심으로써 믿는 자들에게 영적 가나안이 유업으로 주어졌다. 여호와 하나님께서 죽음의 계시로 약속하신 그 땅을 동일 본체이신 자신의 죽음으로 실행하심으로써 그 약속이 유업이 되어 믿는 자들에게 주어지게 된 것이다.

사도 바울은 갈라디아서 3장에서 다음과 같이 기록한다.

> 하나님이 이방을 믿음으로 말미암아 의로 정하실 것을 성경이 미리 알고 먼저 아브라함에게 복음을 전하되 모든 이방인이 너로 말미암아 복을 받으리라 하였느니라. 그러므로 믿음으로 말미암는 자는 믿음이 있는 아브라함과 함께 복을 받느니라 (갈 3:8-9)

아브라함은 약속을 받을 당시 그 속에 담긴 하나님의 영적인 뜻과 계획을 믿음의 눈으로 미리 내다보았기 때문에 그 믿음으로 인하여 의롭다 함을 받았고, 모든 믿는 자의 조상이 되었다. 콕스(N. Coxe)는 아브라함의 축복은 이스라엘이라는 한 민족에 국한된 것이 아니라, 모든 민족이 믿음의 조상인 그와의 관계 안에서 하나님이 그와 세우신 언약으로 인하여 아브라함과 동일한 복을 받는다고 주장한다. 이것이 아브라함에게 전파된 복음이며, 믿음으로 얻게 되는 칭의의 약속이었다(갈 3:8).[101]

사실 아브라함 언약이 공식적으로 조인(調印)되기 전, 하나님께서는 아브라함에게 첫 번째 약속을 주셨다. 이 약속은 땅에 대한 구체적인 언급이 없이 단지 "내가 너에게 보여줄 땅으로 가라"는 명령과 함께 "내가 너로 큰 민족을 이루고… 모든 족속이 너로 말미암아 복을 얻을 것이라"(창 12:1-3)는 약속이었다. 이어 두 번째 약속은 아브라함이 조카인 롯과 헤어져 가나안 땅에 거주했을 때 주어진다. 하나님께서는 아브라함에게 눈을 들어 사방을 바라보라고 명령하신 후, 그 보이는 땅을 그와 그 후손에게 영원히 주시겠다고 약속하신다(창 13:14-17).

그러나 이러한 약속에도 불구하고 아브라함에게는 여전히 자식이 없었고, 주변

---

101) Nehemiah Coxe & John Owen, Covenant Theology From Adam to Christ, eds. Ronald D. Miller, James M. Renihan, and Francisco Orozco (Palmdale: Reformed Baptist Academic Press, 2005), 75.

의 왕들과 전쟁을 치르는(창 14장) 등 내외적으로 불확실한 현실에 처해 있었다. 이러한 상황에서 환상 중에 여호와의 말씀이 아브라함에게 임하여 후손에 대한 약속을 확인하시며(창 15:1-5), 믿음으로 그를 의롭다 여기셨다(6절). 그리고 하나님은 그에게 가나안 땅에 대한 약속을 주시면서 쪼개진 짐승 사이를 횃불로 지나가심으로써 자신의 확증적인 맹세의 언약에 스스로를 매이셨다(7-21절).

바빙크는 하나님이 창세기 15장 8절 이하에서 아브라함과 언약을 체결할 때, 이것은 사실상 계약(pactio)이 아니라 서약(sponsio)이라고 말한다.[102] 하나님은 자신의 약속을 주시고, 스스로 그 약속의 성취에 매이며, 희생제물의 조각 사이를 지나가신다. 어디선가 하나님은 스스로를 가리켜 맹세하고(창 22:16), 자신의 삶을 두고 맹세하며(신 32:40), 자신의 영혼을 두고 맹세하는데(암 6:8; 렘 51:14), 이는 다만 인간에게 자신의 작정이 불변함을 증거하기 위한 것이었다(히 16:17). 하나님은 자신의 언약을 전혀 깨뜨릴 수 없으며 파기해서도 안 된다. 하나님은 자발적으로, 엄숙한 맹세로 언약에 자신을 묶으셨다. 하나님의 이름, 하나님의 명예, 하나님의 존재 자체가 여기에 달려있다.[103]

언약에서 하나님은 주요 위치를 차지하시고 당신을 언약의 하나님으로 계시하시면서 자신의 본질을 알리신다. 언약에서 하나님은 상대방의 필요와 요구되는 모든 것을 제공하신다. 이것은 아브라함에게 주신 언약의 약속을 통해 잘 나타난다. 땅은 후손에게 제공되는 하늘의 복을 상징하며, 아브라함에게 주시겠다는 후손의 약속은 구세주이신 그리스도의 궁극적 선물을 상징하고 있다.[104]

라이라(Nicholas of Lyra 1270-1349)는 성경을 이해하는 근본 원리에 관해 주의를

---

102) Bavinck, 『개혁교의학 3』, 248.
103) Bavinck, 『개혁교의학 3』, 248.
104) Peter A. Lillback, 『칼빈의 언약사상』, 원종천 역 (서울: 기독교문서선교회, 2009), 163. 이 내용은 저자가 불링거의 『데 테스타멘토』(De Testmento) 개관에서 불링거의 글을 정리한 글을 인용함.

환기한다. 그것은 많은 성경 구절들이 양면적 의미를 내포하고 있다는 사실이다. 드러난 첫 번째 면은 현세적 일에 관련된 문자적 의미이며, 그 이면에는 영적이며 영원한 상급과 관련이 있는 의미가 감추어져 있다는 것이다.[105]

그는 문자적 의미는 말씀을 통해 즉각적으로 분명하게 표시되는 성경의 외면적 요소이지만, 그 내면에는 말씀으로 명시하는 상황을 통해 신비적 혹은 영적 의미가 숨겨져 있다고 말한다.[106] 라이라는 창세기 15장에서 땅에 대한 보다 중요한 하나님의 약속은 가나안 땅에 대한 실제적 소유를 다루기보다는 영적이며 영생을 다루는 약속이라고 설명한다.[107]

그의 주장과 같이 가나안 땅에 대한 약속이 실제적 소유보다는 영적인 영생을 의도한 하나님의 구원 약속이었다면, 이에 대한 맹세로 쪼개진 짐승 사이를 횃불로 지나는(17절) 하나님의 계시적인 행동은 구원사적으로 깊은 신학적 의미를 담고 있음이 분명하다. 하나님께서 행하셨던 이 제의적 행동을 설명하기 위해 많은 신학자는 그 당시 고대 근동 지방에서 행해졌던 주군(superior party)과 봉신(inferior party) 사이에 체결된 조약 의식을 예로 든다. 그리고 그들은 하나님의 계시 행위를 당시의 관습에 따라 하나님께서 그 맹세를 지키지 않으면 쪼개진 짐승과 같이 죽으시겠다는 자기 저주의 맹세로 규정한다.[108]

그러나 이 문제에 대하여 취리히 종교개혁자 불링거는 그의 논문인 『데 테스타

---

105) Luther, Luther's Work's Vol. 3, Lectures on Genesis Chapter 15-20, 26-27.
106) Ian Christopher Levy, The Letter to The Galatians (Grand Raipids: Eerdmans, 2011), 72.
107) Luther, Luther's Work's Vol. 3, Lectures on Genesis Chapter 15-20, 27.
108) 이 주장에 대한 현대의 대표적인 언약신학자로 마이클 호튼(Michael Horton)을 꼽을 수 있다. 그는 그의 저서 『언약신학』, 백금산 역 (서울: 부흥과개 혁사, 2009) 60-61.에서 다음과 같이 말한다. "창세기 7-11절에서 이 약속은 조약을 비준하는 당시 근동 지역의 자르는 의식의 하나에 대한 환상으로 인쳐진다. 그러나 이 경우, 언약의 당사자는 쪼개진 짐승 사이로 함께 걷지 않는다. 대신 하나님 만 걷는데 이것은 약속을 지키는 모든 책임을 끝까지 지시며, 약속을 어긴 것에 대한 모든 저주를 받으신다는 것을 의미한다. 아브라함 언약은 하나님 편에서는 하나님이 일방적으로 모든 조건을 수행하시며, 어겼을 경우 모든 저주를 받으시겠다는 맹세를 하는 종주권 조약과 같은 것이다."

멘토』(De testamento)에서 다음과 같이 주장한다.

"고대 언약을 보면 언약 맺은 자의 적극적 의지 표현의 징표로 짐승을 죽이는 관습이 있었다. 이것은 그들이 언약을 위반한다면 그 짐승처럼 자신을 죽이라는 것이다. 하나님은 창세기 15장에 바로 이 행동으로 나타나신다. 하나님은 언약을 만든 분일 뿐만 아니라 마지막 유서의 유언자이기 때문에 이 징표는 하나님께서 언젠가 죽으실 것을 가르친 것이다. 그러나 하나님께서는 불변하시고 불멸이시기 때문에 육신의 아브라함의 후손으로 가장하고 오셔서 고난을 당하시고 피를 흘리심으로 유언을 집행하신 것이다. 곧, 아브라함의 진정한 후손인 주(Lord)이신 그리스도의 죽음과 피로 그 언약을 확증하신 것이다."[109]

불링거는 예수 그리스도가 아브라함의 후손으로 가장하고 세상에 오셔서 그의 죽음과 피로 언약의 약속을 성취하신, 즉 자신의 죽음을 계시하심으로써 아브라함과 언약을 세우신 유언의 집행자이신 하나님이심을 강하게 드러낸다. 결국, 그리스도께서 하나님께서 세우신 구원 약속의 계시를 십자가의 죽음으로 성취하심으로써 믿는 자들이 하나님께서 약속하신 유업을 잇게 되는 복음이 세상에 전파된 것이다. 이것이 바로 바울이 갈라디아서에서 언급한 아브라함에게 전해진 후손에 의해 성취될 복음(갈 3:8)의 내용이다.

결론적으로 자신에게 먼저 전해진 복음을 믿어 하나님으로부터 의롭다 여김을 받은 아브라함이 유대인을 포함하여 모든 이방 민족들에게 믿음의 조상으로 우뚝 서게 된 연유다. 아브라함은 하나님께서 계시를 통해 자신에게 주신 그 약속에 담겨 있었던 구속사적인 의미를 영적인 눈으로 이미 내다보았던 것이다.

---

[109] McCoy and Baker, Fountainhead of Federalism/ Heinrich Bullinger and the Covenantal Tradition, 130-131.

1. 후손에 대한 약속

"누가 아브라함의 후손인가?"라는 질문은 아브라함 언약의 성격과 구속사적인 의미를 결정하는 매우 중요한 문제다. 이 질문에는 하나님의 유업에 대한 약속이 누구에게 주어지는지를 판가름하는 결정적인 요소가 담겨 있기 때문이다. 레이징거(John G. Reisinger)는 아브라함의 후손을 다음과 같이 네 종류의 후손으로 분류한다.[110]

1. 자연적 후손: 이삭과 이스마엘, 야곱과 에서를 포함한 모든 육신의 후손들
2. 특별한 자연적 후손: 이삭과 야곱의 후손으로 형성된 언약의 이스라엘 국가나 자손들
3. 영적 후손: 유대인을 비롯하여 이방인을 포함한 전 세대에 걸친 믿는 자들
4. 유일무이한 후손: 메시아이신 예수 그리스도

첫 번째 후손과 두 번째 후손은 아브라함의 육신적 자손으로, 하나님으로부터 똑같은 축복과 번성의 약속을 받은 자들이다. 하지만 이들 모두가 같은 약속 아래 있었던 아브라함의 자손들이었지만, 하나님의 언약은 오직 두 번째 자손들과의 사이에만 세워졌다(창 17:21). 두 번째 자손은 하나님의 언약 백성이라는 점에서 첫 번째 자손과 완전히 구별된다.

이와 마찬가지로 두 번째와 세 번째 자손 간에도 전적인 구분이 지어진다. 세 번째 영적 자손은 구원받은 하나님의 새로운 백성들이며, 그리스도를 믿는 믿음으로 말미암아 하나님의 유업을 이을 자들이다. 그렇다면 먼저 언약 백성인 이스라엘 자손들이 첫 번째 자손과 구별되는 특별한 위상은 무엇인가?

---

110) John G. Reisinger, Abraham's Four Seeds (Frederick: New Covenant Media, 1998), 14

바울은 육신적으로 그리스도가 그들에게서 나셨으며, 그는 만물 위에 계셔서 세세에 찬양을 받으실 하나님이심을 밝힌다(롬 9:5). 이스라엘 백성의 특권은 언약의 약속에 따라 세세에 영광을 받으실 하나님이 인간의 구원을 위해 육신의 몸을 입고 이스라엘 민족 가운데 나신 그리스도를 상기하는 것이다. 바울은, 하나님이 주신 언약의 약속과 성취에 대한 그리스도의 복음이 그들로부터 비롯되었다는 사실이 이스라엘 백성이 가지는 특권임을 밝히고 있다.

그러나 언약에 약속된 복음이 그들에게 주어졌고 그들의 혈통에 의해 성취되었지만, 막상 그들은 그 성취된 복음을 받아들이지 않았다. 복음 안에 주어진 약속된 하나님의 은혜를 거부한 셈이다. 결국, 이 복음의 약속은 그들의 선택된 혈통과 관계없이 계시된 말씀에 따라 모든 이방인에게 믿음으로 주어진다. 이러한 하나님의 구원 경륜과 그리스도의 비밀을 계시를 통해 알게 된 사도 바울은 로마서 11장에서 자신의 백성을 향해 애끓는 심정으로 안타까운 마음을 토로한다.

이스라엘 백성에게 아브라함 언약을 통해 영적 복음의 약속이 주어졌다는 사실은 부인할 수 없다. 하나님께서 아브라함에게 후손에 대한 약속을 주시고, 그와 함께 가나안 땅에 대한 언약을 세우셨다는 사실이 그것을 증명한다. 그러나 그들에게 언약의 약속이 주어졌다는 사실은 그들이 그 약속의 성취를 끝까지 받아들인다는 보증은 아니었다.

루터는 아브라함의 후손에 관한 이 약속이 단지 적법한 육신적 혹은 임시적 후손에 대한 약속으로 해석되어서는 안 되며 영적이며 영원한 유업의 후손으로 해석되어야 한다고 말한다.[111] 이 후손에 대한 이면적 해석은 구속사적 관점에서 신구약 성경을 하나로 묶어주는 연결 고리 역할을 한다. 구약에 계시된 후손의 약속은 그 계시의 성취자이신 예수 그리스도의 존재와 정체성, 그리고 십자가 사건의 근거와

---

111) Luther, Luther's Works Volume 3, Lectures on Genesis Chapter 15-20), 18-19.

원인이기 때문이다. 이러한 사실들은 그리스도께서 자신의 피로 세우신 새 언약이 과거 옛 언약과 연결되는 성취임을 증거한다.

예레미야 31장과 히브리서 8장에 예언된 새 언약의 서두는 다음과 같다.

> 나 여호와가 말하노라 보라 날이 이르리니 내가 이스라엘 집과 유다 집에 새 언약을 세우리라 (렘 31:31)
>
> 주께서 가라사대 볼찌어다 날이 이르리니 내가 이스라엘 집과 유다 집으로 새 언약을 세우리라 (히 8:8)

신구약 성경은 하나님께서 새 언약을 세우실 대상이 '이스라엘 집과 유다의 집'임을 선언함으로써 그 대상이 '이스라엘 집과 유다의 집' 혹은 '이스라엘 집'이라는 점을 명백히 밝힌 것이다.[112] 만약 우리가 새 언약의 대상을 단지 문자적 의미대로 받아들인다면 새 언약은 이방 기독교인들과는 상관이 없게 된다.

이 구절을 문자적으로 해석한 유대이즘(Messianic Judaism) 학자들은 새 언약이 예수 그리스도에 의해 이미 성취된 것이 아니라, 미래에 이루어질 언약이라고 주장한다. 카바나흐(Ellen Cavanaugh)에 따르면, 예수께서 세상에 오셨을 때 그에 대한 국가적 거부 반응으로 인하여 이스라엘과 유다는 새 언약을 맺지 않았다. 따라서 교회는 이스라엘과 유다를 대신할 수 없으며, 새 언약은 아직 이루어지지 않은

---

[112] 로벗슨(O. Palmer Robertson은 그의 책 The Chist of the Covenant에서 이에 대하여 다음과 같이 언급한다. "It is not necessary to suppose some textual corruption to explain the distinction between the reference to the covenant 'with the house of Israel and with the house of Judah'(v. 31) and to the covenant simply 'with the house of Israel'(v. 33). The more abbreviated designation of God's people simply as Israel may anticipate the united condition of the people of God at the time of New Covenant establishment. Judah and Israel shall be jointed into one."

미래에 있을 언약이라는 주장이다.[113]

　사실 개신교 안에서도 '세대주의'와 '새 언약 신학'은 교회와 인종적인 이스라엘을 바라보는 시각이 서로 다르다. 세대주의가 교회와 이스라엘을 각각 별개의 두 집단으로 분리하여, 하나님의 약속이 민족적인 이스라엘에게도 지켜져야 한다고 주장하는 반면, 새 언약신학자들은 교회는 예수 그리스도를 통한 이스라엘의 연속이라고 가르친다. 비록 교회가 이스라엘을 대신하여 그 뒤를 이은 것은 아니지만, 유대인으로 오신 메시아와의 연합을 통한 이스라엘의 완성으로 보았다.[114]

　아브라함의 후손에 관한 약속에는 바울이 로마서 9장 8절에서 언급한 바와 같은 '약속의 자녀'에 대한 영적 이해가 포함된다. 그리고 바울은 아브라함의 자손에 관한 결론을 최종적으로 예수 그리스도에게로 이끌어 갔다. 루터도 하나님의 모든 약속에는 그리스도가 포함되어 있다고 강조한다. 만약 하나님의 약속들이 중보자이신 그리스도와 분리되어 있다면 하나님께서는 전혀 우리를 상대하실 수 없기 때문이다. 그러므로 아브라함의 믿음과 우리의 믿음의 유일한 차이는 아브라함은 앞으로 명백히 드러날 그리스도를 믿었던 것이고, 우리는 이미 명백하게 드러난 그리스도를 믿는다는 사실이다.[115]

　칼빈도 아브라함 언약의 핵심이 그리스도임을 확신한다.[116] "하나님께서 그의 언약에 아브라함의 모든 자손들을 포함시켰지만, 그럼에도 불구하고, 바울은 지혜롭게도 그리스도께서 모든 민족들을 복 받게 하시는 그 씨였다"고 추론하고 있다(갈 3:14).[117]

　바울을 인용한 칼빈의 주장과 같이 아브라함에게 약속된 그 후손은 바로 예수

---

113) Ellen Cavanaugh, Is the New Covenant For Today? http://www.lightofmashiach.org/newcovanant.html, 1 of 6.
114) A. Blake White, What is the New Covenant? (Frederick: New Covenant Media, 2015), 45.
115) White, What is the New Covenant?, 26.
116) Lillback, 『칼빈의 언약사상』, 219.
117) Calvin, 『기독교강요, (상)』, 420.

그리스도셨다. 하늘의 별과 같이 많은 후손도 그의 육신적 후손이라기보다는 그의 후손으로 오실 그리스도를 믿는 믿음으로 형성될 '약속의 자손'들을 지칭한다. 아브라함도 그 약속 안에 그리스도에 대한 미래의 약속이 포함되어 있음을 확신하며 믿음으로 그를 보았던 것이다.

그가 비록 이를 희미하게 볼 수밖에 없음에도 불구하고 그는 선한 소망의 확신을 갖고 믿었다. 바로 여기에서 기쁨이 왔고, 아브라함은 죽을 때까지 그러한 기쁨 가운데 있었다.[118] 바울은 이 사실을 성경이 미리 알고 하나님께서 그에게 선포하신 복음이었다고 기록하고 있다(갈 3:8).

아브라함에게 주어진 후손의 약속은 그에게 미리 전해진 복음이었다. 이 복음의 말씀을 믿은 아브라함은 그 믿음으로 인하여 하나님으로부터 의롭다 여김을 받았다. 아브라함이 믿음으로 얻은 의는 그리스도를 믿는 믿음을 얻는 의의 모형이 된다. 바울은 이 사실을 "그러므로 믿음으로 말미암은 자는 믿음이 있는 아브라함과 함께 복을 받느니라"(갈 3:9)라고 증언한다.

하나님께서는 아브라함의 육신적 자손인 이삭과 야곱에게도 같은 후손에 대한 약속을 지속적으로 주셨다(창 26:4; 28:14). 그리고 후손으로 오실 그리스도에 대한 약속은 다윗 언약을 통해 다시 한번 재확인된다(삼하 7:12). 신약의 베드로 사도는 오순절 날 성령의 역사를 체험한 무리를 향하여 약속의 자손인 그리스도에 대하여 다음과 같이 설교한다.

> 다윗은 선지자라 하나님이 이미 맹세하사 그 자손 중에서 한 사람을 그 위에 앉게 하리라 하심을 알고 미리 본 고로 그리스도의 부활을 말하되 그가 음부에 버림이 되지 않고 그의 육신이 썩음을 당하지 아니하시리라 (행 2:30-31)

---

118) Calvin, 『기독교강요, (상)』, 521.

베드로는 다윗을 통해 약속된 자손이 예수 그리스도였음을 오순절에 성령을 체험한 무리에게 증거한다. 그 자손은 다윗의 단순한 육신적 자손이 아니라 다윗이 그의 부활까지도 미리 내다보았던 영적 자손이었다(행 2:31). 베드로는 그 자손을 시편 16장 8절을 인용하여 주(主)로 선언한다(행 2:25). 그런데 베드로가 인용한 시편 16장 8절의 주(主)는 여호와 하나님이셨다. 그렇다면 베드로는 다윗의 자손으로 오신 예수 그리스도가 여호와 하나님과 동등한 주(Lord)시라는 것을 의도적으로 나타내고 있는 셈이다.

예수께서는 부활하신 후에 엠마오로 가는 제자들에게 나타나셨다. 그리고 실망한 제자들에게 모세와 선지자의 글을 시작으로 모든 성경에 예언된 자신에 관한 기록을 자세히 설명해 주셨다(눅 24:27). 아브라함에게 약속되고, 모세와 선지자들을 통해 오시리라고 예언된 분이 바로 자신이었음을 그들이 깨닫도록 하신 것이다. 예수께서는 십자가를 지시기 전에도 모세가 자기를 기록으로 증거하였음을 분명히 말씀하셨다(요 5:46). 그분은 생전에도 제자들에게 자신은 선지자들이 말한 바와 같이 십자가의 고난을 받고 자신의 영광에 들어가야 할 것을 미리 말씀하셨다(눅 24:25-26).

성경의 약속대로 예수께서 아브라함과 다윗의 자손으로 세상에 오신 것은, 모든 사람의 죄 사함을 위해 십자가에 죽으시기 위함이었고, 그 후 부활을 통해 다시 하나님의 영광에 들어가기 위해서였다. 아브라함이 믿음으로 내다보았고 다윗이 주(主)로 고백한 그분은 십자가에서 흘리신 자신의 피로 세상 사람들에게 죄 사함을 주시기 위해 세상에 오신 하나님이셨다. 그분은 하나님께서 죽음의 의식으로 아브라함과 언약을 세우셨던 그 계시를 자신의 죽음으로 성취하신 계시자와 동등하신 하나님이셨다.

이것이 바로 그분에 대한 믿음이 하나님께서 자신의 죽음으로 확증하신 가나안 땅에 대한 영원한 유업을 잇게 하는 근거가 되는 이유다. 결과적으로 그리스도의 대속적인 죽음이 하나님께서 아브라함에게 약속하신 영원한 안식의 땅인 하늘나라의 유업을 모든 사람에게 열어 놓으신 것이다. 이 과정을 히브리서는 다음과 같이 기록한다.

> 이 사람들은 다 믿음을 따라 죽었으며 약속을 받지 못하였으되 그것들을 멀리서 보고 환영하며 또 땅에서는 외국인과 나그네임을 증언하였으니 그들이 이같이 말하는 것은 자기들이 본향을 찾는 자임을 나타냄이라 (히 11:13-14)

이스라엘의 선조들은 영적 후손인 그리스도에 대한 약속의 실재를 믿음으로 어렴풋이 보았고, 그 실재를 통해 그들이 고대했던 본향에 대한 소망이 이루어질 것을 확신했다는 증언이다. 히브리서는 말씀을 이어간다.

> 그들이 이제는 더 나은 본향을 사모하니, 곧 하늘에 있는 것이라 이러므로 하나님이 그들의 하나님이라 일컬음 받으심을 부끄러워하지 아니하시고 그들을 위하여 한 성을 예비하셨느니라 (히 11:16)

부르그만(W. Brueggemann)은 아브라함의 믿음에 대하여 다음과 같이 언급한다. "아브라함의 믿음은 그가 세상 안에서 보는 어떤 것에도 있지 않다. 오히려 그것은 세상의 불임(sterility)을 뛰어넘을 하나님의 말씀에 있다. 믿음은 새로운 삶을 위해 현재를 뛰어넘고자 하는 하나님의 약속에 의지하는 것을 뜻한다." [119] 아브라함의 믿음의 대상은 세상에서의 육신적인 후손에 대한 약속이 아니라, 말씀에 근거한 영적 후손에 대한 약속이었다는 것을 그는 다시 한번 확인한다. 벌코프(L.

---

119) Brueggemann, Interpretation, A Bible Commentary for Teaching and preaching, 147.

Berkhof) 또한 "성경의 모든 책들은 예수 그리스도 안에서 하나로 묶여진다. 이 책들은 다 구속 사역 및 하나님 나라가 이 땅에 세워지는 것과 관련이 있다"고 주장한다.[120]

2. 가나안 땅에 대한 약속

땅은 구약에서 하나님과 그의 백성 사이의 관계를 설정하는 가장 중요한 요소다. 여호와 하나님과 그의 백성이 언급되는 곳에는 반드시 땅에 관한 이야기가 동반된다. 폰 라트는 이러한 상황을 종합하며 다음과 같이 언급한다.

> 조상들에게 주신 하나님의 약속들 가운데 가장 현저하고 결정적인 약속은 땅에 대한 약속이었다.[121]

실제적으로 이스라엘 민족에게 있어서 땅에 대한 약속만큼 중요한 문제는 거의 없었다. 히브리어로 '땅(cra)'이라는 단어는 히브리 성경에서 네 번째로 빈번하게 등장하는 명사이다.[122] 이는 유대인들의 땅에 관한 생각이 남다르다는 것을 나타낸다. 땅은 그들의 마음과 영혼 속에 깊이 자리 잡은 생사에 관한 중요한 문제였다. 유대인 랍비 헤스켈은 땅에 대해 다음과 같이 언급한다.

---

120) Berkhof, 『성경해석학』, 54.
121) H. Wayne House, Israel, the Land and the People: An Evangelical Affirmation of God's Promises (Grand Rapids: Kregel Publications, 1997) 209.
122) Walter C. Kaiser Jr., The land of Israel and the Future Return: An Evangelical Affirmation of God's Promises, 209.

> 땅에 대한 사랑은 본능도 아니고 감정도 아닌 긴박함에 기인한다. 거기에는 언약과 땅에 대한 백성의 임무가 주어져 있다 ······. 땅을 포기하는 것은 우리의 모든 소망과 기도와 책무를 조롱거리로 만드는 것이다.[123]

그러나 땅이 과연 구약 성경의 중심에 자리 잡고 있는 주제인가? 라는 의문이 제기된다. 가나안 땅은 하나님께서 아브라함과 그의 후손들에게 언약으로 약속하신 없어서는 안 될 삶의 터전이었다. 그렇다면 '땅'에 대한 하나님의 약속은 불변하는 것인지 혹은 조건적인 것인지에 대한 의문이 생기게 된다. 왜냐하면, 이스라엘 백성은 율법과 말씀에 대한 불순종으로 인하여 여러 번 그 땅에서 쫓겨났기 때문이다.

하나님의 약속 원리나 그의 계획에 대한 취소불능성은 구약뿐 아니라 신약에서도 동일하다. 히브리서 저자는 하나님께서 사람들에게 약속을 주실 때 스스로 그 자신을 가리켜 맹세하는 이유를 설명한다.

> 하나님이 거짓말을 하실 수 없는 이 두 가지 변하지 못할 사실로 말미암아 앞에 있는 소망을 얻으려고 피난처를 찾는 우리에게 큰 안위를 받게 하려 하심이라 (히 6:18)

하나님의 약속과 그 약속을 확증하는 하나님의 맹세, 이 두 가지는 결코 취소되거나 변경될 수 없다. 그런데 하나님께서 아브라함에게 주신 땅에 대한 약속은 자신을 가리켜서 하신 맹세가 아니라, 성경 전체를 통해 유일하게 자신의 '죽음의 의식'(창 15:17)을 통해 그 약속을 맹세로 보증하셨다. 자신을 가리켜서 하신 맹세보다

---

123) Heschel, Isreal, 41. quoted in Walter C. Kaiser Jr., The land of Israel and the Future Return: An Evangelical Affirmation of God's Promises (Grand Rapids: Kregel Publications, 1997), 210.

도 훨씬 강도가 높은 맹세였다.

그러나 이 맹세의 중대성에도 불구하고 이스라엘 백성은 불순종으로 인해 약속의 땅에서 쫓겨나 바벨론에 포로로 잡혀가는 수모를 겪었다. 그들이 약속의 땅으로 귀환한 후에도 주후 70년에 로마에게 다시 멸망당하여 거의 2,000년 동안 그 땅에서 살 수밖에 없었다. 그렇다면 가나안 땅에 대한 하나님의 맹세는 가변적이고 조건적인가? 이에 대한 성경의 증언은 다음과 같은 상반된 형태로 나타난다. 한 가지는 조건적인 반면 다른 한 가지는 무조건적이다.

> 네가 그 땅에서 아들을 낳고 손자를 얻으며 오래 살 때에 만일 스스로 부패하여 무슨 형상의 우상이든지 조각하여 네 여호와 앞에 악을 행함으로 그의 노를 일으키면 내가 오늘 천지를 불러 증거를 삼노니 너희가 요단을 건너가서 얻는 땅에서 속히 망할 것이라 너희가 거기서 너희 날이 길지 못하고 전멸하리라 (신 4:25-26)

> 오늘 내가 네게 명령하는 여호와의 규례와 명령을 지키라 너와 네 후손이 복을 받아 네 하나님 여호와께서 네게 주시는 땅에서 한없이 오래 살리라 (신 4:40)

위의 말씀은 만약 이스라엘 백성이 하나님의 말씀과 규례를 따르지 않는다면, 하나님께서 그들을 그 땅에서 토해내시겠다는 경고다. 이 구절들에 근거한다면, 이스라엘 백성이 그 땅에서 추방당했던 이유는 그들의 불순종으로 인한 일이었다.

그러나 한편으론 이스라엘 백성이 그 땅에서 추방되어 자신들이 저지른 죄의 형벌을 받을 때도 하나님은 그들에 대한 약속을 폐하지 않겠다는 구절이 나온다.

> 그런즉 그들이 그들의 원수들의 땅에 있을 때에 내가 그들을 내버리지 아니하며 미워하지 아니하며 아주 멸하지 아니하고 그들과 맺은 내 언약을 폐하지 아니하리니 나는 여호

와 그들의 하나님 됨이니라. 내가 그들의 하나님이 되기 위하여 민족들이 보는 앞에서 애굽 땅으로부터 그들을 인도하여 낸 그들의 조상과의 언약을 그들을 위하여 기억하리라 나는 여호와니라 (레 26;44-45)

그렇다면 상반되는 것 같이 보이는 말씀의 모순을 우리는 어떻게 해결할 수 있을 것인가? 만약 우리가 땅에 대한 하나님의 약속을 이스라엘 민족을 위한 지상의 가나안 땅에 한정시킨다면 이에 대한 답을 찾아내기 힘들 것이다. 거기에는 눈에 보이는 가나안 땅뿐만 아니라 눈에 보이지 않는 영적 가나안 땅이 포함되어 있기 때문이다.

윌리스 비쳐(Willis J. Beecher)는 1904년 프리스톤 대학의 기념 강좌에서 다음과 같이 설명한다.

> 땅에 대한 약속의 이점들이 이스라엘 안에서 특정한 사람이나 특정한 세대에게 발생되는 한, 그것은 그들의 순종을 조건으로 한다. 그러나 그의 성격이 온 인류의 축복을 위한 하나님의 목적으로 표현될 때, 우리는 그것이 순종이나 혹은 불순종에 달려있다고 예견하지 말아야 한다.[124]

그는 땅에 대한 약속이 이스라엘과 온 인류의 축복에 대한 두 가지 적용으로 나누어짐을 말한다. 그 약속이 이스라엘 백성들에게 적용될 때 그 약속은 순종을 조건으로 하는 가나안 땅에 대한 약속이 된다. 하지만 그것이 온 인류에 대한 축복으

---

124) Willis J. Beecher, The Prophets and the Promise (New York: Thomas Y Corwell, 1905), 220. quoted in. Kaiser Jr., The Land of Israel and the Future Return: An Evangelical Affirmation of God's Promises, 212, n. 9.

로 적용될 때는 순종의 조건과는 상관이 없는 영원한 약속으로 바뀐다. 즉, 땅에 대한 약속이 이스라엘에 적용될 때는 가시적 땅에 대한 문자적 의미가 적용되지만, 그 약속이 온 인류에게 적용될 때 그 땅은 구원의 축복인 영적 가나안 땅을 의미하게 된다.

아브라함에게 주어진 땅에 대한 약속은 하나님의 원래 창조 목적에 뿌리를 두고 있다. 원래의 창조 목적은 하나님의 구원 계획에 따라 새로운 창조의 목표를 향해 나아간다. 불순종의 죄로 인하여 최초의 인간이 추방되었던 에덴동산은 그리스도를 믿음으로 죄 사함을 얻은 자들이 유업으로 이을 새로운 에덴이 된다.

바울은 땅을 하나님의 전 세계적인 새로운 창조를 향해 나아가는 유형으로 간주했다.[125] 히브리서 저자도 아브라함은 "하나님께서 계획하시고 지으실 터가 있는 성을 바랐다"(히 11:10)고 기록한다. 그리고 곧이어 믿는 자들은 "시온산과 살아계신 하나님의 도성인 하늘의 예루살렘에 이른다"(히 12:22)라고 기록한다.

그렇다면 하나님께서 그리스도를 믿음으로 아브라함의 자손이 된 자들에게 주시는 하늘나라의 유업이 원래 아브라함에게 주신 가나안 땅에 대한 약속을 위반하는 셈이 되는가? 이에 대한 답은 "아니오"이다. 오히려 이와는 반대로 하나님은 그 약속을 그리스도의 언약 성취를 통해 측량할 수 없을 만큼 영적으로 향상시키셨다. 이를 구약학자인 크리스토퍼 라이트(Christopher Wright)는 다음과 같은 예를 들어 설명한다.

만약 제품화된 교통수단, 즉 자동차가 발명되기 전에 살았던 아버지가 다섯 살 된 그의 아들에게 21살이 되면 혼자서 타고 다닐 수 있는 말을 사주겠다고 약속했다고 가정해 보자. 아들이 21살이 되기 전에 자동차가 발명 되었다. 그의 아들이 21살 생일날 깨어보니 '사랑하는 아버지로부터'라는 쪽지와 함께 멋진 자동차가 밖에 세워져 있는 것을 발견했

---

125) A. Blake White, What is the New Covenant Theology? (Frederick: New Covenant Media, 2012), 11.

다. 이때 그의 아들이 아버지가 말 을 사 주시겠다는 약속을 어긴 것에 대해 비난하거나 항의를 한다면 그는 이상한 아들이 될 것이다. 또한 멋진 자동차를 받았음에도 불구하고 약속대로 말을 사 내라고 고집한다면 그는 더욱 이상한 아들이 될 것이다. 상황이 변함에 따라 약속 당시에 알려지지 않았던 것이 만들어져 더 좋은 것으로 주었다면, 그 아버지는 약속을 지킨 것 이상이 된다. 사실 그는 약속의 원래 말(words)보다 더 나은 것을 줌으로써 약속을 지킨 셈이 된다. 약속은 그 당시 이해될 수 있는 어휘로 주어진다. 그것은 새로운 역사적 사건의 견지에서 성취되는 것이다.[126]

1) 가나안 땅의 문자적 약속의 의미

창세기 15장에 나타나는 가장 현저한 긴장은 후손에 대한 약속(1-6절)과 땅에 대한 약속(7-21절) 사이에 나타난다.[127] 이는 창세기 15장이 별도의 두 민담(narrative), 혹은 문서 가설에 따른 J문서와 E문서의 결합으로 보아, 창세기 15장 안에 모순과 대립, 그리고 불연속성이 존재한다고 간주되기 때문이다.

그러나 이러한 문법적 모순과 불일치에도 불구하고 창세기 15장은 문학적 통일성을 유지하고 있으며 그 안에 담고 있는 신학적 의미의 일관성을 유지한다. 부분적 단계에서의 첫 번째 약속과 두 번째 약속 사이의 관계성은 15장 전체 단계의 두 번째 약속에 적용된다. 첫 번째 '셀 수 없는 후손'에 대한 약속에는 땅의 선물이 필연적으로 요구된다. 이는 많은 후손이 생존하기 위한 땅이 필수적으로 요구되기 때문이다. 그러므로 첫 번째 약속을 완성하기 위해서는 이에 상응하는 두 번째 약

---

126) White, What is the New Covenant Theology?, 12. cf. Christopher J. H. Wright, Knowing Jesus Through the Old Testament (Dowers Grove: IVP Academic, 1992), 71.
127) John Ha, Genesis 15 (Berlin: Walter de Gruyter, 1989), 42.

속이 필수적이며, 이 두 약속의 상호 작용으로 창세기 15장의 문학적 통일성이 강화되는 것이다.[128]

실제 가나안은 하나님께서 이스라엘 백성에게 주신 땅으로 고대 역사를 볼 때, 살아계신 하나님이 많은 중요한 일들을 행하신 특별한 장소였다. 이 땅은 하나님께서 이스라엘 민족의 조상 아브라함을 처음 부르셨던 장소였고, 수백 년이 지난 후에는 이스라엘 민족을 자신의 백성으로 삼고 그들의 하나님이 되시기 위해 애굽 땅으로부터 그들을 인도하여 정착시킨 안식의 땅이기도 하였다. 따라서 이 땅은 이스라엘을 통한 성경의 사건들이 연출되었던 지형학적 무대와 같은 중요한 장소였다.

땅에 대한 약속이 시작되는 창세기 15장 7절은 이스라엘 신앙의 기본적인 신조(tenet)를 반영한다.[129] 성경의 많은 본문을 통해 알 수 있지만, 이 믿음의 신조는 여호와의 자가 선언(self-predication)과 함께 공식화되고 있음을 발견할 수 있다.[130] 창세기 15장 7절에서는 "나는 너를 갈대인의 우르에서 이끌어 낸 여호와라"고 선언하시지만, 출애굽기 6장 6절, 7장 5절, 20장 2절, 29장 46절, 레위기 19장 36절, 25장 38절, 민수기 15장 41절, 신명기 5장 6절에서는 "나는 너희를 애굽 땅에서 이끌어 낸 여호와니라"는 하나님의 자가 선언이 주어진다.

하나님께서 이스라엘 백성을 애굽 땅에서 이끌어 내신 것은 그들의 하나님으로서 그들 중에 거하기 위함이셨고(출 29:46), 또한 그들의 하나님으로서 가나안 땅을 이스라엘 백성들에게 주시기 위해서였다(레 25:38). 따라서 가나안 땅은 하나님께서 한 민족을 특별히 택하셔서 그들과 함께 거하시며, 신적 통치를 하기 위해 선택된 지상의 장소였다.

---

128) Ha, Genesis 15, 62.
129) Ha, Genesis 15, 100.
130) Ha, Genesis 15, 100.

약속 당시 가나안에는 아모리 족속을 비롯한 여러 이방 민족들이 살고 있었지만, 하나님은 죄악으로 가득 찬 그들을 몰아내고 그 땅을 이스라엘 백성들에게 주기로 작정하셨다. 하나님의 선택적이며 주권적인 개입이 지상의 민족들 간에 개입하는 역사적 분기점이 되었다. 이는 하나님이 선별 기준에 따라 믿음의 백성과 그렇지 않은 백성을 구분하셔서, 믿는 백성을 통한 하나님의 주권적 통치를 세상에 알리려는 의도적 사역의 결과였다.

불링거는 성경에 기록된 육체적 축복, 영광, 왕국, 노동, 승리, 그리고 삶에 필요한 것들에 대한 모든 약속에는 다음과 같은 한 표현이 결론으로 포함된다고 말한다. 그것은 "네가 너와 네 후손에게 가나안 땅을 줄 것이며, 나는 그들의 하나님이 되리라"라는 선언이다.[131] 하나님께서 아브라함에게 약속으로 주신 가나안 땅에는 우리의 모든 필요를 채워주시는 하나님의 은혜와 선물이 함축적으로 포함되어 있다.

또한 같은 방법으로 주(主)이신 그리스도에 대해 전해져 내려왔던 실체와 진실이 포함된 모든 일들, 즉 그분의 정의, 신자의 성화와 구속, 그리스도의 희생과 만족, 영원한 생명과 왕국, 그리고 더 나아가 모든 사람을 부르심, 영적인 축복, 율법의 폐지, 유대인과 이방인이 함께 구성된 교회의 영광 등이 한 말씀 속에 예언되어 있다. 불링거는 그것이 "모든 민족이 너로 인해 복을 받을 것이며, 너는 모든 민족의 아비가 되리라. 지금부터는 너의 이름을 아브람이라 하지 않고 아브라함이라 하리라"는 예언이었다고 주장한다.[132]

존 하(John Ha)는 구약 학자로서 창세기 15장에 나타나는 두 약속의 담화 내용을 연결하여 본문 분석을 통한 문학적 통일성을 주장한다. 그는 두 담화에서 주요 관

---

131) McCoy and Baker, Fountainhead of Federalism: Heinrich Bullinger and the Covental Tradition, 112.
132) McCoy and Baker, Fountainhead of Federalism: Heinrich Bullinger and the Covental Tradition, 112.

점은 아브라함 개인에게 있는 것이 아니라 15장 5절과 18절 후반에서 보듯이 아브라함의 후손에 있다고 강조한다. 각 경우, 역설적으로 관심의 초점은 이러한 후손에 대한 긴 설명보다는, 짧지만 강력한 언급으로 부각된다.[133] 결과적으로 가나안은 아브라함의 후손들이 거주할 안식의 땅이었다.

하(J. Ha)의 주장과 같이 창세기 15장에 기록된 두 담화의 주요 관점은 문자적으로 아브라함의 후손과 그들이 거주할 가나안 땅으로 연결된다. 그렇다면 이 연결은 자연스럽게 이면적인 영적 후손과 가나안 땅의 약속에도 동일하게 적용될 것이다. 가나안 땅에 대한 문자적 약속의 성취는 하나님의 통치가 이루어지는 예표적 지상의 하나님 나라인 이스라엘에 관한 약속이지만, 영적 약속의 성취는 진정한 아브라함의 후손인 그리스도를 믿음으로 새롭게 창조될 영적 후손들을 위한 영원한 안식처이다.

2) 가나안 땅의 영적 약속의 의미

창세기 15장에 기록된 '후손'과 '가나안 땅'의 두 약속에는 담겨 있는 이면적 의미를 살펴보았다. 기록된 말씀의 문자적 의미와 신약의 조명을 통해 드러난 약속의 계시에 함의된 영적 의미 사이에는 분명한 차이가 존재한다. 그러나 이러한 차이에 대한 인정과 더불어 그리스도에 의한 영적 약속의 성취를 구원사에 일관되게 적용하는 결정은 말씀을 대하는 개인에 따라 차이가 있을 것이다. 왜냐하면, 언약의 약속에 담겨 있는 영적 의미는 신약의 조명을 통해서야 비로소 암시적으로 드러나기 때문이다.

---

133) Ha, Genesis 15, 61.

가나안 땅의 약속을 오직 유대인에게만 주어진 지상의 가나안 땅에 한정시킨 루터의 해석은 아브라함 언약에 담긴 영적 의미를 훼손할 가능성이 있다. 그의 이러한 견해는 1세기 유대교를 율법의 행위로 구원을 받는 종교로 규정하는 한편, 할례와 율법을 강하게 부정하는 그의 입장과 연관된다. 그는 기독교를 유대교와 완전히 결별시키려 하였다. 그러나 바울은 원래 이방인이었던 '돌감람나무'인 기독교인들이 이스라엘 백성인 '참감람나무'에 접붙임을 받고 그 뿌리의 진액을 받는 자가 되었다고 선언하였다(롬 11:17). 기독교 신앙의 뿌리가 원래 하나님의 백성이었던 이스라엘로부터 비롯된다는 말이다.

루터는 할례에 관한 하나님의 명령을 기술한 창세기 17장의 언약 해석 방법에서도 취리히 종교개혁자인 불링거와 극명한 차이를 드러낸다. 불링거는 창세기 17장에 기록된 언약을 하나님께서 모든 시대에 걸쳐 당신의 교회와 체결하신 하나의 영원한 언약의 첫 표현이라고 주장했다. 그러나 루터는 그것이 유대인만을 위한 언약이라고 간주한다. 그는 이 언약이 이방인과는 상관이 없고, 오직 유대인에게만 주어졌다고 믿었다.[134] 이에 대한 루터의 주장은 다음과 같다.

> 그러므로 여기서 하나님 자신의 말씀은, 할례가 영원히 지속되는 것이므로 이방인에게도 그것을 강요하기를 원하는 유대인들의 주장을 반박한다. 하나님께서는 "너와 네 후손은 너의 언약을 지킬 것이다"라고 강하게 말씀하셨기 때문이다. 따라서 이 언약은 이방인과는 상관이 없다. 하나님은 추가로 "그들의 세대를 통하여"라고 말씀하신다. 이것은 왕국과 제사장직이 존재하는 동안이라는 말이다.[135]

---

134) Lillback, 『칼빈의 언약사상』, 168-169.
135) Luther, Luther's Works Volume 3, Lectures on Genesis Chapter 15-20, 127.

불링거는 창세기 17장을 창세기 15장에서 시작하신 언약의 완성으로 본 반면, 루터는 창세기 17장을 율법 언약으로 간주했다. 그것이 인간의 '행위'를 위해 주어졌다는 이유에서다.[136] 루터는 공로에 입각한 옛 언약과 하나님의 약속으로 인한 믿음과 은혜에 입각한 새 언약 간의 차이에 상응하는 두 가지 근본적인 언약 개념을 갖고 있었다.[137]

그러나 창세기 15장의 가나안 땅의 약속에 대한 루터의 일방적 주장에도 불구하고 하나님 자신이 스스로의 죽음의 맹세 의식을 행하시고 아브라함과 그 땅에 대한 언약을 세우셨다. 결론적으로 그 땅은 하나님의 주권이 임하는 곳으로, 아브라함의 후손들, 즉 하나님의 모든 백성과 함께 하나님 나라[138]의 필수적 구성 요건을 이루는 장소다.

하나님은 자신의 일방적인 은혜로 후손과 땅에 대한 약속을 아브라함에게 주셨다. 이 두 약속 간에는 영적 후손인 그리스도와 그의 십자가의 죽으심에 대한 하나

---

136) Lillback, 『칼빈의 언약사상』, 174-177.
137) Lillback, 『칼빈의 언약사상』, 85.
138) 하나님 나라는 신구약 성경 전반에 근거한 신학적 개념으로, 앞으로 다가올 그리고 현재 확장되어가는 미래적이고 현재적인 하나님의 통치를 뜻한다. 구약의 이스라엘 백성에게는 이미 하나님 나라의 표현과 개념이 있었다.(단 4:3; 대상 29:10-12) 이스라엘 민족에게 하나님 나라는 하나님의 특별한 경영 대상인 이스라엘을 지칭하는 하는 것으로 여겨졌다. 그들은 바벨론의 포로 이후 예전의 영광을 회복하지 못하였기 때문에 그들의 나라를 회복시킬 다윗의 후손인 메시아에 대한 기대가 컸다. 그들은 메시아가 오심으로 하나님 나라의 구체적인 모습을 완성하실 것을 기대하고 있었다. 그러나 신약의 바울 사도는 "하나님 나라는 먹는 것과 마시는 것이 아니요 오직 성령 안에 있는 의와 평강과 희락이라"(롬 14:19)고 말함으로, 하나님 나라를 영적이고 내면적인 실재로 설명한다. 하나님 나라에 대한 개념이 그리스도가 오시기 전과 오신 후가 다르다. 그렇지만 하나님 나라가 외면적이든, 혹은 내면적이고 영적이든 하나님의 다스림이 드러나는 곳은 하나님의 나라가 틀림 없다. 그런데 그 다스림에는 부가적인 요소가 뒤 따른다. 하나님의 다스림에는 그 다스림을 받는 백성이 있어야 하며, 그 다스림이 미치는 영역(땅)이 있어야 하나님 나라가 완성된다. 이런 의미에서 창세기 15장에 나타나는 후손과 땅에 대한 약속은 하나님께서 지상이나, 혹은 하늘에 영적인 그의 나라를 세우시는 구원의 위대한 발자국이라 볼 수 있다.

님의 희생적인 메시지가 담겨 있다. 이 은혜의 메시지는 아브라함과 언약을 세우시는 하나님의 일방적인 희생제의를 통한 계시로 주어졌다. 이러한 계시는 라이라(N. Lyra)의 주장처럼 가나안 땅에 대한 약속이 실제적인 소유의 약속이라기보다는 영적이며 영생에 관한 약속에 더 중요한 무게를 두고 있다는 것을 증명한다.[139]

이스라엘 백성이 400년 동안 애굽에서의 종살이를 벗어나 광야생활을 할 때, 하나님은 이스라엘 백성들과 모세 언약인 시내산 언약을 맺으셨다. 이 언약은 가나안 땅을 주시겠다는 아브라함 언약의 뒤를 이어 이스라엘 백성들이 "약속의 땅인 '그 땅에서 오래 살기' 위한 조건을 개인적으로 수행하기 위한 백성들의 맹세"였다.[140] 이 시내산 언약으로 주어진 율법 안에도 신적인 은혜로 주신 하나님의 은혜가 그 속에 포함되어 있었다. 그럼에도 불구하고 그들은 언약의 조건으로 주신 율법에 불순종함으로써 가나안 땅에 대한 최종적인 소유권을 잃어버리는 결과를 초래하고 말았다.

그런데 만약 하나님의 약속이 눈에 보이는 가나안 땅에만 한정된다고 가정한다면, 아브라함에게 일방적으로 주신 땅에 대한 약속은 그 후에 이스라엘 백성들에게 주신 시내산 언약의 조건에 의해 무효가 되거나 폐지된 것으로 간주된다. 그렇지만 어떤 상황에서도 하나님께서 세우신 언약의 약속은 결코 폐기되거나 취소될 수 없다. 더구나 하나님께서 스스로 죽음의 의식을 통해 언약으로 세우신 일방적인 은혜의 약속은, 그 후에 주어진 언약 조건의 시행 여부에 따라 그 약속이 변경되거나 결코 폐지될 수 없다. 이러한 의미에서 가나안 땅에 대한 하나님의 약속에는 가시적 가나안 땅의 의미를 초월하여 보이지 않는 가나안 땅의 의미가 포함되어

---

139) Luther, Luther's Works Volume 3, Lectures on Genesis Chapter 15-20 (American Edition), 27.
140) Horton, 『언약신학』, 69.

있음을 확인할 수 있다.

더구나 만약 루터의 주장[141]을 따른다면, 창세기 15장의 두 담화를 잇고 있는 아브라함의 믿음에 의한 칭의(7절)의 구속사적 의미가 퇴색될 수밖에 없다. 그 이유는 '후손'과 '가나안 땅'에 대한 하나님의 약속은 그리스도에 의한 언약의 성취로 긴밀하게 연결되어 있으며, 믿음에 의한 칭의가 두 약속의 성취를 연결하는 고리(joint) 역할을 감당하고 있기 때문이다.

그러므로 '가나안 땅'의 약속은 '후손'에 대한 약속과 병행되어야 그 구속사적 의미가 제대로 드러난다. 그 약속을 후손에 대한 약속과 연결하지 않으면 신약성경과 바울이 언급하는 하나님 나라 혹은 하늘나라의 유업을 설명하기 힘들어진다. 바울은 먼저 갈라디아서 3장 16절에서 아브라함의 후손이 예수 그리스도임을 밝힌다. 개정표준역(RSV) 성경은 다음과 같이 기록한다. "Now the promises were made to Abraham and to his offspring." 한편, NIV(New International Vision) 성경은 "The promises were spoken to Abraham and to his seed."라고 기록하고 있다. 개정표준역 성경과 NIV 성경은 모두 하나님의 약속들이 아브라함과 그의 후손, 곧 그리스도에게 전하여졌고, 약속되었다고 기록한다.

라이트는 갈라디아서 3장 16절에서 바울은 '스페르마'(σπέρμα)의 단수 형태를 바탕으로 아브라함과 그의 후손에게 주어진 약속들은 전적으로 그리스도를 겨냥하

---

141) Luther, Luther's Works Volume 3, Lectures on Genesis Chapter 15-20 (American Edition), 26-29. 루터는 창세기 15장 7절 주석을 통해 Lyra의 성경 해석 방법에 의문을 표시하고 있다. 루터는 라이라(Lyra)의 성경 본문 중에는 양면적 의미 (문자적 의미와 영적 의미)를 가지는 본문이 많이 있다는 견해와, 그가 창세기 15장에 대한 해석에서 후손과 땅에 대한 약속에 이러한 견해를 적용하고 있음을 소개하며, 후손에 대한 영적 해석에는 동의하지만 가나안 땅에 대한 영적 해석에는 강하게 반대한다. 루터는 가나안 땅에 대한 약속을 문자적 의미의 가나안 땅만을 의미하는 것으로 양면적 의미나 문자적 의미를 넘어서는 다른 어떤 해석도 용인될 수 없다고 단정한다.

고 있다고 주장한다.¹⁴² "약속들이 아브라함의 후손에게 주어졌다"라는 바울의 사고 라인은 다음과 같이 전개된다. 그리스도는 아브라함의 후손이다(갈 3:16). 당신은 그리스도에게 속해 있다(갈 3:26-29a). 그러므로 당신은 약속대로 유업을 이을 자이다(갈 3:29b).¹⁴³

불링거는 가나안 땅에 대한 약속에 대하여 『데 테스타멘토』에서 다음과 같이 주장한다.

> 가나안 땅에 대한 약속이 특정한 지역을 가리키고 있다는 사실을 부인할 사람은 아무도 없다. 그러나 그 누구도 지상의 것에 대한 동일한 약속 혹은 오히려 비슷한 약속이 모든 이방인들에게도 평등하게 주어졌다는 사실도 부인할 수 없다. 가나안 땅의 약속이 주어졌던 아브라함 자신은, 그가 큰 재산과 번영을 누리는 동안, 그의 자손인 이삭, 야곱, 그리고 요셉과 같이 그 땅에 그의 발자국을 남기지 못했다. 하지만 그들은 가나안 땅을 소유하지 못했음에도 불구하고 그들의 부로 인하여 대단히 유명했다. 나는 지금 이것이 모든 이방인들을 위한 모델로서 하나님께서 행한 방식으로, 만약 그들도 족장들의 방식과 같이 하나님을 두려워한다면 그들에게 어떤 부족함도 없을 것을 배우게 하신 것이다. 그들은 실제적으로 이 땅에 대한 약속을 거의 즐기지 못한 것이 사실이다. 그렇지만 사실 그들은 십자가와 많은 고난을 통해 하나님 나라에 들어간 것이다.¹⁴⁴

불링거는 가나안 땅에 대한 약속이 유대인뿐만이 아니라 이방인들에게도 동일

---

142) N. T. Wright, The Climax of the Covenant/ Christ and the Law in Pauline Theology (Minneapolis: Fortress Press, 1993), 158.
143) Wright, The Climax of the Covenant, 158.
144) McCoy and Baker, Fountainhead of Federalism: Heinrich Bullinger and the Covental Tradition, 128-129.

하게 주어진 약속이며, 그 약속의 최종 목적지는 그리스도의 십자가 사건으로 성취된 하나님 나라임을 제시한다. 불링거의 주장은 아브라함 언약을 기록한 히브리서 저자의 해석을 따른다.

> 믿음으로 아브라함은 부르심을 받았을 때에 순종하여 장래의 유업으로 받을 땅에 나아갈 새 갈 바를 알지 못하고 나아갔으며 믿음으로 그가 이방 땅에 있는 것 같이 약속의 땅에 거류하여 동일한 약속을 유업으로 함께 받은 이삭 및 야곱과 더불어 장막에 거하였으니 이는 그가 하나님이 계획하시고 지으실 터가 있는 성을 바랐음이라 (히 11:8-10)

아브라함은 비록 하나님께서 주시겠다고 약속한 가나안 땅에 거주하였지만 마치 이방 땅에 거주하는 것과 같이 살았다는 뜻이다. 실제로 아브라함은 하나님으로부터 땅에 대한 약속을 받았음에도 불구하고 생전에 가나안에 발붙일 만큼의 유업을 얻지 못했다(행 7:5). 자신의 부인 사라가 죽은 후, 헷 사람 에브론에게서 막벨라 밭을 매장지로 사기 전까지는 가나안 땅을 한 평도 소유하지 못했었다. 그가 비록 약속의 땅 가나안에 거주하였지만 이방 땅에 거주하는 것 같이 지냈던 것은, 하나님께서 그에게 약속하셨던 '땅'이 지상의 땅이 아니라, 영적인 영원한 하늘나라의 성(城)이었다는 것을 깨달았기 때문이다.

히브리서는 아브라함의 후손들에 대해서도 같은 내용을 이어서 기록한다. 그들은 약속을 얻지 못했지만 믿음을 따라 그것을 멀리서 보고 환영하며, 한편으로 땅에서는 이방인과 나그네임을 증언하며 그들의 본향을 바라보고 살았다. 그 본향은 그들을 위해 하나님께서 예비하신 하늘에 있는 성이었다(히 11:13-16).

히브리서는 아브라함과 그의 자손들이 생전에 그들이 살았던 가나안 땅이 그들의 본향이 아니었음을 깨달았다는 사실을 의도적으로 강조한다. 이는 그들 모두가 후손과 가나안 땅에 대한 하나님의 약속을 받은 자들이었지만, 생전에 그 약속의 성취를 보지 못하고 다만 믿음으로 바라보고 환영하였다는 의미다. 히브리서는 그들이 믿음으로 바라보고 환영한 실체는 가시적인 가나안 땅이 아니라 영적 하늘나라였음을 증언하고 있다.

그러나 지상의 가나안 땅에 대한 문자적인 약속도 일차적으로는 이스라엘의 가나안 정복으로 달성되었다.

> 여호와께서 이스라엘 조상들에게 맹세하사 주리라 하신 온 땅을 이와 같이 이스라엘에게 다 주셨으므로 그들이 그것을 차지하여 거기에 거주하였으니 여호와께서 그들의 주위에 안식을 주셨으되 그 조상들에게 맹세하신대로 하셨으므로 그들의 모든 원수들 중에 그들과 맞선 자가 하나도 없었으니 이는 여호와께서 그들의 원수들을 그들의 손에 넘겨주셨음이라 여호와께서 이스라엘 족속에게 말씀하신 선한 말씀이 하나도 남김없이 다 응하였더라 (수 21:43-45)

하나님께서 약속하신 땅에 대한 말씀이 하나도 남김없이 다 이루어졌다는 여호수아서의 말씀이다. 그렇지만 이 본문의 내용과 같이 땅에 대한 약속이 여기서 끝난 것은 아니었다. 비록 가나안 땅에 대한 약속이 현실적으로 성취되었지만, 그럼에도 불구하고 히브리서는 그들에게 영원한 유업, 특히 천국에서의 영생에 관한 많은 사항이 제시된다고 기록한다(히 11:13-16). 이러한 사실은 여호수아 이후의 구약성경의 저자들도 땅에 대한 하나님의 약속이 아직도 유효하며, 또 다른 성취를 기다리고 있음을 제시한다(시 105:6-11; 렘 32:37-41).[145]

레이징어(John G. Reisinger)는 만약 우리에게 하나님께서 창세기 15장에 약속된

---

145) John G. Reisinger, New Covenant Theology & Prophecy (Frederick: New Covenant Media, 2015), 10.

땅을 포함하여 아브라함과 그의 자손들에게 하신 모든 약속이 성취되었는지를 묻는다면 여호수아 21장에 근거하여 의심의 여지 없이 '네'라고 대답할 수 있다고 말한다. 또한, 여호수아 이후의 구약성경의 증언들이 땅에 대한 약속을 명확하게 미래에 성취될 약속으로 간주하고 있는지 묻는다고 하여도 그 대답은 역시 '네(yes)'이어야 한다고 주장한다.[146]

하나님은 언약을 배반했던 이스라엘 백성들을 약속의 땅에서 쫓아내신 후, 그들을 그 땅에 다시 돌아오게 하여 영원한 언약을 세워 그들을 이 땅에 심으시겠다는 약속이 미래형으로 나온다(렘 32:41). 그 당시 이스라엘 사람들은 약속의 땅을 소유하지 않았으며 그들의 왕조도 유지하고 있지 않은 상태였다. 하나님의 말씀인 '영원한 기업'(창 17:8)에 대한 약속 부분이 어긋난 것처럼 보인다. 이러한 사실들은 최초로 가나안에 입성하여 정착한 여호수아 후대의 사람들이 땅에 대한 하나님의 약속이 완전히 성취되었다고 간주하지 않는 증거가 된다.

'영원함'이란 단어는 구약의 언약으로 약속되는 많은 경우에 사용된다. 그러나 신약성경은 구약에 약속된 영원한 일들이 그리스도가 오심으로 종식될 것을 명백하게 예언하고 있다.[147] 아론의 영원한 대제사장직(출 40:15; 민 25:13), 유월절의 영원한 규례(출 12:14), 그리고 안식일의 영원한 언약(출 31:16, 17) 등이 그리스도가 오심으로 종식된 사례들이다.

그렇지만 그들이 가지는 영원성의 의미는 레이징어의 주장과 같이 그리스도가 오심으로 종식된 것이 아니라 오히려 영적 후손에 관한 하나님의 약속이 성취됨으로써 그리스도 안에서 새롭게 변형된 영적 의미를 지속적으로 지닌다는 뜻이다. 그들이 가지는 가시적 '영원성'은 비록 끝났을지라도, 그리스도 안에서 새롭게 변형

---

146) Reisinger, New Covenant Theology & Prophecy, 10.
147) John G. Reinsinger, Abraham's Four Seeds (Frederick: New Covenant Media, 1988), 87.

된 영적 '영원성'은 미래에도 영원히 지속되는 것이다.

땅에 대한 '영원한 소유' 대한 약속 또한, 그 '영원함'의 의미가 겉으로는 가시적인 가나안 땅의 소유에 대한 의미로 사용된 것처럼 보여도 그리스도께서 언약을 성취하심으로써 오히려 변형된 영적 의미가 더 깊어진다. 만약 땅에 대한 하나님의 약속이 가시적 가나안 땅에 제한된 것이었다면, 이스라엘 백성들이 언약을 배반하고 그 땅에서 쫓겨났을 때 약속 안에 담긴 '영원함'의 의미가 사라졌을 것이다. 그렇다면 언약의 약속을 신실하게 이행하고 성취하시는 '하나님의 의'에 문제가 생기게 된다.

이러한 주장에 대하여 사람들은 땅에 대한 약속이 깨진 이유는 단지 이스라엘 백성이 하나님의 언약을 배반했기 때문이라고 반박할 수 있다. 그러나 하나님께서 아브라함과 그의 후손들에게 주신 땅에 대한 약속은 조건이 붙은 쌍방 간의 약속이 아니었다. 그것은 하나님께서 주신 일방적 약속이었으며, 이를 확증하기 위해 하나님께서 스스로 쪼개진 짐승 사이를 지나가며 죽음의 맹세로 세우신 은혜의 언약이었다.

그러므로 땅의 소유에 대하여 '영원한 기업'이 되게 하시겠다는 하나님의 말씀은(창 17:8), 그 땅의 소유가 어떠한 조건이나 상황에서도 변하지 않을 것에 대한 선포였다. 이를 위해 하나님께서는 언약을 저버린 인간의 배교와 부정(不貞)에도 불구하고, 인간에게 영원한 구원을 주시기 위한 맹세로서 스스로의 의무를 짊어지신 것이다.[148]

그러므로 땅을 영원히 소유할 것이라는 약속은 결코 깨어질 수 없는 하나님의

---

148) Bavinck, 『개혁교의학 3』, 249.

일방적 은혜의 약속이며, 인간의 구원을 위해 하나님께서 아브라함과 죽음의 맹세 의식을 통해 세우신 확증적인 약속이다. 이 언약에 계시된 가나안 땅에 대한 약속은 하나님의 계시 역사(役事) 안에서 결국은 그리스도의 십자가 사건으로 성취되었다. 가나안 땅은 약속의 계시를 성취하신 예수 그리스도를 믿는 믿음으로 아브라함의 자손이 된 새로운 하나님의 백성들이 잇게 될 구원의 유업을 가리킨다.

언약과 삼위일체

제3장

언약과 성부 하나님

제3장 언약과 성부 하나님

언약은 원죄로 타락한 인간을 위해 장차 세상에 오실 후손을 통해 사람들을 죄로부터 구원하시겠다는 하나님의 구원 계시가 담긴 신적(神的) 약속이다. 하나님은 처음 아담에게 사탄의 머리를 상하게 할 여인의 후손을 약속하셨다. 그 후 하나님은 아브라함과 다윗 언약을 통하여 여인의 후손을 각각 아브라함과 다윗의 후손에 대한 약속으로 점진적 계시의 발전을 이루어가셨다.

이를 위하여 언약의 계시자인 여호와 하나님은 세상의 주권자로서의 모습을 잠시 내려놓으시고 인간 수준으로 자신을 낮추심으로써 사람들과 관계를 맺으시고, 그 관계를 지속해 나가셨다. 그 결과 하나님은 언약의 주 당사자로서 사람들에게 일방적 은혜로 구원 약속을 주심으로써 그분 자신을 언약에 스스로 매이시게 만들었다. 한편, 언약의 상대자인 인간은 아무 대가를 지불하지도 않고 약속에 대한 전적으로 은혜를 받는 수혜자가 되었다.

그러나 언약이 비록 하나님의 일방적인 은혜로 주어졌지만, 그 언약의 지속적인 보존과 유지는 언약의 당사자인 인간들이 지켜나가야 할 의무와 책임이었다. 왜냐하면 그 언약의 약속들이 모두 실현되기까지 그 성취 과정은 긴 시간의 기다림을 요구하기 때문이다. 약속을 따라 예수 그리스도가 세상에 오실 때까지 언약 백성이었던 이스라엘은 그 약속을 보전할 의무를 져야 할 하나님의 백성이었다.

하나님께서 이스라엘 백성에게 약속을 주시고 그들을 선택된 백성으로 삼으신 이유는 "그들을 이방의 빛으로 삼아 나의 구원을 베풀어서 땅끝까지 이르게 하기"(사 49:6) 위함이었다. 이 목적을 위해 그들은 옛 언약을 통해 주신 하나님의 구원 약속의 계시가 성취되기까지 그 계시의 성취자인 메시아를 기다려야 했다. 그들은 오랜 시간 동안 언약 백성으로서 그들에게 수여된 율법을 지켜야만 했다. 그 율법은 선택된 백성의 삶을 유지하기 위해 그들이 지켜야 하는 신앙과 생활에 관한 하나님의 명령과 규범이었다.

여호수아는 가나안 땅을 정복한 후, 요단 동쪽 지파인 르우벤, 갓, 그리고 므낫세 반 지파를 불러 다음과 같이 권면한다.

> 오직 여호와의 종 모세가 너희에게 명령한 명령과 율법을 반드시 행하여 너희의 여호와 하나님을 사랑하고 그의 모든 길로 행하며 그의 계명을 지켜 그에게 친근히 하고 너희의 마음을 다하며 성품을 다하여 그를 섬길지니라 (수 22:5)

그리고 여호수아는 죽기 전에 마지막으로 온 이스라엘을 불러 그들에게 다시 간곡히 당부한다.

> 너희는 크게 힘써 모세의 율법 책에 기록된 것을 다 지켜 행하라 그것을 떠나 우로나 좌로나 치우치지 말라 (수 23:6)

그는 율법을 지키고 행하는 일이 여호와 하나님을 사랑하고 그분을 섬기는 일임을 이스라엘 백성들에게 깨우쳐 주고 있다. 그러나 여호수아가 죽은 후, 사사 시대의 기록에는 율법이 전혀 언급되지 않는다. 율법에 대한 기억이 사라짐에 따라 그 시대의 사람들은 하나님에 대한 기억뿐만 아니라 그분에 대한 사랑마저도 잊어버리게 되었다.

> 그 세대의 사람(여호수아 시대의 사람)도 다 조상에게로 돌아갔고 그 후에 일어난 다른 세대는 여호와를 알지 못하며 여호와께서 이스라엘을 위하여 행하신 일도 알지 못하였더라 (삿 2:10)

여호수아가 죽은 후 얼마 지나지 않아 그들은 자신들의 하나님이신 여호와를 잊어버리고 바알과 아세라와 같은 우상들을 섬기게 되었다. 하나님의 말씀과 율법을 따르지 않은 결과는 사사기 제일 마지막 절에 기록된 바와 같이 사람들이 하나님을 기억하지 못하고 각기 자기의 소견에 따라 옳은 대로 행할 수밖에 없었다(삿 21:25).

율법이 언약의 조건으로 주어졌지만, 그것은 이스라엘 백성들에게 하나님의 존재와 그분과의 관계를 기억하는 가장 중요한 수단이었다. 사람들이 율법을 잊어버렸다는 사실은 하나님과의 관계가 단절되었다는 것을 의미한다. 율법을 잊고 살았던 사사 시대는 하나님에 대한 신앙을 져버리고 우상을 섬기며 자신의 마음대로 행동하는 암흑과도 같은 시대였다.

율법이 없이 자신의 마음대로 행동하는 이스라엘 백성들은 자연스럽게 우상 숭배와 죄에 빠져들었다. 그 결과 그들은 이방인들의 압제에 반복적으로 시달릴 수밖에 없었다. 이방인들로부터 당하는 그들의 고통스러운 신음 소리에 하나님은 또다시 사사를 보내셔서 그들을 이방인의 압제에서 구출해 내는 일들을 반복하셨다. 그들의 지속적인 죄악에도 불구하고 하나님이 그들을 멸하지 않고 보존하신 데에는 그만한 이유가 있었다. 아직 그들에게는 조상들과 맺으신 하나님의 일방적인 언약의 약속이 유효하게 남아 있었기 때문이었다.

이는 창조 질서의 회복을 위해 언약으로 계시하신 하나님의 구원 계획과 그 성취가 그리스도께서 세상에 오실 때까지 이스라엘 역사 전체를 걸쳐 진행되었기 때문이다. 따라서 언약에 계시된 하나님의 구원 계획은 주어진 시대별로 각각의 특성을 보인다. 그리고 그 특성들은 성취의 과정을 통해 예수 그리스도의 성육신과 십자가 사건으로 모두 귀결된다. 언약의 계시가 성취됨으로써 정점에 도달했다는 것은 하나님의 구원 계시가 그리스도에 의해 성취되고 완성되었음을 의미한다.

이제는 하나님의 계시가 옛 선지자들을 통해 전해지던 방법은 더이상 통하지 않는다. 그리스도께서 성취를 이루신 이 모든 날 마지막에는 그의 아들을 통해 우리에게 말씀하신다(히 1:1-2). 그분은 하나님께서 그로 말미암아 세상을 창조하셨던 하나님의 말씀이셨다(골 1:16). 그리고 '후손'에 대한 약속을 주시기 위해 아브라함에게 환상 중에 임한 여호와의 말씀이셨으며(창 15:1), 밤에 나단 선지자에게 임하여 다윗과의 언약을 주신 여호와의 임재와 구별되지 않는 여호와의 말씀이셨다(삼하 7:4). 인간의 관념에서 하나님의 말씀은 인격체의 모습을 갖추고 있지 않지만, 히브리서 저자와 바울은 그 말씀이 바로 세상을 창조하신 인격체로서의 근본 하나님의 본체이심을 선언한다(히 1:3; 빌 2:16).

"이스라엘아 들으라 우리 하나님 여호와는 오직 유일한 여호와이시니 너는 마음을 다하고 뜻을 다하고 힘을 다하여 네 하나님 여호와를 사랑하라"(신 6:4-5)라는 '쉐마'의 말씀은 이스라엘 백성의 신앙고백이다. 이스라엘의 신앙은 유일신인 여호와 하나님께 뿌리를 두고 있다. 그들의 조상들에게 언약의 약속을 주시고, 그들을 애굽으로부터 구출해 내신 후 그들에게 율법을 주시고, 그들을 선택된 백성으로 다스린 분은 유일하신 여호와 하나님이셨다.

그러나 구약성경은 그 유일하신 여호와 하나님과 함께 구별되지 않는 그분의 존재로서 '하나님의 영'(창 1:1; 6:3)과 '여호와의 말씀'(창 15:1; 삼하 7:4)을 함께 기록하고 있다. 이스라엘 백성들에게 이 삼위의 존재는 나누어지지 않는 통일성을 가진 한 하나님으로 간주되었기에 그들은 여호와 하나님을 유일신으로 섬긴 것이다.

그들은 하나님의 백성으로서 유일하신 여호와 하나님을 마음과 뜻과 힘을 다하여 사랑하여야만 했다. 그것은 그들을 애굽으로부터 구원하신 하나님의 은혜에 대한 도리였기 때문이다. 그런데 성경은 하나님을 사랑하는 방법을 특별하게 가르친다. 그것은 신명기 6장 4-5절에 기록된 '쉐마'의 말씀을 마음에 새기고 자녀들에게 부지런히 가르치며, 언제 어느 때이든지 이 말씀을 강론하며, 또한 말씀을 그들의 몸과 집 문설주와 바깥문에 기록함으로써 말씀을 지키고 사랑하라는 구체적인 가르침이었다(신 6:6-9).

　이스라엘 백성들은 여호와 하나님과 '쉐마'의 말씀을 같은 차원에서 생각하였다. 여호와 하나님에 대한 사랑은 신앙 고백적인 그분의 말씀을 마음에 새기고, 자손들에게 가르치며, 말씀이 자기 생활의 일부가 되도록 행동하고 따르는 것이었다. 그들의 생각과 행동은 하나님의 존재와 그분의 말씀을 구분하지 않고 동일한 분으로 섬기는 일체적 신앙을 따랐다.

　구약의 말씀과 계명, 그리고 율법은 이스라엘 백성들에게 있어서 보이지 않는 하나님을 형상화한 것이다. 그것은 그들의 삶 속에서 영혼에 형상화된 그분을 섬기고 사랑하는 구체적인 수단이었다. 주어진 계명과 율법은 그들의 후견인(guardian)이었다. 그리고 말씀이 육신이 되신 예수 그리스도가 세상에 오시기 전까지 그들의 신앙을 지켜주는 도구였던 것이다. 따라서 바울은 율법이 결단코 하나님의 약속들과 반대되지 않는다고 선언한다(갈 3:21).

　그러나 세상에 오신 예수 그리스도는 인간이 볼 수 없는 하나님을 자신을 통해 사람들에게 나타내셨다(요 1:18). 그분은 말씀이 육신이 되어 세상에 오신 하나님이셨다. 하나님을 섬기고 사랑하는 방법이 더 이상 계명이나 율법에 의존하지 않고 하나님의 형상을 가지신 그분에 대한 믿음으로 직접 하나님께 나아갈 수 있는 길이 열리게 된 것이다. 구약의 모든 말씀과 계명, 그리고 율법이 말씀이 육신이 되어 세상에 오신 예수 그리스도로 말미암아 그 안에서 마침이 되고 완성되어 그분 자체가 하나님께로 나아가는 유일한 길이 되신 것이다.

　이제 하나님의 말씀은 더이상 선지자나 예언자들을 통하여 세상에 선포되지 않는다. 말씀 자체이신 예수 그리스도께서 하나님의 자기계시의 역사(役事)인 십자가 사건을 통해 세상에 말씀하신다. 그리스도는 언약의 성취자로서, 그리고 하나님의 자기계시 역사의 실현자로 세상에 육신의 몸을 입고 오신 하나님의 본체이신 그분의 말씀이기 때문이다.

그러므로 구약에서 구별되지 않은 통일성에서 유일신으로 계시되었던 여호와 하나님은 자신의 구원 약속인 언약의 계시를 성취하시기 위해, 신약에서는 하나님의 유일성이 손상되지 않는 범위에서 구분되어야 한다. 구원 언약의 계시자이신 여호와 하나님, 말씀이 육신이 되어 그 계시를 성취하신 예수 그리스도, 그리고 그 계시를 보존하시는 성령으로 각각 구분되어야 한다. 이렇게 구분된 각 위격의 삼위 하나님은 관계적 사역을 통해 아브라함의 후손으로 오신 그리스도의 십자가 사건으로 모든 민족이 복(구원)을 받을 것이라는 언약의 약속을 성취하시고 완성해 가신다.

유대인들은 언약의 계시 역사에 나타난 그리스도에 의한 영적 성취 부분을 제대로 이해하지 못했다. 그들은 하나님의 구원 방식이 십자가 사건에 의한 그리스도의 성취로 말미암아 예전과는 완전히 달라졌음을 깨닫지 못하고 있었던 것이다. 바울이 그리스도의 복음에 더하여 할례와 율법의 준수를 고집하는 유대인 그리스도인들을 갈라디아서에서 심하게 책망하는 이유다.

유대인들은 아직도 옛 언약이 자기 민족에게만 국한된 하나님의 선택된 은혜임을 고집한다. 그들은 그리스도께서 자신의 피로 세우신 새 언약이 바로 그들의 조상들에게 주신 옛 언약의 성취임을 인정하지 않는다. 그리고 새 언약을 아직 도래하지 않은 유대인만을 위한 미래의 언약으로 간주한다. 바울 당시에도 그리스도를 믿는 유대인들조차도 그리스도에 대한 신앙과 별도로 할례와 율법을 고수하려는 잘못을 범한 것이다. 그 이유는 그리스도의 언약 성취로 인해 바뀐 새 언약의 구원 방식을 아직 그들이 이해하지 못했기 때문이었다.

그렇지만 하나님은 그들의 조상 아브라함과 맺은 언약을 통해 그의 후손으로 말미암아 천하 만민이 복을 받게 될 것을 계시로 분명하게 선언하셨다. 하나님은 그의 구원 계획을 아브라함의 후손으로 오실 그리스도로 말미암아 온 세상의 민족들에게 확대될 것임을 이미 언약에 계시해 놓으신 것이다. 그렇다면 예수 그리스도는 언약의 계시자이신 하나님과 어떤 관계를 갖고 계시는가?

A. 언약의 계시자이신 하나님

프레임(John M. Frame)은 "신학에서 계시는 하나님이 자신의 말씀, 즉 하나님의 발화를 통해서 인간에게 주시는 소통이다. 따라서 계시와 하나님의 말씀이 완전히 같은 의미는 아니지만, 이 둘은 종종 서로 교환이 가능하다"고 주장한다.[149] 그러나 하나님의 말씀은 엄밀한 의미에서 두 가지 형태로 구분된다. 하나는 인간과의 소통을 위해 하나님의 발화를 통해 주신 기록된 말씀이며, 다른 하나는 인격체로 존재하시는 하나님 말씀 자신이다. 프레임이 말하는 계시와 교환이 가능하다는 주장은 전자에 해당하는 하나님의 말씀일 경우일 것이다. 하지만 인격체이신 그분의 말씀은 생명력을 가지고 활동하시는 분으로서 하나님 자신과 구분되지 않는 동일한 하나님 자신을 가리킨다.

1. 여호와의 말씀과 계시

앞서 창세기 15장 본문 해석 연구에서 살펴보았듯이, 아브라함에게 환상 중에 임하여 계시를 주신 분은 여호와의 직접적인 임재가 아니라 '여호와의 말씀(דבר יהוה)'이었다. 그 말씀은 아브라함에게 그의 보호가 되시며 그를 돌보시는 분으로 자신을 계시하신다. 아브라함에게 임하신 '여호와의 말씀'은 약속의 계시를 주시기 전에 그에게 자신이 어떤 존재이신지를 먼저 알리신 것이다.

---

149) John M. Frame, 『존 프레임의 조직신학』, 김진운 역 (서울: 부흥과개혁사, 2017), 742.

이에 대한 아브라함의 반응은 자신에게 임한 '여호와의 말씀'을 '주 여호와'로 칭하며 하나님의 임재를 대면하듯이 행동한다. 여호와 하나님과 그분의 말씀은 관념상 서로 구분된 것처럼 보이지만, 창세기에서는 구분되지 않는 동일한 여호와 하나님으로 기술한다. 하나님의 존재와 그분의 말씀을 동일하게 인식하는 구약의 원리는, 예수 그리스도를 하나님으로 인식하는 신약의 근거를 제공한다. 그리스도는 육신의 몸으로 세상에 오신 여호와 하나님과 동일하신 그분의 말씀이셨기 때문이다.

요한복음 8장 56-59절을 보자. 예수께서는 자신을 믿지 않는 유대인들에게 그들이 전혀 이해할 수 없는 말씀을 하신다. 자신은 아브라함이 나기 전부터 존재하였고, 그들의 조상 아브라함은 자신의 때를 볼 것을 즐거워하고 기뻐하였다는 말씀이다. 예수의 이 말씀은 아브라함에게 환상 중에 임하신 '여호와의 말씀'과 자신이 동일한 하나님임을 선포하시는 것이다. 물론 이 말을 믿지 않았던 유대인들은 이를 신성모독죄로 정죄하여 돌을 들어 예수를 치려 하였다.

성경은 역사에 뿌리를 둔 시간 속에서 수행된 하나님의 영원한 계획을 전개하는 구속 계시로 우리에게 주어졌다.[150] 역사의 흐름 속에 나타난 하나님의 구속 계시는 언약의 성취 과정을 통해 가장 뚜렷이 드러난다. 언약에는 계시자이신 하나님과 그분의 계시, 그리고 그 계시를 위한 하나님의 역사(役事)가 함께 기록되어 있다. 이 계시는 성부 하나님에 의해 의도되고 사람들에게 약속되지만, 그 계시의 약속은 성부 하나님 안에 계신 그분의 말씀과 그분의 영인 동등한 삼위 하나님의 관계적인 사역으로 최종적으로 성취됨을 성경은 증언한다.

바빙크는 계시의 주체와 관련해서 다음과 같이 기술한다.

계시의 주체와 관련해서 일반계시와 특별계시에서 자신을 알리는 이는 분명히 동일한

---

150) Gentry & Wellum, 『언약과 하나님 나라』, 130.

하나님이라는 사실이다. 하지만 일반계시에서 하나님의 신성이 전면에 부각되는 반면, 특별계시에서는 삼위일체 하나님이 전면에 등장하는데, 자기 위격의 차이들로 계속하여 더 선명하게 알리신다. 이것이 마치 창조와 보존을 제외한 재창조만이 삼위일체적인 사역처럼 이해되어서는 안 된다. 왜냐하면 하나님의 모든 외적 사역은 본질적 사역이기 때문이다.[151]

창세기 15장의 아브라함 언약에서 계시의 주체는 아브라함에게 임하신 '여호와의 말씀'이었다. 그 말씀은 1절과 7절에서 '나는'이라는 주어를 사용하여 아브라함에게 임한 말씀이 곧 여호와 하나님 자신임을 계시하신다. 하나님은 먼저 자신의 정체성을 아브라함에게 알리신 다음, 그에게 후손과 가나안 땅에 관한 언약의 약속을 주셨다. 이는 모든 사람에게 구원의 축복을 허락하시겠다는 하나님의 특별계시다. 이 특별계시에는 바빙크의 주장과 같이 삼위일체 하나님의 관계적 사역이 동반된다.

구약은 여호와의 말씀이 여호와 자신과 전혀 분리되지 않은 한 인격체로서, 인간과 소통하시며 믿음에 의한 의를 인간에게 제공하시는 주체임을 계시한다. 신약은 그 말씀이 육신의 몸으로 세상에 오셔서 구약의 모든 약속을 성취하신 예수 그리스도임을 선포한다. 그러므로 언약의 계시와 성취의 역사 안에서 그리스도에 대한 믿음은, 곧 계시자이신 하나님을 향한 믿음인 동시에 계시자와 성취자로서 동일하신 한 하나님에 대한 믿음으로 간주된다. 아브라함이 여호와의 말씀을 믿어 의롭다 함을 받았듯이 우리는 그 말씀이 육신이 되신 그리스도에 대한 믿음으로 의롭다 함을 받는다. 언약의 계시자와 그 계시의 성취자가 동일 본질의 한 하나님이라는 사실로 인하여 우리는 그리스도에 대한 믿음으로 하나님께 나아가게 되는 것이다.

---

151) Bavinck, 『개혁교의학 1』, 465.

2. 언약의 계시자

사람들을 구원하시기 위해 언약을 맺으시는 하나님은 그들의 구원에 대한 어떠한 의무도 갖고 있지 않으신 세상의 주권자시다. 그렇지만 아담의 불순종 때문에 죄가 세상에 들어오고 그 결과로 인간이 사망을 피할 수 없게 되자 하나님은 먼저 손을 내밀어 인간을 영원한 죽음으로부터 구속하시기 위해 일방적인 은혜로 언약의 계시를 주셨다.

그 언약의 계시는 당시 상황에 맞추어 수혜자들이 사용하는 문자의 약속으로 표현되고 기록되었다. 그러나 기록된 문자의 약속은 하나님의 구원 계획을 깊이 있게 표현하기에는 한계가 있었다. 외형적인 문자로 표현되지 않은 언약의 이면에 담겨 있는 영적 의미는 장차 그리스도에 의해 성취될 하나님의 실제적인 구원 계획에 관한 약속이었다. 그러나 그 영적 의미는 예수 그리스도가 세상에 오시기 전까지는 세상에 알려지지 않은 하나님의 구원 비밀에 속했다. 이 비밀은 영적인 눈을 가진 사람에게만 그 본질을 드러낸다.

하나님은 아브라함이 100세가 되었을 때에야 후손에 대한 약속을 이행하셨다. 후손의 약속이 지연됨에 따라 아브라함은 그의 여종에게서 이스마엘을 낳는 성급함을 보였다. 하지만 100세에 얻은 외아들 이삭을 모리아산에서 제물로 바치라는 하나님의 명령에 순종한 결과 하나님은 그의 자손으로 인하여 천하 만민이 복을 받을 것을 선언하신다(창 22:18). 이는 그리스도의 예표로 주신 후손에 관한 약속의 계시가 구체화되었음을 보여주는 동시에, 그분으로 인하여 세상이 얻게 될 구원을 믿음의 조상 아브라함을 통하여 세상에 선포하신 것이다.

그런데 만약 하나님께서 아브라함 언약을 통해 후손의 약속과 함께 가나안 땅의 약속을 더불어 주시지 않았다고 가정해 보자. 그렇다면 아브라함의 후손인 그리스도를 통해 온 세상이 얻을 복이 과연 무엇이며, 또한 그 복이 어떤 방법으로 세상에 주어질 것인지에 대한 두 가지 의문이 생겨난다. 그러나 하나님은 이러한 질문에 대한 답을 후자의 약속에 영적으로 이미 계시해 놓으셨다.

가나안 땅의 약속을 주시는 과정에는 하나님의 특별한 계시 행위가 동반된다. 그것은 땅에 대한 약속을 보증하시기 위해 쪼개진 짐승 사이를 횃불로서 지나가시는 하나님의 자의적 계시 행위였다. 바르트는 "하나님이 그의 계시에서 인간에게 행위 하는 양식은 주(主)로서 행위 한다는 것을 뜻한다"고 말한다.[152] 그의 주장대로라면 창세기 15장 17절에 기록된 계시 행위는 하나님으로서의 행위다. 이는 계시자의 행위인 동시에 그 행위가 지향하는 목표를 위해 자신의 희생으로서 그 목적을 달성하시는 성취자의 행위와 동일한 한 하나님의 계시 사건으로 볼 수 있다.

이를 바탕으로 우리는 기독교의 계시 개념에 삼위일체론 문제를 포함하는 것이 타당하며, 먼저 삼위일체론을 말하지 않고는 계시 개념의 분석이 불가능하다는 것이 사실을 알아야 한다.[153] 왜냐하면, 약속의 계시 안에서 계시의 행위를 통하여 자신을 주(主)로 나타내시는 하나님과 그 계시 행위의 실행을 통하여 약속을 성취하시는 성취자가 같은 한 하나님이라는 사실이 계시의 전제가 되기 때문이다.

불링거는 창세기 15장 17절을 "하나님께서는 언약을 만드신 분일 뿐만 아니라 마지막 유서의 유언자이시기 때문에, 이 징표는 하나님께서 언젠가 육신을 취하고 오셔서 당신 스스로 피를 흘리시고 죽으실 것을 가르쳤다"고 말한다.[154] 그의 주장은 비록 계시 개념을 사용하고 있지 않지만, 우리는 바르트의 계시 개념을 통하여 그의 주장이 앞의 질문에 대한 명확한 답을 줄 수 있다고 본다. 하나님께서 육신의 몸을 취하시고 세상에 오셔서 당신 스스로 피를 흘리신다는 것은 후손으로 오신 예수 그리스도께서 십자가에 달려 돌아가실 것을 의미한다. 죽음으로 가나안 땅에

---

152) Barth, 『교회 교의학 I/1』, 398.
153) Barth, 『교회 교의학 I/1』, 395.
154) Lillback, 『칼빈의 언약사상』, 165.

대한 유업을 확증하셨던 언약의 계시를 말씀이 육신이 되신 예수 그리스도께서 자신의 죽음으로 그 약속의 계시를 성취하신 것이다.

언약의 계시와 성취를 통한 하나님의 구원 사역에는 삼위일체 하나님의 관계적인 사역이 전면에 드러날 수밖에 없다. 이는 언약을 통해 약속을 주시는 계시자와 그 약속의 계시를 성취하시는 분이 동일한 한 하나님이시기 때문이다. 즉, 언약의 계시자인 성부 하나님과 그 계시의 성취자이신 그리스도가 동일하신 하나님이시며, 이 사실을 예정된 자들에게 믿음으로 적용하시는 성령 또한 동일하신 하나님이시기 때문이다. 그러므로 인간의 구원은 삼위 하나님의 관계적이며 협력적인 사역으로 최종적으로 완성된다.

3. 제의적 죽음 의식의 계시자

하나님께서는 가나안 땅의 약속을 확증하시기 위해 스스로 죽음의 의식을 행하심으로 아브라함과 언약을 세우셨다. 창세기 15장 17절에 기록된 이 계시적 사건은 구속사적으로 중대한 의미를 지니고 있다. 이 사건은 후손의 약속과 더불어 아브라함 언약을 새 언약과 연결시키며, 믿는 자들에게 하나님의 유업을 잇게 하는 복음의 근원이 된다. 왜냐하면, 가나안 땅의 약속은 아브라함의 영적 후손인 그리스도의 죽음으로 믿는 자들이 얻게 될 하늘나라의 유업을 가리키고 있기 때문이다.

가나안 땅은 아브라함과 그의 후손들이 거처할 안식과 평안의 필수적인 공간이었다. 사실 하나님께서 아브라함을 갈대아인의 우르에서 이끌어 내신 것도 그에게 가나안 땅을 주어 소유로 삼게 하기 위해서였다(창 15:7). 그러나 땅에 대한 약속을 주시는 하나님께 아브라함은 표적을 구했다(8절). 바로 앞 절에서 여호와의 말씀을 그대로 믿어 의롭다 함을 받은 그였다. 그랬던 그가 왜 하나님께 표적을 구했을

까?

바울은 갈라디아서 3장 8절에서 하나님이 이방을 믿음으로 말미암아 의로 정하실 것을 미리 알고 먼저 아브라함에게 복음을 전했다고 기록한다. 이 말씀대로라면 이방을 구원하시겠다는 복음을 전해 들은 아브라함은 약속을 받을 당시 후손과 더불어 가나안 땅이 의미하는 영적 의미를 이미 깨닫고 있었다는 추론이 가능해진다. 바울은 더 나아가 16절에서 후손은 오직 한 사람인 그리스도라고 밝힌 다음, 17절과 18절에서 이방인을 구원하실 '그 약속'을 유업으로 일컫는다. 유업은 그것을 약속한 자가 죽은 다음에야 얻게 되는 유산을 의미한다.

하나님은 표적을 구하는 아브라함의 요청을 거절하지 않으셨다. 하나님은 아브라함에게 삼 년 된 암소와 암염소 그리고 숫양과 함께 비둘기 새끼를 가져오라고 이르셨다. 아브라함은 삼 년 된 짐승들을 가져다가 그 중간을 쪼개고 그 쪼갠 것을 마주 보게 놓았다. 그러나 새들은 쪼개지 않았다. 해가 져서 어두울 때 연기 나는 화로가 보이며, 타는 횃불이 이들 사이를 지나가신다(17절). 구약성경에서 연기와 불은 환상을 동반하는 요소로 알려지거나(사 6:3-4),[155] 혹은 하나님의 신현(theophany)인 임재의 상징이었다(출 13:21; 19:18).[156]

그 당시 언약의 당사자가 재물을 쪼개 놓고, 그 사이를 지나는 것은 자기 저주를 맹세하는 의식이었다. 만약 합의된 약속의 조항들을 이행하지 못했을 경우, 그 쪼개진 짐승들처럼 죽음도 감수하겠다는 의지를 표현하는 의식이었다. 땅의 약속을

---

155) Ha, Genesis 15, 56.
156) 신현(theophany)이라는 말은 두 헬라어가 결합된 것이다. 하나는 하나님을 뜻하는 '데오(Theo)' 또는 '데오스(Theos)'이고, 다른 하나는 '파네로스(Phaneros)'로 '나타내다'라는 뜻을 가진 단어이다. 따라서 신현은 하나님의 나타내심이다. 하나님은 영이시므로 피조물과 같이 몸을 같고 계시지 않으며 또한 보이시지 않기 때문에 인간의 눈으로는 인식할 수가 없다. 그러나 성경에서는 하나님께서 스스로 자신을 드러내시는 경우가 있는데, 이는 하나님께서 피조물을 방편으로 삼아 자기 자신을 드러내시는 것이다.

맹세하시기 위해 하나님께서 스스로 행하신 17절의 제의적 언약 의식(covenant by ritual)은 당시의 풍습으로 볼 때, 고대 근동 지방에서 군주와 봉신 사이에 종주 계약을 체결할 때 사용되던 자기 저주 맹세의 의식이었다.

원래 맹세는 사람들 간에 일어나는 모든 다툼의 최후 확정이다. 따라서 사람들은 맹세할 때 자기보다 더 큰 자를 가리켜 맹세한다. 하지만 창세기 15장에 나타나는 하나님의 언약적 맹세는 사람들 사이에 주고받는 맹세와는 그 성격이 전혀 다르다. 맹세를 주는 당사자는 전능하신 하나님이셨고, 그 맹세를 받는 아브라함에게는 그 어떤 조건도 요구되지 않았다.

하나님은 약속을 기업으로 받는 자들에게 그 뜻이 변치 아니함을 충분히 보이시려고 그 일에 맹세로 보증하신다(히 6:17). 그러나 하나님의 맹세는 때에 따라 인간의 불순종과 죄를 용서하시는 주요한 원인이 되기도 하였다. 그 예로, 이스라엘 백성들이 광야에서 금송아지 상 앞에서 경배했을 때 하나님은 그들을 진멸하려고 하셨다(출 32:8-10). 이는 명백하게 하나님께서 그들과 세운 시내산 언약에 대한 배반이었기 때문이다. 이때 하나님의 진노로부터 이스라엘 백성을 구한 모세의 중재는 출애굽을 행하신 하나님의 책임과 그들의 조상들에게 하신 하나님의 맹세에 근거를 두고 이루어졌다.

사실, 이스라엘 백성들에 대한 하나님의 의절 선언에도 불구하고 하나님의 책임과 그의 백성으로서의 이스라엘의 신분에 대한 모세의 주장은 그가 탄원할 수 있는 신적 맹세의 권위에 대한 확신 때문이었다.[157] 비록 그가 하나님에 대한 애굽 사람들의 비난을 들어 하나님과 이스라엘 백성 사이를 중재하였지만, 하나님을 의지할 수 있는 궁극적이고 유일한 이유는 하나님께서 그들의 조상들에게 직접 맹세하신 후손의 번성과 약속의 땅에 대한 소유를 약속하셨기 때문이다.

---

157) Ha, Genesis 15, 162.

이것은 다음 출애굽기 33장 1-3절에 나오는 구절에서 더욱 분명해진다. 불순종하는 이스라엘과 의절하시려는 진노를 누르시고, 약속의 땅으로 그들을 인도하시려는 하나님의 행동은 조상들에게 주신 땅에 대한 그의 맹세를 존중하고 계시다는 것을 분명히 보여준다.

출애굽기 32-34장에 나타나는 사건들은 이스라엘의 역사에서 조상들과의 맹세가 얼마나 중요한지에 대한 이해를 나타낸다. 그 사건들은 결과적으로 시내산 언약과 조상들에게 하신 맹세 사이에 가장 기초적인 차이를 드러낸다. 만약 시내산 언약이 이스라엘 역사의 유일한 기반이었다면, 그들의 역사는 금송아지 숭배 사건으로 단절되고 말았을 것이다. 이와 반대로, 조상들에게 하신 하나님의 맹세는 불순종 때문에 그들이 파멸되는 것에 그치는 것이 아니라 그들을 다시 일으켜 세우시고 중흥케 하시는 하나님의 역사의 근거가 되기도 한다.[158]

따라서 창세기 15장에서 아브라함과 자신의 죽음의 의식을 통해 언약의 맹세를 세우시는 하나님의 의도에는, 이스라엘의 역사뿐만 아니라 전 인류의 역사에서 인간의 구속을 위해 자신이 행하실 일에 대한 중대한 계시가 담겨 있다. 일반적으로 하나님께서 사람들에게 약속의 맹세를 주실 때에 자신보다 더 큰 이가 없기에 항상 자신의 삶을 두고 맹세하셨던 것과는 전혀 다른 방법을 보여 주셨기 때문이다.

그렇다면 하나님께서 아브라함과 언약을 세우시며 스스로 행하신 맹세 의식에 숨겨진 계시의 의미를 어떻게 해석할 것인가? 이 해석 방법에 따라 하나님의 구속사를 바라보는 시각에 중대한 차이가 생길 것이다.

---

158) Ha, Genesis 15, 163.

1) 자기 저주 맹세로서의 해석

창세기 15장 17절에 나타나는 이 신비로운 의식에 대하여, 대부분의 주석가들은 18절의 "여호와께서 아브람과 언약을 세워"와 예레미야 34장 18절을 연결하여 해석의 실마리를 찾는다.[159] 그렇다면 이 행위는 제정된 저주로 해석된다.[160] 그 당시 고대 근동 지방의 조약 관습에 따르면, 조약의 당사자가 약속을 지키지 못하면 죽음도 불사하겠다는 '자기 저주의 맹세'로서 동물을 죽이며 서약하는 광범위한 증거들이 나타나기 때문이다.[161]

하나님이 수행하신 제의 의식이 저주를 극적으로 표현하였다는 논제를 뒷받침하기 위해 흔히 인용되는 본문은 기원전 17세기 야림림(יארמלים)과 아반(נאבבו) 사이의 알라라(האלאה) 조약이다. 아반은 봉신 통치자 야림림에게 알라라 성읍을 주었다. 그리고 이 계획을 확고하게 하도록 본문은 "아반은 스스로 야림림과의 맹세 아래 들어갔고, 양의 목을 잘랐다. (말하기를) 내가 당신에게 준 것을 돌려받으면 (내가 그렇게 죽겠다)"라고 말한다.[162] 주전 18세기 또 다른 마리(Mari) 원본은 계약의 결론으로 나귀를 죽이는 것이 언급된다. 여기서는 "나귀를 죽인다."는 말조차도 계약을 성립시키는 기술적인 표현으로 나타난다.[163]

앞의 본문들은 저주를 극적으로 표현하면서 동물을 죽이는 예를 제공할 뿐 아니

---

159) Wenham, Genesis 1-15, Word Biblical Commentary 1, 332.
160) Wenham, Genesis 1-15, Word Biblical Commentary 1, 332.
161) Hamilton, NICOT, The Book of Genesis Chapter 1-17, 484-485.
162) D. Wiseman, Abban and Alalah, JCS12 (1958), 129. translated by Victor Hamilton, NICOT, The Book of Genesis Chapter 1-17, on 485.
163) D. J. Mccarthy, Treaty and Covenant (Rome, 1963), 52면 이하는 "계약을 자른다"는 용어가 Hebrew, Aramaic Phoenecian 원본 뿐 아니라 B.C. 15세기에 속하는 Qatna 설형문자 원본에서도 나타난다고 지적한다. Meredith Kline, By Oath Consigned (Grand Rapids: Eerdmans, 1968), 17.; Leon Morris, The Apostolic Preaching of the Cross (London, 1956), 64. 참조, 이 두 사람은 기원전 8세기 바빌로니아

라 우월한 위치에 있는 당사자, 혹은 봉신이 자신을 징벌 아래 둔다는 점에서 창세기 15장의 제의적 언약 의식과 비교된다. 이러한 해석에 의하면 하나님께서 언약의 위반자가 될 경우, 자신을 동물들과 같이 되도록 내주셔야 한다.

호튼(Michael Horton)을 비롯한 많은 신학자는 창세기 15장 17절의 제의 의식을 고대 근동 지방의 조약의 관습에 비추어 이를 하나님의 '자기 저주의 맹세'로 해석한다. 호튼은 "이것은 약속을 지키는 모든 책임을 끝까지 지시며, 약속을 어긴 것에 대한 모든 저주를 받으신다는 것을 의미한다"고 주장한다.[164]

그러나 이러한 해석은 세상의 조약과 계약에 대한 수립과정을 설명할 수 있으나, 하나님과 인간 사이에 맺어진 언약의 특징을 설명하기에는 부족하다. 그 이유는 먼저 신(神)과 인간 사이의 언약이 신학적으로 계시의 성격을 띠고 있으므로, 하나님과 인간 사이에 '죽음의 의식'을 통해 맺어지는 언약에 대한 성격을 파악하기 힘들기 때문이다. 그리고 왜 삼 년 된 제사에 쓰이는 특정한 짐승들만 선택하여 쪼개어 놓았는지, 그리고 자기 저주의 맹세가 사실상 실행 가능한지에 대한 의문이 제기될 수밖에 없기 때문이다.

만약 약속한 맹세를 어길 경우 자신의 목숨을 기꺼이 내어주시겠다는 하나님의 자기 저주의 맹세가 옳다면, 이것을 신(神)의 속성 논리에 비추어 신학적으로 어떻게 설명할 수 있을 것인가? 우선 하나님은 전지전능하신 분으로 그분 안에 미래의 불확실성이 있을 수 없고, 또한 죽음의 맹세로 주신 약속을 지키지 못할 분도 아니다. 그럼에도 불구하고 만약 하나님께서 약속을 지키지 못하셨다면 어떤 결과가 따를 것인가? 그 의식에서 보여 주신 바와 같이 불이행의 책임으로 자신의 목숨을

조약을 인용한다. "이 송아지가 쪼개지는 것처럼 Matiel도 쪼개질 것이고 그의 신하들도 쪼개질 것이다." cf. O. Palmer Robertson, The Christ of the Covenant, (Phillisbrug: Presbyterian and Reformed Publishing, 1980), 130.
164) Horton, 『언약신학』, 60.

내어놓아야 하는데, 영원불멸하신 하나님에게 있어서 이것이 과연 가능한지 의문이 제기될 수밖에 없다.

이에 대해 대부분의 학자는 통상적으로 이 죽음의 의식을 땅에 대한 약속의 확신을 보여 주는 하나님의 상징적 의지의 표현으로 돌린다. 그러나 우리는 구약 성경에서 하나님께서 자신의 죽음의 의식을 통해 맹세의 계시를 주신 곳은 이곳이 유일하다는 점을 기억해야만 한다. 성경의 기록에 의하면 하나님의 중요한 맹세는 언제든지 하나님의 영원한 삶을 두고 주어졌다(민 14:28; 신 32:40; 사 49:18; 렘 22:24; 46:18; 겔 5:11, 14:18; 16:48; 35:11; 습 2:9). 하나님은 영원한 분으로 그분의 살아계심 자체가 맹세의 확실한 보증이 되기 때문이다. 따라서 최근에 학자들은 이 의식을 자기 저주의 맹세로 보는 견해에서 손을 떼기 시작했다.[165]

히브리서는 하나님의 약속과 그 약속을 확증하는 맹세에 대하여 다음과 같이 기록한다(히 6:13-18).

> 하나님이 아브라함에게 약속하실 때에 가리켜 맹세할 자가 자기보다 큰 이가 없으므로 자기를 가리켜 맹세하여 이르시되 내가 반드시 너에게 복 주고 복 주며 너를 번성하게 하고 번성하게 하리라 하셨더니 그가 이같이 오래 참아 약속을 받았느니라. 사람들은 자기보다 큰 자를 가리켜 맹세하나니 맹세는 그들 이 다투는 모든 일의 최후 확정이니라. 하나님은 약속을 받은 자들에게 그 뜻을 변하지 아니함을 충분히 나타내시려고 그 일을 맹세로 보증하셨나니 이는 하나님이 거짓말을 하실 수 없는 이 두 가지 사실로 말미암아 앞에 있는 소망을 얻으려고 피난처를 찾는 우리에게 큰 안위를 받게 하려 하심이라.

하나님의 약속과 맹세는 그분보다 더 큰 자가 없으므로 자기를 가리켜 맹세하면

---

165) Gentry &. Wellum, 『언약과 하나님 나라』, 364.

그것으로 끝이다. 그리고 이러한 약속과 맹세에 대해서는 하나님께서도 그 뜻을 바꾸시거나 취소하실 수 없다. 하나님은 거짓말하실 수 없는 분이기 때문이다.

따라서 가나안 땅에 대한 언약을 세우는 '죽음의 의식'을 단지 하나님의 약속을 보증하는 단호한 의지의 표현으로 돌리는 것은 설득력이 떨어진다. 그리고 만약 그 약속이 현실적이고 가시적인 가나안 땅의 약속에 국한된 것이었다면, 하나님께서는 굳이 자신의 죽음을 계시하는 의식 행위를 통해 언약의 맹세를 하실 필요도 없었을 것이다. 그 정도 약속이라면 하나님께서 자신의 삶을 두고 한 맹세만으로도 충분하기 때문이다.

그러므로 이 약속의 계시 안에는 중대한 구속사적인 의미와 함께 계시자인 하나님께서 행하실 미래의 사역에 대한 구속사적 예견을 담고 있다. 그것은 하나님께서 가나안 땅의 약속에 이면적으로 담아 놓으신 영적 약속의 성취를 위해 자신의 죽음을 담보로 사람들에게 언약의 약속을 보증하신 것이다. 이는 자신을 주(主)로 계시하시는 하나님께서 가나안 땅, 즉 영원한 안식의 땅인 하늘나라의 유업을 죄사함을 통한 믿음으로 모든 믿는 자들에게 베풀기 위해 장차 행하실 그분의 사역을 맹세로 표현하신 것이다.

2) 자기 확증 맹세로서의 해석

하나님은 자신의 가장 소중한 것을 아브라함에게 내어주시는 의식을 행하심으로써 그와 가나안 땅에 관한 언약을 세우셨다. 그 약속을 위해 죽음도 불사하시겠다는 하나님의 계시 행위는 성경 전체를 통해 전무후무한 유일한 사건이다. 그렇기에 가나안 땅에 관한 약속은 하나님 자신의 죽음이 걸려있는 중대한 구속사적 사건이다.

그 땅을 주시겠다는 약속을 보증하시기 위해 하나님께서 죽음으로 맹세하셨다는 사실은 그 약속에 담겨 있는 의미가 결코 단순하지 않다는 것을 의미한다. 만약 아브라함에게 약속하신 가나안이 지상의 땅에 한정되었다면, 하나님 자신의 말씀이나 혹은 자신의 삶을 두고 하시는 맹세로도 충분하였을 것이다. 그러나 하나님은 그 땅의 약속을 확증하시기 위해 쪼개진 짐승 사이를 지나가시는 죽음의 의식을 행하셨다.

하나님의 죽음에 관한 유일한 이 계시는 상대적으로 가나안 땅의 약속에 담겨 있는 하나님의 구원 의지의 무게를 더욱 가중시킨다. 하나님이 의도하신 구원 계획의 일환으로 약속된 가나안 땅은 하나님의 죽음이 전제될 만큼 깊은 영적 의미를 담고 있다. 그런데 만약 루터의 주장과 같이 그 약속이 단순히 유대인들에게 주어진 지상의 가나안 땅에 한정된 약속이었다면 하나님께서 보여 주신 자신의 죽음에 관한 계시는 별다른 의미를 가지지 못하였을 것이다.

그러나 바울의 증언과 같이 이 약속의 결과는 그리스도를 믿는 모든 자들이 아브라함의 자손으로서 받게 될 약속된 유업으로 이어진다. 그리스도를 믿는 믿음은 그가 우리의 죄 사함을 위하여 세상에 오셔서 십자가에서 돌아가신 주(主), 곧 하나님이시라는 믿음이다. 이 믿음 안에는 그리스도께서 언약의 약속을 보증하시기 위해 죽음을 계시하신 여호와 하나님의 맹세를 십자가의 죽음으로 성취하신 동일한 하나님이시라는 믿음이 동반되어야 한다. 그래야만 가나안 땅의 약속이 하나님의 죽음을 대신한 그리스도의 죽음으로 그분을 믿는 자들에게 유업으로 되돌아오게 된다. 이 사실이 언약의 핵심이며, 성경이 미리 알고 먼저 아브라함에게 전했던 복음이다(갈 3:8).

그 복음은 그리스도께서 세상에 오시기 전까지는 사람들에게 알려지지 않은 하나님의 구원 비밀에 속했다. 예수 그리스도가 십자가에 돌아가심으로써 죄 사함과 더불어 새 언약을 세우신 후에야 그분을 주(主), 하나님으로 고백하는 일이 가능해졌다. 예수 그리스도가 모든 언약을 성취하셨다는 의미는, 그가 아브라함의 후손으로 오셔서 하나님의 죽음에 대한 계시를 자신이 지신 십자가로 실행하셨다는 사실을 포함한다. 하나님 편에서 지켜야 할 자발적인 의무가 부여된 죽음에 대한 계시를 그리스도께서 자신의 죽음으로 성취하시고 아브라함에게 약속하신 가나안 땅을 그를 믿는 모든 자에게 유업으로 잇게 하신 것이다.

유업을 잇게 하셨다는 것은 그리스도를 믿는 믿음으로 말미암아 그 유업을 얻을 상속자로 선택하셨다는 의미다. 하나님께서 아브라함에게 죽음의 계시로 약속하신 그 땅의 유업은 이미 그리스도의 십자가로 성취되었다. 더 이상 약속된 유업이 미래에 주어질 축복이 아니라 그리스도에 의해 실현된 현실이 되었다. 아브라함과 그의 후손들에게 미래의 유업으로 주어졌던 가나안이 그리스도를 믿는 자들에게 "하나님이 계획하시고 지으실 터가 있는 하늘의 성"(히 11:10)으로 현재 주어진 것이다.

아브라함이 가나안 땅을 약속받았을 때, "내가 이 땅을 소유로 받을 것을 무엇으로 알리이까?"라고 하나님께 반문한 이유가 비로소 드러나는 것 같다. 가나안 땅의 약속에는 실제적 가나안과 함께 하나님의 구원 계획에 관한 이면의 영적 의미가 같이 담겨 있었기 때문이다. 바울이 하나님께서 이방을 믿음으로 말미암아 의로 정하실 것을 미리 알고 아브라함에게 복음을 전했다고 기록하는 이유다(갈 3:8). 아브라함은 후손과 가나안 땅의 약속 이면에 담긴 영적 의미를 함께 내다보고 있었기 때문에 이런 반문을 한 것이다.

그런데 만약 가나안 땅에 대한 약속에 첨부될 후속 조건을 부여한다면, 이 맹세의 언약은 본래의 그 의미를 잃게 될 것이다. 하나님께서 아브라함과 세우신 언약은 인간의 구원을 위해 하나님 자신의 희생을 담보로 수립된 전적인 은혜 언약이기 때문이다. 여기에는 인간의 어떠한 조건이나 행위도 배제된다. 사도 바울이 갈라디아서 4장에서 아브라함 언약을 시내산 언약과 비교하여 구별하는 이유가 여기 있다. 아브라함 언약은 시내산 언약인 율법이 주어지기 430년 전에 일방적 은혜로 주신 언약이었기 때문이다.

우리는 가나안 땅에 대한 약속을 종종 오해할 때가 있다. 그 이유는 그 땅의 약속을 지상의 가나안 땅에 한정시켜 문자적으로 해석하기 때문이다. 이스라엘 백성에게는 불순종의 결과로 약속의 땅인 가나안에서 쫓겨나고 나라를 잃어버린 경험이 있다. 그들에게는 가나안 땅에 대한 하나님의 약속이 어긋난 것처럼 느껴진다. 만약 가나안 땅의 약속에 영적 의미가 포함되어 있지 않았다면, 그 약속은 신적(神的) 죽음이 걸린 약속임에도 불구하고 파기되거나 무효화 되는 결과를 초래하게 될 것이다.

바울은 갈라디아서에서 다음과 같이 기록한다.

> 내가 이것을 말하노니 하나님께서 미리 정하신 언약을 사백 삼십 년 후에 생긴 율법이 폐기하지 못하고 그 약속을 헛되게 하지 못하리라 (갈 3:17)

바울의 주장에 따르면 이스라엘 백성이 율법에 대한 불순종으로 하나님을 배반하고 가나안 땅에서 쫓겨난 사실은 가나안 땅에 대한 약속을 주신 하나님의 구속사적인 원래 의도를 흔들만한 이유가 전혀 아니다. 왜냐하면 가나안 땅에 대한 약속은 율법이 생기기 사백삼십 년 전에 이미 주어졌기 때문이다. 이 말은 율법에 대한 불순종으로 가나안에서 쫓겨난 이스라엘 백성의 추방의 이유가 일방적인 은혜로 주신 가나안 땅에 대한 약속을 어긋나게 하거나 무효화 하는 요인이 될 수 없다는 뜻이다.

성경의 증언만으로도 가나안 땅에 대한 하나님의 약속은 눈에 보이는 지상의 땅에 한정된 약속이 결코 아님을 알 수 있다. 이와 더불어 하나님께서 땅의 약속을 위해 보여 주신 죽음의 의식 또한 단순한 자기 저주의 맹세로 해석되어서는 안 된다.

만약 이 계시 사건을 자기 저주의 맹세로 간주한다면 이스라엘 백성들이 이 땅에서 추방되거나 이 땅을 잃어버렸을 때 그 책임이 하나님께로 돌아오기 때문이다. 그러나 하나님은 자신이 은혜로 베푼 약속이나 맹세를 지키지 못하거나 변경하실 분이 결코 아니다.

그러므로 우리는 '가나안 땅'을 주시겠다는 하나님의 약속이 '후손'의 약속과 더불어 유업으로 주어질 구원 계시를 영적으로 내포하고 있다는 사실을 확인할 수 있다. 그것은 땅의 약속이 후손으로 오실 그리스도의 대속적인 죽음에 의해 성취될 유업이기 때문이다. 따라서 하나님께서 아브라함과 세우신 그 언약의 제의적 행위는 자신의 죽음, 즉 아들의 죽음을 통해 그 영적 약속을 반드시 이루시겠다는 '자기 확증 맹세(self-confirmatory oath)'로 간주하여야 할 것이다.

이를 '자기 확증의 맹세'로 간주할 때, 언약을 통한 신구약 성경의 구속사적 의미가 약속과 성취의 관점에서 서로 연결되며 연속성을 띠게 된다. 그리스도에 의한 아브라함 언약의 성취가 구약의 모든 언약으로부터 새 언약에 이르기까지 하나의 영원한 언약으로서 계시와 성취로 이어지는 통일성을 지니게 하기 때문이다.

그렇지만 많은 사람은 하나님께서 스스로 행하신 이 확증 맹세의 계시를 어떻게 실행하실 것인지에 대해 의문을 제기한다. 어떻게 영원불멸하신 하나님께서 죽음의 약속을 이행하실 수 있는지 의문을 제기하며, 실현 불가능한 약속으로 치부한다. 그들은 또한 하나님의 죽음을 언급하는 것조차 불경하다고 생각한다.

그러나 하나님은 이스라엘 민족이 탄생하기 전에 이미 아브라함에게 유업의 약속을 주시며 그것을 언약으로 세우신 분이다. 그 약속은 하나님의 죽음이 전제된 유업이었다. 실제로 하나님은 그 유업의 약속을 위해 자신의 죽음에 대한 계시를 아브라함에게 주셨다. 하나님은 인간의 구원을 위해 이미 수천 년 전에 자신을 내어주시기로 작정하신 것이다.

예수 그리스도는 하나님의 작정에 따라 자신을 비워 종의 형체를 입고 세상에 오셔서 십자가에 돌아가셨다. 바울은 이분이 하나님의 본체이시며 하나님과 동등하신 분(빌 2:6)임을 증언하고 있다. 하나님은 구원 계시의 성취를 위해 인간과 같이 낮아지셨으며 십자가에서 죽음의 고통을 겪으시며 그 약속을 이행하신 분이다. 말씀이 육신으로 오신 그의 아들 예수 그리스도를 통해 낮아지시기까지 자신의 약속을 이행하신 하나님의 은혜를 생각하지 못한다면 삼위일체의 교리를 바르게 이해할 수 없다.

미국에서 발표한 조사에 의하면 미국 국민의 반수가 훨씬 넘는 사람들이 예수를 단지 인간으로 생각한다고 한다. 미국에서 기독교인들이 국민의 과반수를 차지한다고 가정한다면, 기독교인 중에도 많은 사람이 예수 그리스도를 주(主) 하나님으로 인정하지 않고 단순히 역사적 인물로 생각한다는 증거다. 그렇다면 예수 그리스도를 하나님으로 인정하지 않는 그들은 진정한 기독교 신앙을 가졌다고 말할 수 없다.

삼위일체 하나님은 기독교 교리의 가장 중심에 있다. 그리고 그 삼위일체의 교리는 예수 그리스도가 주, 하나님이심을 고백하는 믿음으로부터 시작된다. 비록 많은 사람이 예수가 하나님이심을 부인하지만 예수 그리스도는 하나님께서 예비해 놓으셨던 구원 계획을 성취하실 하나님의 비밀이었다. 인간의 지혜로는 풀 수 없었던 하나님의 죽음에 대한 계시가 말씀이 육신이 되어 세상에 오신 그리스도에 의해 풀린 것이다.

하나님의 모든 계획과 지혜는 인간의 이성을 훨씬 뛰어넘는다. 인간의 이성으로는 도저히 이해할 수 없었던 하나님의 구원 경륜의 비밀이 삼위일체의 신비를 통해 드러난 것이다. 사도 바울은 이 영적 비밀이 바로 '예수 그리스도의 비밀'이었으며, 이 비밀을 이방인의 사도로 세우신 자신에게 주신 하나님의 계시를 통해 알게 하셨다고 증언한다.

이제 그의 거룩한 사도들과 선지자들에게 성령으로 나타내신 것과 같이 다른 세대에서는 사람의 아들들에게 알리지 아니하셨으니 이는 이방인들이 복음으로 말미암아 그리스도 예수 안에서 함께 상속자가 되고 함께 지체가 되고 함께 약 속에 참여하는 자가 됨이라 (엡 3:5-6)

하나님의 감추어졌던 구원 계획의 비밀이 예수 그리스도에 의해 성취되었다. 이로 말미암아 이방인들이 그리스도 안에서 함께 약속에 참여하는 자가 되었고, 그 약속을 유업으로 받는 상속자가 된 것이다. 그 유업이 바로 하나님께서 아브라함과 죽음의 의식을 통해 언약으로 세우신 가나안 땅에 대한 유업이었다.

결과적으로 아브라함에게 죽음의 계시를 통해 언약을 세우신 계시자이신 하나님의 약속은 그분의 아들이신 예수 그리스도의 십자가 죽음을 통해 최종적인 성취를 이루었다. 창세기 15장에 기록된 하나님의 죽음에 관한 특별계시에는 바빙크의 주장과 같이 성부와 성자 하나님의 구별된 위격에 의한 사역이 전면에 선명하게 부각된다.[166]

가톨릭 신학자인 칼 라너는 이미 1960년에 예수의 죽음으로 인해 "우리의 죽음이 불멸하는 하나님 자신의 죽음이 되었다"는 의미로 예수의 죽음을 하나님의 죽음으로 이해하였다. 이 명제는 '삼위일체에 관한 평' 가운데 있으며, 단지 삼위일체적 본문(context) 내에서만 의미가 있다. 그리하여 칼 라너는 예수의 죽음을 단지 그의 구속의 결과 내에서만 아니라, 오히려 그 자체 내에서 더 완전하게 생각할 것을 요구하였다.[167]

예수 그리스도의 죽음이 하나님께 닿지 않는다고 가정해서는 안 되기 때문에, 이

---

166) Bavinck, 『개혁 교의학 1』, 465.
167) Jürgen Moltmann, 『십자가에 달리신 하나님』, 김균진 역 (서울: 한국 신학연구소, 2011), 280-281.

죽음은 곧 하나님을 진술하는 것이다. 예수의 죽음은 하나님의 자기 진술에 속한다고 라너는 주장한다.[168] 그가 말하는 하나님의 자기 진술은 칼 바르트의 언어로 바꾸어 본다면, 그것은 곧 하나님의 자기계시다.

그렇다면 우리는 예수 그리스도의 죽음을 어떻게 하나님의 죽음과 동일시 할 수 있는가? 만일 그렇다면 하나님은 누구신가? 예수 그리스도를 십자가에서 죽도록 한 분인가 아니면 동시에 십자가에서 죽은 예수 그리스도도 포함되는가? 이러한 많은 질문에 대한 진정한 답을 기독교의 중심 교리인 삼위일체론에서 찾을 수 있다.

아브라함에게 죽음의 의식으로 약속을 확증하신 그 계시적 사건이 그리스도의 십자가 사건으로 성취되었다는 사실은 오직 삼위일체의 교리 안에서 이해하고, 설명할 수 있다. 하나님의 계시적 사건에서 계시의 계시자와 성취자가 동일 본질의 한 하나님임이 전제되지 않고는 언약의 계시와 성취가 서로 연결되지 않기 때문이다.

그러므로 삼위일체의 교리는 라너의 주장과 같이 예수 그리스도의 죽음을 하나님의 죽음, 곧 하나님의 자기 진술인 계시와 연관시킬 수 있는 언약의 맥락에서 그 근원을 찾을 수 있다. 하나님께서 보여 주신 죽음의 계시가 그리스도의 십자가 사

---

168) Karl Rahner, Sacramentum Mundi II, 1968, 951f: "피상적-유행적인 '하나님 죽음의 신학'을 후원하기 위해서가 아니라, 오히려 내용상 오늘의 한 기독론에서 예수의 죽음이 그의 구원의 작용에 있어서 뿐만 아니라 자기 자체에 있어서 좀 더 정확하게 사고되어져야 한다. 만일 육신이 된 '로고스'는 단순히 그의 인간적 현실에서만 죽었다고 말한다면, 우리는 단지 진리의 반쪽만을 말하였을 뿐이며 본래의 기독교적 진리는 내버려는 것이다. 변화될 수 없는 하나님은 실로 자기 자신에 있어서 아무런 운명도 아무런 죽음도 가지고 있지 아니하다. 그러나 타자뿐만 아니라, 그 자신은 성육신으로 인하여 타자 안에 한 운명을 가지고 있다. 그리하여 그리스도의 인성과 마찬가지로 바로 이 죽음이 하나님을 진술하고 있다. 즉 그가 어떻게 존재하며 자유스러운 결단 가운데서 우리에 대하여 존재하고자 하며, 영원히 타당하게 존속하는가를 진술하고 있다…" J. Moltmann, 『십자가에 달리신 하나님』, 281, n. 6에서 재인용.

건으로 성취될 수 있다는 명제는, 하나님이 스스로를 주(主)로 밝히시는 계시 안에서, 그의 계시 행위와 그리고 계시 행위의 역사(役事)와 동일하다는 바르트의 삼위일체론의 주장으로 증명할 수 있다.

바르트는 다음과 같이 주장한다.

> 성경은 족장들과 모세와 예언자들로부터 그리스도의 십자가 사건 후의 부활절과 성령강림절에 이르기까지의 모든 기록들을 하나님에게 귀속시키며, 그것을 하나님이 행할 수 있다는 것, 즉 하나님이 인간들에게 엄밀하고 실제적인 의미에서 계시될 수 있다는 것을 증언한다. 이것은 드디어 예수 - 계시에서 가시적으로 계시될 수 있는 것처럼 하나님이 그와 같이 자신과 동일하지 않게 될 수 있다는 것, 즉 당신께서 그의 본유적인 영원성과 영원한 본유성에 매어 있지 않고 오히려 시간적인 형태를 취할 수 있고 취하고자 하는 현실적 양식의 하나님이라는 것 - 임을 드러낸다. 하나님의 이러한 능력과 의지, 그리고 실행이 우리의 명제, 즉 하나님이 스스로를 주(主)로 계시한다는 명제의 첫 확증으로서 이해할 수 있다.[169]

바르트는 이어서 성경적인 계시에서 보여 주는 그 주권은 바로 하나님의 자유 안에서, 자신을 자신으로부터 구별하는, 그리고 자신과 동일하지 않지만 그럼에도 불구하고 동일한 분으로 존속하는 그러한 역설적 자유 안에서 성립된다고 주장한다.[170] 비록 하나님께서는 유일한 하나님으로 실존하시지만, 그가 자신을 아들로서 계시한다는 것은 그가 스스로를 주(主)로 계시한다는 의미이며, 바로 이러한 '아들 됨'은 그의 계시에서 하나님의 주권이라는 것이다.

---

169) Barth, 『교회 교의학 I/1』, 414.
170) Barth, 『교회 교의학 I/1』, 415.

그러므로 가나안 땅에 대한 언약으로 제의적 죽음의 의식을 통해 드러낸 하나님의 자기계시는 그가 자신을 아들로 계시하는 십자가의 그리스도를 통한 자기계시와 동일함을 유추해 낼 수 있다. 아브라함과 언약을 세우시는 하나님의 계시 행동에는 성부와 성자 하나님에 대한 통일성과 함께 또한 그 위격에 대한 구별성도 함께 포함되어 있음을 알 수 있다.

아브라함과 언약을 세우시는 의식을 통해 자신의 죽음을 계시하시는 하나님의 행동에는 자신을 아들로 계시하시는, 사람들에 의해서는 현시될 수 없는 당신의 본질에 대한 계시가 담겨 있다. 비록 몰트만이 하나님의 주권을 강조하는 바르트의 삼위일체론을 '전제 군주론적 삼위일체론'이라고 비판하지만, 정작 그의 정당한 비판을 가능하게 한 삼위일체론의 부흥이 바로 바르트로부터 왔다는 사실을 기억해야 한다.[171] 그리고 종교개혁자인 불링거 또한 아브라함과 언약을 세우시는 하나님의 계시적 행동을 그리스도의 십자가 사건과 연관시켰음을 이미 살펴보았다.[172]

앞에서 살펴본 바와 같이 칼 라너, 바르트 그리고 불링거의 주장을 종합해 볼 때, 창세기 15장 17절의 하나님의 계시적 행동은 땅에 대한 약속의 맹세를 자신의 죽음으로 보증하시겠다는 하나님의 '자기 확증의 맹세'였다. 이를 위해 자신을 아들로 계시하시는 하나님은 그 아들의 십자가 죽음을 통해 자신이 세운 언약의 약속을 이행하신 것이다. 다시 말하면, 하나님은 아들의 죽음 안에서 자신의 죽음을 동일하게 취급하심으로써 자신이 세우신 언약의 맹세를 신실하게 실행하고 성취하신 것이다.

---

171) 황덕영, '칼 바르트의 계시론에 근거한 관계적 삼위일체론', 웨슬리신학 연구소 편,『관계 속에 계신 삼위일체 하나님』(서울: 아바서원, 2015), 189–190.
172) McCoy and Baker, Fountainhead of Federalism/ Heinrich Bullinger and the Covenantal Tradition, 130–132.

4. 계시의 성취자

하나님은 언약의 계시자인 동시에 그 약속의 계시를 반드시 이행하고 성취하시는 성취자이시다. 던(J. Dunn)은 자신의 언약을 끝까지 실행하시는 하나님의 신실하심(faithfulness)을 '하나님의 의'라고 간주하였다.[173] 자신이 세운 구원 언약을 위하여 자신의 아들을 세상에 보내시고 그 아들의 죽음을 통해 언약을 성취하신 하나님의 신실하심이 복음에 나타난 '하나님의 의(義)'라는 주장이다.

복음은 죄로 타락한 인간을 구원하시려는 하나님의 구원 계획이 그리스도의 십자가 죽음으로 성취된 것이다. 이는 죄 사함의 은혜가 값없이 사람들에게 주어진 신적(神的) 희생의 선물이다. 이를 위해 하나님은 구체적으로 아담과 아브라함에게 '후손'에 대한 약속을 주셨고, 그 후손 축복인 가나안 땅의 약속을 죽음의 의식을 통해 아브라함과 언약으로 세우셨다. 그 복은 하나님 자신의 죽음으로 약속된 유업이었다.

칼 라너의 주장과 같이 후손으로 오신 예수 그리스도의 죽음은 하나님의 자기 진술에 속한다. 그 아들의 죽음이 하나님 자신의 죽음이 되어 그 유업의 약속이 이행된 것이다. 비록 십자가에 돌아가신 분은 언약의 계시자이신 성부 하나님이 아니었지만, 삼위일체 하나님의 한 위격으로서 그리스도의 죽음은 언약의 성취를 위해 자신을 세상에 보내신 성부 하나님과 그분의 계시된 죽음을 동시에 진술하고 있다.

이로써 하나님께서 의도하셨던 구원의 복음이 그리스도로 말미암아 모든 사람에게 이르게 되었으며, 이 복음을 믿는 모든 자에게 구원을 주시는 하나님의 능력이 되었다(롬 1:16). 그리스도는 '죽음의 의식'으로 영적 가나안 땅을 약속하신 하나

---

173) James D. G. Dunn, The New Perspective on Paul (Grand Rapids: Erdermans, 2005), 107.

님과 동일 본질의 한 하나님이시다. 그러므로 그리스도께서 지신 십자가 죽음이 하나님의 죽음이 되어, 자신의 죽음에 대한 계시로 맹세하셨던 구원 약속이 성취되었음을 확신하는 믿음이 그리스도에 대한 믿음의 본질을 이룬다. 이 사실이 복음이며, 이를 언약의 관점에서 다시 정리한다면 "예수 그리스도가 약속된 우리의 구원을 위해 죽으시고 부활하셨다. 그가 주(主), 곧 하나님이시다"라고 요약할 수 있을 것이다.

바울은 그리스도의 죽음을 하나님의 뜻에 따른 결과로 보았다(갈 1:4). 이 뜻은 악한 세대에서 우리를 건지시기 위해 자신의 몸을 주어 우리 죄를 대속하시려는 구원에 관한 뜻이다. 예수 그리스도의 죽음으로 인간의 죄를 대속하시려는 하나님의 뜻은 그분이 인간으로 오신 하나님이심을 전제한다. 예수께서 단지 인간에 지나지 않는 분이시라면, 그분의 죽음을 통한 죄 사함의 근거는 단지 신약성경의 증언에서 그칠 것이다.

그러나 그분이 성취하신 죄 사함의 근거는 가나안 땅의 유업을 근거로 구약의 아브라함 언약으로까지 거슬러 올라간다. 물론 그 근거를 아담에게 약속하신 '여인의 후손'으로까지 확장할 수 있지만, 신(神)적 죽음의 계시에 의한 유업의 약속은 아브라함 언약에서 확정되었다. 예수 그리스도의 대속적 죽음의 근거를 하나님이 아브라함에게 보여 주신 죽음의 계시에서 찾는다면 아브라함 언약과 새 언약은 불링거의 주장과 같이 하나로 연결된 영원한 하나님의 언약으로 간주할 수 있다.

1세기 유대인들은 그들의 조상들에게 약속되었던 예수 그리스도가 자신들 가운데 오셨지만 그분의 존재를 전혀 알아차리지 못했다. 그들의 종교적 위선을 꾸짖는 그분을, 오히려 대중을 선동하고 신성을 모독한 희생양으로 삼아 십자가에 못 박았다. 물론 예수께서는 하나님의 뜻과 계획에 따라 십자가에 달려 돌아가셨지만, 그분을 배척하고 십자가에 못 박은 그들은 잘못에 대한 혹독한 대가를 치르게 되었다.

예수께서는 생전에 예루살렘 성전의 돌 하나도 돌 위에 남지 않고 다 무너뜨려 질 것을 예언하셨다(눅 13:2). 실제로 그리스도의 십자가 사건 이후 주후 70년에 이스라엘은 로마에 의해 완전히 멸망 당했다. 그 후 거의 이천 년 동안 그 땅에서 추방되어 살았지만, 아직도 그들의 대부분은 아브라함의 후손으로 오셔서 이방의 모든 민족에게 구원의 축복을 주신 예수 그리스도를 인정하지 않고 있다. 예수 그리스도에 의해 옛 언약이 성취됨으로써 구원의 방법이 완전히 변경되었다는 사실을 그들은 여전히 인정하지 못하는 것이다.

그들은 예수께서 십자가의 피로 세우신 새 언약을 아직까지 도래하지 않은 미래의 언약으로 간주한다. 예수 그리스도가 언약을 성취한 하나님이라는 사실은 그들에게는 아직도 받아들일 수 없는 사실일 뿐이다. 바울은 복음을 받아들이지 못하는 자기 민족에 대한 애끓는 심정을 로마서에서 고백하지만, 그래도 하나님께서 자신을 위해 바알에게 무릎을 꿇지 아니한 칠천 명을 남겨 두심과 같이 은혜로 택하심을 따라 남은 자가 있다는 희망을 피력한다(롬 11:4-5).

바울은 갈라디아서 3장 24-26절에서 우리는 다 믿음으로 말미암아 예수 그리스도 안에서 의롭다 함을 얻어 하나님의 아들이 되었다고 말한다. 그리고 29절에서는 "너희가 그리스도의 것이면 곧 아브라함의 자손이요 약속대로 유업을 이을 자"라고 선언한다. 우리가 의롭다 함을 받는 믿음은 예수 그리스도가 언약에 계시된 모든 약속을 성취한 하나님의 아들, 즉 하나님이심을 믿는 믿음이다. 그 믿음은 언약의 계시자와 성취자가 동일 본질의 한 하나님이라는 믿음에서 비롯된다. 만약 계시자와 그 계시를 성취하신 분이 본질이 다른 존재라면 앞에서 언급한 바울의 선언은 그 근거를 잃게 될 것이다. 왜냐하면, 하나님이 스스로 행하신 죽음에 대한 계시가 그리스도의 십자가 죽음으로 성취됨에 따라 그 유업이 모든 믿는 자들에게 제공되기 때문이다.

그러므로 그리스도에 대한 믿음은 언약의 약속을 성취하신 하나님에 대한 믿음이며, 후손에 대한 약속을 주시는 여호와의 말씀에 대한 아브라함의 믿음과 다르지 않은 믿음이다. 아브라함이 여호와의 말씀을 믿어 의롭다 함을 받은 것 같이, 우리도 예수 그리스도를 주(主), 하나님으로 고백하는 믿음으로 의롭다 함을 받는다. 예수 그리스도에 대한 이 믿음은, 언약의 약속을 실행하심으로써 모든 믿는 사람을 의롭게 하시는 하나님에 대한 믿음이며 동시에 하나님께서 자신의 죽음으로 계시하신 약속된 유업을 잇는 믿음이다.

이 믿음은 오로지 은혜의 선물이며 자신이 세우신 언약의 맹세를 신실하게 이행하시는 '하나님의 의'로부터 비롯된 믿음이다. 이 '하나님의 의'는 후손에 대한 약속을 주시는 여호와의 말씀을 믿어 의롭다 함을 받은 아브라함의 믿음을 예수 그리스도에 대한 믿음에 동일하게 적용하심으로써 모든 믿는 자들을 의롭게 하시는 하나님의 의다.

결론적으로 언약의 계시와 성취를 이루시는 하나님의 신실하심인 '하나님의 의'를 통해 우리는 그리스도에 대한 믿음으로 의롭다 함을 얻고 아브라함의 자손이 되어 하나님의 유업을 잇는 자가 되었다. 하나님께서 자신의 죽음으로 확증하신 유업은 바로 그리스도를 믿는 믿음을 통해 새로운 하나님의 백성이 된 자들(아브라함의 자손들)에게 주시겠다고 약속하신 하늘나라의 유업이다.

B. 언약의 주관자이신 하나님

하나님은 창세기 15장에서 아브라함에게 환상 중에 말씀으로 임하셔서 일방적인 은혜로 후손의 약속을 주시고, 이를 믿는 아브라함을 의롭다 여기셨다. 그러나 아브라함은 후손에 대한 하나님의 약속을 받았음에도 불구하고 창세기 16장에서는 애굽 사람인 그의 여종 하갈을 통하여 이스마엘을 출산하는 신앙적 실패를 경험한다.

하나님은 이러한 실패를 경험한 아브라함에게 나타나셔서 "나는 전능한 하나님이라 너는 내 앞에서 행하여 완전하라"(창 17:1)는 명령을 주신다. 그리고 그를 비롯한 그의 후손들이 언약의 당사자로서 마땅히 지켜야 할 할례에 관한 규례를 명하신다. 이 명령에는 할례의 규례를 지키지 않는 자는 하나님의 언약을 배반한 자로 간주되어 백성 중에서 끊어질 것이라는 엄숙한 선언이 포함되어 있다.

할례는 인간이 하나님과의 언약 관계에 있음을 증명하는 표징이다. 따라서 이를 어기는 일은 하나님의 언약을 배반하는 일이라고 분명하게 규정된다. 아브라함에게 자신의 일방적인 은혜와 죽음의 퍼포먼스를 통해 언약의 약속을 주신 하나님께서 이제는 언약의 조건으로 그와 그의 자손들이 대대로 지켜야 할 할례에 관한 규례를 주신 것이다.

그로부터 사백여 년이 지난 후 그의 후손들이 출애굽 함으로써 이스라엘이라는 공동체가 형성되었다. 그때 하나님은 그들이 지켜야 할 세부적인 율법에 관한 규례를 주심으로써 그들을 자신의 언약 백성으로 구별하셨다. 그들이 일상에서 지키도록 의무화된 할례와 율법에 관한 규례는 그들로 하여금 스스로 하나님과의 언약 관계를 기억하며 선택된 백성의 지위를 고수하는 표징이 되었다.

앞서 로벗슨의 주장과 같이 언약이 주권적으로 사역되는 피로 맺은 약정이라면,[174] 언약에 개입된 주권은 언제나 하나님의 은혜로 인간을 위해 행사되는 주권이다. 그러나 언약의 성격상 한쪽의 일방적인 호의나 은혜의 제공만으로는 그 관계가 성립되지 않는다. 언약은 상호 당사자들이 자신의 상대방에 대하여 서로의 의무나 책임을 지닐 때 유효한 관계가 유지된다.

그러므로 언약의 주 당사자인 하나님은 자신을 주(主)로 계시하시며 구원에 관

---

174) Robertson, The Christ of the Covenant, 15.

한 약속과 함께 자신의 속성을 표현하시고 그것을 확정하신다. "나는 그들의 하나님이 될 것이다"라는 선언에 이 모든 것이 포함된다. 이 선언에는 사람들에게 필요한 모든 것을 공급하시기에 전혀 부족함이 없는 엘 샤다이(El Shaddai)[175]로 불리시는 하나님의 본질이 드러난다.

그러나 하나님은 비록 사람들에게 먼저 자신을 계시하시며, 일방적인 은혜로 언약의 약속을 주시지만, 한편으론 이 은혜의 약속을 받은 상대방에게서 받은 은혜에 부응하는 책임과 의무를 요구하신다. 비록 할례와 율법에 관한 규례가 아브라함에게 주어지기 전에도, 하나님께서 그에게 요구하신 것은 자신에 대한 믿음의 신뢰와 그의 말씀에 대한 완전한 순종이었다. 믿음의 조상으로서 아브라함이 보여준 믿음과 순종은 오늘날 새로운 하나님의 백성으로서 우리가 따라가야 할 신앙의 모범이기도 하다.

1. 아브라함의 믿음

창세기 15장의 본문 연구에서 살펴보았듯이, 아브라함의 믿음에 의한 칭의를 다룬 6절은 후손의 약속과 가나안 땅의 두 약속을 잇는 주요 연결고리에 해당한다. 웨스터만이 후손에 대한 약속을 보증하는 첫 번째 설화에서 구원 신탁의 흔적을 보았듯이, 하나님의 약속에 대한 아브라함의 믿음은 두 번째 약속의 설화로 이어지는 가나안 땅에 대한 하나님의 언약적 맹세에 구속사적인 기초를 놓는다.

웬함(G. Wenham)은 창세기 15장 주석에서 믿음은 주어진 상황에 대한 약속을 확신하거나 하나님의 명령을 따르는 것을 의미한다고 말한다.[176] 구약의 전체 족장

---

175) El Shaddai는 하나님의 이름들 중 하나이다. 이는 통상적으로 하나님의 전능하심(God Almighty)로 번역되지만 원래의 뜻은 분명치 않다.
176) Wenham, Genesis 1-15, Word Biblical Commentary, 334.

역사 가운데 '믿음'이란 단어는 창세기 15장 6절에 단 한번만 나타난다. 하지만 그것이 가지는 신학적 의미는 매우 크다.

바울은 로마서 4장 3절에 "아브라함이 하나님을 믿으매 그것이 그에게 의로 여겨진 바 되었다"라고 기록한다. 이어서 바울은 4장 23절과 24절에서 하나님의 약속을 믿음으로 얻은 아브라함의 의가 단지 그만을 위한 것이 아니라 예수 그리스도를 죽은 자 가운데서 살리신 하나님을 믿는 우리에게도 적용된다고 선언한다. 이는 아브라함의 믿음으로 얻은 의(義)의 원리가 그리스도에 의해 모든 언약이 성취된 신약 시대의 신자들에게도 동일하게 적용됨을 나타낸다. 이 사실로 말미암아 아브라함은 유대인뿐만 아니라 이방인을 포함한 모든 믿는 자들의 조상이 되었다.

그리스도가 오시기 전, 구약 역사에 나타나는 족장(族長)들의 믿음은 웬함의 주장과 같이 주로 하나님의 명령에 대한 순종이나, 그의 약속에 대한 확신과 같은 두 종류의 형태로 표현되었다.[177] 창세기 15장에 나타나는 '의롭다 함'을 받은 아브라함의 믿음도 이스라엘의 족장들에게서 볼 수 있는 두 종류 믿음, 즉 명령에 대한 순종과 약속에 대한 반응의 바탕에서 비롯된 것임을 알 수 있다.

1) 하나님 말씀에 대한 순종

아브라함이 "고향과 친척과 아비의 집을 떠나라"(창 12:1)는 하나님의 말씀에 아무런 의의 없이 순종했다는 사실은 그의 믿음의 역사가 말씀에 대한 순종으로부터 시작되었음을 암시한다. 하나님은 아브라함이 가야 할 목적지를 명시하지 않고 단지 떠나라고 명령하셨을 때, 그는 갈 바를 알지 못한 채 믿음으로 순종하며 나아갔

---

177) Wenham, Genesis 1-15, Word Biblical Commentary, 334.

다(히 11:8). 믿음을 시험하는 하나님의 명령은 그가 목적지인 가나안 땅에 도착한 후에도 지속되었다.

캄벨(K. M. Campbell)은 창세기 12장에 기록된 "살고 있던 땅을 떠나라"라는 명령의 사건은 아브라함 언약의 첫 제정을 반영한다고 말한다. 하지만 그 이야기는 너무 간략해서 우리는 이에서 확신의 근거를 찾을 수는 없다. 우리는 한 명령과 한 약속이 아브라함에게 주어졌다는 사실을 들을 뿐이다.[178] 그러나 골딩(P. Golding)은 "비록 하나님의 명령과 약속이 처음 아브라함에게 주어졌을 때 언약이라는 용어 자체가 사용되지 않았을지라도, 언약관계의 실제가 존재할 수 있다. 아브라함에게 주어진 약속들은 중요한 시기에 공식적인 언약의 지위를 부여하지는 않지만, 그 속에 언약의 본질이 명확히 존재함을 나타낸다"고 주장한다.[179]

그렇지만 창세기 15장에서 공식적인 언약이 수립된 후에도, 하나님은 여전히 아브라함을 시험하셨다. 하나님께서는 100세에 간신히 얻은 독자 이삭을 번제로 바치라고 명령하신다(창 22:1-2). 첫 번째 시험에서와 같이 이 경우도 아브라함은 하나님의 명령에 그대로 순종하여 두 번에 걸친 시험을 무사히 통과하였다.

이는 아브라함의 순종이 믿음으로 다시 한번 확증되는 계기가 된 것이다. 그 시험의 순종을 통해 하나님은 그가 자신을 경외한다는 사실을 결정적으로 확인하셨다. 그런 후에 하나님은 후손의 번성에 대한 약속과 함께 그의 씨로 말미암아 천하 만민이 복을 받을 것이라는 아주 구체적인 약속을 그에게 주셨다(창 22:15-18).

이 사건을 계기로 하나님은 아브라함의 씨에 대한 약속을 더욱 구체화하셨다. 아브라함에게 처음 약속이 주어질 때는 "땅의 모든 족속이 너로 말미암아 복을 얻을 것이라"(창 12:3)라고 말씀하셨지만, 믿음의 시험을 거친 후에는 "네 씨로 말미암아 천하 만민이 복을 받으리니 이는 네가 내 말을 준행하였음이라"(창 22:18)고 이전보

---

178) Peter Golding, 『현대인을 위한 언약신학』, 박동근 역 (서울: 그나라출판사, 2004), 275.
179) Golding, 『현대인을 위한 언약신학』, 275.

다 더욱 구체적으로 선언하신다.

하나님은 복의 근원을 2인칭인 '너'로부터 '네 씨'인 3인칭으로 객관화시키셨다. 이는 복의 근원이 비록 아브라함으로부터 시작되지만 실제적 열매에 관한 결과는 그의 후손으로 오실 그리스도를 통해 실현되리라는 약속의 말씀이다. 구원에 관한 축복의 계시가 말씀에 대한 아브라함의 철저한 순종을 통해 좀 더 구체적으로 진전되었음을 보여준다.

하나님께서 아브라함을 택하여 부르신 이유는 그로 하여금 그의 자식과 권속들을 명하여 여호와의 도를 지켜 의와 공의를 행하게 하여, 하나님이 아브라함에게 대하여 말한 일을 이루려 함이었다(창 18:19). 이를 위해 그는 그의 후손들에게 믿음의 본보기로 우뚝 서야 했으며, 그의 후손들은 그의 믿음을 계승하여 그에게 약속하신 말씀들을 이루게 하는 것이 그를 택한 하나님의 원래 목적이었다.

그러므로 아브라함의 순종은 그의 후손들에게도 하나님의 말씀에 대한 순종의 본보기를 제시한다. 그가 믿음으로 하나님의 말씀에 순종하였기에 그의 아들 이삭과(창 26: 5, 24) 또한 이삭의 아들 야곱에게도(창 28:4) 아브라함에게 주셨던 동일한 하나님의 약속이 그대로 계승되었다.[180]

하나님께서는 아브라함을 갈대와 우르에서 이끌어내어 가나안 땅으로 인도하셨듯이, 흉년이 들어 그랄로 간 이삭에게 다시 나타나셔서 "애굽으로 내려가지 말고 내가 네게 지시하는 땅에 거주하라"(창 26:2)고 명령하신다. 그 말씀에 순종하여 하나님이 지시한 땅에 거주하면, 아브라함에게 맹세한 자손의 번성과 함께 이 모든 땅을 네 자손에게 주어 네 자손으로 말미암아 천하 만민이 복을 받게 되리라는 약속을 다시 한번 확인하신다(창 26:3-4).

또한, 이삭의 아들 야곱이 형 에서를 속이고 장자의 축복을 가로챈 후 삼촌인 라

---

180) Ha, Genesis 15, 114.

반의 집에 머무를 때에도 하나님은 야곱에게 "네 조상의 땅 네 족속에게로 돌아가라"(창 31:3)고 명령하셨다. 이 말씀에 순종하여 야곱은 가족을 낙타에 태우고 가나안 땅에 있는 그의 아버지 이삭에게로 돌아가기 위해 일어섰다(창 31:17-18).

야곱 또한 가나안으로 돌아가는 여정에서 아브라함과 같은 믿음의 시험을 겪는다. 그것은 바로 그의 형 에서와 마주쳐야 한다는 사실이었고, 그로 인해 그는 그가 가진 모든 것을 잃을 수 있다는 불확실한 현실에 직면하였다. 그러나 그는 아브라함과 같이 이 믿음의 시험을 순종으로 통과하였다. "가나안 땅으로 돌아가라"는 하나님의 말씀에 순종하여 나아감으로써 형 에서와의 강하게 부딪칠 뻔한 위기의 상황을 무사히 넘긴 것이다.

이스라엘 조상들에게 명하신 하나님의 말씀은 앞에서 살펴보았듯이 가나안 땅으로 떠나라고 하거나 혹은 그 땅에 머무르게 하거나, 그 땅으로 돌아가라는 말씀이었다. 이 말씀에는 후손에 대한 번성과 축복의 메시지가 함께 담겨 있었다(창 12:2; 26:3-4). 이는 하나님께서 아브라함에게 언약의 계시로 주신 후손과 땅에 대한 약속이 서로 분리될 수 없는 긴밀한 구속사적 관계를 유지하고 있음을 증명한다.

2) 하나님 약속에 대한 믿음

하나님의 약속에 대한 구약 조상들의 반응은 여러 형태로 나타난다. 가장 분명한 형태는 그 약속들이 주어질 때 하나님께서 어떠한 조건을 요구하시든지 간에 그것을 충실히 따르는 것이었다.[181] 따라서 하나님의 부르심에 대한 아브라함의 순종은 그 부르심에 귀속된 하나님의 약속에 대한 그의 수용으로 간주된다. 이것이

---

181) Ha, Genesis 15, 115.

하나님의 약속에 대한 그의 믿음으로 표현되었다.[182] 따라서 창세기 17장의 기록과 같이 그 자신과 모든 그의 집안 식구가 할례를 수용한 것은 하나님께서 주신 모든 약속에 대한 그의 적극적인 믿음의 표현이었다.

또 다른 하나의 반응은 좀 더 세부적인 분석이 필요하지만, 가서 머무는 곳마다 제단을 쌓는 일이었다. 돌기둥을 세우고(창 28:18) 에셀 나무를 심고(창 22:33) 제단을 쌓아 여호와의 이름을 부르며(창12:7,8; 13:4,18; 26:25) 그 제단에 여호와의 이름을 붙이는 일(창 28:19; 33:20; 35:7; 35:15)이었다.

아브라함이 가나안 땅에 들어간 후, 하나님께서 "내가 이 땅을 네 자손에게 주리라"(창 12:7)라고 약속하셨을 때, 그는 자신에게 나타난 하나님을 위해 그곳에 제단을 쌓았다. 그가 거기서 벧엘 동쪽 산으로 옮겨 장막을 쳤을 때에도, 그는 그곳에서 여호와께 제단을 쌓고 여호와의 이름을 불렀다(창 12:8). 하나님께서 아브라함에게 다시 땅과 자손에 대한 약속을 주셨을 때(창 13:15-16)에도, 아브라함은 장막을 옮겨 그곳에서 여호와를 위한 제단을 쌓았다(창 13:18).

야곱은 브엘세바를 떠나 하란을 향해 갈 때 한 곳에 누워 잠을 자다가 꿈에 하늘에 닿은 사닥다리를 타고 여호와의 사자들이 오르락내리락하는 것을 보았다. 그때 하나님께서 그에게 일러 "네가 누워 있는 땅을 너와 네 자손에게 주리라"(창 28:13)고 약속하신다. 야곱은 잠에서 깨어 자신이 베개로 삼았던 돌을 가져다 기둥으로 세우고 제단을 쌓아 그곳의 이름을 '하나님의 집'이라는 뜻인 '벧엘'이라고 불렀다(창 28:19). 또한 야곱은 세겜 성읍에 이르러 그 성읍 앞에 장막을 쳤을 때에도, 장막을 친 그 밭을 세겜 사람들에게서 돈을 주고 사서 거기에 제단을 쌓고 '하나님, 이스라엘의 하나님'이라는 뜻인 '엘엘로헤이스라엘'이라고 불렀다(창 33:18-20).

야곱이 세겜 땅에 거주할 때, 그의 딸 디나로 인해 세겜 사람들과 크게 부딪치는

---

182) Ha, Genesis 15, 115.

문제가 생겼다. 하나님께서는 야곱에게 "일어나 '벧엘'로 올라가서 거기 거주하며 제단을 쌓으라"(창 35:1)라고 말씀하신다. 이에 야곱은 자기와 함께한 모든 사람과 벧엘로 올라가 그곳에 제단을 쌓고 그곳을 '벧엘의 하나님'이란 의미의 '엘벧엘'이라고 불렀다(창 35:7). 이에 대해 존 하(J. Ha)는 그의 설명이 옳다는 전제하에 야곱이 쌓은 제단들은 하나님의 약속에 대한 응답으로서의 장소를 벗어나고 있지 않다고 말한다.[183]

하나님의 약속에 대한 반응은 웬함의 주장에서 보듯이 그 약속들에 대한 확신이 곧 믿음으로 표현된다. 그러나 그 확신의 믿음은 창세기 15장 6절에 기록된 아브라함의 믿음과 같이 단번에 주어진 것이 아니라, 하나님의 약속과 명령에 대한 적극적인 수용과 말 없는 순종 끝에 얻어진 결과였음을 성경은 증언한다.

그렇다면 아브라함이 의롭다 함을 받은 그 믿음은 과거의 믿음과 다른 새로운 형태의 믿음인가? 아니다. 후손에 대한 하나님의 새로운 약속(4-5절)은 이미 그에게 주어졌던 이전의 내용과 다를 바가 없었다. 거듭된 약속에 대한 아브라함의 믿음이 하나님으로부터 그의 의로 인정받을 수 있었던 사실은, 그가 바랄 수 없는 상황에서도 하나님의 약속을 의심하지 않았고 견고한 믿음 위에 서서 하나님께서 그것을 능히 이루실 줄을 확신하였기 때문에 가능했던 것이다(롬 4:21).

아브라함의 믿음에 의한 의는 아브라함 그 자신만을 위한 것이 아니었다(롬 4:22). 그가 믿음으로 의롭다 함을 받은 것은 그리스도에 대한 믿음으로 의롭다 여김을 받을 우리에게도 그대로 적용된다(롬 4:24). 바울이 로마서 1장 17절에서 언급한 "믿음으로 믿음에 이르게 하나니"라는 구절과 같이, 칭의를 이루는 아브라함의 믿음은 그리스도에 대한 믿음과 동일한 믿음으로 서로 연속성을 가지고 이어지게 된다.

---

183) Ha, Genesis 15, 120.

이러한 믿음에 의한 의는 먼저 예수 그리스도를 죽은 자 가운데서 살리신 하나님을 믿는 자에게 주어진다(롬 4:24). 그런데 바울은 그 예수께서 우리의 죄 때문에 죽으셨고, 또한 우리를 의롭다 하시기 위하여 살아나셨다고 말한다(롬 4:25). 바울은 25절에서 아브라함의 믿음에 의한 의를 모형의 모습으로 십자가 사건의 의미를 들어 그리스도인들에게 나란히 적용한다.

던(J. Dunn)의 로마서 4장 22-25절 주석에 따르면, 바울이 독자들에게 각인시키기를 원하는 것은 아브라함의 믿음에 관한 모형이다. 즉, 예수 안에서(관련해서) 그리스도인의 믿음의 전형으로서의 아브라함의 믿음의 모형이다.[184] 그에 따르면 동일한 두 요소가 양쪽에 나타나기 때문에 그와 같은 평행을 이끌어올 수 있고, 또 적용을 만들 수 있다. 하나님 안에서의 믿음, 그리고 죽은 자에게 생명을 주시는 하나님 안에서의 믿음, 또한 대안적으로 표현한다면, 죽었다가 살아나신 분으로서의, 하나님 안에서의 믿음이 그것에 내재되어 있다.[185]

던이 아브라함의 믿음을 그리스도인의 믿음의 전형으로 본 것은 결과적으로 예수 그리스도에 대한 믿음을 하나님에 대한 믿음과 평행으로 이끌어 올 수 있는 동일한 요소로 보았다는 증거이다. 이는 아이히로트의 모형에 대한 주장과 같이 아브라함의 믿음이 신약의 구원사에 나타나는 그리스도인의 믿음에 상응하는 실체를 위해 하나님께서 예비적으로 제시하신 구약의 사건으로 간주할 수 있기 때문이다.[186]

이는 또한 벌코프가 제시한 모형론의 세 가지 특징에도 부합된다.[187] 첫째, 아브

---

184) James D. G. Dunn, 『로마서 1-8: Word Biblical Commentary Vol. 38A』 김철 & 채천석 역 (서울: 솔로몬, 2003), 443.
185) Dunn, 『로마서 1-8』, 443.
186) Eichrodt, '모형론적 석의는 적절한 방법론인가?', 231.
187) Berkhof, 『성경해석학』, 153-154.

라함의 믿음은 그리스도인의 믿음과 서로 상응하는 유사점을 지니고 있다. 행위가 아니라 오직 믿음에 의해 의롭다 함을 받는 '이신칭의'의 교리가 두 믿음의 공통적인 면이기 때문이다. 둘째, 창세기 15장 6절의 아브라함의 믿음의 사건은 언약의 한 부분으로 하나님의 정하심에 따라 장차 오실 그리스도에 대한 믿음과의 유사점을 지니도록 이미 계획되었다는 점이다. 셋째, 아브라함의 믿음은 장차 오실 그리스도 안에서 새롭게 형성될 새 언약 백성의 믿음에 의한 칭의의 동일한 적용 원리를 나타낸다는 점이다. 아브라함의 믿음이 신약의 그리스도에 대한 믿음과 원형과 모형의 사건으로 제시되었다는 의미는 믿음의 대상인 하나님과 그리스도가 믿음에 의한 칭의를 통해 세상과 인류에게 구원을 가져다주시는 동일 본질의 한 하나님임을 전제로 할 때 가능해진다.

아브라함의 믿음에는 한 가지 분명한 점이 있었다. 그것은 현재의 상황이 어떻든 하나님의 약속을 받아들이고 순종하며 새로운 미래가 약속 안에서 분명히 이루어질 것을 믿는다는 점이다. 여기에서 그의 믿음은 그 약속의 성취를 위해서 자신이 할 수 있는 일이 아무것도 없다는 인식을 바탕으로 한다. 그가 처한 상황에서는 하나님의 약속에 대한 신뢰 이외에는 그 어떤 요소도 개입할 여지가 없다는 점을 깨닫는 것이 중요했다. 철저하게 자신의 무능을 깨닫고, 방패와 지극히 큰 상급으로 다가오신 전능하신 여호와의 말씀에 대한 온전한 의존과 신뢰만이 그가 취할 수 있었던 유일한 반응이었다. 이러한 그의 믿음이 그를 하나님의 약속 안에 포함된 미래의 성취를 향한 영적 의미를 이해하고 바라볼 수 있는 데까지 나아가게 하였다.

신구약 성경을 통해 아브라함은 유대인뿐만이 아니라 이방의 모든 믿는 자들에게 믿음의 조상이 되었다. 바울은 로마서에서 아브라함을 경건한 유대인의 전형에서 피조된 인간의 전형으로 전환시킨다. 아브라함은 하나님에 관한 전적인 의존 속에서 온전한 생명을 얻게 된 모든 믿는 사람들, 즉 유대인뿐만 아니라 이방인에

대한 모형으로서 분명한 모습을 드러내게 된 것이다.[188]

2. 아브라함의 믿음과 칭의

믿음에 의한 칭의는 구원에 관한 문제와 직결된다. 아브라함의 칭의를 기록한 창세기 15장이 구원 진리를 제시하는 기념비적인 장으로 간주되는 이유는, 그것이 이미 아브라함 시대에 어떻게 인간이 하나님 앞에서 의롭다 인정을 받을 수 있는가? 라는 질문에 대한 답을 주고 있기 때문이다.[189]

뷰캐넌에 따르면, 하나님으로부터 의롭다 함을 얻는 칭의는 하나님의 진노와 저주의 대상으로서가 아니다. 하나님의 은총과 복의 대상으로서 하나님 앞에서의 인간의 용인, 또는 그의 면전에서 의로운 자로 간주되는 것을 의미한다. 이는 그것이 하나님 편에서의 사역으로 간주되든 인간 편에서의 특권으로 간주되든 상관없이 칭의에 대한 공식적인 정의이며 포괄적인 의미라는 것이다.[190]

칭의는 타락하기 전 완전한 상태의 인간이 죄를 범하거나 부패할 가능성이 없는 상태를 전제로 하기에, 순전한 하나님의 법 즉 율법에 대한 개인적 순종 위에 기초하게 된다. 왜냐하면 그 율법은 하나님의 의로운 심판의 통치이기 때문이다.[191]

인간이 창조된 후 무죄의 상태에서 공표된 "이것을 행하라 그리하면 살리라"는 율법은 타락 전 하나님의 형상을 지닌 의인의 존재로서의 능력에 알맞게 적용되는 칭의의 방법이었다. 그러나 사도 바울은 "율법의 행위로 그의 앞에 의롭다 함을 얻

---

188) Dunn, 『로마서 1-8: Word Biblical Commentary Vol. 38A』, 441.
189) Leupold, 『신구약 성경주석, 창세기(上)』, 406.
190) James Buchanan, 『칭의 교리의 진수』, 신호섭 역 (서울: 지평서원, 2014), 42.
191) Buchanan, 『칭의 교리의 진수』, 42.

을 육체가 없나니 율법으로는 죄를 깨달음이라"(롬 3:20)고 말함으로써 율법은 단지 죄를 깨닫게 하고 '죽음과 정죄의 직분'(고후 3:7, 9)을 감당할 뿐, 죄를 용서하는 사면의 은총을 제공하지 못함을 밝힌다.

따라서 아브라함의 믿음으로 얻은 칭의의 요소에는 인간의 노력과 행위에 의한 모든 요소가 완전히 배제된다. 오직 믿음만이 유일한 요소라는 사실이 확인된다. 만일 하나님께서 인간의 구원을 위한 자신의 뜻이 담겨 있는 믿음에 의한 의라는 초자연적인 계시를 아브라함에게 주시지 않았더라면 우리는 결코 '사람이 하나님 앞에서 어떻게 의로울 수 있을 것인가?'라는 질문에 답을 할 수 없었을 것이다. 이는 이스라엘의 율법이 제정되기 430년 전에 아브라함에게 주어졌던 계시로, 그리스도를 믿는 믿음으로 말미암아 모든 민족을 구원하시려는 하나님의 작정에 대한 예비적 계시의 뜻이 담겨 있는 사건이라 할 수 있다.

뷰캐넌에 따르면, 칭의 교리는 원시시대 우리 인류의 첫째 조상들에게 나타났던 초기의 계시로부터 기원된다.[192] 하나님의 형상으로 창조된 그들이 에덴동산에서 하나님의 명령을 어기고 불순종하였을 때, 그들은 곧바로 죽음이라는 형벌 앞에 놓이게 되었다. "선악과를 먹지 말라. 먹는 날에는 반드시 죽으리라"(창 2:17)라는 하나님의 명령은 죽음과 영생이 동시에 약속된 하나님의 언약적인 규율이었다. 아담이 약속된 생명을 저버리고 불순종으로 선택한 사망은 하나님의 은총과 자비하심에 대한 상실을 의미하며, 이로 인해 형벌적인 고난을 스스로 짊어지는 결과를 초래하였다.

죄인으로 불려 나온 아담과 하와에게 하나님은 정죄의 판결을 내리심과 동시에 그들의 구원을 위해 '여인의 후손'을 약속하셨다. 하나님 백성의 역사, 즉 구원의 역사가 시작되는 순간이며, 이 구원의 역사는 바로 언약의 역사다. 이 역사의 주요한

---

192) Buchanan, 『칭의 교리의 진수』, 43.

원천이 언약의 책 혹은 언약의 기록, 즉 언약 내용에 대한 자료와 아담으로부터 사도 시대에 이르기까지 하나님께서 그의 백성을 다루신 기사인 성경이다.[193]

"여자의 후손은 네 머리를 상하게 할 것이요 너는 그의 발꿈치를 상하게 할 것이라"(창 3:15)는 말씀은 하나님의 주권적인 구원계획이 '여자의 후손'으로 오실 중보자이신 그리스도에 의해 성취될 것을 암시한다.[194] 그것은 하나님께서 육신을 입고 '여인의 후손'으로 오실 인간적 중보자를 통해 악한 영의 통치로부터 인간들을 해방시키시고 그의 권세를 진압하고 그의 계획을 좌절시키며 그의 사역을 파괴함으로써 인간과 악한 영 사이에 존재하는 거룩하지 못한 부적절한 동맹을 종결시키는 것을 포함한다.[195]

이 약속에는 어떠한 인간적인 행위나 구원에 대한 조건이 따르지 않는다. 단지 약속된 그 후손이 겪을 고난만을 언급함으로써, 인간의 구원이 오직 하나님의 뜻과 약속에 의한 무조건적인 하나님 은혜의 사역임을 암시한다. 의도적인 불순종으로 말미암아 영생을 잃어버린 인류의 첫 조상에게 주어진 하나님의 이 선언은 타락한 인간 세계에 최초로 비추어진 원시복음이었다. 그러나 그 당시 아담과 하와에게 주어졌던 이 원시복음이 그리스도가 오신 후에야 우리에게 명백하고 완전하게 드러난 것과 같이, 구체적이고 확정적인 내용을 포함한 하나님의 계시적 선언은 아니었다. 그러나 이 선언은 하나님을 향한 우리의 믿음과 소망의 확고한 기초를 놓기에 충분했다.[196]

하나님의 형상으로 창조되어 완전한 자유의지를 가졌던 인류의 첫 조상은 전적으로 자의적인 불순종에 따라 완전한 창조 상태에서 멀어졌다. 이때 하나님은 정

---

193) Baker, Heinrich Bullinger and the Covenant, 55.
194) Buchanan, 『칭의 교리의 진수』, 51.
195) Buchanan, 『칭의 교리의 진수』, 51.
196) Buchanan, 『칭의 교리의 진수』, 52.

당하게 그들을 파멸시킬 수 있으셨다. 하지만 하나님은 자신의 은혜와 자비로 '오실 후손'에 약속된 구속을 믿는 모든 자에게 회복과 영생을 제공하셨다. 불링거에 따르면 이것이 처음으로 전파된 복음이며 기독교 믿음의 기원으로, 처음 약속된 진정한 복음 안에서 하나님이 불순종으로 인한 그 저주를 인간으로부터 그리스도에게로 전가시킨 것이다.[197]

하지만 이것이 원시복음을 위한 불링거의 주장의 전부는 아니다. 단순한 첫 복음이라기보다는 하나님의 약속이 바탕이 된 기독교 믿음의 기초이며 온전한 집약이다. 하나님은 이 첫 번째 약속으로 하나님을 믿고 굳건히 약속을 붙잡는 모든 이들에게 구원을 제공하신다. 이 약속은 기독교의 기본원리인 믿음, 사랑 그리고 순결을 포함한다. 불링거는 인류 첫 조상의 믿음에 대하여 다음과 같이 언급한다.

> 사실 그리스도에 대한 아담의 지식과 그의 믿음의 내용은 놀라운 것이었다. 그는 그리스도의 양면적 본성을 알았으며, 그는 믿음의 거리(distance)에서 그리스도의 십자가를 보았고, 그는 그리스도의 고난이 믿음의 사람들에게 다시 한번 생명을 가져다 줄 것을 이해하였다. 이 모든 것을 하나님께서는 아담과 이브의 가슴에 기록하셨다. 비록 그들이 기록된 성경을 가지고 있지 않았지만 그들은 아무것도 부족함이 없었다. 하나님은 그들에게 그리스도의 조상(影像)과 감사의 표식으로 성례와 희생제물과 헌물을 주셨다. 축복된 후손에 대한 이 약속이 믿음의 사람들과 하나님의 언약 안에 있는 모든 사람들을 포함하는 교회의 시작이었다.[198]

성경에는 첫 조상들에게는 하나님께서 약속하신 '여인의 후손'에 대한 복음이

---

197) Baker, Heinrich Bullinger and the Covenant, 56.
198) Baker, Heinrich Bullinger and the Covenant, 57.

언약의 형태로 나타나지 않는다. 그러나 인류의 회복을 위한 하나님과의 첫 언약이 아담과 맺어졌음을 명백하게 강조한다. 인류의 시초부터 언약의 조건들이 존재했다는 말이다. 하나님은 전능하신 분으로 인류의 구원을 위해 특별히 그리스도를 제공하셨고, 사람들은 이에 대한 보답으로 완전하게 하나님을 신뢰하며 그의 명령에 순종해야만 하였다. 아담 이래로 진정한 예배와 경건은 언약을 지키는 것이었다.[199]

그러나 진정한 예배는 즉각적으로 변질되었다. 비록 아담이 의심할 여지 없이 약속된 후손으로서의 하나님에 대한 믿음을 그의 아들에게 가르쳤지만, 단지 아벨만이 진정한 믿음으로 하나님께 제사를 드렸다. 그의 제사 의식에는 하나님을 향한 경외심과 소망이 잘 표현되어 있었다.

가인과 아벨이 하나님께 반복적으로 드렸던 제사 의식은 아담에게 주어졌던 구속의 첫 약속만큼이나 중요했다. 그것은 의로우신 하나님인 동시에 죄인들의 구주로 계시된 하나님께 드리는 것이다. 그것은 무죄한 짐승을 살해하여 드리는 피흘림으로 죄인의 영혼을 위한 속죄로서 하나님께 드려진 제사였다.

이것은 인간의 죄가 희생제물에게 전가된 것을 의미하며, 죄로 말미암아 사망선고를 받았던 인간의 생명이 희생제물의 죽음으로 구속된 것을 의미한다. 이것은 모든 신실한 신자들에게 있어서 그들의 개인적 범죄의 고백과 형벌적인 유기의 감정을 표현한 것임에도 불구하고, 하나님의 진노를 돌이키고 하나님의 은총을 간구함으로써 하나님의 용서와 용인에 대한 소망을 표현한 것이기도 하였다.[200]

결과적으로 아벨이 제물로 드렸던 양의 첫 새끼와 그 기름에 비하여 가인이 드린 땅의 소산물인 곡식들은 하나님 보시기에 제물로서는 적합지 않았다. 결국, 가

---

199) Baker, Heinrich Bullinger and the Covenant, 57.
200) Buchanan, 『칭의 교리의 진수』, 53-54.

인은 하나님의 뜻과 말씀에도 불구하고 불신앙과 불순종의 길을 걸어간 것이다(창 4:5-7; 히 11:4). 불링거는 이 두 형제를 신앙과 불신앙으로 구별되는 사람들의 조상과 원조로 보았다. 나아가 그는 가인이 그의 동생 아벨을 살해하였을 때 아벨은 첫 번째 순교자가 되었고 거룩한 교회 안에서 하나님과 그리스도의 증인이 되었으며, 가인은 믿음을 파괴하기 위해 시도를 한 첫 배교자와 살인자가 되었다고 간주했다.[201]

그러나 아담에게서 아벨을 대신하여 셋이 태어났을 때(창 4:25) 진정한 믿음이 다시 세워졌고, 이 믿음의 계열은 노아, 아브라함, 다윗과 그리고 예수 그리스도에까지 이어지게 되었다. 불링거는 셋을 실제적인 교회의 첫 개혁이며 언약의 첫 회복으로 보았다.[202]

셋으로부터 에노스가 태어났고 그때 사람들은 비로소 여호와의 이름을 불렀다(창 4:26). 그 후 많은 세월이 흘러 노아에 이르기까지 사람들은 땅에서 번성하기 시작하였다. 세상은 죄악으로 만연하게 되었으며 사람의 마음으로 생각하는 모든 계획이 항상 악할 뿐임을 보신 하나님께서 사람들을 지상에서 쓸어버리시기로 작정하셨다. 그러나 노아는 여호와께 은혜를 입어 그와 그의 가족들은 홍수로부터 하나님의 보호를 받았다.

홍수가 지나간 후, 노아는 하나님께 제단을 쌓고 번제의 제사를 드렸다. 이때 하나님은 노아와 다시는 땅의 모든 생물을 홍수로 멸하지 않으시겠다는 언약을 맺으시며 무지개를 언약의 증표로 주셨다. 하나님은 노아와 언약을 세우시며 그와 그의 아들들에게 "생육하고 번성하여 땅에 충만하라"(창 1:28; 창 9:1)라는 명령을 다시 반복하여 주신다.

하나님께서 노아와 언약을 세우시며 그들로부터 요구하신 것을 요약하면, 그것

---

201) Baker, Heinrich Bullinger and the Covenant, 57.
202) Baker, Heinrich Bullinger and the Covenant, 58. H. Bullinger, De origine erroris III, 26b-27를 인용.

은 하나님과 이웃을 사랑하는 것과 관련된 것에 대한 갱신이다.[203] 이것은 아담으로부터 구전으로 전해져 내려온 전통이었으며, 사랑과 믿음의 조건이 수반된 언약 위에 세워진 그 시대 조상들의 종교였다.[204] 하나님은 언약과 그에 따른 조건을 결코 변경하지 않으셨다. 노아의 아들 셈은 믿음의 사람들과 축복의 후손의 계열을 이어갔다.

아브라함은 셈의 후손으로, 우상 숭배로 순수한 신앙이 더럽혀지고 퇴색된 갈대아에서 태어났다. 그러나 아브라함은 하나님에 대한 진정한 신앙을 잃지 않은 믿음의 사람이었다. 그의 가족들이 갈대아인의 우르를 떠나 하란에 머무르고 있을 때 하나님은 아브라함에게 그곳을 떠나라고 지시하셨다. 그가 부르심을 받았을 때 믿음으로 순종하며 장래에 기업으로 받을 땅으로 떠났지만, 그 순간 그는 갈 바를 알지 못하고 나아갔다(히 11:8).

하나님께서 아브라함을 믿음으로 의롭다 하시기 전에, 아브라함은 하나님의 말씀을 전적으로 의지하고 따르는 순종의 사람으로서 도착하는 곳마다 먼저 하나님께 제단을 쌓고 제사를 드리는 믿음을 드러냈다. 하나님으로부터 의롭다 함을 받은 그의 믿음에는 하나님에 대한 경배와 함께 순종의 모습이 이미 전제되어 있었던 것이다.

뷰캐넌은 『칭의 교리의 진수(The Doctrine od Justification)』에서 다음과 같이 진술한다.

> 사도들이 오직 믿음을 통하여 은혜로 말미암는 칭의 교리의 가장 강력한 증거들을 하나님의 은혜와 무조건적인 용서를 받고 의로운 자로 인정된 죄인, 아브라함의 경험이 상세히 기록되어 있는 이 성경으로부터 발전시켜 나가는 이유가 바로 여기에 있는 것이다. 그

---

203) Baker, Heinrich Bullinger and the Covenant, 58.
204) Baker, Heinrich Bullinger and the Covenant, 58.

가 아직 갈대아 땅의 우상 숭배자였을 때 하나님께서 당신의 주권적 자비로 아브라함을 선택하시고 부르셨다.205)

그러나 성경에서 아브라함이 갈대아 땅에 있을 때 우상 숭배자였다는 말에는 동의할 수 없다. 그것을 증언하는 구절은 성경 어디에서도 찾아볼 수 없다. 이로 보아 아브라함이 우상 숭배자였음에도 불구하고 하나님의 전적인 은혜로 그를 선택하고 부르신 것이 아님을 알 수 있다. 느헤미야 9장 7절은 "주는 하나님 여호와시라 옛적에 아브람을 택하시고 갈대아 우르에서 인도하여 내시고 아브라함이라는 이름을 주시고"라고 기록한다. 창세기 13장 1절(아마도 창세기 12장 1절)과 사도행전 7장 2-4절은 아브라함에게 갈대아인의 우르를 떠나라는 하나님의 명령만을 기록하고 있다.

이에 대하여 불링거는 아브라함이 하나님의 명령에 순종하여 그의 가족들과 함께 가나안 땅으로 옮겨갔을 때, 하나님께서는 아브라함과 언약을 갱신하셨다고 주장한다. 그는 믿음과 언약의 통일성을 조심스럽게 강조한다.

무엇보다 그(그리스도)가 아담에게 약속되어졌고, 그리고 그 약속은 노아와 그리고 지금은 아브라함과 갱신되어진다. 이 모든 것은 한 약속과 한 구세주 그리고 한 믿음이외의 다른 것이 전혀 아니다. 아브라함의 순종과 믿음은 할례가 시행되기 몇 년 전으로 거슬러 올라간 믿음에 의한 칭의였기 때문에 극도의 중요성을 지닌다.206)

불링거는 아브라함의 믿음을 아담에게 약속되었던 그리스도에 대한 믿음으로

---

205) Buchanan, 『칭의 교리의 진수』, 58-59.
206) Baker, Heinrich Bullinger and the Covenant, 58-59.

보았다. 그는 우리 기독교인의 믿음이 할례의 시행이나 율법, 그리고 제사장 제도와 유대인의 의식보다도 훨씬 앞선 것으로 보았다. 그것이 바로 중요하게 간주된 아브라함의 믿음이었다.[207]

예수께서는 자신을 대적하는 유대인들에게 그들의 조상 아브라함은 자신이 올 것을 기대하므로 기뻐하였다고 말씀하셨다. 만약 복음의 빛을 제외한다면 그리스도의 때란 무엇인가? 아브라함은 복음의 빛을 육신적으로는 보지 못했다. 하지만 그가 믿음의 눈으로 보았을 때 그 빛은 그를 위로하였고 그를 구원하였던 것이다.[208]

아브라함은 이러한 믿음 때문에 모든 믿는 자들의 조상이 되었다. 뷰캐넌도 오늘날 우리에게 선포되는 그 동일한 복음이 아브라함으로부터 전해졌다고 간주한다.[209] 바로 이 복음 안에서 아브라함이 의롭다 함을 받은 것이다. 그래서 창세기는 "그가 이를 믿으니 하나님이 이를 그의 의로 여기셨다"고 특별히 기록하고 있다(창 15:6; 롬 4:3; 갈 3:6; 약 2:23).[210]

뷰캐넌은 아브라함은 하나님을 단순히 율법의 수여자와 통치자, 그리고 심판자로 믿었을 뿐만 아니라 불의한 자를 의롭다 하시는 하나님을 믿었고 "그 안에서 모든 족속이 복을 받는 그 약속된 후손"으로서의 그리스도를 믿었다고 말한다.[211] 따라서 그도 불링거와 같이 아브라함의 믿음을 장차 오실 그리스도에 대한 믿음으로 보았기 때문에, 요한복음 8장 56절의 말씀을 예수께서 직접 하셨다는 주장을 펴는 것이다.[212]

---

207) Baker, Heinrich Bullinger and the Covenant, 59.
208) Baker, Heinrich Bullinger and the Covenant, 59.
209) Buchanan, 『칭의 교리의 진수』, 59.
210) Buchanan, 『칭의 교리의 진수』, 59.
211) Buchanan, 『칭의 교리의 진수』, 59.
212) Buchanan, 『칭의 교리의 진수』, 59.

따라서 사도들은 칭의 교리의 모든 중대한 요소들을 증거하기 위해 구약에 기록된 이 아브라함의 기사를 인용하기를 주저하지 않았다. 그들은 이 기사가 하나님께서 그의 영감된 말씀을 통하여 하나님 자신에 의해 확정되고 선언되기 이전에 이루어진 참된 칭의 교리의 모형으로 여겼다.[213]

이스라엘 조상들의 마지막 인물인 모세가 하나님의 지시에 따라 유대민족으로 조직된 믿음의 공동체를 만들기 위해 애굽에서 이스라엘 백성들을 구출해 내면서 칭의 역사는 중대한 변환기를 맞게 된다. 시내산에서 하나님은 이스라엘 백성들에게 자신을 정결케 할 것을 명령하셨다. 하나님은 그들을 그의 백성으로 취하시고 그들을 자신에게 묶으시기 위해 그들에게 십계명과 율법을 수여하셨다. 처음에 하나님은 그들에게 도덕법인 십계명(the Decalogue)을 주셨고, 그 다음으로 의식법(ceremonial law)을 그리고 마지막으로 재정법(judicial law) 혹은 시민법(civil law)을 주셨다. 모세가 율법을 기록하였을 때 족장 시대는 끝났고, 족장과 그리스도 사이에 공백기인 율법 시대가 시작되었다.[214]

율법 시대는 족장 시대의 체계와는 다른 국면이 많았다. 그렇지만 여전히 하나님의 자비하신 목적을 발전시켜 때가 찰 때, 그 목적을 성취하기 위해 합당하게 설

---

213) Buchanan은 사도들이 아브라함의 믿음에 대한 기사를 유대인들의 그릇 된 견해를 대적하기 위해 다음과 같은 다섯 가지 논제를 사용했다고 한다. 첫째로, 아브라함은 행위가 아니라 믿음으로 의롭다함을 받았다는 것이다. 왜냐하면 "일하 는 자에게는 삯이 은혜가 아니고 빚으로 여겨지지만 일을 안 해도 경건치 아니한 자를 의롭다하시는 이를 믿으면 그의 믿음이 의로 여겨지기 때문"이다(롬 4:4). 둘째로, 믿음으로 말미암아 의롭게 된 그는 결과적으로 은혜로 의롭게 된 자라는 것이다. 왜냐하면 의롭게 되는 것이 "은혜에 속하기 위하여 믿음으로 되는 일"이기 때문이다(롬 4:16). 따라서 믿음 그 자체나 혹은 믿음의 어떤 열매라도 그것 자체가 하나님의 의와 용인을 받은 공로적 원인이 되거나 근거가 되는 것이 전혀 아니다. 셋째로, 오직 은혜로 말미암아 믿음을 통해 의롭게 되었기 때문에 그 에게 칭의가 온 것은 율법 때문(율법으로 말미암음)이 아니요, 약속 때문(약속으로 말미암음)이라는 것이다. 왜냐하면 "만일 유업이 율법으로 말미암았으면 더 이상 약속이 아닐 텐데 하나님께서 아브라함에게 그것을 약속으로 주셨기 때문"이다. 또한 "만일 율법에 속한 자들이 후사이면 믿음은 헛것이 되고 약

계된 새로운 질서 체계와 율법이 선언된 것이다. 성경의 여러 곳에 다양하게 기록된 이 새로운 율법은 다음과 같은 두 가지 독특한 국면에서 생각하지 않으면 바로 이해할 수 없다고 뷰캐넌은 강조한다. 그는 "첫째, 그것은 언약의 연속성의 조건하에서 유대인들의 직접적이고 즉각적인 사용을 위한 종교적인 통치 체계로 이해되어져야 하며, 둘째, 율법은 그 임시적이고 유한적인 목적이 성취될 때 대체될 또 다른, 그리고 더 나은 법을 위한 계획으로 이해되어져야 한다."고 말한다.[215]

따라서 율법은 그리스도께서 세상에 오셔서 유업을 이을 새로운 하나님의 백성을 믿음으로 의롭게 하시기 위해 그분께로 인도하는 몽학선생(παιδαγωγός)의 역할을 감당하였다(갈 3:24). 율법은 모세로부터 와서 아브라함에게 주어진 약속에 덧붙여졌지만, 그것은 단지 약속된 자손이 오시기 전까지 한정적으로 주어진 것이었다. 율법이 수여된 것은 약속을 믿는 믿음을 율법에 대한 순종으로 대치함으로써 죄인의 칭의의 근거나 방법을 변경하기 위한 것이 아니라, 죄를 깨닫게 함으로써 인간의 전적 타락과 무능력을 인정하고 하나님의 무조건적인 은혜의 약속으로 그들을 이끌기 위한 것이었다.

따라서 불링거는 모세 전, 후의 명확한 시대 구분에 따라, 족장들의 시대에 더 많

속은 폐하여지기 때문"이다(갈 3:18; 롬 4:14). 넷째로, 하나님의 무조건적인 약속 안에서 믿음으로 말미암아 의롭다 함을 받았기 때문에 그는 할례나 다른 그 어떤 외적인 특혜로 받은 것이 아니라는 것이다. 왜냐하면 "이 행복이 오직 할례자에게만이 아니라 무할례자에게도 임하는 것이요, 아브라함이 할례시가 아니라 무할례시에 의롭다함을 받았고 아브라함이 받은 할례의 표는 이 믿음으로 된 의를 인친 것"이기 때문이다(롬 4:9-11). 다섯째로, 하나님의 약속 안에서 오직 은혜로 말미암아 믿음을 통하여 의 롭다하심을 얻었기 때문에 아브라함은 자랑하거나 의기양양해할 근거나 자의(自義)를 확신할 기초를 갖고 있지 않다는 것이다. 왜냐하면 "만일 아브라함이 행위로 의롭다하심을 얻었으면 자랑할 것이 있었겠지만 하나님 앞에서 전혀 자랑할 것이 없기 때문"이다. 그가 의롭다 함을 받은 것은 "법으로나 행위로가 아니요 오직 믿음의 법으로 말미암은 것"이기 때문이다(롬 4:2; 3:27). Buchanan,『칭의 교리의 진수』, 59-60 참조.

214) Baker, Heinrich Bullinger and the Covenant, 60.
215) Buchanan,『칭의 교리의 진수』, 61-62.

은 가치를 부여한다. 그는 비록 계시의 점진적인 성격을 지적하지만, 복음에 대한 지식은 유대주의 시대보다는 족장들의 시대에 더 명확했다는 암시를 자주 하였다. 그는 믿음과 생명에 대한 권위로서 하나님의 유일한 말씀으로 기록된 성경에 매우 중요한 가치를 두었다.

그러나 구전으로 전해져 내려온 족장들의 전통 또한 그를 매료시켰다. 그는 하나님께서 아담에게 하신 약속된 후손인 그리스도에 대한 직접적인 계시는 인간을 향한 하나님의 뜻인 생명을 위한 법, 즉 율법을 포함한다고 주장한다. 그리하여 그는 언약이 그 조건과 함께 아담에게 계시되었다고 보았다.[216]

언약의 조건들에 대하여 불링거는 『데 테스타멘토』에서 다음과 같이 언급한다.

언약의 당사자들은 각각 자신들에게 지워진 의무로 알려진 특정한 규례, 즉 언약의 당사자가 상대방을 위해 가지는 책임과 그에 대한 대가로 상대방에서 기대하는 것들에 의해 서로 함께 연결되어 있다. 그러므로 언약의 주(primary) 당사자인 하나님은 먼저 우리에게 그 자신을 계시하시기를 원하는 만큼 자신의 속성을 표시하시고 그것을 확정하신다. 그런 다음 하나님은 그 답례로 우리에게 요구하시는 것이 무엇인지와 그것을 수행하기에 필요한 것들을 설명하신다. 모든 능력을 가지고 계시며 사람들에게 필요한 모든 것들을 공급하시기에 전혀 부족함이 없는 그 자신의 본질을 나타내신다. 히브리어 엘 샤다이(El Shaddai)라는 이름이 이 역할을 잘 표현한다. 이 이름에 의하여 하나님은 놀랍고도 적절하게, 그리고 세밀하게 그의 통일성, 전능성 그리고 그의 도덕적 우월성과 선하심을 세워 가신다. 그러나 그의 계시의 위대한 간결함이 오히려 인간들에게 불명료하게 받아들여질 수 있기 때문에 하나님은 곧 다음과 같은 설명을 덧붙이신다. "나는 너와 네 후손들 사이에 나의 언약을 세우고, 너와 네 후손들의 하나님 되리라" 그러나 인간은 만물을

---

216) Baker, Heinrich Bullinger and the Covenant, 60.

창조하신 전능하신 하나님이 바로 자신의 하나님 임을 믿는 데까지 나아가지 않는다면, 하나님이 존재하시는지, 혹은 그가 모든 것을 공급하시는 자족의 하나님이신지 믿기에 충분하지 않을 것이다. 실로 그분은 자신을 찾는 자에게 상을 주시는 분이시다(히 11:6). 하나님은 본인이 자족하시며 신실하시고 자신을 경외하는 자들에게 상주시는 분임을 명확히 보여주시기 위해 하나님은 언약 백성들을 위한 생생한 본보기를 제시하신다. "나는 너와 네 자손에게 영원한 소유로서 가나안 땅을 줄 것이며, 나는 그들의 하나님이 될 것이라."[217]

언약의 조건들에는, 언약에 의해 주어진 하나님의 궁극적인 상급인 영원한 가나안 땅에 대한 보상이 전제되어 있음을 불링거는 암시한다. 따라서 아담에게 계시된 언약과 그 조건에는 약속된 후손으로 오실 그리스도뿐만 아니라 그분에 대한 믿음으로 잇게 될 약속된 유업인 하늘나라가 동시에 포함되어 있음을 알 수 있다.

바빙크는 『개혁교의학』 4권 52장에서 칭의에 대한 논의에서 다음과 같이 주장한다. "하나님은 순전한 은혜로 우리에게 자신의 언약을 세우는데, 이는 우리가 이후에 이 언약의 요구에 따라 살아갈 수 있도록 하기 위함이다"[218] 바빙크가 말하고 있는 '언약의 요구'는 바로 불링거가 언급한 '언약의 조건'들과 다르지 않다.

이 '언약의 요구'는 하나님께서 창세기 17장 1절에서 아브라함에게 명하신 "너는 내 앞에서 행하여 완전하라"는 요구이며, 이후에 하나님께서 모세에게 두 돌판에 기록하여 주신 십계명에 포함된 '하나님 사랑'과 '이웃 사랑'의 요구로 축약될 수 있다. 이 언약의 요구 혹은 언약의 조건들을 불링거는 좀 더 구체적으로 언급하여, 하나님께서 인간들에게 언약을 지킬 수 있게 주신 하나님의 법, 즉 율법으로 간주했다.

---

217) McCoy and Baker, Fountainhead of Federalism, 108-109.
218) Barvinck, 『개혁교의학 4』, 258.

하지만 종교개혁 이후 언약의 요구였던 율법은 하나님의 원래 뜻과 의도와는 다르게 취급되었다. 이것은 개혁주의의 '오직 믿음(sola fide)'과 '오직 은혜(sola gratia)'의 교리에 맞서는 반 복음주의적인 입장에 놓이게 된 것이다. 따라서 언약의 조건으로서 율법을 주장하는 개혁 신학자들은 하나님의 전적인 은혜에 인간의 행위를 더하는 반(半)-펠라기우스주의적인 신학자들로 분류되어 비판을 받는 일들이 흔히 일어났다.

이와 같은 현상은 종교개혁 시대뿐만 아니라 현재에도 계속되고 있다. 하나님의 전체적인 구속사를 언약의 관점에서 살펴려는 신학자들은 언약에 내재된 조건인 율법과 순종의 특성으로 인하여 이러한 비판에 쉽게 노출된다. 종교개혁 시대에는 취리히 종교개혁을 대표하며 율법을 언약의 조건으로 간주했던 불링거를, 그리고 현재에는 1세기 유대교를 언약적 율법주의로 간주하는 바울의 '새 관점 주의자'들을 반(半)-펠라기우스주의자로 낙인찍어 이단시하는 비판적 시선이 그 대표적인 예다.

하지만 신구약 성경을 통해 하나의 영원한 언약을 주장하는 불링거의 주장에는 조금도 변함이 없다. 아담으로부터 전해 내려온 이 고대 구전 전통에 대한 그의 언급은 순수한 경배와 그리스도에 대한 조상들의 믿음, 그리고 하나님의 뜻 혹은 법과 연관되어 소개된다. 성경의 권위에 대한 그의 논문의 주제는 인간의 회복과 관련하여 아담에게 주어진 약속이다. 세상에 존재해 왔던 하나님의 말씀은 아담으로부터 모세에 이르기까지 온전하게 후손들에게 전해져 내려왔으며, 모든 조상들은 이 말씀을 받아들여 그것에 따라 그들의 삶과 믿음을 세워나갔다는 것이다.[219]

---

219) De scriptura I, fol 5. 불링거는 모세 이전에는 기록물이 전혀 없었다는 주장을 항상 하지는 않았다(특별히 전통적인 로마서의 입장에 반대될 때). 모세는 창세기에 대한 어떤 기록물을 가지고 있었을지 모른다. 그것들은 특별히 족장들로부터 현존하는 책과 그리고 아마도 구전 전통에 추가된 애굽의 책들이다. Baker, Heinrich Bullinger and the Covenant, 60, n. 21 참조.

불링거는 그의 논문 「수마(Summa)」에서 언약과 성경에 관한 논의 후에, 하나님의 법에 관한 이 초기 전통의 주제를 다룬다. 율법에 대한 하나님의 첫 번째 계시는 세상의 시작으로부터 조상들에게 주어졌고, 이것은 그들의 마음속에 새겨졌다가 후에 십계명(Decalogue)으로 주어졌다고 한다. 이 법은 신자들의 합당한 삶에 대한 하나님의 뜻이었으며, 당시에 언약, 믿음, 그리고 경건에 대한 조건이었다고 강조한다.[220]

불링거는 도덕법을 복음의 반대편에 세우지 않았다. 그는 오히려 인간을 위한 하나님의 뜻과 언약의 조건들로서 율법을 복음으로 간주했다. 그는 구원이 오직 믿음으로만 이루어진다는 점을 거듭 확인했다. 하지만 그는 믿음을 가진 사람들이 언약 안에서 하나님의 뜻을 따라 살기 위해서는, 경건에 대한 언약의 조건들을 그들의 최선을 다해 수행함으로써 신실한 신자가 된다고 덧붙인다.[221]

도덕법과 복음과의 관계는 십계명에 대한 불링거의 논문에 아주 명확하게 드러난다. 십계명은 모든 세대와 장소, 그리고 어떠한 조건에서도 삶의 기준이 되는 인간을 향한 하나님의 도덕법이다. 모세에게 두 돌판에 새겨져 준 십계명은 진실한 종교의 요약이라는 것이다.[222] 첫 번째 돌판에 새겨진 첫 네 계명은 하나님에 대한 진정한 경배와 사랑을 가르치며, 두 번째 돌판에 새겨진 나머지 여섯 계명은 이웃에 대한 사랑을 가르친다. 그는 이것이 바로 언약으로 가르쳐지는 주요 요점이며, 실제로 십계명 자체가 성경에 운문으로 나타난 언약의 조건이라고 말한다.[223]

그는 그리스도의 사랑의 계명을 도덕법과 언약의 조건인 십계명의 요약으로 보았다. 나중에 십계명에 더하여진 법이나 계명들은 주요한 계명으로 더하여진 것이

---

220) Baker, Heinrich Bullinger and the Covenant, 61.
221) Baker, Heinrich Bullinger and the Covenant, 61.
222) Baker, Heinrich Bullinger and the Covenant, 61.
223) Baker, Heinrich Bullinger and the Covenant, 61.

아니라 십계명의 해설과 더 나은 이해를 위한 부칙으로 주어진 것으로 간주했다. 그러므로 하나님은 십계명으로 새로운 어떤 것을 시도하신 것이 아니라, 단지 이전에 사람의 마음에 새겨져 있었던 하나님의 뜻을 기록에 의한 요약의 수단으로 옛 언약을 새롭게 하신 것이다.

불링거는 도덕법에서 세 가지 측면의 사용을 보았다. 첫째, 죄를 깨닫게 함으로써 그 누구도 자신의 힘이 아니라 하나님의 은혜에 의해 그리스도를 믿는 믿음 안에서 의롭게 됨을 깨닫게 한다. 여기에서 율법의 목적은 사람들에게 자신의 죄와 함께 무가치함을 깨닫게 하여 그를 그리스도에 대한 믿음으로 인도하는 것이다. 둘째, 율법은 단지 믿음에 의해 의롭게 됨을 가르친다. 이점에 있어서 율법은 가장 공개적으로 복음과 혼합되어 있으며 그 자체에 복음의 임무를 부여한다. 율법은 또한 믿음으로 이미 의롭게 된 자들이 이 세상을 살아가는 방법과 하나님을 올바로 경배하는 법을 가르친다. 따라서 율법은 믿는 자들을 위한 언약의 조건들에 대한 설명이다. 마지막으로 율법은 기독교 행정관의 훈육과 징계의 수단으로서 공공질서의 기초가 된다. 율법의 세 번째 용도는 기독교 공동체 안에서 언약의 조건들과 정치, 사회적 삶을 굳게 연결하는 역할을 감당한다.[224]

그는 도덕법과 복음을 연결하는 그의 시도가 구원을 위한 행위의 필요성을 주장한다는 비난을 받게 된다는 사실을 이미 깨닫고 있었다. 이에 대한 그의 방어는 언약에 기초한다. 축복된 후손의 약속은 첫 계명 안에서 모세에 의해 출애굽 사건을 참고로 반복된다고 한다. 그때 율법의 수여로 재개된 언약은 그리스도에 대한 믿음을 통한 구원과 근본적으로 연관을 맺는다.

그러므로 언약은 결코 변하지 않기 때문에, 모세 역시 그리스도에 대한 믿음을 통한 구원을 설교했다는 주장이다. 그렇지만 불링거도 율법과 복음 사이에 섞이지

---

224) Baker, Heinrich Bullinger and the Covenant, 62.

않는 명확한 구분에 대한 특별한 주장의 필요성을 느끼고 있었다. 그럼에도 불구하고 그는 대부분의 그의 동료들이 한 것과 같이 이를 명확하게 구분하지는 않았다.[225]

언약과 언약의 조건들에 대한 충분한 인식과 이해가 바탕이 되지 않는다면, 율법과 복음의 연관성에 대한 이해가 힘들어지며 율법에 대한 불필요한 오해가 생길 수밖에 없다. 불링거의 주장과 같이 율법을 단지 구원을 위한 은혜언약의 후속 조건으로 이해하고 간주한다면, 굳이 율법을 복음의 반대편에 세우고 이를 공격하거나 배척할 필요가 없다. 언약의 조건으로 요구되는 행위는 결코 칭의나 구원을 위한 필수적 요건이 아니라, 하나님께서 주신 은혜언약의 실행을 돕기 위한 보조 장치에 지나지 않기 때문이다.

불링거는 율법과 복음의 논의와는 별도로 그리스도가 오시기 전과 후의 하나님의 백성들은 반드시 언약의 조건이며 하나님의 뜻인 도덕법에 따라 살아야 한다는 점을 강조했다. 하나님은 모든 세대의 그의 신자들에게 믿음과 함께 순종 혹은 선한 행위의 삶을 요구하시기 때문이다.[226]

한편으로 제정법, 혹은 시민법은 사회, 정치적인 생활에 대한 도덕법의 단순한 응용이었다. 그것은 유대 공동체의 시민법이며 단지 그때만 적용되는 법이었다. 하지만 불링거는 구약의 제정법과 이웃을 자신의 몸과 같이 사랑하라는 십계명의 두 번째 돌판의 계명, 그리고 경건의 언약적인 조건 안에서 시민법의 기초를 발견했다. 모든 시대에 있어 하나님 백성에게 적용되는 시민법은 반드시 언약 안에서 도덕법에 기반을 두어야만 한다고 그는 주장한다.[227]

뷰캐넌은 그의 저서 『칭의 교리의 진수』에서 율법에 대한 칭의를 논하면서 율법을 불링거와 같이 도덕법, 시민법, 그리고 의식법으로 세분하지 않았다. 그는 율법

---

225) Baker, Heinrich Bullinger and the Covenant, 62.
226) Baker, Heinrich Bullinger and the Covenant, 62.
227) Baker, Heinrich Bullinger and the Covenant, 62-63.

을 한 단위(one unit)로 간주하여, 국가적 언약으로 간주했다. 가나안 땅에 대한 이스라엘 백성의 소유가 인정되는 한, 그 율법에 대한 그들의 외면적인 순종에 그 언약이 좌우되어야 했다.

모세를 통해 주어진 율법은 그 형식이 어떠하든 간에 의심의 여지 없이 은혜언약을 시행하라는 뜻이다. 아브라함에게 주신 약속을 대치하거나 그것을 폐하고 영향력을 무력화시키는 대신 오히려 율법은 이 약속 위에 굳게 세워졌으며 이 약속을 수행하기 위해 계획되었다.[228] 뷰캐넌의 율법에 관한 주장은 율법이 하나님의 약속을 수행하기 위해 언약의 조건으로 주어졌다는 불링거의 주장과 뜻을 같이하며 복음을 위한 율법의 정당성을 옹호한다.

뷰캐넌은 여기에서 한 걸음 더 나아가 율법은 원시 시대와 족장 시대 때 제정된 안식일, 제사, 할례 등과 같은 제도를 채택하고 있다고 보았다. 그리고 많은 종교적인 관례와 의식들을 준수해야 하는 수고에도 불구하고, 그것들은 모두 영적 복지를 위한 중대한 상징들과 본질에 대한 모형들이었다고 간주한다. 그러므로 예시된 기호 저편에 있는 상징들과 본질에 대한 그림자로서의 모형을 바라볼 수 있는 신자는 구약 시대의 교회들 안에 제정된 모든 의식을 통해 그리스도를 발견할 수 있고 그분을 통한 믿음을 통해 약속에 계시된대로 죄 용서와 함께 약속의 자녀로 용인을 받을 수 있게 된다고 주장한다.[229]

구약에 약속되고 시행된 모형으로서의 이러한 의식들과 함께 언약의 조건으로 주어진 율법은 최종 언약의 성취를 통해 주어질 더 나은 것들을 향한 예비적 성격을 지닌다. 그 자체로 사람이 완전하게 하나님 앞에서 의롭게 될 수 없다는 철저한 자각과 사고는 약속된 후손으로 오실 그리스도에 의한 구속 사역이 성취되는 그때를 온전히 기대하고 바라보게 만든 것이다.[230] 아브라함의 믿음에 대한 기사와 경

---

228) Buchanan, 『칭의 교리의 진수』, 64.
229) Buchanan, 『칭의 교리의 진수』, 64.
230) Buchanan, 『칭의 교리의 진수』, 64-65.

험은 로마서 4장에서 바울이 기록하듯이 구약 시대에도 오직 은혜를 통한 믿음으로 말미암는 무조건적인 칭의 교리를 제공하였다. 만약 복음이 구약시대에도 구원을 주시는 하나님의 능력으로 알려지거나 믿어지지 않았다면, 사도들은 굳이 복음과 하나님의 의를 논하면서 아브라함과 다윗의 경험을 인용하거나 기록하지 않았을 것이다. 뷰캐넌은 유대인의 전 역사를 통해 오직 은혜로 약속된 구세주를 믿는 믿음으로 말미암아 죄인들을 위한 칭의가 제공되었다고 주장한다.[231]

성경은 그리스도께서 탄생하기 전, 구속을 열망했던 이스라엘의 신자들이 하나님의 위로를 기다리고 있었던 사실을 기록한다. 제사장이었던 사가랴와 그의 아내 엘리사벳, 그리고 예수의 모친 마리아와 의롭고 경건하였던 시므온과 선지자 안나는 그들이 소망 속에서 기다리던 그리스도가 오셨을 때, 그분을 기쁘고 즐겁게 맞이하며 경배와 찬양으로 그들의 믿음을 드러냈다(눅 1:5-24; 26-56; 67-80; 2:25-38). 이들이 그리스도의 출현과 도래를 하나님의 언약적인 약속과 결부시켰다. 이를 그들의 조상 아브라함에게 하신 맹세와 연관시킨 것은 구세주에 대한 약속의 성취를 예언하였던 언약적 사상이 그들에게 매우 중요한 전통으로 전해졌음을 알려준다.

하나의 영원한 언약을 주장한 불링거는 언약과 신구약 성경의 통일성을 매우 중요한 주제로 거듭 강조한다. 세상 시작부터 끝날까지 교회는 하나이며 구세주도 한 분이라는 것이다.[232] 그는 언약의 통일성은 주께서 친히 말씀하신 언약에 대한 평범한 말로 표현된다고 한다. 그것은 "내가 내 언약을 너와 네 대대 후손들 사이에 세워 영원한 언약으로 삼고 그들의 하나님이 되리라"(창 17:7)는 말씀이다.[233]

아브라함은 할례와 율법 이전에 믿음에 의해 의롭다 함을 받았고, 그는 예수 그리스도의 날을 보았고 즐거워하였으며(요 8:56), 더 나아가 이방 땅에 있는 것 같이

---

231) Buchanan, 『칭의 교리의 진수』, 68.
232) Baker, Heinrich Bullinger and the Covenant, 73.
233) McCoy and Baker, Fountainhead of Federalism,, 117.

약속의 땅에 거주하며, 지상의 땅이 아닌 영원한 본향인 천국을 바라보고 살았다 (히 11:8-10). 더불어 누가는 세리 삭게오에 대한 기사에서 예수께서 직접 구원과 아브라함의 자손을 연결하심을 기록한다(눅 19:9). 만약 아브라함의 믿음과 순결이 믿는 자들이 본받아야 할 진정한 믿음과 경건이 아니라면, 예수께서는 아브라함이 믿는 자들에게 본이 되어야 함을 잘못 제시하는 셈이 되는 것이다(요 8:39-40).

불링거도 그리스도께서 오시기 전후 모든 성도의 하나의 언약과 교회는 천국을 향한 하나의 길이며 모든 성도에게 변함없는 한 종교라고까지 말한다.[234] 따라서 아브라함의 믿음에 의한 칭의는 그리스도에 대한 믿음으로 얻는 칭의의 예표적인 사건이 된다. 즉 그리스도께서 세상에 오셔서 언약을 성취하실 때, 적용될 믿음에 의한 칭의의 모형적 사건이라는 의미다. 인간의 구원을 위해 하나님께서 타락한 아담에게 처음으로 계시하시고, 또한 아브라함에게 언약의 약속으로 확인하신 축복의 후손인 그리스도는 구약의 선지자와 율법의 전언(message)이었다. 그러므로 그리스도는 세대를 막론하고 모든 사람이 그를 믿음으로써 의롭다 함을 얻어 구원을 받는 믿음의 대상이다.

창세기 15장 6절에 드러난 아브라함의 믿음은 약속의 말씀을 주시는 여호와와 더불어 약속의 말씀 자체에 대한 믿음의 동시적 표현으로 볼 수 있다. 결국, 의롭다 칭함을 받은 아브라함의 믿음은 자신을 주(主)로 계시하시는 계시자인 여호와 하나님과 말씀 자체인 계시에 대한 동시적 믿음이며, 이는 여호와 하나님과 그의 말씀이 육신이 되어 세상에 오신 성자 하나님에 대한 동일한 믿음이다. 아브라함은 하나님과 후손으로 오실 그리스도를 믿었던 반면에, 신약의 신자들은 약속의 성취로 오신 그리스도에 대한 믿음 안에서 삼위로 계신 하나님을 믿게 되는 것이다. 믿음은 복음의 전파로 생겨나고 하나님의 언약 약속의 표지와 도장인 성례를 통해

---

234) McCoy and Baker, Fountainhead of Federalism,, 118.

확증된다.[235]

 우리가 믿음을 값없이 주어지는 칭의를 받는 합당한 도구로 여기는 것은 구원의 모든 영광이 그리스도 안의 하나님께 속해 있다는 겸손한 인식의 표식이다. 믿음은 하나님 앞에서 인간의 행위나 업적에 대한 자랑과는 정반대의 입장을 취한다. 왜냐하면, 믿음은 그리스도의 구원 사역 자체만으로 충분함을 보이며, 그의 은혜에 대한 확신에 찬 보증을 제공하기 때문이다.[236]

3. 믿음과 언약의 조건

 히브리서는 "믿음은 바라는 것들의 실상이요 보이지 않는 것들의 증거"(히 11:1)라고 기록한다. 이를 쉬운 말로 바꾸면 믿음은 우리가 바라는 것들을 보증해 주고 볼 수 없는 것들을 확증하여 준다는 의미다. 그리고 바로 다음 절에 선진들은 이 믿음으로 증거(확증)를 얻었다고 이어간다. 믿음의 조상들이 원하던 것은 그들에게 주신 하나님의 약속이 실현되는 것이었다. 비록 그 약속이 당장 눈으로 볼 수 없는 영적인 것이었지만, 그들은 믿음으로 하나님의 살아계심과 그 약속이 실현될 것을 확신하였다.

 인간의 구원을 위한 하나님의 약속은 언약의 계시를 통해 사람들에게 주어진다. 그 계시는 인간의 언어로 가시적 인물 혹은 물질에 대한 약속으로 주어지지만, 그 이면에는 하나님의 구원 계획에 관한 영적 의미가 담겨 있다. 이러한 영적 의미는

---

235) Horton, 『언약신학』, 191.
236) Cornelis P. Venema, Getting the Gospel Right (Carlistle: The Banner of Truth Trust, 2009) 18, n. 12. "It should be noted that the 'faith-alone' formulation of the Reformers is not meant to imply that faith, which is the exclusive instrument of justification, is a lonely or workless faith. According to the Reformers, true faith always produces fruits in good works.

믿음을 통해서만 파악될 수 있는 형이상학적 실체다. 그렇다면 이스라엘의 조상들이 믿음으로 확신하며 바라보았던 것은 과연 무엇인가? 히브리서는 이에 대해 다음과 같이 기록한다(히 11:13-14).

> 이 사람들은 다 믿음을 따라 죽었으며 약속을 받지 못하였으되 그것들을 멀리서 보고 환영하며 또 땅에서는 이방인과 나그네임을 증언하였으니 그들이 이같이 말하는 것은 자기들이 본향을 찾는 자임을 나타냄이라 (히 11:13-14)

그들이 가졌던 믿음의 대상은 그들의 간절한 소망에도 불구하고 그들 당대가 아닌 먼 미래에 이루어질 약속에 대한 성취였다. 그 당시 경건한 자들은 믿음의 눈으로 오실 메시아를 기다렸으며 오랜 기다림 끝에 주어진 언약의 성취로 그들의 소망이 드디어 그리스도 안에서 열매를 맺게 되었다. 기다림의 당시에는 희망이 중심이었지만, 그리스도가 오신 후에는 믿음이 중심이 되었다.

그러나 구약성경에는 오늘날 기독교가 믿음이라고 부르는 기술적인 용어가 없다. 하지만 내용 자체는 반복적으로 나타난다. 왜냐하면 구원은 처음부터 믿음을 통해서만 수용될 수 있는 약속의 형태로 나타나며, 하나님의 택하는 사랑에 기초하여 인간 편에서의 자발적인 동의를 요구하는 언약의 모습을 취하기 때문이다.

그러므로 거의 모든 구약 성경의 페이지마다 믿음의 행위와 활동이 서술된다.[237] 창세기 15장 6절의 "아브라함이 여호와를 믿어 그 믿음이 그에게 의로 여겨졌다"는 말씀도 그가 단순히 그의 후손에 관한 하나님의 약속을 의심의 여지 없이 받아들이고 믿었다는 사실뿐만 아니라, 인간적인 생각으로는 도저히 불가능한 일임에도 불구하고 전적인 신뢰로 하나님을 의지했다는 증거다.

---

237) Barvinck, 『개혁교의학 4』, 112.

웃시아의 손자요 요담의 아들인 유다의 아하스 왕 때에 아람 왕과 이스라엘의 베가 왕이 동맹으로 예루살렘에 쳐들어왔다. 이 말을 들은 아하스 왕과 그의 백성들의 마음은 숲이 바람에 흔들림 같이 흔들렸다(사 7:2). 이때 여호와의 말씀이 이사야에게 임하여 아하스 왕을 만나 이르기를 만일 그가 앗수르의 도움을 포기하고 오로지 하나님을 의지하지 않으면 굳게 서지 못할 것이라 하였다. 그리고 여호와께서 그에게 어디서든지 이에 대한 한 징조를 구하라고 말씀하셨지만, 그는 여호와를 시험하지 않겠노라며 이를 거절했다. 그는 하나님에 대한 전적인 신뢰와 의지 대신에 자기의 생각으로 하나님의 제의를 거절한 것이다. 결국 그의 이러한 행동은 하나님을 괴롭히는 결과를 초래하게 되었다(사 7:13).

하나님의 존재에 대한 믿음과 그분의 말씀에 대한 순종은 결코 따로 떼어 생각할 수 없다. 이스라엘 백성이 출애굽 후의 광야 생활에서 하나님을 향해 계속 불평하며 불순종하였을 때, 그들에 대한 하나님의 진노가 불타올랐다. 그들은 하나님의 징계에도 불구하고 여전히 불순종하며 하나님께서 친히 행하신 기이한 일들을 믿지 않으므로 하나님은 그들의 날들과 햇수를 헛되이 하시며 그들을 두려움에 처하게 하셨다. 결국, 하나님께서 광야에서 그들을 죽이실 때에야 그들은 돌이켜 하나님을 간절히 찾았고, 하나님이 그들의 반석이시며 지존하신 그들의 구속자이심을 기억하였다(시 78:32-35).

그러나 시편 기자는 "그들이 입으로 그에게 아첨하며 자기 혀로 그에게 거짓을 말했다"(시 78:36)고 기록한다. 그 이유를 시편 기자는 "하나님께 향하는 그들의 마음이 정함이 없으며 그의 언약에 성실하지 아니하였음이로다."(시 78:37)라고 기록한다. 결과적으로 이스라엘 백성들은 광야에서 자신들을 애굽 땅에서 구출해 내신 하나님께 불순종하는 믿음의 실패로 약속의 땅인 가나안에 들어가지 못하게 되었다.

그들의 실패 원인은 하나님에 대한 믿음과 신뢰를 저버리고 그분의 언약을 성실히 따르지 않은 까닭이었다. 그들이 하나님의 언약에 불성실하였다는 증거 중의 하나는 하나님께서 엄히 명하신 할례 언약을 광야에서 태어난 그들의 자녀들에게 시행하지 않았던 것을 들 수 있다(수 5:5). 할례에 관한 명령은 하나님께서 자신의 백성과 맺은 언약의 주관자로서 백성이 그들의 삶 속에서 마땅히 행할 일에 대한 엄숙한 선언이었다.

> 너희 중 남자는 태어난 지 팔일 만에 다 할례를 받으라. 이것이 나와 너희와 너희 후손 사이에 지킬 내 언약이니라 (창 17:10-12)

언약적인 믿음의 개념에서 비롯된 하나님과 그의 말씀에 대한 신뢰와 의지는 유대인들 사이에서 아주 높게 평가되는 것이 사실이었다. 그럼에도 불구하고 그들이 특별히 이 믿음을 고귀한 공로로 주장할 수 있는 유별난 선행으로 여겼을 때, 그들은 다시금 정도에서 벗어난 오류에 빠지게 되었다.[238]

하나님께서는 아브라함과 언약을 세우신 후, 아브라함에게 자신 앞에서 행하여 완전하라 명령하셨다(창 17:1). 언약 관계에서 하나님은 그의 백성들에게 필요한 모든 것을 공급하여 주는 분이시지만, 한편으로는 그들이 언약백성으로서의 삶을 유지하기 위한 표징으로서의 의무도 주신다. 그러나 이 의무는 언약에 선행하는 조건이 아니라, 언약백성으로서의 삶에서 하나님을 기억하며 그분과의 관계를 되새기게 하도록 마련하신 언약의 후속 조건이었다.

율법은 하나님의 백성들이 마땅히 지켜야 할 언약의 조건이다. 율법에 명시된 조항들은 선택받은 자들이 그들의 삶 속에서 당연히 지켜야 할 의무 조항이었다. 율법에 대한 준수는 선택받지 않은 백성, 즉 언약 밖에 있는 자들에게는 예외이듯

---

238) F. Weber, System der Altsynagogalen Palaestinischen Theologie (Leipzig, 1880), 292, 295 ff. Barvinck, 『개혁교의학 4』, 114에서 재인용.

이, 단지 선택받은 하나님 백성에게만 해당하는 책임과 의무다. 이는 율법이 하나님과의 관계를 규정하며, 언약의 주관자가 하나님임을 기억하게 만드는 주요한 도구의 역할을 의미한다.

그런데 만약 누구든지 율법의 행위로 구원을 얻을 수 있다고 생각한다면, 그는 이미 언약에 약속된 구원에 대한 하나님의 은혜를 잊어버리고 이미 얻은 것을 행위로 다시 쟁취하려는 어리석은 시도를 하는 셈이다. 하나님의 백성은 이미 그분의 은혜로 의롭다 함을 받은 자들이다. 사람이 하나님께서 세우신 언약 안에 있다는 의미는 "나는 그들의 하나님이 되리라"라고 선포하시는 하나님의 능력과 보호의 영향권 안에 속해 있음을 뜻한다.

율법을 지키는 행위는 자신이 하나님의 통치와 보호 아래 있음을 스스로 인정하는 행위다. 그러므로 누구든지 율법의 행위로 구원을 얻는다는 생각은 언약에 계시된 구원 약속을 제대로 이해하지 못한 결과에서 비롯된다. 율법의 준수는 하나님 백성으로서 그분을 기쁘시게 하는 일 그 이상도 그 이하도 아니다. 따라서 율법의 행위는 믿음에 의한 칭의를 우선하거나 구원을 얻는 수단이 결코 아니다.

바울은 갈라디아서 5장 3절에서 "내가 할례를 받는 각 사람에게 다시 증거하노니 그는 율법 전체를 행할 의무를 가진 자라"라고 말한다. 바울은 율법을 이스라엘 백성을 하나님의 언약 백성으로 삼아, 인을 치시는 할례의 후속 조건으로 보았다. 그러나 율법이 언약 백성이 지켜야 할 조건이지만, 이러한 조건적 요소는 언약의 실제적 시행과 수여를 한정하고 결정하는 요소가 아니다. 그것은, 그것 없이는 언약관계의 경험이 상상조차 될 수 없는 수취인 편에서의 단순한 답례적인 반응일 뿐이었다.[239]

그러므로 1세기 유대교를 율법의 행위로 구원을 얻는 '행위의 종교'로 규정했던

---

239) Golding, 『언약신학』, 160.

신학자들의 견해에는 문제가 있을 수 있다. 그들 견해의 잘못을 지적하고 바울 시대의 유대교를 하나님의 은혜를 바탕으로 한 언약적 율법주의로 간주한 '바울의 새 관점 주의자(New perspective on Paul)'의 견해는 언약의 관점에서 그 해석의 정당성을 지닌다. 서신서에 기록된 복음과 율법에 관한 바울 사상이 이러한 언약의 기반 위에 세워져 있기 때문이다. 특히 바울은 갈라디아서에서 그리스도의 십자가 사건과 복음, 율법과 의(義), 그리고 약속의 유업을 아브라함 언약의 계시와 성취를 통해 조명하고 있다는 사실을 기억할 필요가 있다.

우리는 언약의 관점에서 새 관점 주의가 주장하는 바울 사상과 그 사상의 핵심이 되는 칭의 교리를 살펴볼 필요가 있다. 바울 사상에 나타난 칭의 교리를 언약의 관점에서 바르게 이해하는 연구는 신구약성경에 흐르는 하나님의 구원 역사를 총체적으로 이해하는 필수적 요건이기 때문이다.

4. 새 관점 주의와 칭의 교리

칭의 교리는 16세기 종교개혁으로 탄생한 개신교(Protestants)를 로마 가톨릭교회로부터 분리시키는 가장 중요한 역할을 담당한 교리였다. 로마 가톨릭교회는 비록 칭의를 위한 그리스도 안의 하나님의 은혜의 우선권을 인정하지만, 그럼에도 불구하고 신자는 하나님의 명령에 복종함으로써 하나님의 은혜에 공조하여 더 낫고 증가된 의를 받아야 한다고 강조한다.

복음에 대한 로마 가톨릭교회의 이해에 따르면, 신자들은 오직 믿음으로 그리스도의 사역을 통한 은혜로만 구원을 받는 것이 아니라 은혜에 행위가 더해짐으로 구원을 받는다. 다시 말하면, 신자들을 하나님께서 받아들이게 만드는 '의(righteousness)'는 그리스도의 의뿐만 아니라, 신자들의 선행이 포함된 의라는 것이

다.²⁴⁰

　반면 16세기 개신교가 칭의 교리를 공식화했을 때, 이 교리의 각 주제는 중세 로마 가톨릭교회의 가르침에 반대하기 위한 반증으로 표현되었다. 그 예로 개신교의 '오직(solas)'이라는 각 항은 개신교와 로마 가톨릭 사이의 견해 차이를 명확히 구분하려는 의도였다.²⁴¹ 개신교의 관점에서 보면 신자는 '오직 은혜(sola gratia)'에 의해 구원을 받는 것이지, 로마 가톨릭교회의 가르침과 같이 '은혜와 행위'로 구원을 받는 것이 아니다. 칭의는 율법의 준수에 따른 행위와는 별도로 그리스도로 인해 주어지는 '오직 믿음(sola fide)'으로 인한 하나님의 선물이기 때문이다.

　이로 인해 복음에 대한 개신교의 견해는 중세 로마 가톨릭의 견해와 첨예하게 대립하였고, 기독교 역사상 서로가 극한으로 대립하는 분열을 가져왔다. 종교개혁자들은 로마 가톨릭교회 안에서 복음의 변조가 너무 심하다고 보았다. 그들은 로마 가톨릭교회를 더 이상 지상의 진정한 그리스도 교회로 간주할 수 없다고 주장하였다.

---

240) The Canons and Decree of the Counsil of Trent, Sixth Session, Decree on Justification, Chap 16 (quoted from Philip Schaff, The Creeds of Christendom [reprint; Grand Rapids: Baker, 1985], 2:107), 'And, for this cause, life eternal is to be proposed to those working well unto the end, and hoping in God, both as a grace mercifully promised to the sons of God through Jesus Christ, and as a reward which is according to the promise of God himself, to be faithfully rendered to their good works and merits.' The doctrine of justification set forth at the Council of Trent represents the official dogma of the Roman Catholic Church. A careful reading of the Council's Sixth Session on the doctorine of justification will make clear that the Roman Catholic view does not teach justification by works, as is often alleged, but justification by grace plus works. Many Protestants have an inadequate appreciation for the fact that the Catholic view can readily speak of 'justification by grace through faith.' The initial grace of justification is entirely free and unmerited. Moreover, whatever 'increase' in justification by works occurs, it too is the fruit of the working of God's grace infused through the sacraments. The principal difference between Reformation and Catholic views, therefore, is that the former completely excludes the believer's works from playing any role whatever in his justification. This difference is expressed by means of the language not only of 'grace alone', but most especially of 'faith alone'. cf. Venema, The Gospel of Free Acceptance in Christ, 13, n. 22에서 재인용.

241) Cornelis P. Venema, The Gospel of Free Acceptance in Christ (Carlisle, PA: The Banner of Truth Trust, 2006), 11.

종교개혁자들은 칭의를 아무리 강조해도 지나치지 않는 그리스도의 구원 사역의 은혜라고 생각했다. 칭의는 루터교의 전통뿐만이 아니라 교회를 일으키기도 하고 넘어지게도 하는 조항이다.[242] '값없는 칭의'에 대한 복음을 재발견한 루터에게 최고의 관심을 가졌던 칼빈은 이 교리가 '기독교의 중요한 핵심(main hinge)'이라고 주장한다.[243] 칼빈이 이 표현을 사용한 의도에는 만약 우리가 이 교리에 대한 확신을 갖지 못하고 로마 가톨릭의 교리와 혼동하게 된다면, 기독교인의 믿음 전체가 흔들릴 수 있는 위험에 빠지게 된다는 우려가 포함되었기 때문이다.

칭의는 하나님을 대적하던 죄인이 어떻게 용서받을 수 있는지에 대한 가장 기본적인 종교적 질문에 답을 주기 때문에 그것은 구원의 복음에 대한 메시지의 핵심이 된다. 그것이 제공하는 답은 단지 그리스도의 구원 사역을 바탕으로 불신앙의 사람들을 의롭게 하시는 하나님의 신실하신 은혜로 우리의 주의를 돌린다. 구원에 대한 은혜의 성격을 완전히 이해하지 못하거나, 죄인들이 불신에도 불구하고 그리스도의 믿음을 통해 그들을 받아들이시는 하나님의 무조건적인 수용을 인정하지 못한다면 그리스도를 통해 성취된 언약과 구원의 복음에 대한 근본적인 이해는 불가능할 것이다. 하이델베르크 신앙고백에 따르면, 믿음은 하나님에 의해 믿는 자들에게 전가된 그리스도의 의를 받아들이는 것이다.[244]

그러나 같은 복음 위에 교회가 세워졌지만, 바울의 칭의를 해석하는 견해의 차

---

242) Venema, The Gospel of Free Acceptance in Christ, 12.
243) John Calvin, New Testament Commentaries; Galatians, Ephesians, Philippians and Colossians, eds. David W. Torrance and Thomas F. Torrance (Grand Rapids: Eerdmans, 1965), 274.
244) 하이델베르크 요리문답(The Heidelberg Catechism) 제 61문 질문인 "왜 믿음 으로만 의로와질 수 있다고 말합니까?"에 대한 답은 "내 믿음이 가치를 가지고 있 그것으로 하나님을 만족시키는 것이 아닙니다. 오직 그리스도의 속죄, 의로움, 그 리고 거룩함이 하나님 앞에서 나를 의롭게 만들어 줍니다(고전 1:30-31). 그리스도의 의를 받아서 내가 의로워지는 것은 오직 믿음을 통해서만 가능합니다(롬 10:10; 요 일 5:10-12)."이다.

이가 로마 가톨릭교회로부터 개신교가 분리되는 계기가 되었다. 뿐만 아니라 같은 개신교 내에서조차도 이에 대한 해석과 적용에 관한 견해의 불일치로 말미암아 서로 간의 분열을 초래하였다. 이러한 분열을 해결하기 위해 최근 루터파와 로마 가톨릭은 서로 간에 범 교파적으로 몇 차례의 회합을 시도하였다.

첫 번째 시도는 1963년 핀란드 헬싱키에서 열렸던 루터교 세계 연합 집회였다. 그들은 이 집회에서 로마 가톨릭교와 루터교 사이에 칭의 교리에 대한 현저한 차이가 더이상 존재하지 않는다는 결론을 이끌어냈다. 이어서 루터교와 가톨릭 대표자들은 복음의 의미에 대해 증가된 합의를 이끌어내기 위해 세 가지 선언문을 발표하였다.

첫 번째 선언문에는 믿음에 의한 칭의(Justification by Faith)의 문서가 포함되어 있었는데, 이 문서는 미국 내에 있는 로마 가톨릭교회의 대표자와 루터교 세계연합의 소속인 루터교 목사들 사이에 채택된 일곱 번째 공동 선언문이었다. 이 문서는 처음과 마지막에 다음과 같은 확언(affirmation)을 가진 '공동 성명'을 포함하고 있다.[245]

> 칭의와 구원에 대한 우리의 전체적인 희망은 그리스도 예수와 그리스도에 의해 하나님의 자비로운 사역으로 알려진 좋은 소식인 복음에 달려있다; 우리는 우리의 궁극적인 신뢰를 하나님의 약속과 그리스도의 구원 사역 이외의 다른 어떤 것에도 둘 수 없다.[246]

이러한 확언이 하나님은 단지 믿음의 바탕 위에서 그리스도에 의한 의로서 죄인들을 받아들이신다는 루터교와 로마 가톨릭 사이의 모든 견해 차이를 해결할 수

---

245) Venema, The Gospel of Free Acceptance in Christ, 5.
246) Venema, The Gospel of Free Acceptance in Christ, 5.

없다는 것을 인정하였다. 그럼에도 불구하고 공동 성명의 저자들은 이러한 차이들이 결코 교회를 분리시킬 정도의 성격이 아니라는 견해를 유지하고 있다.[247] 이 성명을 만들었던 사람들의 의견에는 각 전통 사이에 존재하는 대부분의 중요한 역사적 차이들은 충분히 극복될 수 있다는 복음의 주요한 가르침에 대한 합의가 들어있었다.

이 두 진영은 복음의 성격에 관한 근본적인 합의가 표현의 차이에도 불구하고 여전히 존재한다는 결론을 내렸다. 칭의 교리가 종교개혁이 있었던 16세기에 두 진영 사이에 가장 커다란 논쟁의 쟁점이었지만, 공동 선언문은 보편적인 의미에서 이 주제가 더 이상 문제가 될 수 없다는 새로운 합의를 표현하는 목적을 가지고 있었다.[248] 적어도 칭의 교리는 신학적 측면에서는 물론 교회적으로도 매우 중요한 주제임이 틀림없었기 때문이다.

근래에 들어 칭의에 관해 진전된 논의의 일반적 현상은 성경의 증언을 바탕으로 한 새로운 이해다. 성경 본문에 대한 새로워진 이해가 과거 전통의 이해를 더욱 풍부하게 하는 성경적 복음의 범위를 발견하는 기회를 제공할 것이라는 주장이다. 이는 반대되는 과거 견해의 반복이 아니라, 교회를 나누기보다 통합하는데 기여할 수 있는 새로운 견해다.[249]

이러한 점에서 '바울의 새 관점'(New Perspective on Paul)은 칭의에 관한 동시대의 보편적 토론의 직접적인 산물은 아니지만, 개혁주의와는 견해를 달리하며 성경 본문에 대한 새로운 이해를 제공한다. '새 관점'은 종교개혁의 오래된 불일치를 다시 꺼내는 것이 아니라, 과거의 전통과 유산에 의해 구속받지 않는 성경 본문의 수용을 추구한다. 바울의 복음에 관한 과거의 관점이 서구 교회 안에서 가장 중대한

---

247) Venema, The Gospel of Free Acceptance in Christ, 5.
248) Venema, The Gospel of Free Acceptance in Christ, 7.
249) Venema, The Gospel of Free Acceptance in Christ, 10.

분열의 계기가 되었던 반면, 새 관점은 보편적인 관점에서 특별히 유용하다고 증명할 수 있는 복음에 대한 이해를 제공한다.[250]

그러나 '새 관점'이 칭의에 관한 보편적인 토론의 문맥 안에서 그것을 특별히 매력적으로 만드는 성경 본문의 색다른 이해만을 뜻하는 것은 아니다. 새 관점의 특별한 형태 중의 하나는 통합의 주제로서 칭의를 강조하고 있다는 점이다. 사실상 칭의는 기독교 교회의 여러 종파 사이의 분열과 분쟁의 불씨라기보다는 오히려 원천적으로 기독교를 아우르는 초교파적인 가르침이었다. 칭의 교리가 성경과 바울의 신학에서 통합을 이루는 근본적인 주제임에도 불구하고 이로 인한 논쟁이 교회의 분열을 조장했다는 사실은 아이러니한 일이 아닐 수 없다.

칭의 교리가 교회 분열의 주요한 원인이 된 이유는 율법과 복음을 해석하는 견해의 차이에 기인한다. 율법과 복음의 문제는 기독교 내에서도 끊임없는 논쟁의 주제가 되어 왔다. 율법과 복음의 관계에 대한 사도 바울의 진술들은 바울을 오랫동안 연구해 왔던 신학자들조차도 혼란스럽게 만든다. 바울은 초대 교회에 보내는 그의 편지에서 한때는 율법이 폐기되었다고 말하다가도 다른 때는 결코 율법이 폐기되지 않는다고 말하는 것처럼 보이기 때문이다.

그러나 바울의 진술들을 언약의 관점에서 살펴보면 매우 치밀하고 일관적인 논리를 가진다는 사실을 발견하게 된다. 이한수 교수의 주장과 같이 바울의 다양한 진술들을 꿰뚫는 사상적 연결의 끈이 바로 '언약신학'에 있기 때문이다.[251] 율법과 복음에 관한 바울의 다양한 진술들과 함께 율법과 복음의 상관관계가 언약의 조명 아래 비추어질 때 비로소 제 모습이 드러나게 되는 이유이다.

이러한 점에서 율법이 지배하던 바울 시대의 1세기 유대교를, 행위 구원을 주장하던 율법주의 대신에 은혜의 종교인 '언약적 율법주의'로 규정한 '바울의 새 관점

---

250) Venema, The Gospel of Free Acceptance in Christ, 10-11.
251) 이한수, 『언약신학에서 본 복음과 율법』 (서울: 생명의말씀사, 2006), 11.

주의'의 시도는 정당성을 가진다. 사실 유대교를 행위 구원의 종교로 파악하는 것이 종교개혁시대 이후로 신학자들의 생각을 주도해 온 전통적인 견해였지만 최근에는 새롭게 해석되고 있다. 이들은 기본적으로 유대교를 '행위 구원의 종교' 또는 '자기의(自己義)의 종교'로 파악했다. 왜냐하면, 중간사 시대의 유대인들은 선택과 같은 언약 중심적인 신학 사상을 점차 버리고 율법의 완전한 준수를 통해 스스로의 힘으로 의와 구원을 확보하려는 타락된 종교의식을 갖기 시작했기 때문이라는 것이다.[252]

'율법의 행위'(works of the law)란 용어 역시 의와 구원을 스스로 확보해 보려는 유대인들의 인간 중심적 시도들을 가리킨다.[253] 하지만 바울은 다메섹 도상에서 자신을 이방인의 사도로 부르신 예수 그리스도의 은혜를 경험한 뒤로는, 유대인이나 이방인의 구별 없이 모든 사람이 그리스도 예수 안에 있는 구속으로 말미암아 하나님의 은혜로 값없이 의롭다 함을 받게 된다는 인식을 하게 되었다(롬 3:24). 바울의 '율법의 행위'에 대한 비판적인 언급은 그들이 율법의 준수를 통해 스스로의 구원을 확보하려 했다는 시도에 대한 비판이 아니었다. 그것은 그들을 타 인종으로부터 구별하려는 의식 법, 즉 할례, 안식일 그리고 음식법 등의 준수를 통해 그들의 우월적이고 특권적인 신분을 나타내려는 시도에 대한 비판이었다.

유대인들의 이러한 행동은 그들의 메시아사상에서도 잘 드러난다. 성경에 기록된 약속을 따라 '여인의 후손'으로 오실 메시아는 언약의 약속과 같이 유대인뿐만 아니라 세상의 모든 민족을 구원하실 분이셨다. 그러나 정작 유대인들이 고대하고 기다렸던 메시아는 단지 그들을 정치적 속박과 억압에서 구원해줄 유대인만의 메시아일 뿐이다. 그들은 자신들의 조상에게 주어진 언약에 계시된 모든 민족을 향

---

252) 이한수, 『언약신학에서 본 복음과 율법』, 91.
253) 이한수, 『언약신학에서 본 복음과 율법』, 92.

한 하나님의 구원 계획과 의지를 단지 유대 민족을 위한 제한된 약속으로 간주하는 어리석음을 범했다.

바울은 로마서 2장과 3장에서 이러한 유대인들의 잘못을 지적한다. 2장에서는 할례나 율법과 같이 선택된 민족에게 주어진 징표에 의존하여 자신들을 심판에서 면제받은 자로 치부하며 이방인들에 대해 특권의식을 뽐내면서도, 스스로 율법을 범하여 하나님의 이름을 욕되게 하는 그들의 자기 모순성을 폭로한다. 또한 3장에서 바울은 아브라함의 육신적 후손이라는 혈통의 정체성에 의지하여 자신들만을 하나님의 백성으로 간주하는 혈통주의에 입각한 그들의 편협한 언약주의를 비판한다.

유대인들은 예수의 십자가 사건이 자신들이 신봉하던 인종적이며 종교적인 울타리를 모두 허물어 버렸다는 사실을 인정하지 않았다. 그리스도에 의해 하나님의 구원 방식이 과거와 달라졌음을 그들은 인정하지 않았다. 그렇지만 그리스도의 십자가는 법조문으로 된 계명의 율법을 폐하심으로 유대인과 이방인을 그리스도 안에서 한 새 사람을 지어 화평케 하셨다(엡 2:15). 이로써 하나님의 구원은 유대인과 이방인의 구분 없이 모두를 아우르는 변화를 가져왔다. 이 변화는 전혀 새로운 것이 아니었다. 이미 그들의 조상들에게 계시되었던 하나님의 약속이었다.

십자가 사건의 의미는 개별적으로 사람들의 죄를 속죄하는 대속적인 죽음이라는 의미를 넘어선다. 그 사건은 이방인과 유대인을 그리스도 안에서 '한 새 사람'으로 창조하는 화목의 사건이었다.[254] 이 말은 그리스도의 십자가 사건은 개인의 구원을 위한 개별적 칭의의 의미를 넘어, 인종과 혈통에 관계없이 그리스도 안에서 새로운 하나님의 백성을 창조하시겠다는 하나님의 구원 계획의 성취라는 의미다.

그러나 그리스도 안에서 유대인과 이방인이 하나님의 한 백성이 된다는 사실을

---

254) 이한수, 『언약신학에서 본 복음과 율법』, 94.

유대인들은 받아들이기 힘들었을 것이다. 그들의 종교적 전통은 이미 자기 민족 외에는 하나님의 선택을 받을 수 없다는 고정 관념이 자리 잡고 있었기 때문이다. 그들은 언약에 계시된 하나님의 구원 계획을 자신들만의 율법 의식과 행위 안에 가두고 있었다.

그들에게 구원이 그리스도 안에서 믿음으로 말미암아 모든 사람에게 주어졌다는 사실은, "아브라함이 나기 전부터 내가 있느니라"(요 8:58)라는 예수의 말씀을 받아들이는 것만큼이나 힘든 일이었을 것이다. 예수께서 부활하신 후 오순절에 예루살렘에 모였던 유대인들은 성령 체험을 경험했다. 베드로의 설교로 하루에 삼천 명이나 되는 많은 사람이 세례를 받고 기독교인이 되었다. 예루살렘 교회가 왕성하게 부흥하는 것처럼 보였다.

그러나 얼마간의 시간이 지났을 때 그들은 박해를 피해 흩어지게 되었고, 복음이 그곳에 자리 잡을 틈이 없어지게 되었다. 결국, 유대인들은 그리스도의 십자가 사건의 걸림돌이 되었다. 그리스도의 복음은 유대교와 서로 병행될 수 없는 이질적인 종교로 취급받았다. 그들은 그리스도의 복음이 그들의 민족적 전통의식인 율법과 할례를 폐기하고 그들만의 선민의식에 도전한다고 생각했기 때문이다.

한때 전통적 유대교관을 가졌던 김세윤 교수도 최근에 와서 유대교를 순수한 의미에서 행위 구원의 공로주의적인 종교로만 보려는 것은 "옳지 않다"라고 인정함으로써 과거의 자신의 견해를 수정했다. 그의 박사학위 논문인 「바울 복음의 기원」에서 그는 유대교를 행위 구원의 종교로 파악하는 전통적 입장을 취했었다. 여기에서 그는 율법 준수가 누구에게도 확실한 소망을 주지 못함에도 불구하고 유대주의자들이 이방인들에게 율법의 멍에를 짊어지게 하려고 했다고 보고, 이러한 그들의 무모한 시도가 갈라디아 교회와 같은 이방 교회의 위기를 초래하게 했다고 간주했다.[255]

---

255) Seyoon Kim, The Origin of Paul's Gospel (Tübingen: Mohr-Siebeck, 1981), 310. "unlike the Jewish

그러나 그의 과거의 주장은 1세기 유대교를 언약적 율법주의(Covenantal Nomism)로 규정하는 새 관점의 입장에서 본다면 그 전제가 잘못되었다는 결론을 내릴 수밖에 없다. 왜냐하면 '언약적 율법주의'의 사고에서 유대인들의 율법의 준수는 구원을 획득하기 위한 수단이 아니라 언약 안에서 선택된 백성의 지위를 유지하기 위해 그들의 삶을 통해 지켜나가야 할 언약의 조건이었기 때문이다.

만일 유대인들이 율법을 완벽하게 지켜야 구원을 확보할 수 있다는 행위 구원의 종교에 매달렸다면, 그들이 자랑으로 삼았던 선택된 백성의 지위, 즉 하나님의 은혜로 구원이 주어진 자신들의 지위를 스스로 져버리는 결과를 초래했을 것이다. 더구나 아직 확보되지 못한 구원을 향해 율법의 행위에 전적으로 매달려야 하는 그들의 삶에서 하나님의 은혜를 찾는 일은 불가능해 보인다. 만약 그렇다면 유대교는 인간의 선의지에 의존하여 행위를 강조하는 세상의 일반적인 종교와 전혀 다를 바가 없게 된다.

바울 서신에 나타나는 유대인들은 스스로 심판을 면제받은 특권의식을 나타내고 있었고, 그들은 이러한 특권의식 속에서 율법을 의지하고 자랑하였다. 그들의 자랑은 불트만의 주장과 같이 율법 준수를 자신의 공적으로 내세우려는 자랑이 아니라 율법 백성이라는 유대인들의 자의식에 기초한 자랑이었다.[256]

"우리는 본래 유대인이요 이방 죄인이 아니로되"(갈 2:15)라는 바울의 진술은 그 당시 유대인들의 전형적인 자의식을 분명하게 드러낸다. 바울이 이방인을 죄인으로 칭하였다는 사실은 유대인들은 그들에 비하여 의로운 사람들이었다는 의미를 가진다. 그렇다면 유대인들이 자신들을 이방인들보다 낫다고 여긴 근거는 무엇일까?

---

doctrine of salvation which did not hold out much hope for the Gentiles, sometimes not even for the proselytes who became Jews by taking upon themselves circumcision and yoke of the law…." 이한수, 『언약신학 에서 본 복음과 율법』, 95.에서 재인용.

256) 이한수, 『언약신학에서 본 복음과 율법』, 97.

1) 율법의 행위

유대인들의 자의식의 근거는 '율법의 행위(ἔργων νόμου)'였다. 그러나 바울은 "사람이 의롭게 되는 것은 율법의 행위로 말미암음이 아니요 오직 예수 그리스도를 믿음으로 말미암는 줄 알므로……. 율법의 행위로써는 의롭다 함을 얻을 육체가 없느니라"(갈 2:16)라고 선언한다. 그는 사람이 의롭게 되는 것이 율법의 행위가 아닌 예수 그리스도를 믿는 믿음이라고 말함으로써 유대인들의 잘못된 선민의식을 지적한다.

그렇다면 이 '율법의 행위'는 무엇을 말하는가? 그리고 바울이 칭의의 문제를 '율법의 행위'와 그리스도를 믿는 믿음과 대조시키는 의도는 무엇인가? 먼저 '율법의 행위'를 해석하는 신학자들의 견해는 대체로 둘로 나누어진다.

'율법의 행위'를 유대인들의 의와 구원의 확보를 위한 인간 중심적 시도로 간주하는 전통적 견해와 '율법의 행위'에서 행위(ἔργων)라는 단어의 해석을 계명이나 규례로 간주하는 새로운 견해이다. 그 결과 전통적 견해는 1세기 유대교를 행위구원의 종교로 규정한 반면 새로운 견해는 이에 반론을 제기한다. WBC 로마서 주석을 쓴 던(James Dunn)은 '율법의 행위'를 율법 자체와 구분된 유대인들의 정체성을 표시하는 구분된 경계표(boundary markers)로 규정하였다. 이 경계표에는 할례, 음식법 그리고 그들의 절기에 대한 규례 등을 포함한다고 한다.

유대교를 행위구원의 종교로 파악하는 전통적인 시각은 언약의 맥락에서 볼 때 율법의 기능과 복음, 그리고 바울의 율법의 이해 등과 같은 문제들을 제대로 이해하기 어렵게 만든다. 누구든지 자신의 행위로 하나님 앞에서 구원을 얻을 수 있다고 생각하는 사람은 아무도 없을 것이다. 심지어 율법에 흠이 없는 유대인들조차도 하나님 앞에서 자신의 행위로 구원을 얻을 수 있다고 자신하는 사람은 없을 것이다.

요한복음 8장에 기록된 음행 중에 현장에서 잡혀 온 여인의 사건을 예로 들어보자. 서기관과 바리새인들이 이 여인을 끌고 와서 예수께 물었다. "모세는 율법에 이러한 여자를 돌로 치라 명하였는데 선생은 어떻게 말하겠나이까"(5절). 예수께서 너희 중에 죄 없는 자가 먼저 돌로 치라 하셨을 때 그들은 하나씩 모두 현장을 떠났다. 자신이 남을 정죄할 만큼 죄가 없다고 생각한 사람이 아무도 없었기 때문이다.

그러므로 '율법의 행위'를 단순히 의와 구원을 스스로 확보해 보려는 유대인들의 인간 중심적 시도라고 보는 견해와, 이를 바탕으로 1세기 유대교를 행위 구원의 종교로 간주하는 시각에는 분명한 한계가 있다. 죄 가운데 있는 인간은 그 누구도 하나님의 은혜 없이 구원을 위한 자체적 행위를 구현할 수 없기 때문이다. 바울도 율법을 행하는 일 자체를 부정적으로 본 것은 아니었다. 그는 하나님 앞에서 율법을 행하는 자라야 의롭다 함을 얻는다고 말한다(롬 2:13). 바울은 단지 그 율법을 완전히 행하여 자신의 행위로 구원을 받을 수 있다고 자신할 수 있는 사람은 아무도 없다고 보았을 뿐이다.

결과적으로 바울의 서신서에 나타나는 '율법의 행위'란, 율법이 대상의 속격이 되어 사람이 율법을 따르는 행위가 아니라, 주어로서의 속격이 되어 율법이 주체가 되어 유대인들이 율법 아래에 있음을 드러내는 종교적 표지로 해석된다. 던은 이를 유대인의 정체성을 표시하는 경계표인 할례나 음식법 그리고 유대인의 절기에 관한 규례들이라고 말한다. 한편, 라이트는 사해사본인 4QMMT[257]를 바탕으로 '율법의 행위'란 오랫동안 기다려온 '하나님의 의'가 마침내 실행에 옮겨져 미래에 옳다고 인정받게 될 하나님의 언약 백성의 일원임을 현시점에서 드러나게 해주는

---

257) 4QMMT는 쿰란사본 4Q394-399의 여섯 단편으로 구성된 문서로서 '토라 행위 모음집'을 말한다. 이 문서는 2세기 중반에 쿰란 종파의 지도자가 더 큰 집단의 수장에게 쓴 편지로 보인다.

증표라고 말한다.[258]

    그렇다면 왜 바울은 사람이 의롭게 되는 것을 율법의 행위와 그리스도를 믿는 믿음과 대비하여 율법의 행위를 부정하는 것인가? 여기에서 바울은 사람이 의롭게 되는 칭의가 예수 그리스도의 십자가 사건으로 인하여 과거와 달라졌음을 그리스도인들에게 전하는 것이다. 바울은 유대인들을 하나님의 백성으로 규정 짓던 과거의 율법 시대가 끝나고, 그리스도의 언약 성취로 말미암아 믿음으로 새로운 하나님의 백성을 창조하시는 복음의 시대가 열렸음을 세상에 알렸다. 이는 아브라함 언약에 약속되었던 후손과 그분으로 말미암아 천하 만민이 복을 받는다는 약속의 계시가 성취된 결과에서 비롯된다.

    바울은 로마서 11장에서 자기 민족인 유대인들을 향한 안타까움을 토로한다. 그들은 그리스도의 언약 성취로 새로운 구원 방식이 도래했다는 사실을 미처 깨닫지 못하고 과거의 전통과 율법의 규례에 사로잡혀 복음을 거부한다. 그러나 바울도 율법의 규례나 율법 자체를 부정하지는 않는다. 율법은 그리스도가 오시기까지 하나님의 백성을 규정하고 그분께로 인도하는 초등교사의 역할을 감당하였다. 즉 율법은 언약의 약속이 그리스도에 의해 성취되기까지 하나님의 구원 계획을 이스라엘 백성을 통해 보존하신 수단으로서의 역할을 감당한 것이다.

    바울 신학을 언약의 관점으로 보게 되면 그렇지 않을 경우에 이질적으로 보였던 바울 사상의 요소들이 하나로 합쳐지고, 특별히 기독론과 십자가가 최소한 전보다 더 분명하게 드러나게 된다.[259] 유대교를 행위구원의 종교로 간주하는 전통적 관점으로는 바울의 율법에 관한 이해가 힘들다. 또한, 때로는 율법 무용론과 같은 오해에 빠질 수도 있다. 따라서 율법과 복음에 관한 바울 사상을 바로 이해하기 위해서

---

258) N. T. Wright, 『NIB주석 로마서』, 장요란 & 최현만 역 (경기: 에클레시아북스, 2014), 31.
259) Wright, What Saint Paul Really Said, 132.

는 유대교를 '언약적 율법주의'로 간주한 학자들의 칭의에 관한 견해를 살펴봄이 필요하다고 생각되어 간략히 소개한다.

2) 샌더스의 칭의 이해

샌더스(E. P. Sanders)는 듀크 대학의 종교학 교수였으며, 1977년에 『바울과 팔레스타인 유대주의(Paul and Palestinian Judaism)』라는 책을 출간하였다. 그는 이 책에서 유대주의에 관한 전통적인 견해를 재평가하는 프로그램을 진행하였다. 그는 바울의 칭의의 이해에 대한 수정된 견해를 제공하였는데, 그것은 바울 서신에 기록된 역사적 본문에 더 알맞게 부합되고 있는 것으로 나타난다. 따라서 샌더스는 바울의 새 관점의 발전에 과도기적 양상을 나타내고 있으며, 이는 1세기 유대주의에 대한 전통적 개신교의 견해에 대한 수정을 요구하였다.[260]

샌더스는 바울의 기록에서 명백히 드러난 종교 패턴을 주전과 주후 각각 200년 사이의 유대 문헌에서 발견된 것들을 비교 분석하기 위해 큰 노력을 기울였다. 그는 이 종교 패턴에 따라 개인이 어떻게 하나님 백성의 공동체에 들어가고(getting in) 머무르는지(staying in)를 이해하는 종교적 방법이 결정된다고 보았다.[261]

종교 간의 차이, 특히 유대교와 기독교의 전통적 차이는 이들 종교의 뚜렷한 본질이나 핵심 신앙에 초점을 맞춤으로 드러난다. 이렇게 함으로써 기독교는 하나님이 그분의 자유로운 주권으로 인간을 부르셔서 자신과 교제를 갖게 하는 은혜의 종교로 기술된다. 반면, 유대교는 단순히 율법에 대한 순종을 강조하는 형식에 구

---

260) Venema, The Gospel of Free Acceptance in Christ, 98–99.
261) E. P. Sanders, Paul and Palestinian Judaism: A Comparison of Patterns of Religion (London: SCM, 1977), 17.

애되는 율법적인 종교로 묘사된다.

하지만 이러한 구분은 때때로 잘못된 인식을 가져올 수 있다. 왜냐하면, 사람들은 표준이 되는 한 종교의 사상을 고안했을 때, 그것을 다른 종교에 적용할 때 경직된 방법으로 무리하게 적용하려는 경향이 있기 때문이다. 샌더스에 따르면, 유대교와 기독교의 차이에 대한 정확한 개념을 갖는 방법은 믿음의 공동체에 참여하는 방법과 참여 후에 사람들이 그 안에 머무르게 되는 서로의 방법을 비교하는 것이었다.[262]

그의 연구에는 그리스도께서 오신 전후 200년 사이의 유대 문헌들에 대한 포괄적인 조사가 포함되어 있다. 그 자료를 바탕으로 그는 유대교의 종교적 패턴이 '언약적 율법주의'로 가장 잘 표현된다고 결론을 내린다. 그는 이를 다음과 같이 기술한다.

'언약적 율법주의'의 패턴이나 구조는 이것이다. (1) 하나님께서 이스라엘을 선택하셨다. 그리고 (2) 율법을 수여하셨다. 율법은 양자의 의미를 포함한다. (3) 선택을 유지하시겠다는 하나님의 약속과 (4) 순종에 대한 요구이다. (5) 하나님은 순종에 대해 상주시고 불순종을 벌하신다. (6) 율법은 속죄(atonement)의 수단을 제공하고 그리고 속죄는 (7) 언약적인 관계를 유지하거나 다시 세운다. (8) 순종과 속죄 그리고 하나님의 자비에 의해 언약에 머무르는 모든 사람들은 구원 받을 무리에 속한다. 첫 번째와 마지막의 중요한 설명은 선택과 궁극적인 구원은 인간의 행위나 업적이 아니라 하나님의 은혜에 의한 것으로 간주된다.[263]

유대교가 율법주의 종교라는 과거의 주장과는 다르게, 그는 유대교가 은혜의 종교라는 견해를 유대교의 문헌들에 기록된 증거를 들어 호소한다. 그는 하나님의

---

262) Venema, The Gospel of Free Acceptance in Christ, 100.
263) Sanders, Paul and Palestinian Judaism: A Comparison of Patterns of Religion, 422.

은혜의 선택에 대한 주제는 그 당시 유대 문헌들 안에서 지속적으로 울려 퍼졌다고 주장한다. 하나님은 오직 은혜로 이스라엘을 그의 백성으로 선택하셨고, 그들의 죄를 다루시기 위해 자비 가운데 속죄의 수단과 회개의 기회를 제공하셨다는 주장이다.

이스라엘은 인간의 행위나 업적이 아니라 하나님의 은혜로운 주권에 의해 언약에 들어간 것이다. 그러나 한편으론 율법에 대한 순종이 언약에 머무르거나 언약 백성의 신분을 유지하기 위한 수단으로 요구되었다. 따라서 이스라엘 백성들은 하나님과의 언약적인 관계를 유지하며 최후 심판에서 그들의 유업을 보증받기 위해 율법에 순종하도록 의무가 지워진 것이다.[264] 그러므로 유대교의 율법에 대한 순종은 언약 관계에서 하나님의 자비로운 주권의 우선권을 대치하는 것이 아니라, 언약 안에 머무르는 수단과 최후 심판의 자리에서 자기의 입장을 옹호하기 위한 수단으로서 순종의 중요성이 강조되었다는 것이다.

샌더스가 주장한 언약적 율법주의의 관점은 최근에 '바울의 새 관점 학파'를 형성하게 된 결정적인 계기가 되었다. 근래에 이르러 그의 신학적 유산을 물려받되 그의 약점들을 보완하는 작업이 영국의 신학자 던(James D. G. Dunn)에 의해 대대적으로 이루어졌다. 그는 할례나 율법준수, 안식일 법과 음식법 등과 같은 특정의식들은 언약 안에 있는 유대인과 언약 밖에 있는 이방인을 구분하는 사회적 경계선 표지(social boundary markers) 역할을 해 왔다는 사실을 지적했다.[265] 특히 유대인들이 이방인에 대해 자신들만의 독특한 정체성을 나타내는 의식을 표현하는 방식이 사회적 경계선 표지 역할을 한 율법의 행위들을 통해서 이루어졌다는 주장이다.

---

264) Venema, The Gospel of Free Acceptance in Christ, 100-101.
265) 이한수, 『언약신학에서 본 복음과 율법』, 99.

샌더스는 바울이 다음과 같은 두 가지 이유에서 구원의 수단으로서의 율법을 반대했다고 말한다. 첫째는 구원은 단지 그리스도의 십자가 사건에 대한 믿음을 통해 오는 것이며, 둘째는 구원에 대한 수단으로 율법에 대한 순종이 이방인들을 제외하고 있다는 점이다.[266]

바울은 그가 율법에 대한 요구를 충족시킬 수 없기 때문에 율법을 반대한 것이 아니었다. 율법에 대한 그의 반대는 하나님의 백성이 구원을 받는 유일한 길이 그리스도에 대한 믿음뿐이라는 그의 확신을 그대로 드러내는 것이다. 구원의 수단으로서 율법에 대한 주장은 그 어떠한 것이라도 그리스도 안에서 믿음을 통한 구원의 주장을 훼손시키며, 이방인들이 하나님의 참 백성으로 참여하는 것을 방해하는 요소가 될 뿐이다.[267]

따라서 바울은 율법의 열심에 대한 유대교의 주장을 반대한 것도 아니었다. 그리고 율법에 순종하는 그 어떠한 노력도 사람이 하나님께 받아들여질 수 없다는 신념에 근거하여 유대교를 반대한 것도 아니었다. 샌더스는 유대교에 대한 바울의 진정한 반대는 그들이 그리스도를 통해 하나님의 구원을 주시는 새로운 현실을 부정했다는 점이라고 주장한다.[268] 다시 말하면, 하나님께서 아브라함과 언약을 세우시며 그의 후손을 통해 천하 만민에게 복을 주시겠다는 언약의 약속이 그리스도가 오심으로 성취되었다는 사실을 유대인들은 전혀 깨닫지 못했을 뿐만 아니라 또한 받아들이지 않았다는 점을 반대한 것이다.

유대인들은 선택받은 그들의 혈통을 통해 하나님께서 그리스도를 보내시고, 그의 죽으심과 부활을 통해 모든 사람을 구원하시겠다는 하나님의 뜻을 바로 깨닫지 못했다. 과거 언약의 약속들을 오직 자신들만을 위한 하나님의 배타적인 은혜로

---

266) Venema, The Gospel of Free Acceptance in Christ, 102.
267) Venema, The Gospel of Free Acceptance in Christ, 102.
268) Venema, The Gospel of Free Acceptance in Christ, 102.

간주한 것이다. 이러한 사실이 유대교와 기독교가 서로 양립할 수 없는 근본적 원인이었다. 따라서 샌더스는 "간단히 말해 바울이 유대교에서 발견한 잘못은 그것이 기독교가 아니라는 것이었다."고 주장한다.[269]

그는 비록 바울과 유대교에 관한 연구에서 칭의 교리에 대한 많은 주의를 직접 기울이지 않았지만, 그의 결론은 이 교리가 어떻게 이해되어야 하는지에 대한 함의는 분명히 지니고 있었다.[270] 그는 칭의가 유대인과 이방인의 구별 없이 죄인들이 어떻게 하나님께 받아들여지는지에 대한 문제를 다룬다는 종교개혁자들의 견해에 얽매이지 않았다.

그는 바울의 교리가 언약 공동체에 누가 속하는지에 대한 이슈(issue)를 진술한다고 믿었다. 칭의는 '내가 하나님으로부터 구원을 받을 수 있는가?'라는 개인적인 문제를 다루기보다는 누가 하나님의 백성에 속하는지에 대한 종말론적 이슈에 더 가깝다는 것이다. 따라서 바울이 유대교를 반대한 주요 이유는 유대교가 행위에 의한 칭의 교리를 가르쳤다는데 기인한 것이 아니었다.

샌더스는 유대교가 구원에 있어 하나님의 은혜로운 주권을 강조하는 반면, 언약적인 관계를 유지하는 수단으로 율법에 대한 순종을 요구하는 언약적 율법주의의 형태를 지닌다고 주장한다.[271] 그러나 유대교의 문제는 그리스도에 대한 믿음으로 모든 사람에게 똑같이 열려있는 언약 백성의 구성원이 되는 새로운 방법을 인식하는 데 실패했다는 점이다. 유대교의 문제는 은혜와 행위를 혼동한 것도 아니었고, 인간의 행위로 언약 공동체의 구성원이 될 수 있다고 가르친 것도 아니었다.

샌더스는 다음과 같이 선언한다.

---

269) Sanders, Paul and Palestinian Judaism: A Comparison of Patterns of Religion, 552.
270) Venema, The Gospel of Free Acceptance in Christ, 102-103.
271) Venema, The Gospel of Free Acceptance in Christ, 103.

유대 문헌에서 의롭게 되는 것은 토라(Torah)에 복종하고 죄를 회개하는 것이다. 하지만 바울에게 그것은 그리스도에 의해 구원 받는 것을 뜻한다. 가장 간단명료하게, 유대교에서의 '의'는 선택받은 공동체 안에서의 신분 유지를 뜻하는 용어이다. 바울에게 그것은 변형(transfer)의 용어였다. 유대교에서 그것은 사람을 언약의 약속 안에 두지만, 반면 순종은 바로 이어서 사람을 언약 안에 계속 머무르게 한다. 바울에게서 '의롭게 되는 것'은 언약 안에 들어감을 가리키는 용어이지 구원받은 육체에 머무르는 것이 아니다. 따라서 바울이 율법의 행위에 의해 의롭게 될 수 없다고 말할 때, 그는 율법의 행위에 의해 구원 받은 육신으로 바뀔 수 없다는 것을 의미하는 것이다. 유대교에서 율법에 순종하는 사람이 의롭다고 말할 때, 그 의미는 사람이 그것으로 인하여 언약 안에 머무른다는 것을 뜻하는 것이다. 따라서 믿음 혹은 율법의 행위에 의한 의에 대한 논쟁은 '의' 라는 단어 집단의 다른 사용의 결과에서 비롯된 것으로 판명된다.[272]

샌더스는 바울의 칭의 교리가 하나님께서 어떤 기준으로 이방인과 유대인을 새 언약 공동체의 구성원으로 받아들이시는지를 설명하는 방법이라고 해석한다. 칭의는 언약 공동체 구성원으로서의 신분을 언급하는 것으로, 이러한 신분은 모든 사람이 그리스도에 대한 믿음을 통해 얻게 된다. 따라서 새 언약 공동체의 회원 자격(membership)은 오직 그리스도에 대한 믿음으로 얻어지기 때문에, 율법이나 율법에 대한 순종은 그리스도에 대한 믿음에 우선하거나 대신할 수 없다.

만약 그리스도의 지체에 대한 소속권이 그의 죽으심과 부활에 대한 믿음을 통해 유대인뿐만 아니라 이방인에게도 열려있다면, 율법이 먼저 주어진 유대인들 혹은 유대주의자들이 주장한 것과 같이 '율법 아래'에 들어온 자들에게도 그 소속권이 제한되지 않을 것이다. 따라서 '하나님의 의'는 하나님 백성의 구성원으로 유대인

---

272) Sanders, Paul and Palestinian Judaism: A Comparison of Patterns of Religion, 544.

은 물론 이방인 모두를 함께 받아들이시겠다는 조상들과 세우신 언약의 약속에 대한 하나님의 적극적인 성취인 것이다.[273]

우리는 여기에서 샌더스의 결론의 어떤 부분에 바울이 주장하는 전통적인 개신교의 칭의에 주목할 만한 유사점이 있다는 것을 발견할 수 있다. 그는 칭의가 오직 그리스도에 대한 믿음을 통한 은혜로 이루어진다는 것을 인식했다. 그에게 칭의는 하나님의 언약 백성에 속하는 신분을 취득하는 데 있어서 유대인과 이방인이 동일하다는 것을 선언하는 법적인 조치였다. 그것은 언약 공동체 안에서 유대인과 이방인을 묶어, 하나가 되게 하시겠다는 언약의 약속을 실행하시는 '하나님의 의' 혹은 '언약의 신실하심'을 드러내는 전가된 조치였던 것이다.[274]

그러나 바울의 교리에 대한 그의 이해는 종교개혁자들의 견해와는 상당히 다른 몇 가지 특징을 가진다. 그는 칭의가 복음에 대한 바울의 이해의 중심이 아니라고 말한다. 복음의 중심이 되는 것은 유대인과 이방인의 구분 없이 구원을 얻는 유일한 방법은 그리스도에 대한 믿음을 통해서라는 점이다. 그에게 칭의는 복음에 대한 부속적인 가르침이었다.[275]

그리스도에 대한 믿음이 만인의 구원을 위한 유일한 길임이 드러났을 때, 율법에 대한 순종은 더 이상 언약 공동체의 소속에 대한 요건으로 간주되지 않는다. 바울은 칭의 교리를 위해 율법이 단지 인간의 죄에 대한 문제를 책망하고 악화시킬 뿐이라는 신념에서 그의 주장을 펼치지 않았다. 그것은 율법주의를 반대하거나, 혹은 율법에 대한 순종이 하나님의 은혜를 발견하는 반대의 길임을 보이기 위해 형성된 것이 아니었다.

바울 시대에는 율법주의가 유대교에 나타나지도 않았을 뿐 아니라, 바울의 개종

---

273) Venema, The Gospel of Free Acceptance in Christ, 104.
274) Venema, The Gospel of Free Acceptance in Christ, 104.
275) Venema, The Gospel of Free Acceptance in Christ, 104.

의 원인이 되었다고 주장하는 것도 아니라는 것이 그의 주장이다.[276] 그리스도께서 성취하신 새 언약의 문맥에서, 바울의 칭의 교리는 구원의 방법이 그리스도에 대한 믿음만을 통해서라는 그의 기본적인 신념으로부터 비롯된 것이다.

샌더스는 그의 저서『바울, 율법 그리고 유대인(Paul, the Law and the Jewish people)』에서 유대교의 잘못에 대해 다음과 같이 지적한다.

> 유대교에 대한 바울의 비판은 율법에 대한 그의 진술에서 전통적으로 그리고 정확히 발견되듯이 두 가지 점에 달려있다. 하나는 기독론이고 또 다른 하나는 하나님의 선택에 관한 것이다. 먼저 비 기독교인인 유대인들은 그리스도에 대한 믿음을 갖는데 실패함으로 로마서 9장 30절에서 10장 13절까지와 같은 잘못을 범했다. 그리고 로마서 3장 27절과 같은 구절에서 보듯이 유대인들이 가지고 있었던 언약 백성으로서의 호의적인 그들의 신분이 공격의 대상이 되고 있다는 것 과 그리고 누가 참 아브라함의 자손인지에 대한 논란은(갈 3:29; 롬 9:6) 하나님의 선택에 관한 그들의 견해에 대한 배제를 암시한다.[277]

여기에서 유대교에 대한 바울의 비판은 민족적인 종교에 대한 그들의 비판이었음을 알 수 있다. 그들은 하나님께서 세우신 언약의 약속과 성취에 대한 종교적 이해를 자신들이 누렸던 선민의식의 범위 안에 한정시킴으로써 구원을 위한 하나님의 선택에 제한을 가한 것이다.

언약에 약속된 후손으로 오신 그리스도는 유대인뿐만 아니라 모든 이방 민족을 구원하시겠다는 하나님의 구원 계획을 담은 언약의 궁극적 목표였다. 유대인들은 선택받은 자신들의 신분이 언약의 성취를 위한 목적에서 베풀어진 하나님의 은혜

---

276) Venema, The Gospel of Free Acceptance in Christ, 105.
277) E. P. Sanders, Paul, the Law and the Jewish People (Minneapolis: Fortress Press, 1983), 154.

임을 깨닫는 데 실패함으로써 그리스도에 대한 믿음을 져버리는 결과를 초래하였다. 그 결과, 그들은 하나님 백성으로 선택되는 조건을 무시했고 그리스도의 죽음으로 구원의 범위가 온 세상으로 확대되었다는 사실을 깨닫는 데 실패한 것이다.

바울의 주장은 여기서 두 가지 방면으로 이해될 수 있다. 첫째, 바울은 창세기 12장 3절과 18장 18절에서 아브라함에게 약속한 축복을 하나님이 아브라함을 믿음으로 의롭다 여기신 창세기 15장 6절의 이야기와 연계한다. 결국, 하나님께서 아브라함에게 약속하신 축복은 믿음으로 의롭다 여기시는 하나님의 호의와 연관이 있음을 나타낸다. 둘째, 아브라함에게 주신 이 약속은 혈통적 후손들에게만 관계된 것이 아니라 믿음을 가진 '많은 민족'(롬 4:18) 또는 '모든 사람들'(롬 4:16)과 관계된다는 것이다.

바울은 아브라함처럼 믿음의 자취를 따르는 모든 자들은 아브라함의 자손이라고 주장한다(롬 4:12). 창세기 12장 3절과 18장 18절에 약속된 아브라함의 축복 속에 이미 '모든 이방'이 포함되어 있었기 때문에, 창세기의 본문은 결코 혈통적인 범위에 기준을 두고 해석할 수 없다. 하나님께서 아브라함과 언약을 맺으시고 그와 그의 자손에게 축복을 약속하실 때, 하나님은 처음부터 이방인의 구원을 염두에 두고 계셨음을 알 수 있다(참조, 롬 4:13-17).[278]

---

[278] James D. G. Dunn, "Righteousness from the Law and Righteousness from Faith: Paul's interpretation of Scripture in Romans 10:1-10," in: Tradition and Interpretation in the New Essays in Honor of Earle Ellis for His 60th Birthday (Grand Rapids: Eerdmans, 1987), 223. 이한수, 『언약신학에서 본 복음과 율법』, 199, n. 7 에서 재인용.

3) 제임스 던의 칭의 이해

던(James D. G. Dunn)은 유대교의 종교 패턴이 '언약적 율법주의'라는 샌더스의 주장에 전적으로 동의한다. 그 이유는 하나님의 전적인 은혜로 선택된 이스라엘 백성에게는 은혜로 시작된 하나님과의 언약 관계를 유지하는 유일한 방법으로 율법에 순종하도록 의무가 지워졌기 때문이다. 바울 당시 유대인들은 율법에 대한 순종이 하나님의 호의를 입어 구원을 얻는 방법이라고 생각하지 않았다. 그것은 단지 선택받은 그들이 자신의 공동체에 소속되어 있음을 확인하는 전통적인 종교적 관습이었던 것이다.

그러므로 바울이 갈라디아서와 로마서에서 지적한 유대주의자들의 잘못은 중세의 칭의 교리를 특징짓는 율법주의가 아니었다는 점이다. 그와 같은 율법주의는 바울 시대의 유대교에 존재하지 않았다는 것이 던의 주장이다.[279]

던은 '제2성전기 유대교'의 성격에 대하여 바울에 관한 새로운 이해가 요구된다는 샌더스의 주장에 동의한다. 그것은 바울이 반대했던 율법에 대한 잘못된 오해와 가르침에 대한 새로운 이해를 뜻하며, 종교개혁자들이 주장했던 율법주의와는 거리가 멀다. 바울이 그의 서신서에서 동시대 사람들과 논쟁을 벌였던 칭의 교리는 유대교의 율법주의에 대한 반제로서 발전된 것이 아니었다.[280]

바울이 분명하게 말한 종교의 패턴 혹은 시스템은 하나님과의 새 언약에 들어가기 위한 수단으로서 그리스도의 십자가의 죽으심과 부활에 대한 믿음을 요구한다.

---

279) Venema, The Gospel of Free Acceptance in Christ, 107.
280) "One of the impulses that necessitates this new view of Judaism, according to Dunn, is the 'fundamental issue of Christianity's relation to Judaism, in particular the relation of Paul's gospel and theology his ancestral religion'. Dunn believes that it is no longer possible, in a post-Holocaust and post-Vatican II context, to embrace the older Protestant claim that Judaism and Catholicism are forms of legalism" Venema, The Gospel of Free Acceptance in Christ, 107, n. 23에서 재인용.

율법을 계속 지지함으로 언약의 유효성을 주장하는 유대교에 반하여, 바울은 그리스도에 대한 믿음과 율법 사이에 급진적인 대조를 그려냈다. 바울에 의하면 유대교의 율법은 기독교의 관점에서 볼 때 반드시 폐기되어야 한다는 것이다.

그렇다면 유대교에 대한 새로운 관점이 바울의 새 관점에 어떻게 기여하였는가? 던의 진술을 들어보자.

> 바울 당시의 유대교에 반대하여 바울이 대응하였던 것을 재평가함으로 '바울의 새 관점'은 이러한 일련의 질문에 대해 신선한 자극을 준다. 바울과 할례 받은 그들 사이에 무엇이 문제였던가? 우리는 개인적인 노력으로 성취한 공적에 대한 유대인들의 자만심을 계속 말할 수 있는가? 그것은 바울이 그토록 격렬하게 반대했던 '율법의 행위'에 대하여 무엇을 말하는가?[281]

비록 샌더스가 '바울의 새 관점'에 기초를 제공하기는 하였지만, 바울의 복음에 대한 그의 설명은 율법에 관한 바울의 견해가 어떻게 그 당시 유대교의 맥락 안에서 생기게 되었는지를 보여주는 데 실패하였다는 것이 던의 생각이었다. 만약 율법에 대한 유대교의 이해가 율법주의가 아니라면, 그때는 바울의 가르침에 무엇이 잘못되었다는 것인가? 바울이 율법의 행위에 의하지 않고, 믿음에 의한 칭의를 말하였을 때, 그의 반응은 어떤 잘못에 대한 것인가? 던은 의문을 제기한다.[282]

샌더스는 '언약적 율법주의'에서 칭의의 문제를 언약 백성의 공동체에 '들어감'(getting in)과 '머무름'(staying in)의 구조로 이해함으로써 기독교를 잘못된 이해하는 유대교도를 바로잡고자 하였다. 유대교는 '의(義)'를 언약 백성으로 '머무름'을 위한 율법의 순종에서 찾았고, 기독교는 의(義)를 그리스도에 대한 믿음으로 새 언

---

281) James D. G. Dunn, The Theology of Paul the Apostle (Grand Rapids:Edermans, 1998), 188.
282) Venema, The Gospel of Free Acceptance in Christ, 109.

약 백성이 되는 '들어감'의 차원으로 보았던 것이다.

박동근 교수는 그의 저서 『칭의와 복음』 2장 71페이지에서 샌더스에 대한 던의 비판을 다음과 같이 서술한다.

> 그러므로 샌더스를 따르면, "바울은 율법을 따르는 것이 그리스도 안에 거하는 결과가 된다."는 유대교의 주장 때문에 유대교와 결별하였다.[283] 던을 따르면, 믿음과 율법의 극단적인 대조나 율법에 대한 부정과 긍정의 모순적인 병행 그리고 그에 대한 비일관성 등은, "유대교의 언약적 율법주의에 관련하여 사도의 저작을 해석하기보다" 불연속성을 강조하여 "옛 종교와 깨끗이 관계를 끊는 것"으로 묘사하는 샌더스의 실수에서 비롯된다. 그리고 이러한 진술들은 "바울이 유대교를 전적으로 거부하고 유대인의 과거로부터 완전히 분리된 기독교 믿음의 이해를 채택"한 것처럼 결론짓게 만든다.[284]

그러나 바울이 유대교와 결별한 이유에 대한 샌더스의 주장이 "율법을 따르는 것이 그리스도 안에 거하는 결과가 된다"는 유대교의 주장 때문이라는 던의 주장은 사실과 다르다. 샌더스는 그의 저서 『바울, 율법 그리고 유대인』에서 밝혔듯이 바울의 유대교에 대한 두 쟁점적인 비난은 앞서 언급한 것과 같이 기독론과 선택의 문제였다.[285]

샌더스가 주장하는 1세기 팔레스타인의 유대교는 언약에 입각한 은혜 종교의 형태를 지니고 있었고, 율법을 언약의 조건으로 이해하는 의식을 갖고 있었다. 하지만 유대교는 민족적 종교의 범위를 벗어나지 못하고, 새 언약의 도래로 그리스도의 믿음을 통해 모든 민족에게 복을 주시겠다는 하나님의 새로운 구원 방법을 인

---

283) Dunn, The New Perspective on Paul, 103.
284) Venema, The Gospel of Free Acceptance in Christ, 108-109.
285) Sanders, Paul, the Law and the Jewish People, 154.

정하지 않았다. 샌더스가 주장한 바울의 유대교에 대한 비판과 결별의 주요 이유는 바로 이것으로부터 비롯된 것이다.[286]

던에 의하면 '하나님의 의'는 '하나님의 언약적인 신실성'을 의미하며, 칭의는 '그의 백성으로서 이스라엘에 대한 승인을 의미한다. 그리고 칭의는 '이스라엘과 그의 언약의 근거 위에 이스라엘을 위한 판결'로 정의된다.[287] 그는 칭의의 문제를 샌더스와 같이 유대교의 언약 안에 머무름이나 기독교의 들어감의 문제로 다루기보다는 과거와 현재 그리고 미래적인 요소를 모두 함축하고 있는 개념으로 다루었다. 던에게 있어 의(義)와 칭의의 문제는 유대인을 이방인과 구별하는 민족주의의 종교적 정체성을 나타내는 구별됨의 문제였다.

그는 '율법의 행위'를 율법 자체와 구분된 경계표, 정체성의 표시, 혹은 언약 소속권의 표식 등으로 규정한다. 그리고 이러한 경계표들은 할례, 음식법 그리고 특별한 날들의 규례들로 집약된다고 규정한다.[288] 던은 경계표로 규정된 '율법의 행위'를 그 당시 유대교 정체성의 위협이란 정황에서 살핀다. 그는 바울이 공격한 핵심은 율법 자체가 아니라, "선택받은 백성으로서의 그들의 특혜를 받은 지위"에 대한 유대교의 배타성과 자랑이라고 말한다. 던은 그것이 "언약 소속권을 증명하는 율법 준수, 언약의 충성된 회원으로서 그들의 의(義)에 관한 것이다"라고 주장한다.[289]

던의 이러한 주장은 샌더스와 맥을 같이 하고 있지만, 정작 중요한 점을 간과하고 있는 듯이 보인다. 물론 그의 주장과 같이 바울이 유대교의 '율법의 행위'를 공격한 것은 그들의 선택된 백성으로서의 배타성과 자랑에 주목한 것임은 틀림없다. 그러나 그들의 최종적인 잘못은 그들의 배타성과 자랑에 사로잡혀 그리스도를 통한 언약의 최종적 성취인 하나님의 새로운 구원 방식을 그들 스스로 배척한 일이었

---

286) Sanders, Paul, the Law and the Jewish People, 154.
287) Dunn, The New Perspective on Paul, 107.
288) 박동근, 『칭의와 복음』, 74.
289) Dunn, The New Perspective on Paul, 127.

다. 따라서 유대교에 대한 바울의 비난은 그들의 배타적인 '율법의 행위'를 직접 겨냥하고 있지만, 실제적인 비난은 그들의 '율법의 행위' 뒤에 숨겨져 있었던 그리스도에 의해 성취된 복음에 의한 구원 방식을 부정했다는 점이었다.

더구나 던은 "최후의 심판이 율법에 따라 이루어지리라는 것은 당연한 것으로 받아들여질 수 있다"고 진술한다.[290] 그의 이러한 진술은 "율법에 대한 순종은 지속적으로 생명을 확보하고 언약의 삶을 유지하는 방식이다"라는 그의 주장과 맥을 같이한다.[291] 던의 이러한 진술은 신자가 계명을 지키는 것에 실패할 때 그 불순종이 처음 얻은 생명을 잃을 수도 있다는 의미로 제시된다.[292]

그러나 그의 이러한 주장은 언약의 조건으로 율법을 주신 하나님께서 동시에 율법에 대한 불순종을 용서하시기 위해 구약 시대에는 희생 제사를, 그리고 신약에서는 회개를 통해 지속적인 죄 사함을 얻을 수 있는 은혜의 방편을 예비하셨다는 사실을 간과한 것처럼 보인다. 결과적으로 그는 칭의와 성화를 구분하지 않음으로써 현재의 구원을 미래에 보장되지 않은 불확실한 구원으로 보았던 것이다.

던은 칭의의 문제를 유효한 구원과 직접 연결하지 않았다. 구원의 문제는 모든 과정이 끝나야 알 수 있다는 것이다. 실제로 던에게 칭의는 시작과 과정 그리고 최종 칭의로써의 과정을 지닌다.[293] 그에게 칭의는 한 번 이루어지는 것으로 끝나는 것이 아니라 과정 전체를 통해 최후의 무죄 평결이 있을 때까지 지속적으로 발전되어야 하는 것이다.

던은 이 과정에 신자들의 도덕적 선택이 그 결과를 가져온다고 말한다.[294] 그는 은혜의 종교 아래 율법의 불순종에 대한 경고는 '한 사람 속에 구원의 역사가 소멸

---

290) James D. G. Dunn, 『바울신학』, 박문재 역 (서울: 크리스챤다이제스트, 2003), 218.
291) Dunn, 『바울신학』, 239.
292) Dunn, 『바울신학』, 239.
293) Dunn, The New Perspective on Paul, 107.
294) Dunn, 『바울신학』, 660.

될 가능성을 염두에' 둔 경고이며, '회심자들이 그리스도에게서 끊어질 수 있다'는 종류의 경고라고 말한다.[295]

이러한 주장에 대하여 박동근 교수는 "던이 성령의 역할을 강조하면서 은혜를 강조하는 것처럼 보이려 하지만, 성령으로부터 말미암은 행위는 칭의의 도구적 혹은 공로적 원인이 되고 만다. 던 역시 반(半)-펠라기우스주의적 공로신학의 성격을 벗어날 수 없다"는 결론을 내린다.[296]

4) N. T. 라이트의 칭의 이해

라이트는 샌더스의 '언약적 율법주의'와 던의 '율법의 행위'를 토대로 종교개혁의 칭의론을 재해석한 인물이다. 사람들은 그를 새 관점주의자로 분류하지만, 그는 정작 자신이 새 관점주의자로 인식되는 것을 별로 달가워하지 않았다. 왜냐하면, 그는 이 견해에 관련된 학자들 사이에도 상당한 견해 차이가 존재한다고 판단했기 때문이다.

라이트는 다른 새 관점주의자와는 달리, 자신을 기독교 정통교리에 확고한 복음주의자로 간주하였다. 그는 더 이상 예전과 같이 사물을 흑백논리로 보지 않는다는 것을 인지하면서 포스트모던 시대에 복음에 대한 새로운 이해와 방어를 제시하는 철저한 정통 신학자가 되도록 대학에서 강의했다.[297] 그는 신학자로서 교수인 동시에 2003년부터 2010년까지 영국 성공회 주교를 지낸 성직자였다.

존 파이퍼(John Piper) 목사가 그의 견해에 반대하여 『칭의의 미래(The Future of

---

295) Dunn, 『바울신학』, 668.
296) 박동근, 『칭의와 복음』, 79.
297) Venema, The Gospel of Free Acceptance in Christ, 120.

Justification: A Response to N. T. Wright)』라는 책을 펴내었을 때, 그는 자신의 책 『칭의론(Justification: God's Plan & Paul's Vision)』에서 구원에 관해 다음과 같은 메시지를 밝힌다.

첫째, 구원의 성격과 범위에 대한 문제를 살펴볼 때 수백 년 동안 서구의 많은 기독교인들은 그들이 죽었을 때 천국에 가는 수단으로서의 구원을 생각한다. 성경에서 구원은 세상으로부터의 하나님의 구조가 아니라, 세상 그 자체에 대한 구조이다. 그것은 "모든 피조물들이 썩어짐의 종노릇에서 해방되는 것"(롬 8:21) 이다. 둘째, 구원이 어떻게 이루어질 수 있는가에 대한 수단에 대한 문제이다. 존 파이퍼가 제시하는 전통에서, 구원은 단지 하나님의 주권적인 은혜에 의해 얻어진다고 한다. 이 말은 100퍼센트 맞는 말이다. 그러나 거기에는 빠진 무엇이 있다. 성령은 어디에 있는 것인가? 칼빈을 비롯한 개혁신학자들에게 성령의 사역은 아들의 사역만큼 중요한 부분을 차지한다. 성령의 사역은 기독교인의 믿음 그 자체와 그 믿음이 "사랑을 통해 역사하는(active through love)"(갈 5:6) 방법 모두와 관련하여 심각하게 고려되어야 한다. 성령이 주도하는 살아있는 믿음이 죽음 그 자체로부터 그의 백성들을 어떻게 구하시는지에 대한 하나님의 최종적인 구원을 설명한다. 셋째, 칭의의 의미, 즉 그 용어와 그와 같은 언어가 실제적으로 언급하는 것에 대한 문제이다. 어떤 기독교인들에게 칭의와 구원은 거의 동의어와 같이 쓰이는데, 이것은 성경적으로 명백하게 사실이 아니다. 칭의는 사람들을 하나님 앞에서 "의롭다고 선언하는" 하나님의 행위이다. 그렇다면 그 선언은 무엇을 포함하고 있는가? 또 그것은 어떻게 생기게 되는가?[298]

라이트는 칭의에 관하여 다음과 같은 네 가지를 말한다. 첫째, 바울의 칭의 교리는 이스라엘의 메시아이신 예수의 사역에 대한 것이다. 둘째, 바울의 칭의 교리는

---

298) N. T. Wright, Justification: God's Plan St. Paul's Vision (Downers Grove: IVP Academic, 2009), 10-11.

하나님께서 아브라함과 세우신 언약, 그 언약의 목적은 세상의 모든 사람을 하나님의 가족으로 부르시는 구원의 부름인 언약에 대한 것이다. 셋째, 바울의 칭의 교리는 하나님의 법정에 집중되어 있다. 재판관으로서의 하나님은 예수 그리스도를 믿는 사람들의 죄를 은혜로 사면하신다. 넷째, 바울의 칭의 교리는 종말론과 연결되어 있는데, 그것은 전 세계와 그의 백성들을 위한 하나님의 미래의 비전이라는 것이다.[299] 그는 현재의 칭의와 함께 하나님께서 온 세상을 바로 세우며 그의 백성들을 죽음으로부터 일으켜 세우실 최후의 칭의인 두 순간을 동시에 바라보았다.

바울의 칭의 교리에 관한 그의 이해에는 새 관점의 두 요점이 바탕이 되고 있다. 첫째, 사도 바울의 믿음에 의한 칭의의 주장이 무엇을 의미하든, 유대인이나 이방인의 관계없이 죄인은 율법에 대한 그들의 순종으로 하나님의 호의를 얻어낼 수 없다는 것이다. 둘째, 바울의 칭의 교리는 1세기 역사적 문맥과 언약의 약속에 관한 구약성경의 관점에서 읽혀야만 한다는 것이다. 바울의 복음이 이러한 방법으로 읽혔을 때, 우리는 종교개혁자들의 잘못된 접근을 제쳐놓을 수 있으며, 많은 사람이 역사적으로 주장했던 것들이 사도 바울이 실제로 말했던 것과는 다르다는 것을 발견할 수 있다고 그는 강조한다.[300]

1세기 유대교를 행위 구원의 율법주의 종교로 간주하거나, 바울이 전하는 복음을 구약의 언약의 계시와 그리스도에 의한 성취의 관점에서 살피지 않는다면 율법이나 칭의를 해석하는 데 과거에 드러났던 오류를 벗어나기 힘들다. 필자가 창세기 15장의 주석에서 가나안 땅에 대한 약속이 오직 유대인들만을 위한 지상의 가시적인 땅에 한정된다는 루터의 해석을 문제 삼은 것도 바로 이러한 이유에서였다.

바울의 복음과 칭의의 문제를 다루는 루터에게는 언약의 계시와 성취에 관한 사상이 결여된 것처럼 보인다. 이러한 사실은 창세기 17장에 기록된 할례 언약에 관

---

299) Wright, Justification: God's Plan St. Paul's Vision, 11-13.
300) Venema, The Gospel of Free Acceptance in Christ, 123.

한 그의 해석에서도 드러난다. 제5장의 언약과 성령에서 좀 더 자세히 다루겠지만, 그는 언약의 표징으로 주신 할례를 유대인에게 한정된 일시적 언약으로 간주하여 창세기 17장이 오직 유대인과의 언약이라고 간주했다.[301]

바울 당시에 유대주의자들이 행위 - 의(義)의 바탕에서 구원을 가르쳤다는 율법주의에 관한 주장은 전체적인 언약의 맥락에서 오해를 불러오는 일방적인 주장이었다. 유대주의자들과 바울 사이의 문제는 무엇이든지 율법주의와 관련된 것이 아니었다. 왜냐하면, 바울 시대에 유대주의자들도 그와 같은 율법주의를 옹호하지 않았기 때문이다.

라이트가 유대교에 대한 새로운 관점을 인정하고 바울 복음의 이해를 위해 새 관점의 중요성을 지지한 것은 결코 잘못된 일이 아니었다. 그는 "바울의 해석에 대한 전통은 유대교를 잘못 형성해 냄으로, 그릇된 바울을 제작했다"고 주장한다.[302] 그것은 믿음에 행위를 더한 구원을 가르치는 중세 가톨릭교회를 예견하는 율법주의 형태로 유대교를 규정했기 때문에, 이러한 바울에 대한 해석은 칭의 교리가 제시하는 목표를 올바로 인식하는 데 실패했다는 주장이다.

라이트에게 칭의 교리는 바울의 복음을 이해하기 위한 부수적인 주제였다. 복음을 단지 사람들이 구원을 받는 방식의 문제로 보는 것은 심각하게 그 본래의 의미를 왜곡한다. 복음은 죄인들이 어떻게 자신이 하나님께 구원을 받을 수 있는가의 문제라기보다는 오히려 누가 주(主)이신가라는 질문에 대한 답이기 때문이다.

라이트는 종교개혁자들과 많은 복음주의자의 불행한 양상 중 하나는, 복음을 개인적이고 반역사적인 의미에서 "사람들이 어떻게 구원받을 수 있을까?"에 대한 메시지로 전락시켰다는 것이다.[303] 복음에 대한 이러한 접근 방식은 바울의 복음을 왜

---

301) Lillback, 『칼빈의 언약사상』, 167-171.
302) N. T. Wright, "The Paul of History and the Apostle of Faith", Tyndale Bulletin 29 (1978), 78.
303) Wright, What Saint Paul Really Said?, 60.

곡시킬 뿐만 아니라, 그리스도의 구원 사역의 폭넓은 역사적인 배경과 중요성을 올바로 인식하지 못하게 한다. 복음에 대한 이러한 접근은 하나님과의 개인적인 관계에 대한 문제에 지나치게 치중하고 있기 때문이다.

복음은 개인의 구원에 관한 문제가 주된 주제가 아니라 예수 그리스도의 주(主) 되심이 그 본질이다.[304] 예수 그리스도의 십자가와 부활 사건을 통하여 세상의 창조자이신 하나님이 그의 권세를 불법으로 사용하여 노예로 삼던 세력들로부터 사람들을 해방시키는 승리를 거두셨다는 것이다.[305] 이 승리는 언약에 계시된 약속을 예수 그리스도께서 십자가의 죽음으로 성취하신 결과다.

라이트는 그리스도의 주(主) 되심에 대하여 명확한 정의를 내리고 있지 않지만, 그는 다음과 같은 종합적인 설명을 제시한다.

> 바울은 그의 선교 사역의 중심에서 그가 예수 그리스도의 '주 되심', 즉 왕으로서의 주권을 언급할 때, 바로 그 언급은 살아계신 하나님께서 마음을 주고받으며 사랑으로 함께 하시어, 모든 사람들이 전통적인 벽을 뛰어 넘어 사랑의 공동체를 형성함으로 그들을 사로잡고 있는 불신앙으로부터 자유롭게 하여 당초에 의도 되었던 대로 진정한 인간이 될 수 있게 하는 방법이다.[306]

바울의 복음은 세상을 창조하시고 믿음으로 새롭게 창조된 하나님의 언약 백성을 통해 세상을 구속하시기로 작정하신 하나님께 집중되어 있으며, 이러한 하나님의 구원 계획이 계시된 언약의 약속에 따라 예수 그리스도의 십자가 사역으로 성취되었다는 선언이다. 그러므로 바울이 전한 복음의 메시지를 단지 개인적인 구원

---

304) Wright, What Saint Paul Really Said?, 40.
305) Wright, What Saint Paul Really Said?, 47.
306) Wright, What Saint Paul Really Said?, 61.

의 문제로 다루는 것은 사도의 비전을 너무 좁게 보는 결과를 초래한다는 것이 그의 주장이다.[307]

복음의 내용에 대한 이러한 이해는 바울의 칭의 교리에 대한 명확한 함의를 지니고 있다. 칭의는 바울의 가르침에서 필수적인 주제지만, 그것은 죄인들이 어떻게 하나님께 은혜를 입고 그 앞에 설 수 있는지에 대한 주제를 우선하여 말하는 것이 아니다. 바울의 복음은 예수 그리스도의 '주(主) 되심'과 그분의 '주 되심'이 하나님의 언약적인 약속의 실현과 어떻게 연결되어 있는지에 그 초점이 맞추어져 있다.

김세윤 교수는 그의 저서 『구원이란 무엇인가』에서 복음에 대한 정의를 "예수가 주(主)입니다, 예수가 그리스도입니다. 예수가 하나님의 아들입니다"라고 기독론적으로 말할 수 있지만 "예수가 우리를 위해 죽고 부활했다"라고 구원론적으로도 말할 수 있다고 주장한다.[308] 그러나 '바울의 복음'을 정의하는 라이트의 주장은 복음의 핵심은 구원론 이전에 기독론이 주된 주제라는 것이다.

복음에 대한 정의에 기독론을 먼저 내세울 것인지 구원론을 핵심으로 삼을 것인지에 대한 문제는 단지 관점의 차이에서 비롯된다고 본다. 그리스도의 '주 되심'에 대한 기독론이 지향하는 최종적인 목표가 개인의 구원과 결코 분리될 수 없기 때문이다. 따라서 복음에 대한 좀 더 완벽한 정의를 내린다면, "예수가 우리를 위해 죽고 부활하셨다. 그가 곧 주(主), 하나님이시다."라는 기독론과 구원론이 병행된 형태가 마땅하다. 이는 개인의 구원이 그리스도의 '주(主) 되심'을 선언하는 복음에 대한 믿음에서 비롯하기 때문이다.

이 문제에 대해 라이트는 다음과 같이 주장한다.

---

307) Venema, The Gospel of Free Acceptance in Christ, 125.
308) 김세윤, 『구원이란 무엇인가』 (서울: 두란노아카데미, 2012), 63.

복음은 예수 그리스도의 주 되심의 선언으로, 그것은 오직 예수 그리스도에 대한 믿음으로 모든 사람들을 아브라함의 가족으로 초청하는 힘이다. 칭의는 다른 것이 아닌 바로 이 바탕 위에서 그리스도를 믿는 모든 사람들이 하나님 백성 공동체에 속하게 된다는 교리이다.[309]

라이트의 칭의 교리에 대한 충분한 의미를 이해하기 위해서 그의 주장에 대한 다음과 같은 네 가지 특징적인 면을 살펴볼 필요가 있다.

(1) 칭의의 근거로서의 '하나님의 의'에 대한 그의 설명
(2) '의롭게 하다'의 정확한 뜻
(3) 언약 소속권이나 칭의의 표지로서의 믿음의 역할
(4) 칭의의 과거 시제와 현재 시제, 미래 시제

이 네 가지 항목에 관한 내용을 간단히 살펴보기로 한다.

(1) 칭의의 근거로서의 하나님의 의

라이트는 바울의 복음과 관련된 중요 주제들을 언약의 관점에서 해석하려고 애쓴다. 라이트의 칭의 교리를 반박하기 위해 『칭의의 미래(The Future of Justification)』를 저술한 파이퍼(John Piper)도, 이스라엘과 맺은 하나님의 언약 전체의 목적과 함께 신학연구를 시작한다는 점을 상기시킨다.[310] 따라서 라이트의 칭의론을

---

309) Wright, What Saint Paul Really Said?, 133.
310) John Piper, The Future of Justification: A Response to N. T. Wright (Wheaton: Crossway Books, 2007), 44.

설명하는 데 있어 이러한 언약적 관점이 '하나님의 의(義)'를 정의하는 데 커다란 영향을 미쳤다. 그리고 '하나님의 의'에 대한 새로운 정의는 종교개혁의 칭의론을 수정하는 데 결정적 역할을 하였다.311)

개혁주의 신학자들은 칭의의 이해를 위한 바울 서신의 주요 구절이 '하나님의 의'(롬 1:17; 3:21-26)라는 사실을 잘 인지하고 있다. '하나님의 의'가 하나님의 율법에 대한 요구가 아니라 그리스도 안에서 하나님 은혜의 선물로 주신 것이라는 루터(M. Luther)의 견해에 따라, 개혁주의는 우리가 그리스도 안에서 믿는 자에게 전가되는 값없이 주시는 하나님의 선물인 '하나님의 의'에 의해 의롭게 된다고 가르친다. 율법에 대한 순종과 그 형벌에 대한 대리적 인내를 보이신 그리스도를 통해 나타나는 '하나님의 의'에 대한 이러한 이해에는 '하나님의 의'란 곧 하나님 앞에 선 믿는 자들의 전가된 의를 의미한다.

칭의는 법정의 개념으로 율법이 요구하는 모든 것들이 믿는 자들을 위한 그리스도의 사역을 통해 충족되었다는 것을 기술한다. 믿음으로 그리스도 안에서 값없이 주어진 '하나님의 의'를 받는 자들은 하나님 앞에서 무죄로 선언되고 하나님의 백성으로 받아들여진다는 것이 개혁주의의 입장이다.

그러나 라이트는 이러한 종교개혁의 관점이 '하나님의 의'에 대한 심각한 오해를 조장한다고 주장한다. 그의 주장은 다음과 같다.

> 유대 성경의 그리스어 버전인 70인경의 독자들에게 '하나님의 의'는 하나의 분명한 의미를 가진다. 그의 약속에 대한 하나님 자신의 신실하심……. 하나님은 약속을 주셨고, 이스라엘은 그 약속들을 신뢰했다. 그러므로 '하나님의 의'란 한편으로는 하나님의 신뢰성, 그리고 다른 한편으로는 이스라엘의 구원을 나타내는 어원(語源)이다.312)

---

311) 박동근, 『칭의와 복음』, 81.
312) Wright, What Saint Paul Really Said?, 96.

라이트도 '하나님의 의(義)'를 던과 같이 '하나님의 언약적 신실성'으로 정의한다. '하나님의 의'란 전가된 믿는 자들의 '의(義)'와는 달리, 언약의 약속을 이루시는 하나님의 '언약적 신실하심'에 더 가깝다는 것이다. 즉 '하나님의 의'는 전가된 '믿는 자의 의(義)' 자체와는 별개의 것으로, 언약의 약속을 성실히 수행하시는 하나님의 신실하심이라는 점에 주목한다. 라이트는 비록 종교개혁자들의 견해가 '하나님의 의'를 법정에서 사용되는 '법적 비유(legal metaphor)'의 반영이라는 올바른 주장에도 불구하고, 히브리 사람들이 사용하는 재판정에서의 '의'의 기능에 대한 오해로 인하여 이 용어가 잘못 적용되고 있다고 말한다.[313]

히브리 법정에는 재판관과 원고 그리고 피고 세 당사자가 있다. 재판관이 원고나 피고에게 유리한 판결을 선언할 때, 그는 '고소인에 반대하여 정당성이 입증되었다.' 혹은 죄가 없음을 선언한다고 말하게 된다.[314] 이것이 재판관의 선의의 판결을 받는 사람에게 적용될 때 '의'라는 용어가 가지는 유일한 의미이다. 그 사람은 법정 용어에 관련하여 무죄가 선언되거나 의로운 상태에 놓인 사람이다. 법정 재판

---

313) "라이트는 '칭의'와 그것을 반영하는 '법적 비유'의 개념이 로마서와 바울의 다른 서신서들의 가장 중요한 주제임을 믿지 않는다. 그는 그의 저서 『바울의 복음을 말하다(What Saint Paul really said)』의 110쪽에서 '칭의'에 관한 토론에서, 로마서는 자주 법적, 혹은 법정의 신학을 해석으로 간주된다고 인정한다. 그러나 그것은 잘못이다. 법정은 논쟁의 핵심 단계의 생생한 비유를 형성한다. 그러나 로마서의 중심에서 우리는 사랑의 신학을 발견한다···.만약 우리가 과거에 행해졌던 것과 같이 법정의 개념으로서 '칭의'의 개념을 남긴다면, 이것은 법적인 거래, 사업상의 냉정한 부분, 그리고 거의 논리적이고 올바른 그러나 우리가 경배하기를 원하지 않는 하나님에 의해 행해지는 생각의 계략과 같다. 이는 사랑과 정의가 하나님의 특성에 관한 복음의 계시에서 동등하게 필수적인 요점이 아니라는 의심스러운 주제를 가정하고 있음을 나타낸다. 하이델베르크 요리문답에 나오는 구절을 사용하면, '하나님은 진실로 자비로우시지만, 그러나 그는 또한 정의로우시다.'(Q. & A. 11) 왜 하나님의 정의가 그의 사랑을 위한 여백을 만들기 위해 축소되어져야 하는가?" Venema, The Gospel of Free Acceptance in Christ, 126, n. 17에서 재인용.

314) Wright, What Saint Paul Really Said?, 98.

에 관련되는 한, 의로운 사람은 무죄가 선언되었거나 법정의 호의를 받은 지위를 가지게 된다는 뜻이다.[315]

라이트는 종교개혁자들이 말하는 '하나님의 의(義)'가 법이나 법정에 관한 용어임을 인정한다. 하지만 하나님의 법정에서 어떤 사람에게 내린 무죄 선언은 그가 변호하는 사람에게 어떤 무엇인가를 수여하거나 전가하는 것을 포함하는 것이 아니라는 주장이다.

라이트는 '하나님의 의(義)'가 드러난다고 할 때는 하나님께서 그의 백성들에게 하신 그의 약속을 지키는 것, 즉 그들을 의롭다고 선언하시는 것에 의해 언약에 대한 신실하심을 드러내는 것을 의미한다고 이해했다. 그의 주장에 따르면 이 '의'(義)는 자신의 언약에 대한 하나님의 신실하심이기 때문에, 그것은 그의 백성들에게 수여하고 나누어주실 수 있는 어떤 것이 아니라는 것이다.[316] 그 의는 자신의 백성을 '의롭게 하시는 의(justitia justificans)'이지 '분배되는 의(justitia distributiva)'가 아니다.[317]

라이트는 '하나님의 의'를 종교개혁의 '이신칭의(以信稱義)'를 설명하는 근거로서의 전가된 의(義)로 수용하지 않는다. 그에게 '하나님의 의(義)'는 자신이 세우신 언약의 약속을 이행하시는 '하나님의 신실하심'을 의미하는 용어로서, 신약에서 언급되는 이러한 '하나님의 의(義)'는 그리스도의 십자가 사건을 통해 사실화되고 최종적인 성취를 이루었다는 계시적 성취의 결과를 나타낸다.

언약적 관점에서 볼 때, 그리스도의 십자가 사건은 죽음의 의식(창 15:17)으로 아브라함에게 언약의 계시를 주신 하나님의 자기 계시의 신실하신 실행이었다. 그리스도의 십자가 사건은 죄 사함을 통해 세상을 구원하시겠다는 언약의 계시를 그리

---

315) Wright, What Saint Paul Really Said?, 98.
316) Venema, The Gospel of Free Acceptance in Christ, 127.
317) Jürgen Moltmann, 『삼위일체와 하나님의 역사』, 이신건 역 (서울: 대한 기독교서회, 1990), 75.

스도를 통해 최종적으로 성취하신 하나님의 구원 약속의 실행이었다. 십자가에서 돌아가신 그리스도는 죽음의 맹세로 아브라함과 언약을 세우신 하나님과 동일한 본질의 한 하나님이시다. 따라서 언약에 계시된 약속들이 그리스도의 십자가 사건을 통해 성취되었다는 주장은 언약을 신실하게 이행하시는 '하나님의 의'가 그 아들의 죽음을 통해 증명되었다는 의미다.

그러므로 "십자가에서 우리의 죄를 위해 죽으시고 부활하신 예수 그리스도가 주(主), 곧 하나님이시다"라는 복음에 나타나는 '하나님의 의'(롬 1:17)는 그리스도의 십자가를 통해 '자신의 언약을 실행하시는 하나님의 신실하심'으로 정의될 수 있다. 그런데 바울은 여기에서 한 걸음 더 나아가 언약의 성취로서의 그리스도의 십자가 사건에 대해 "유대인과 이방인, 이 둘이 한 성령 안에서 아버지께 나아감을 얻게 하려 하심이라"(엡 2:18)라고 선언한다. 바울은 언약의 계시자이신 하나님과 이 약속의 계시를 죽음으로 실행하신 예수 그리스도의 성취가 성령의 사역으로 완성되어 모든 사람에게 적용되는 삼위일체 하나님의 구원 사역을 전체적으로 기술하는 것이다.

복음은 우리를 위한 그리스도의 죽으심과 그분이 주(主)시라는 구원론과 기독론이 병합된 선포(kerygma)라는 사실을 이미 밝혔다. 그렇다면 복음에 나타난 죄인들을 위한 그분의 대속적인 죽음의 유효성과 그분이 주(主), 곧 하나님이라는 선포에 대한 근거는 무엇인가?

구약과 신약을 통해 믿음에 의한 신앙의 동일성은 하나님께서 인간과 맺은 언약의 연속성에 근거한다. "아브람이 여호와를 믿으니 여호와께서 이를 그의 의로 여기심"(창 15:6)같이 하나님은 할례나 율법의 여부와 상관없이 모든 믿는 자를 믿음으로 말미암아 의롭다 여기신다(롬 3:30). 아브라함 언약으로부터 그리스도의 새 언약에 이르기까지 믿음에 의한 칭의에는 변함이 없다는 성경의 증언이다.

그러므로 믿음으로 의롭다 여기시는 하나님의 방법이 구약과 신약에 변함없이 적용된다는 사실은 그 믿음의 본질이 동일함을 의미한다. 여호와의 말씀을 믿은 아브라함의 믿음과 예수 그리스도를 믿는 믿음이 사람을 의롭게 하는 믿음의 본질이라는 사실은, 구약에 계시된 언약의 약속을 하나님께서 자기의 아들을 세상에 보내셔서 십자가로 성취하셨음을 세상에 증명하신 셈이다. 이로써 그리스도의 복음에는 자신의 언약을 어김없이 이행하시는 '하나님의 의'가 드러날 수밖에 없다.

언약 역사의 흐름에는 약속의 계시와 함께 그 계시의 실행이 반드시 뒤따른다. 만약 하나님의 약속이 언약대로 이루어지지 않는다면 우리는 하나님을 의지할 수 없을 것이다. 언약은 하나님께서 인간과 맺으신 변할 수 없는 그분의 약속이다. 하나님은 인간과 언약을 맺음으로써 그 자신을 언약에 스스로 매이셨기 때문에 그 약속을 끝까지 이행하실 책임을 지신다. 하나님께서 유일하게 자신의 죽음의 계시를 통해 아브라함과 언약으로 맹세하신 가나안 땅에 대한 약속은 하나님 편에서 볼 때 반드시 자신이 실행해야 할 약정이었다.

믿음의 본질은 그리스도의 죽음으로 선포된 복음을 그대로 받아들이는 것이다. 복음의 목적은 그 복음의 정점에 계시는 그리스도에 대한 믿음을 통해 모든 믿는 자들이 약속의 유업을 잇는 새로운 하나님의 언약 백성으로 창조되는 것이다. 결과적으로 복음에 나타난 '하나님의 의'는 그리스도의 십자가 사건을 초래한 근본적 동인(動因)이었다.

(2) 칭의의 의미

라이트는 바울의 칭의 교리는 죄인이 어떻게 하나님께 받아들여질 수 있는가에 대한 답을 제시하기 위한 것이 아니라, 하나님의 진실한 백성 공동체에 누가 속하여 있는가를 설명하기 위한 것이라고 말한다. 칭의가 구약성경과 유대민족의 배경에서 설명될 때, 그 주장의 언약적인 성격이 인정된다. 그 용어는 하나님 백성의 공동체에 들어가는 방법을 말하는 것이 아니라, 오히려 현재와 미래에 누가 그 공동체에 속하게 되는지를 밝힌다. 라이트는 다음과 같이 주장한다.

> 행위에 의한 칭의는 그들의 도덕적인 덧붙임에 의해 그들 자신을 끌어 올리려는 최초의 펠라기안주의(proto-Pelagian)를 시도하는 개별적인 유대인들과는 관계가 없으며, 마지막 종말론적 결말에 앞서 참 이스라엘이 누구인지를 정의하는 문제와 관련이 있다. 이러한 구조에서 칭의는 하나님의 참 백성 공동체에 어떻게 들어갈지에 대한 문제가 아니라, 종말론적 사건이 대중에게 알려지는 그 시기 이전에 그 공동체에 누가 속해있는지를 말하는 방법에 관한 문제이다.[318]

그에게 칭의의 문제는 누가 언약 공동체에 속해있는지에 대한 하나님의 인식과 관련이 있으므로, 그것은 구원론의 문제가 아니라 오히려 교회론에 관한 문제라는 것이다.[319] 따라서 칭의에 관한 바울의 가르침이 유대교의 전통적인 언약에 대한 이해의 맥락 안에서 읽힐 때, 그것은 하나님의 백성 공동체에 누가 속해있는지를 확인하는 방법이 된다는 것이다.

라이트에 따르면, '하나님의 의'가 그리스도의 죽음과 부활에서 나타날 때, 하나님은 모든 신자가 언약 공동체에 포함되는 것을 보장함으로써 그의 언약에 대한 신실함을 확증하신다. 그 공동체는 그리스도의 믿음으로 세례를 받고 언약 백성의 믿음의 표지를 받은 사람들로 구성된다. 그러므로 칭의는 유대인이나 이방인에 관계 없이 하나님의 언약 백성인 모든 믿는 자들의 소속과 신분을 언급하고 있다.[320]

이러한 라이트의 주장에 대해 호튼은 다음과 같이 반박한다.

---

318) Wright, What Saint Paul Really Said?, 119.
319) Wright, What Saint Paul Really Said?, 119.
320) Venema, The Gospel of Free Acceptance in Christ, 129.

우리는 마치 바울이 '하나님의 의'(즉 하나님의 본질적인 의와 언약의 신실함)와 예수 그리스도의 순종을 통해 하나님께서 주신 의, 이 둘 모두를 언급할 수 없었다는 것과 같은 잘못된 선택에 직면한다. 이 둘 사이의 논증적인 역할은 특별히 로마서 1-3장의 바울의 논쟁의 중심에서 잘못 진술되는 것처럼 보인다(하나님은 유대인과 이방인 모두를 율법에 드러낸 것과 같이 책망하신다). "그러나 이제는, 율법 외에 하나님의 한 의가 나타났으니 율법과 선지자들에게 증거를 받은 것이라"(롬 3:21) 그렇다면 하나님의 언약에 신실하심이 그리스도에 대한 우리의 믿음을 통해 드러난다는 것이 이치에 맞는가? 율법을 통해 드러난 '하나님의 의' 인, "이는 모든 입을 막고 온 세상으로 하나님의 심판 아래에 있게 함이라"(롬 3:19)는 계시는, 21절의 '율법 외에' 그리스도의 믿음을 통해 복음에 계시된 '하나님의 의'와는 다른 것이다. 율법은 공의를 드러내지만, 복음은 공의롭고 의롭게 하시는 하나님을 드러낸다.[321]

라이트가 '하나님의 의'를 하나님께서 자신의 언약을 실행하시는 '언약의 신실함'이라고 말한 것에 대하여, 호튼은 '하나님의 의'에는 율법에 의해 공의를 행하시는 '하나님의 의'와 그리스도의 믿음을 통해 모든 사람을 의롭게 하시는 '하나님의 의' 둘 모두가 포함되어 있다고 주장한다.

종교개혁자들은 그리스도께서 인간의 죄를 위한 희생 제물로 자신을 드리신 제사장 사역을 감당하셨으며, 그의 수난은 철저하게 형벌과 대속적인 것이었음을 확신한다. 그들은 하나님의 정의가 죄인들인 자신들에게 자비를 베푸시고 자신들이 그들의 죄를 위한 하나님의 완전한 사면을 받음으로써 하나님께 지명되고 그가 받아 주셨음을 믿는다. 그러므로 이러한 견해를 취하는 종교개혁자들에게 죄인의 칭의의 근거로서의 그리스도의 사역이 의를 획득하게 해주는 유일하고 완전한, 그리

---

321) Michael S. Horton, Covenant and Salvation: Union with Christ (Louisville: Westminster John Knox Press, 1982), 106.

고 공로적인 원인이 됨을 믿지 않을 수 없게 만들었던 것이다.[322]

하지만 그리스도의 대속적인 사역은 아담이 불순종하여 타락했을 때부터 하나님께서 인간의 구원을 위해 약속하신 '여인의 후손'과 아브라함과의 언약을 통해 "네 씨로 말미암아 천하 만민이 복을 받으리라"라는 약속의 성취를 통해 이루어진 결과이다. 그리스도의 십자가의 죽으심과 부활을 통해 주어진 인간의 죄 사함을 위한 대속적인 사역은 하나님께서 인간들과의 약속으로 세우신 하나님의 언약으로 그 사역의 유효성과 효력이 발휘되는 것이다. 만약 하나님이 주신 언약의 약속이 선행되어 계시되지 않았다면, 그리스도의 사역이 모든 사람을 의롭게 하시는 구속사의 복음이라고 어떻게 믿고 받아들일 수 있겠는가?

그러므로 팔레스타인 지역에서 '2,000년 전 십자가에 달리신 예수 그리스도가 오늘날 나의 구원과 무슨 상관이 있는가?'라는 질문에 대한 답은 바로 언약에 있다. 언약으로 일방적인 은혜의 약속을 맺으시며 자신을 계시하신 분은 바로 하나님 자신이다. 그리고 자신에 대한 계시의 약속을 이행하신 분도 하나님이다. 언약에 계시된 약속과 성취의 관점에서 볼 때, '하나님의 의'는 하나님의 계시였던 그 자신의 아들을 세상에 보내시고, 십자가의 죽음을 감당케 하심으로 언약에 계시된 그 약속을 신실하게 이행하신 그분의 행위다.

이 '하나님의 의'는 복음을 믿는 자들에게 주어지는 '그리스도의 의'를 동반한다. 이를 통해 취득한 공동체의 회원권은 곧, 언약의 약속 안에 주어진 구원의 예비적 조건을 나타낸다. 그러므로 칭의에 관한 구원론과 교회론의 분리는 칭의를 통해 얻게 되는 궁극적인 구원에 따른 시제(時制)와 순서상의 문제이지 결코 서로 분리된 주제가 아니라는 결론에 도달하게 된다.

---

322) Buchanan, 『칭의 교리의 진수』, 191.

(3) 언약 공동체 회원의 표지인 믿음

칭의는 언약 공동체의 소속에 관한 하나님의 선언이기 때문에, 라이트는 던과 아주 유사한 방법으로 칭의가 행위가 아닌 믿음에 의한 것이라는 바울의 주장을 설명한다.[323] 이러한 주장은 종교개혁자들의 믿음으로 인한 칭의의 주장과 전혀 다르지 않다. 원래 바울이 비난한 유대주의자들의 자랑은 자신의 의로 인한 것이 아니라 국가적 자만과 배타주의로부터 생겨난 것이었다. 그들이 내세웠던 '율법의 행위'는 유대인을 이방인과 구별하는데 필요한 율법의 요구였던 것이다. 이를 통해 유대인들은 이방인들을 언약 공동체에서 제외한 것이다.

그러나 예수께서 세상에 오셔서 아브라함 언약의 약속을 성취하심으로써, 유대인을 포함한 모든 이방인이 믿음을 통해 한 하나님의 백성으로 받아들여졌다. 라이트는 예수 그리스도에 대한 믿음이 이 공동체의 회원이 되는 표지라고 주장한다. 바울이 믿음에 의한 칭의를 주장한 것은 그리스도가 오심으로 하나님께서 민족이나 인종과 관계없이 그의 구원을 모든 사람에게 확대하셨다는 그의 신념을 표현한 것이었다.

> '칭의'는 … 예수 그리스도에 대한 믿음을 나누는 모든 사람들이 인종의 구분과 관계 없이 함께 최종적인 피조물을 고대하던 것과 같이 한 테이블에 속한 것을 주장하는 교리이다.[324]

라이트는 칭의 교리에 대한 이러한 이해의 놀라운 함의 중 하나는, 이것이 개신

---

323) Venema, The Gospel of Free Acceptance in Christ, 129.
324) Wright, What Saint Paul Really Said?, 122.

교와 로마 가톨릭 사이의 일상적인 논쟁들을 급격하게 약화시키는 것이라고 말한다.[325] 많은 개신교인이 칭의 교리가 교회를 분열시키는 교리라고 역사적으로 주장해왔던 반면, 라이트는 오히려 그 반대의 관점을 취한다. 바울의 칭의 교리는 하나님의 한 백성의 소속에 관한 포괄적인 견해를 요구한다는 주장이다.

> 종교개혁자이든 반 종교개혁자이든, 많은 기독교인들은 그들의 논쟁의 중심인 것과 같이 칭의 교리를 다룸에 있어 그것이 구원을 이루는 방법을 묘사하고 있다고 가정함으로써 그들 자신이나 교회가 서로에게 큰 해를 끼쳐왔다. 그들은 칭의 교리를 정반대로 해석했던 것이다. 칭의는 예수 그리스도를 믿는 모든 사람들이 그들의 문화나 종족에 관계없이 동일한 테이블에 속한다는 것을 선포하는 것이다.[326]

따라서 교회 공동체의 모임의 선행조건으로 칭의 교리에 대한 특별한 형태를 고집하는 사람들은 그 교리의 취지를 거꾸로 돌리는 잘못을 범하게 되었다. 그들의 이러한 행동은 하나님 가족의 일원으로서 그리스도에 대한 믿음을 가진 모든 사람이 함께 참여하게 된다는 칭의 교리의 원래 목적에서 벗어나 '믿음에 의한 칭의'를 단지 개인의 구원과 연결하여 믿음으로써 원래 교리의 변형을 가져오게 한다.[327]

---

325) Venema, The Gospel of Free Acceptance in Christ, 130.
326) Wright, What Saint Paul Really Said?, 158-159.
327) N. T. Wright, "The Shape of Justification". www.thepaulpage/Shape.html. 이 논문은 폴 바레트(Paul Barnett)의 '칭의'에 대한 그의 이해의 비평적 평가에 대한 라이트의 대답이다. 바레트는 호주 시드니 교구의 성공회 주교이다. Venema, The Gospel of Free Acceptance in Christ, 130, n. 26 참조.

(4) 칭의의 시제

라이트의 칭의에 대한 이해에서 특별히 강조되는 한 가지 특징은 하나님 백성의 종말론적 입증으로서의 성격이다. 하나님께서 그의 언약 공동체의 백성들을 의롭다 하시고 받아들이실 때는 마지막 심판 때에 그들의 최종적 칭의, 혹은 입증에 대한 기대로 그렇게 하신다는 것이다. 칭의는 과거, 현재, 그리고 미래의 세 시제 또는 단계별로 발생한다. 현재 하나님 언약 공동체의 칭의는 그리스도 안에서의 하나님의 과거의 성취와 미래의 판결에 대한 기대에 놓여 있다.[328]

그리스도를 주(主), 하나님으로 믿는 모든 사람은 인종과 관계없이 믿음의 위대한 한 가족의 일원으로 하나님께 인정을 받고 의롭게 된다. 칭의의 현실은 당장의 구원론의 문제가 아니라 교회론의 문제로 언약 공동체의 소속에 초점을 맞춘다. 그리스도와 합하는 세례는 이러한 칭의를 유효하게 하는 행사이다. 라이트는 그리스도의 죽음과 부활, 그리고 미래의 모든 믿는 자들의 부활에 상응하는 현재의 사건은 그리스도와 합하는 세례라고 주장한다.[329]

비록 칭의는 과거와 현재의 중요성도 포함하지만, 그것의 초점은 미래에 맞춰진다. 최후의 심판 혹은 칭의 때에 하나님은 그의 백성들에게 아브라함에게 약속하신 언약 공동체의 일원임을 선포하실 것이다.[330] 최종적 칭의에서 그의 백성에 대한 하나님의 선고는 행위에 의한 칭의조차도 포함하실 것이다. 그의 주장에 따르면, 마지막 날에 의롭다 함을 받을 사람은 그의 삶과 마음에 하나님의 법을 기록한 사람이다. 명확히 말해, 칭의는 성령의 사역에 의해 믿는 자들에게 순종의 삶을 이

---

328) Wright, "The Shape of Justification", 2.
329) Wright, "The Shape of Justification", 2.
330) Venema, The Gospel of Free Acceptance in Christ, 131.

끄는 율법의 행위를 제외하지 않는다.[331]

그에 따르면, 칭의는 언약의 용어다. 여기에서 언약은 16세기와 17세기의 논의를 통해 알려졌던 의미가 아닌, 1세기 유대교의 의미에서의 언약이다. 바울이 칭의에 관하여 이야기할 때는 제2성전 유대교라는 전체적인 사상 안에서 말하는 것이다.[332] 만약 그의 말이 옳다면 바울이 언급한 칭의의 문제를 다루기 위해서는 옛 언약의 문제들이 함께 다루어져야 한다. 여기에서 옛 언약과 새 언약의 경계선은 율법과 복음으로 구분된다. 그렇다면 복음은 율법을 완전히 무효로 하지 않는다.

예수께서도 "천지가 없어지기 전에는 율법의 일점일획이라도 반드시 없어지지 아니하고 다 이루리라"(마 5:18)라고 말씀하셨다. 그리고 새 언약에 대한 예언에서 예레미야 선지자는 "… 내가 나의 법을 그들의 속에 두며 그 마음에 기록할"(렘 31:33) 것이라고 예언한다. 하나님의 법인 율법은 변함이 없으며 새 언약 시대에도 형태만 다를 뿐 여전히 유효할 것이라는 선언이다.

옛 언약과 새 언약을 막론하고 언약 백성에게 주시는 하나님의 법은 비록 형태는 다르지만, 그분의 백성들이 지켜야 할 언약의 조건이라는 점에서 동일하다. 그렇다면 율법은 칭의와 어떤 연관을 가지는 것일까? 이 질문에는 율법을 지키는 행위가 하나님께서 요구하는 언약의 조건적 행위인지, 혹은 그 행위가 자신의 공로를 앞세우는 반(半)펠라기우스적 공로 행위인지를 따지는 문제가 뒤따르게 된다.

칭의의 문제에는 반드시 성령의 사역이 개입된다. 예수 그리스도를 주(主)로 시인하는 믿음은 오로지 성령으로부터 비롯되기 때문이다(고전 12:3). 이 성령의 사역은 신자의 믿음뿐만 아니라, 믿음 후에 오는 성화의 과정에도 깊이 관여하신다. 성령은 신자들이 하나님의 법에 따라 삶을 영위해 가도록 지속적으로 인도하심으로

---

331) Wright, What Saint Paul Really Said?, 126-127.
332) Wright, What Saint Paul Really Said?, 117.

써 그들을 끝까지 구원으로 이끌어 가시는 역할을 감당하신다.

그러나 성경은 믿음 후에 오는 타락과 배교에 대해서도 언급하고 있다. 그리스도에 대한 믿음 후에 오는 타락과 배교는 결국 그들의 삶을 견인하시는 성령의 사역에 대한 거부와 훼방에서 비롯된다. 예수께서는 다음과 같이 말씀하셨다.

> 그러므로 내가 너희에게 이르노니 사람에 대한 모든 죄와 훼방(모독)은 사하심을 얻되 성령을 훼방(모독)하는 것은 사하심을 얻지 못하겠고 (마 12:31)

> 누구든지 성령을 훼방(모독)하는 자는 영원히 사하심을 얻지 못하고 영원한 죄가 되느니라 (막 3:29)

히브리서도 다음과 같이 기록한다(히 6:4-6).

> 한 번 빛을 받고 하늘의 은사를 맛보고 성령에 참여한 바 되고 하나님의 선한 말씀과 내세의 능력을 맛보고도 타락한 자들은 다시 새롭게 하여 회개하게 할 수 없나니 이는 그들이 하나님의 아들을 다시 십자가에 못 박아 드러내 놓고 욕되게 함이라 (히 6:4-6)

예수의 말씀과 히브리서의 기록은 신자(信者)들을 향한 말씀이다. 왜냐하면 사람에 대한 모든 죄 사함의 은혜가 주어졌다는 전제에서 말씀하셨기 때문이다. 이러한 점에서 히브리서도 과거에 믿었던 신자들의 타락과 배교에 대한 경고를 하는 것이다.

만약 믿음에 의한 칭의가 현재의 시점에서 최종적으로 완성되고 확정된 것이라면, 예수의 말씀과 히브리서의 기록은 그 의미가 달라질 것이다. 그리스도에 대한 믿음의 고백으로 모인 교회 공동체 안에서도 성령의 사역을 훼방함으로써 야기되는 믿음에 대한 타락과 배교는 언제든 일어날 가능성이 있다.

믿음의 고백으로 얻은 과거와 현재의 칭의는 미래에도 영원하며 확정적인 것이 아니다. 특히 언약의 맥락에서 언약 백성의 의무로 주어진 하나님의 법에 대한 순종은 성령의 인도하심에 따른 자의적 의지에 의존한다. 그 의지가 성령의 인도하심을 의도적으로 거역하거나 훼방할 때 그는 구원에서 멀어질 수밖에 없다.

그리스도에 대한 믿음으로 얻는 칭의는 믿음을 갖는 시점에서의 현재성에 중요한 기반을 둔다. 하지만 과거와 현재의 중요성을 강조하다 보면 의의 미래 시제가 부정되는 경향도 있다. 이것 또한 성경의 가르침에 부합된다고 간주하기 어렵다는 결론에 도달하게 된다.

그러나 가이 워터스(Guy Prentiss Waters)는 라이트의 칭의의 주장을 다음과 같이 비판한다.

> 라이트는 칭의를 현재와 미래의 시제로 구분한다. 현재와 미래의 칭의가 시간에 의해 비록 구별되지만, 그들은 그것들의 핵심 요소로 믿음을 공유한다. 그러나 믿음이 현재와 미래의 칭의에서 서로 다른 역할을 가지고 있다. 현재의 칭의에서 믿음은 경계선의 표식으로서의 역할을 가지는 반면, 미래의 칭의에서 믿음은 그것에 대한 선언의 근거로 언약의 신실함과 같은 의미를 가진다.[333]

---

333) Guy Prentiss Waters, Justification and the New Perspectives on Paul (Phillipsburg: P&R Publishing, 2004), 170-171.

워터스의 주장으로 본다면, 라이트가 칭의의 문제를 다루는 방법이 바울이 전한 그리스도의 복음과는 거리가 있는 듯이 보인다. 그러나 "믿음이 현재와 미래의 칭의에서 서로 다른 역할을 가진다"는 그의 주장은 설득력이 떨어진다. 칭의가 믿음에 의한 것이 사실이지만, 현재와 미래의 칭의가 각각 그 당시의 믿음에 의한 것이라는 전제는 잘못된 추론이다. 사람이 의롭다 함을 얻는 것은 예수 그리스도를 주(主)로 고백하는 순간의 단회적 믿음을 통해서이다. 라이트가 과거, 현재, 그리고 미래를 논하는 것은 믿음에 의한 칭의의 시제이지 믿음 자체의 시제가 아니기 때문이다.

그리스도의 복음에는, 하나님 안에서 한 사람을 하나님의 백성으로 새롭게 지어 화평하게 하시겠다는 메시지가 분명히 담겨있다(엡 2:15). 바울은 그리스도 안에서 이방인들이 성도들과 동일한 시민이며 하나님의 권속이 되었다고 말한다(엡 2:19). 바울은 믿음으로 구원받은 이방인 그리스도인들이 현재 가지는 신분에 대하여 언급하는 것이다.

구원과 하나님의 백성이라는 신분은 동전의 양면과 같다. 믿음으로 구원을 받는다는 것은 곧 하나님 백성의 공동체의 시민이 된다는 것을 의미한다. 그러므로 그리스도의 복음으로 인한 칭의를 새롭게 창조된 공동체인 교회를 언급하지 않은 채 개인의 구원 문제에 좁게 한정하는 것은 라이트의 주장과 같이 문제가 될 수 있다.

그러나 새 언약의 성취로 지음을 받은 새 사람들의 공동체인 교회를 만드신 하나님의 궁극적인 목적은 교회를 통해 새로운 하나님의 백성들에게 약속된 유업을 잇게 하시기 위해서다. 믿음에 의한 칭의는 언약의 계시와 성취에 따른 문제가 틀림없지만, 언약의 성취를 통해 하나님이 의도하신 최종적인 목표는 인간의 구원이었다. 그러므로 칭의가 구원론의 문제라기보다는 교회론의 문제라는 라이트의 결론은 칭의에 관한 그의 정당한 접근 방식에도 불구하고 한쪽으로 기울어진 면이 있다. 만약 그가 칭의는 일차적으로 교회론에 관한 문제이지만, 궁극적으로는 구원론에 관한 문제였음을 포괄적으로 주장하였더라면 바울의 칭의에 관한 그의 해석은 교회의 통합을 위해 더 나은 주장이 되었을 것이다.

언약과 삼위일체

제4장

언약과 예수 그리스도

제4장 언약과 예수 그리스도

복음은 예수 그리스도가 하나님의 말씀으로 하나님과 함께 존재하시다가 인간의 구원을 위해 세상에 오신 주(主), 곧 하나님이심을 선포한다. 그분이 세상에 오심은 하나님의 낮아지심을 의미한다. 창조주 하나님이 피조물의 형체를 입고 세상에 오신 목적은 언약에 계시된 약속을 이행하시기 위함이었다. 그 약속은 자신의 죽음으로 인간을 죄에서 건져내심으로써 영원한 안식의 땅인 하늘나라의 유업을 잇게 하시겠다는 언약의 계시였다.

예수 그리스도를 주(主), 곧 하나님으로 고백하는 믿음의 성경적 근거는 구약의 아브라함 언약에서 찾을 수 있다. 하나님은 아브라함에게 가나안 땅을 약속하시면서 그 약속에 대한 보증으로 자신의 죽음을 계시하는 의식 행위를 보여주셨다. 당시 고대 근동 지방의 관습으로 볼 때, 이 의식 행위는 자신의 약속을 지키지 못하면 죽음도 불사하겠다는 자기저주의 맹세였다.

그러나 하나님은 전능하신 분으로 결코 자신의 약속을 지키지 못할 경우도 없으며, 약속을 이행하지 못한 책임을 지고 죽으실 수도 없는 분이시다. 앞선 논의와 같이 이 맹세 의식은 하나님께서 주신 약속을 자신의 죽음으로까지 이행하시겠다는 '자기 확증 맹세'(self-confirmatory oath)였다. 그렇지만 하나님은 불멸의 존재이기 때문에 이 확증 맹세는 전혀 실현 가능성이 없는 우화적 이야기와 같이 취급되었다. 적어도 예수 그리스도가 세상에 오셔서 십자가로 이 비밀을 풀기까지는 말이다.

바울도 이 비밀을 계시로 알게 되어 그리스도의 비밀을 깨닫게 되었다고 에베소 교인들에게 고백한다(엡 3:2-4). 이 비밀은 그동안 사람들에게 알려지지 않았던 그리스도의 비밀이자, 하나님의 구원 경륜의 비밀이었다. 하나님께서는 아담과 아브라함, 그리고 다윗에 이르기까지 후손에 대한 언약을 주시고 선지자들을 통하여 지속적으로 예언하심으로써 말씀을 받은 유대인들은 메시아가 세상에 오실 것을 고대하고 있었다. 그러나 그들이 고대했던 메시아는 자신들을 현재의 정치적 속박에서 구해주고 해방시킬 인간 메시아였다.

사람들은 예수께서 십자가에 돌아가시고 부활하신 후에야 비로소 그리스도의 비밀과 하나님의 구원 경륜의 비밀을 깨닫게 되었다. 그들에게 복음이 전해지게 된 것이다. 하나님께서 계획하신 구원은 그분이 창조하신 인간의 원래 창조 목적대로 죄인들의 죄 사함을 통해 그들에게 다시 영생을 허락하시는 것이었다. 이를 위해 하나님은 자신의 죽음을 계시한 언약으로 약속을 확증하셨고, 이를 실행하시기 위해 말씀이 육신이 되신 예수 그리스도가 세상에 오셨다.

결코 죽으실 수 없는 하나님의 전능하심은, 말씀이 육신이 되신 그의 아들을 세상에 보내어 십자가에 죽게 하심으로써 자신이 하신 모든 약속의 계시를 성취하신 위대한 사랑으로 나타난다. 전능하신 하나님의 속성만을 고려하여 하나님이 계시하신 죽음을 불가능하다고 생각하거나, 또는 불경하게 간주하는 사람들은 전능하신 하나님의 능력을 부정하는 셈이다. 전능하신 하나님은 자신의 구원 계획에 따라 얼마든지 그의 말씀을 육신의 몸으로 세상에 보내실 수 있으며, 십자가에 죽게 하시고 부활하시게 할 능력이 있으신 분이기 때문이다.

하나님의 위대하심에 대한 고정관념이 오히려 우리를 그의 사랑에서 멀어지게 할 수 있다. 하나님이 우리의 죄 사함을 위해 십자가를 지신 사실을 우리는 하나님의 희생적인 사랑으로 그대로 받아들여야 한다. 빌립보서 2장의 증언과 같이 예수 그리스도는 근본 하나님의 본체이시나 자기를 비워 종의 형체를 가지시고 세상에 오셔서 사람들의 죄 사함을 위해 십자가에서 돌아가신 분이다. 바울은 그리스도가 인간의 몸으로 세상에 오셨지만, 동시에 하나님이심을 증언하고 있다.

그가 십자가에 돌아가심은 그 당시의 우발적 사건이 아니라 철저히 하나님의 구원 계획에 따른 일이었다. 그런데 왜 예수 그리스도는 십자가에 돌아가셨어야만 했는가? 십자가 죽음 대신 다른 방법을 택할 수는 없었는가? 그렇다. 십자가 죽음 외에 다른 방법은 절대로 없었다. 그리스도의 십자가 죽음은 하나님께서 아브라함에게 보이신 죽음의 계시를 성취한 사건이었다. 아브라함의 후손을 통하여 천하 만민이 복을 얻을 것이라는 하나님의 약속이 성취된 사건이었다(창 22:18).

아브라함에게 죽음의 계시를 통해 약속하신 가나안은 그의 후손들이 거주할 안식의 땅이었다. 문자적으로는 그의 혈통적 자손들이 거주할 지상의 가나안 땅이었으며, 영적으로는 그리스도 안에서 아브라함의 자손이 된 새로운 하나님의 백성들이 얻을 하늘의 유업이었다. 아브라함의 씨를 통해 천하 만민이 복을 얻게 된다는 하나님 약속의 결실이었다. 이로써 하나님은 유대인뿐만 아니라 모든 민족의 하나님이 되신다.

자신이 창조하신 세상, 그중에서도 특히 처음 창조 질서에 예정되었던 영생을 인간에게 되돌려 주시기 위해 신(神)이 직접 인간의 몸으로 세상에 오셔서, 죽고 부활하신 사건은 다른 종교에서는 절대로 찾아볼 수 없는 사건이다. 이 사건에서 우리는 인간에 대한 하나님의 놀라운 사랑의 규모를 가늠하게 된다. 이 하나님 사랑의 중심에 모든 약속의 계시를 성취하신 예수 그리스도가 계신다.

그분의 오심은 최초의 인간인 아담으로부터 이스라엘의 조상인 아브라함과 다윗 왕에게 지속적으로 약속된 언약의 계시에 따른 결과였다. 언약에 계시된 약속의 최종적인 목표는 죄로부터 인간을 건져내어 그들에게 영생의 복을 허락하시는 것이었다. 하나님은 그 구원 계획을 아브라함에게 후손과 땅의 두 약속을 통해 구체적으로 제시하셨으며, 또한 죽음의 계시를 통해 언약의 맹세로 확증하셨다.

예수 그리스도는 아브라함 언약의 첫 약속인 아브라함의 후손으로 세상에 오신 분이다. 그리고 그분은 하나님께서 자신의 죽음에 대한 계시로 맹세하셨던 가나안 땅의 유업을 자신의 죽음으로 성취하신 분이다. 아브라함 언약에 계시된 약속들이 그분의 오심과 십자가 사건으로 모두 성취되었다. 바울이 갈라디아서 3장 29절에서 그리스도에게 속한 사람들은 아브라함의 자손으로서 유업을 이을 자들이라고 선언하는 근거다.

그리스도의 소유가 된 사람들은 믿음으로 하나님의 백성이 된 자들이다. 이들은 세례를 받고 그리스도와 합하여 그리스도로 옷 입고 그분 안에서 하나 된 자들이다. 그런데 그리스도를 믿는 그 믿음의 본질이 무엇이기에 인종과 민족, 그리고 신분과 관계없이 누구나 그분 안에서 한 아브라함의 자손이 되어 유업을 이어받게 되는 것인가?

유업은 약속의 당사자가 죽음으로써 실현된다. 이 유업은 창세기 15장에서 자신의 죽음의 계시를 통해 약속하신 가나안 땅이었다. 지상의 가나안 땅에 대한 문자적 의미가 아니라, 신적(神的) 죽음을 통해 하나님의 백성이 유업으로 잇게 될 그분의 나라였다.

예수 그리스도는 많은 사람의 죄 사함을 위해 십자가에서 피를 흘리셨고 그 피로 새 언약을 세우셨다(마 26:27; 막 14:24; 눅 22:20). 그분은 인간의 몸으로 십자가에서 돌아가셨지만, 그 피는 하나님의 구원 계시를 성취하기 위해 흘리신 피였다. 그리스도는 세상에 보내진 하나님의 아들로서, 그리고 삼위일체 되신 하나님으로서 창세기 15장 17절에 기록된 하나님의 죽음의 계시를 자신의 피로 성취하신 것이다.

그런데 만약 예수 그리스도가 아브라함에게 죽음의 계시로 언약을 확증하신 계시자이신 하나님과 동일 본질의 한 하나님이 아니시라면, 그리스도의 십자가 사건이 언약의 성취라고 간주할 수 있는 근거가 사라진다. 하나님께서 행하셨던 그 죽음의 계시는 그분과 동일 본질의 하나님만이 성취하실 수 있는 계시적 사건이기 때문이다. 곧 하나님께서 행하셨던 계시 행위의 미래적 성취는 오직 그분만이 실행할 수 있는 하나님의 자기 계시였다. 좀 더 간단히 말하면, 언약에 계시된 그 약속의 성취는 하나님 자신의 죽음을 전한다는 의미를 포함한다.

그러나 죽음은 죄의 결과다(롬 5:12; 6:23). 하나님은 영으로서 죄나 죽음과는 전혀 상관이 없으신 분이며, 또한 본질상 죽으실 수도 없는 분이다. 그렇다면 언약을 통해 보여주신 이 죽음의 계시를 하나님은 어떻게 실행하실 수 있겠는가?

이에 대해 불링거는 앞서 살펴본 바와 같이 "이는 하나님께서 언제가 인간의 몸을 입고 세상에 오셔서 피를 흘리는 그때를 말하는 것이다"라고 주장한다.[334] 그는 창세기 15장 17절의 하나님 자신의 죽음에 대한 계시가 육신으로 오신 예수 그리스도의 죽음과 직접 연결되고 있음을 시사한다. 결과적으로 예수 그리스도가 세상에 오신 성육신의 목적은 하나님의 죽음의 계시를 성취하시기 위함이었다.

그리스도는 비록 죄 있는 육신의 모양으로 세상에 오셨지만(롬 8:3), 그는 결코 죄가 없으신 분이다(요일 3:5). 그는 죄의 결과를 다루는 '죽음의 법'이 결코 적용될 수 없는 분이셨다. 결국, 하나님은 사람들의 모든 죄를 담당시키기 위해 죄가 없으신 자기 아들을 십자가에서 죽게 하셨다(히 9:28; 벧전 2:24). 그 결과 모든 사람의 죄는 그리스도 안에서 정죄함을 면하게 되었고(롬 8:1), 이를 믿는 모든 자는 그리스도께 속한 자로 아브라함의 자손이 되어 약속된 유업의 상속자가 되는 것이다(갈 3:29).

사람이 믿음으로 그리스도의 소유가 되어 유업을 이을 아브라함의 자손이 되는 것은 십자가의 그분이 하나님의 아들임을 믿고 말씀으로서 하나님의 구원 계시를 온전히 성취하셨음을 확신한 믿음의 결과이다. 이 믿음은 그분을 주(主), 하나님으로 고백하게 하시는 성령 사역의 결과다(고전 12:3). 이 믿음으로 우리는 예수 그리스도와 합하는 세례를 받고, 그분 안에서 아브라함의 참 자손인 새로운 하나님의 백성으로 다시 태어나는 것이다.

---

334) McCoy and Baker, Fountainhead of Federalism/ Heinrich Bullinger and the Covenantal Tradition, 130-132.

성경의 계시 개념을 가장 근본적이고 기독교적인 것으로 표지하는 것은 바로 삼위일체론이다.[335] 하나님의 계시와 그 계시의 성취는 그리스도의 사역이 중심을 이룬다. 바르트는 "삼위일체론은 모든 가능한 다른 신론들과 계시 개념들에 반하여 그리스도적인 것을 근본적으로 표시하는 바로 그것이다"라고 주장한다.[336]

A. 언약에 계시된 그리스도

언약이란 원래 약속 당사자 간에 서로의 책임과 의무를 주고받는 쌍방적 성격을 지닌다. 그러나 성경에 기록된 주요한 언약은 언제나 하나님의 자의적 자기계시에 따른 일방적 은혜로 세워졌다. 물론 하나님은 자신의 파트너인 사람들에게 할례나 율법과 같은 언약의 의무를 주시지만, 하나님은 그 언약을 통해 그들에게 필요한 모든 것을 공급하시는 능력의 하나님인 자신의 본질을 지속적으로 나타내셨다.[337]

하나님의 형상으로 지음을 받았던 아담이 에덴동산에서 죄를 짓고 타락한 후, 그 후손들에게 우선하여 필요한 것은 죄로 얼룩진 그 형상을 복구하여 하나님과의 관계를 회복하는 일이었다. 하나님 편에서도 자신의 형상으로 창조된 인간들과 깨어진 관계를 회복하는 일은 자신이 창조한 세계의 질서를 위해서도 간과할 수 없는 중요한 일이었다. 따라서 하나님은 인간 역사에 주권적으로 개입하셔서 인간과의 관계 회복을 위한 시도를 언약으로 구체화하셨다.

사람의 육안으로는 확인할 수 없는 자신의 존재와 구원 계획을 사람들에게 확신

---

335) Barth, 『교회 교의학 I/1』, 391.
336) Barth, 『교회 교의학 I/1』, 391.
337) McCoy and Baker, Fountainhead of Federalism/ Heinrich Bullinger and the Covenantal Tradition, 108-109.

시키기 위해 하나님은 약속의 계시가 담긴 언약을 일방적으로 세우셨다. 약속에 앞서 하나님이 자신을 주(主)로 알리시는 자기계시는 언약의 약속이 틀림없이 이루어질 것을 자신의 존재로 보증하는 하나님의 전달 방식이었다. 이러한 존재의 보증으로 말미암아 하나님은 자신을 스스로 언약의 약속에 매이셨다.

때로는 하나님께서 "나는 그들의 하나님이 되리라"라고 하시는 선포 자체가 바로 구원을 위한 약속이다. 바르트는 하나님이 자신을 주(主)로 계시하기 때문에 하나님의 말씀은 그의 계시에 있어서 하나님 자신이라고 말한다.[338] 따라서 자신을 계시함으로써 구약에서 말씀으로 약속된 그리스도는 하나님의 구원 계획을 성취하실 계시의 실현자로서 하나님의 말씀과 동등하신 분이다.

그러나 콜린즈(Anthony Collins)는 "많은 사람이 예수 그리스도에게 적용하고 있는 '완전한' 혹은 '영적인'인 성취는 환상에 불과하며, 어떤 경우에도 예수는 선지자가 살았던 당시에 일정한 특징이나 사역을 가진 메시아 혹은 그리스도로 예언되지 않았다"고 주장한다.[339] 이러한 주장은 신약의 조명과 관계없이 구약을 해석한 결과다. 구약의 예언이나 계시의 말씀은 기록된 문자적 의미보다 그 이면에 담겨있는 영적 의미가 성경이 전하고자 하는 메시지의 핵심인 경우가 많기 때문이다.

그런데 만약 구약의 약속이나 예언의 이면에 담겨있는 영적 의미를 제대로 파악하지 못하거나, 혹은 의도적으로 무시해 버린다면 그리스도에 의해 성취된 복음의 근원이 모호해질 수밖에 없다. 예수 그리스도의 성육신과 그분의 십자가 사건은 최초의 인간으로부터 하나님께서 인간을 죄에서 구원하시기로 작정하신 구원 계획의 핵심이었다. 그리고 이 계획은 그리스도가 오시기까지 구약의 조상들에게 지속적인 언약으로 계시되었고 또한 선지자들에 의해 예언되었다. 하지만 약속의 계

---

338) Barth, 『교회 교의학 I/1』, 383.
339) Walter C. Kaiser, Jr., 『구약에 나타난 메시아』, 류근상 역 (서울: 크리스챤출판사, 2008), 12.

시와 예언에 담긴 그리스도에 대한 영적 메시지를 사람들은 미처 이해하지 못했다.

1. 그리스도의 비밀

구약에 기록된 그리스도에 대한 언약의 계시와 예언은 은유적 표현이거나 혹은 기록된 문자 이면에 숨겨진 영적 의미로 표현된다. 이 의미들은 신약의 조명을 통하지 않으면 그 뜻이 분명히 드러나지 않는다. 이러한 이유로 예수께서 세상에 오셔서 십자가를 지심으로 하나님의 구원 계획이 세상에 밝혀지기까지 그것은 사람들에게 드러나지 않았던 그리스도의 비밀이었다.

바울도 이 비밀을 하나님의 계시로 알게 되었다고 고백한다(엡 3:3). 에베소서가 주후 60년경에 바울이 옥중에 갇혀있을 때 기록된 점으로 보아 바울은 아마 주후 59년경에 기록된 고린도후서 12장의 환상과 계시의 사건을 언급한다고 볼 수 있다. 그는 셋째 하늘에 이끌려가서 말로 표현할 수 없는 주(主)의 환상과 계시를 들었다고 암시한다(고후 12:1-4).

구약성경에 능통했던 바울도 계시를 받은 후에야 비로소 그리스도의 비밀을 깨닫게 되었다. 이 사실은 바울 당시의 유대인들은 이 비밀을 전혀 깨닫지 못하고 있었음을 시사한다. 예수가 약속을 따라 세상에 오신 그리스도임을 알아보지 못한 그들이 자신이 신적 존재임을 주장하는 예수를 십자가에 못 박은 것은 그들로서는 당연한 일이었을 것이다.

그들은 왜 그리스도에 의한 하나님의 구원 계획을 깨닫지 못했던 것인가? 바울은 그 이유를 하나님께서 그들에게 혼미한 심령과 보지 못할 눈과 듣지 못할 귀를 주셨기 때문이라고 말한다(롬 11:8). 그들을 넘어지게 하여 구원이 이방인에게 이르게 하시기 위함이었다(롬 11:11). 구원의 복음이 이방인들에게 전해지도록 하나님은 자신의 백성이던 참 감람나무의 가지를 꺾어내시고 그 위에 이방인인 돌 감람나무를 접붙이신 것이다. 그리스도의 십자가 사건은 이 일의 직접적인 원인이 되었으며, 하나님의 구원 방식이 유대인으로부터 이방인 모두에게로 확장되는 계기가 되었다.

바울은 하나님께서 아브라함에게 약속하신 후손의 참 의미가 그의 육신적 자손들이 아닌 오직 한 사람인 예수 그리스도를 가리킨다는 사실을 명백하게 밝혔다(갈 3:16). 바울로 인해 아브라함 후손에 대한 영적 의미가 세상에 확연하게 드러나게 된 것이다. 그렇지만 유대인들은 아직도 의도적으로 눈을 가리고 귀를 막으며 이 사실을 인정하지 않는다. 그러나 바울은 이방인의 수가 충분히 차게 되면, 이스라엘도 변화될 것을 피력한다(롬 11:25).

아브라함 언약에는 후손의 약속과 더불어 가나안 땅의 약속이 동반된다. 땅은 후손들이 살아가야 할 장소로 두 약속은 서로 불가분의 관계를 맺는다. 가나안 땅은 아브라함의 육신의 자손들이 대대로 삶을 꾸려나가야 할 필수적인 공간이었다. 그런데 하나님은 후손에 대한 약속에 그리스도에 대한 영적 의미를 담아 놓으셨다. 그렇다면 가나안 땅의 약속에도 그 후손과 연관되는 영적 의미가 담겨있을 것이 분명하다. 특별히 하나님께서 그 땅의 약속을 위해 스스로의 죽음의 계시를 통해 그 약속을 확증하셨다는 사실이 이를 더욱 분명하게 만든다.

가나안 땅의 영적 의미를 찾아내는 일은 그리스도의 십자가 사건의 의미를 깨닫는 일로 연결된다. 가나안 땅의 영적 의미가 그리스도의 십자가 죽음으로 성취되는 하나님의 유업을 가리키기 때문이다. 바울은 "너희가 그리스도의 것이면 곧 아브라함의 자손이요 약속대로 유업을 이을 자니라"(갈 3:29)라고 선언한다. 유업은 약속한 자가 죽은 다음에 얻게 되는 유산이다. 바울이 비록 직접 언급하지는 않지만, 그는 하나님께서 죽음의 계시를 통해 약속하신 가나안 땅이 그리스도의 십자가 죽음으로 믿는 자들에게 유업으로 주어지게 됨을 말한다.

우리는 아브라함 언약에서 하나님께서 스스로 보이신 계시 행위와 십자가에 의한 그리스도의 언약 성취를 통해 삼위일체 하나님에 대한 단서를 찾아낼 수 있다. 아브라함에게 후손과 가나안 땅의 약속을 언약으로 세우시는 하나님은 모든 민족에게 복을 끼치는 '아브라함의 후손'의 방식으로 자신을 계시하신다. 그리고 본질상 실현이 불가능한 죽음의 맹세로 후손으로 오실 그리스도의 대속적인 죽음을 예비하심으로써 언약의 성취를 계획하신 것이다.

그리스도의 대속적인 죽음이 구원을 위한 언약의 성취를 가져온다는 의미는 그분이 성부 하나님과 동일 본질의 한 하나님이라는 사실을 전제로 한다. 왜냐하면, 죄 사함을 통해 인간을 구원하시는 일은 오직 하나님만이 하실 수 있는 사역이기 때문이다. 예수께서는 마지막 유월절 만찬을 통해 제자들에게 떡과 잔을 주시면서 자신의 신적(神的) 정체성을 드러내셨다. 비록 자신은 십자가에 달려 죽을 것이지만, 자신이 흘릴 피는 많은 사람에게 죄 사함을 가져오는 새 언약의 피라고 말씀하셨다. 예수께서 자신이 새 언약의 주체가 되는 하나님이심을 제자들에게 우회적으로 나타내신 것이다.

아브라함 언약과 그리스도께서 세우신 새 언약은 구약과 신약을 가르는 시대적 차이에도 불구하고 약속의 계시와 그 성취라는 측면에서 한 연속성 위에 존재한다. 구원을 위한 하나님의 계획안에서 이 두 언약은 '하나이며 영원한 하나님의 언약'이다. 이는 계시적 측면에서 구약에 기록된 하나님의 약속이 신약의 예수 그리스도를 통해 완성되었다는 뜻이다.

계시의 성취가 이루어졌다는 말은 계시자와 그 계시의 성취자가 동일하신 하나님이심을 전제한다. 만약 하나님의 계시 안에서 계시자와 성취자가 다른 분이라면 그 계시의 성취가 이루어졌다고 말할 수 없다. 하나님의 계시는 반드시 하나님의 사역으로 성취되는 것이 원칙이다.

언약의 모든 약속과 예언들은 그 방식과 지평이 다를 뿐, 궁극적으로 하나님께서 구원을 위해 장차 자신이 행하실 사역을 계시하신다는 점에서 그 계시자와 성취자는 동일한 하나님으로 간주된다. 왜냐하면, 바르트의 주장과 같이 성경에서의 계시는 언제나 하나님과 특정한 사람 사이의 역사로서, 계시의 주체가 되시는 하나님은 계시 안에서의 그의 행위와 동일하며 또한 그 행위의 역사와 동일하신 분이기 때문이다.[340]

그러므로 하나님이 자신을 계시한다는 것은 자신의 행동으로 그 계시의 인식론적, 존재론적 근거를 제공하실 뿐만 아니라, 우리가 계시의 근원으로부터 동시에 그 행위의 결과에 도달하는 종말론적 완성을 이해할 수 있다는 것을 의미한다. 바르트는 이를 하나님께서 항상 자기 안에서 새로움을 가져오는 그분의 자유로운 행동으로 이해한다.[341] 이러한 하나님의 자유와 행동은 인간을 그분 자신과의 대화의 상대로서, 혹은 자신이 세운 언약의 대상자로 선택하시고, 그들과의 약속에 자신을 스스로 얽매이시는 자발적인 속박이기도 하다.

하나님 자신이 소유한 자유, 주권, 신성은 성경의 계시라고 일컫는 그 사건의 의미다. 즉 하나님이 그 자신으로서 우리와 더불어 있다는 것, 오직 한 인간이 '나'라고 말하고 '너'와 더불어 우리에게 말을 건네는 것처럼 우리와 타자의 주(主)로서,

---

340) Barth, 『교회 교의학 I/1』, 384-387. 바르트는 계시에 있어서 하나님은 누구인가? 라는 질문에는 성경적인 대답과 더불어 그가 무엇을 행하시는가? 또 그가 무엇을 역사(役事)하고 성취하고 창조하고 부여하는가? 라는 두 물음에 부차적인 답이 아니라, 첫 번째 대답을 수납할 수 있는 답을 해야 한다고 주장한다. 성경에서 하나님이 인식되기 위해서는 언제나 그의 계시됨 그 자체(예수 그리스도의 사건) 안에서와 또한 그의 계시되어 있음 그 자체(인간 안에서의 성령의 사역) 와 함께 인식되어야 한다는 것이다. 즉 하나님에 대한 인식은 그리스도의 십자가 사건과 그 십자가 사건을 인간에게 적용시키시는 성령의 사역과 함께 인식되어져야 한다는 것이다. 따라서 파괴되지 않은 통일성 안에서 계시자, 계시, 계시됨으로 있는 그 동일한 하나님에게 또한 그 자신 안에서의 파괴되지 않은 구별성에서 바로 이러한 삼중적인 양식이 귀속된다.
341) 황덕형, "칼 바르트의 계시론에 근거한 관계적 삼위일체론" 웨슬리신학 연구소 편, 『관계 속에 계신 삼위일체 하나님』(서울: 아바서원, 2015), 203.

자유로운 분으로서 우리와 더불어 있다는 것을 통해서이다. 하나님께서 '우리와 더불어 계심'이 성경이 말하는 계시의 사건이다.[342]

바르트는 성경의 증언에 따라 스스로를 계시한 하나님은 파괴되지 않은 통일성에서 동일한 분이며, 또한 파괴되지 않은 상이성에서 세 번 다르게 있는 동일한 분이라는 명제를 내세운다.[343] 그러나 그는 하나님의 삼위일체성에 대한 명제들이 계시에 대한 명제나 계시 자체와는 동일하다고 주장할 수 없으며, 그것의 한 분석이라고 말한다. 삼위일체론은 교회의 업적으로 그 명제의 대상에 관해 교회가 이해하는 기록이다. 이는 교회가 하나님을 인식하는 기록으로 교회가 오류에 대항하는 적합성을 선포하기 위한 투쟁의 기록인 동시에 교회 신학의 기록으로서 간접적인 계시 자체의 기록이라고 말할 수 있다.[344]

삼위일체의 교리는 초대 교회 성도들이 체험한 하나님과 그분을 통한 그들의 구원 경험에 확고하게 뿌리를 내리고 있었기 때문에, 이 교리는 그들의 구원 경험에 관한 구체적인 신학적 표현이었다.[345] 그런데 구원 경험에 확고하게 뿌리를 내렸던 초대 교회의 삼위일체의 교리가 시간의 흐름에 따라 점차 사변적이며 이해 불가의 추상적 교리로 폄하되었던 이유는 무엇일까?

사람은 하나님을 볼 수 없을 뿐만 아니라 시간이 흐르면 자신의 기억과 체험들을 잊어버리는 유한한 존재들이다. 특별히 신앙적 체험과 경험은 말씀에 계시된 하나님에 대한 명확한 지식이 없이는 지속적인 보존이 어렵다. 그리스도가 하나님과 인간의 중보자로 개입하셔서 우리를 하나님과 화목하게 하시는 역사가 없이는, 그 누구도 하나님을 아버지나 구원의 주인으로 체험할 수 없는 것이 사실이다.[346]

---

342) Barth, 『교회 교의학 I/1』, 399.
343) Barth, 『교회 교의학 I/1』, 399.
344) Barth, 『교회 교의학 I/1』, 400.
345) 이동영, 『송영의 삼위일체론』, 97.
346) Calvin, 『기독교강요 (상)』, 45.

본래 하나님을 본 사람이 없지만, 오직 아버지의 품속에 있는 그의 아들만이 하나님을 계시한다(요 1:18). 언약에 계시된 그리스도는 그 자신이 하나님의 자기 계시로서, 육신의 몸으로 오신 자신 또한 계시자이신 하나님을 나타내신다.

그러므로 그리스도를 통한 구원의 체험은 먼저 그분이 누구인지에 대한 정체성의 확신에 기초한다. 그는 언약의 약속 안에 최초로 계시된 사탄의 세력을 깨뜨릴 여인의 후손이셨으며, 아브라함과 다윗의 후손으로 오셔서 세상의 모든 민족에게 하나님의 나라의 복을 유업으로 잇게 하실 메시아셨다. 그러므로 그는 결코 유대인들이 고대하던 인간 메시아의 범위에 한정된 분이 아니라, 자신이 지신 십자가의 죽음과 부활을 통해 모든 사람에게 믿음으로 죄 사함과 구원의 축복을 주시는 하나님이시다.

2. 그리스도의 자기계시

예수 그리스도를 역사적 인물로 연구하는 필요성에 대한 논쟁이 요즈음 한창 대두되고 있다. 그분의 정체성을 당시 상황에 비추어 직접 행하셨던 역사적 사역을 바탕으로 새롭게 조명해보려는 의도다. 하지만 이러한 시도는 예수 그리스도의 신성이 배제된 채 인간적인 면에 치우칠 염려가 많다. 그분이 육신이 되어 우리 가운데 거하셨던 하나님이라는 사실이 먼저 전제되지 않는다면, 역사적 상황 속에 그려진 그분에 관한 연구는 진실을 왜곡할 염려가 있다.

『예수의 생애』를 쓴 르낭(Joseph Ernest Renan)은 이스라엘이 로마 제국에 속박되어 사라져가던 당시의 예수의 가르침은 시기적절한 것이었지만, 성경에 기록된 진리에 대한 그의 가르침과 확신은 역사에 해박한 지식으로부터 나온 것이 아니라, 자신의 사명에 관한 훌륭한 지식과 예언자로서의 본능으로부터 비롯된 것이었다고 강조한다.[347] 그는 예수의 가르침과 사역들을 그분의 신성에 근거하기보다는 인성, 즉 인간의 측면에서 바라보고 해석하려고 노력하였던 것이다.

라이트는 "우리가 진정으로 그 말씀이 성육신하신 것을 믿는다면, 우리는 당연히 그 말씀이 변화된 그 육신을 신중하게 검토하여야 하며, 그가 일 세기의 유대교에 속한 몸이었기 때문에 그 당시 유대교를 반드시 이해해야 한다"고 말한다.[348] 1세기 당시의 역사적 배경에서 그리스도의 성육신을 이해해야 한다는 주장은 그분의 사역을 이해한다는 점에서 전적으로 옳다. 그러나 그리스도가 누구신가라는 그분의 존재에 관한 정체성을 바르게 이해하기 위해서는 구약에 계시된 언약의 약속과 그 약속의 성취에 대한 올바른 인식이 바탕이 되어야 한다. 그렇지 않다면 그리스도에 대한 우리의 이해는 그분을 하나님으로 인식하기 힘들어진다.

1) 직접적인 자기계시

예수께서는 세상에 계실 때 자신의 정체성을 드러내시는 자기계시를 여러 번 하셨다. 그것은 비록 자신이 인간의 몸으로 세상에 오셨지만 원래 하나님이심을 드러내는 자기증언이었다. 자신이 누구인지를 제대로 깨닫지 못하는 사람들과 제자들을 향하여 표적과 기사를 행하시고, '나는(ego eimi)'으로 시작되는 자신에 대한 증언을 여러 번 하셨다. 이러한 증언들은 구약에서 모세에게 "나는 스스로 있는 자니라(I AM Who I AM)"(출 3:14)라고 자신을 계시하시는 하나님의 모습과 동일하다. 요한복음은 그리스도께서 자신을 따르는 사람들에게 직접 증언하신 일곱 번의

---

347) Joseph Ernest Renan, 『예수의 생애』, 강경에 역 (서울: 동서문화사, 2012), 355-356.
348) N. T. Wright, The Challenge of Jesus, 이진섭 & 박대영 역 (서울: 한국성서유니온선교회, 2006), 28-29.

말씀을 기록한다.

   (1) 나는 생명의 떡이다 (6:35, 48)

   (2) 나는 세상의 빛이다 (8:12)

   (3) 나는 양의 문이다 (10:7)

   (4) 나는 선한 목자다 (10:11)

   (5) 나는 부활이요 생명이다 (11:25)

   (6) 나는 길이요 진리요 생명이다 (14:6)

   (7) 나는 참 포도나무요 내 아버지는 농부다 (15:1)

모든 증언은 사람들을 구원으로 인도하시는 자신의 신적 존재에 대한 계시였다. 이 말씀을 들었던 많은 사람은 예수의 말씀을 이해하지 못하고 그의 곁을 떠나갔다. 그러나 예수께서는 신적 권위로 사람들에게 자신을 알고 본 것이 하나님을 알고 본 것이라고 선언하신다(요 14:7). 자신이 곧 하나님의 자기계시라고 선언하시는 것이다.

예수 그리스도를 역사적 인물로만 바라볼 때는 전혀 이해할 수 없고 믿을 수도 없는 말씀이다. 오늘날에도 많은 사람은 그분의 하나님 되심에 회의를 품는다. 그러나 그분이 역사의 한 지점에서 인간의 몸으로 세상에 오셨지만, 그는 세상의 구원을 위해 말씀이 육신이 되어 세상에 오신 하나님이라는 사실이 성경의 증언이다.

사람의 이성으로는 그리스도께서 자신이 하나님이심을 계시하는 증언들을 받아들이기 힘들다. 유대인들은 하나님의 능력으로만 행할 수 있는 예수의 많은 표적과 이적들을 직접 경험했지만, 자신의 신성을 주장하는 그분을 신성 모독죄로 십자가에 못 박았다. 인간의 몸으로 신성을 계시하는 예수의 주장이 그들에게는 매우 불경하게 여겨졌기 때문이다.

당시 유대인들이 고대했던 메시아와는 달리 세상에 오신 예수 그리스도는 언약의 모든 계시를 성취함으로써 세상을 구원하실 하나님이셨다. 예수께서도 생전에 자신을 메시아라고 칭하기보다는 오히려 하나님의 아들이라고 주장하셨다. 자신이 하나님과 유일하고도 영원한 관계를 맺고 계셨음을 스스로 나타내신 것이다. 이 관계를 예수께서는 다음과 같이 말씀하신다.

> 내 아버지께서 모든 것을 내게 주셨으니 아버지 외에는 아들을 아는 자가 없고 아들과 또 아들의 소원대로 계시를 받은 자 외에는 아버지를 아는 자가 없느니라 (마 11:27).

예수께서는 자신을 하나님과 긴밀한 관계를 가진 동일한 존재로 간주하셨기 때문에 자신에 대한 인간의 태도를 하나님에 대한 태도와 동일하게 여기신 것이다.[349] 인간인 동시에 하나님으로서 온 세상을 죄로부터 구원하려는 그분의 숨겨진 사명을 유대인들은 전혀 파악하지 못했다. 유대인의 민족주의 사상은 모든 민족에게 구원의 축복을 주시려는 하나님의 범세계적인 구원 의도를 받아들이기 힘들었을 것이다.

하나님께서 이스라엘 백성을 그의 백성으로 먼저 선택하신 이유는 그들을 이방의 빛으로 삼아 그의 구원을 땅끝까지 이르게 하심이었다(사 49:6). 이 목적을 위해 하나님은 그들의 조상들과 만인의 구원을 위한 언약을 세우셨고, 또한 선지자들을 통하여 예수 그리스도에 관한 예언을 지속적으로 주셨다. 그럼에도 불구하고 그 구원 약속을 이루시기 위해 자신들의 혈통을 따라 세상에 오신 그리스도를 십자가에 못 박은 사실은 참으로 아이러니하다. 이를 바울은 그들의 넘어짐으로 구원이

---

349) John Stott, 『기독교의 기본 진리』, 김재권 편 (서울: 생명의말씀사, 2015), 40.

이방인에게 이르렀다고 말한다(롬 11:11).

하나님은 그들에게 자신의 백성으로서 지켜야 할 율법을 주시고 그 율법에 대한 순종을 요구하셨던 엄격하고 공정하신 분이셨다. 그들이 생각하는 하나님은 그분 자신이 인간의 구원을 위해 십자가에 달려 직접 피를 흘리신 희생의 하나님과는 거리가 멀었다. 그렇지만 하나님은 이 일을 위해 이미 오래전에 아브라함에게 보여주신 자신의 죽음을 계시하는 제의적 행위를 통해 구원 약속을 유업으로 주셨다. 단지 그들은 언약 이면에 계시된 영적 의미를 깨닫지 못하고 있었을 뿐이었다.

이 약속의 계시를 성취하기 위해 그리스도가 세상에 오셨고, 자신이 세상에 오신 목적을 사람들이 이해하도록 신적 존재인 자신에 대한 계시를 여러 차례 주셨다. 하지만 사람들은 그 증언을 전혀 이해하지 못했고, 당연히 귀를 기울이지도 않았다. 그들이 생각하는 신(神)에 대한 고정관념 속에는 인간의 구원을 위해 자신을 희생하시는 하나님에 관한 생각이 전혀 없었다. 그들은 예수 그리스도를 하나님의 아들, 혹은 하나님으로 생각할 수 있게 준비된 자들이 아니었다. 신적 존재로 자신을 계시하시는 그분을 신성모독 죄로 십자가에 못 박았던 것이다.

예수께서는 자신이 떠나가는 것이 사람들에게 유익이라고 말씀하셨다. 자신이 떠나가면 하나님께서 그의 이름으로 보내실 성령께서 모든 것을 가르치시고 그가 말씀하신 모든 것을 생각나게 하시기 때문이다(요 14:26). 예수께서 부활 승천하신 후 성령이 그들에게 임하였을 때, 그들은 예수 그리스도가 인간으로 오신 하나님이셨음을 확실히 깨달을 수 있었다.

아브라함의 자손임을 주장하며 자신을 대적하는 유대인들을 향해 예수께서는 다음과 같이 말씀하셨다.

> 너희 조상 아브라함은 나의 때 볼 것을 즐거워하다가 보고 기뻐하였노라 (요 8:56)

> 진실로 너희에게 이르노니 아브라함이 나기 전부터 내가 있느니라 (요 8:58)

예수님은 "아브라함이 나기 전부터 내가 있었느니라"라고 하지 않으시고 "내가 있느니라"라고 말씀하신다. "내가 있느니라(I Am)"라는 표현은 호렙산에서 하나님이 모세에게 자신을 나타내실 때 사용하신 하나님의 이름이었다. 이 하나님의 이름을 자신에게 붙이고 계신 것이다. 자신이 아브라함 이전부터 존재하였던 영원한 신적 존재임을 의도적으로 계시하고 계신다. 이 말씀을 들은 유대인들은 돌을 들어 예수를 치려고 했다. 그들은 예수가 하나님을 모독하였다고 생각했다.

2) 간접적인 자기계시

예수께서는 직접적인 자기계시뿐만 아니라, 그의 말씀과 사역을 통해서도 자신의 신성을 드러내셨다. 그분의 사역에 함축된 의미는 직접적인 자기계시와 같이 그분이 누구신지를 명백히 증거하고 있다. 그분의 사역이 때로는 사람으로서는 할 수 없는 하나님께 속한 일들이었기 때문이다.

예수께서는 십자가에 달리시기 전날 밤, 제자들과 함께 유월절 만찬을 가지셨다. 공관복음의 마태, 마가, 누가는 떡과 잔을 주시면서 하신 예수의 말씀을 공히 기록하고 있다. 복음서에 따라 그 표현들이 약간의 차이가 있기는 하지만 바울은 고린도전서 11장에서 성만찬 제정에 대한 개념을 명확히 정리한다. '예수께서 떼어 주시는 떡은 우리를 위한 그분의 몸이며, 잔은 그분의 피로 세운 새 언약'이라고 말한다(고전 11:24-25).

언약을 세우는 일은 사람이 할 수 있는 일이 아니라 하나님의 일이다. 성경에 기록된 모든 언약은 언제나 하나님의 일방적인 계시로 주어진 약속이었다. 구원은 하나님께서 사람에게 주신 일방적 은혜의 선물이다. 하나님의 은혜가 없었다면 인간이 먼저 하나님께 구원의 약속을 유도할만한 그 어떤 행위도 불가능하였을 것이다. 인간은 모두 죄인이기 때문이다.

예수께서는 많은 사람에게 죄 사함을 주시려고 십자가에서 피를 흘리셨고, 그 피로 새 언약을 세우셨다(마 26:27). 그리스도의 피가 사람들의 죄를 사하는 능력은 하나님의 구원에 관한 예언적 계시가 그분의 십자가 죽음으로 모두 성취되었기 때문이다. 그리스도는 인간의 몸으로 세상에 오셨지만, 하나님의 계시를 자신의 죽음으로 완벽하게 실행하신 분이다.

예수께서는 생전의 사역 중에 두 번에 걸쳐 사람들의 죄를 용서해 주셨다. 첫 번째는 그가 계신 곳의 지붕을 뜯고 친구들이 중풍 병자를 달아 내렸을 때다. 그들의 믿음을 보신 예수님은 "작은 자야 네 죄 사함을 받았느니라"라고 말씀하셨다(막 2:5). 하나님 한 분 외에는 죄를 사해 주실 분이 없었기 때문에 그곳에 있던 무리는 놀랐다. 그때 예수께서는 "인자가 땅에서 죄를 사하는 권세가 있는 줄을 너희로 알게 하려 하노라"(막 2:10)라고 말씀하신 후, 중풍 병자에게 "일어나 네 침상을 가지고 집으로 가라"(막 2:11)고 말씀하셨다.

두 번째는 예수께서 한 바리새인의 집에 청함을 받고 들어가 앉으셨을 때, 그 동네에 죄를 지은 여자가 예수님 뒤로 와서 울며 눈물로 그 발을 적시고, 자기 머리털로 씻고, 그 발에 입 맞추고 향유를 부었다. 이때 예수님은 "네 죄 사함을 받았노라"라고 말씀하셨다(눅 7:48). 이 경우에도 함께 앉아 있던 자들은 이 사람이 도대체 누구이기에 죄를 사하는 권세를 가졌는지에 대해 의아해했다.

두 경우 모두 사람들이 놀라고 의아해했던 것은 당연한 일이었다. 사람들의 죄를 사하는 용서는 오직 하나님만이 하실 수 있는 일이었기 때문이다. 그들은 예수를 단지 인간으로만 생각했기에, 세상의 구원을 위해 오신 하나님임을 미처 깨닫지 못했던 것이다.

예수님은 보리떡 다섯 개와 물고기 두 마리로 오천 명을 배불리 먹이시는 표적을 행하셨다. 이튿날 바다 건너편으로 자신을 다시 찾아온 무리에게 그는 영생을 위한 생명의 떡에 대하여 말씀하셨다. "나는 하늘에서 내려온 살아있는 떡이니 사람이 이 떡을 먹으면 영생하리라"(요 6:51)라고 하신 후, "인자의 살을 먹지 아니하고 인자의 피를 마시지 아니하면 너희 속에 생명이 없느니라"(요 6:53)라고 선언하신다. 이 말씀을 듣고 믿지 못하는 많은 사람은 예수의 곁을 떠났다.

예수의 말씀은 사람들이 이해하기 힘들었고 믿을 수 없는 것 같았다. 그렇지만 그분의 말씀은 하나님의 말씀이셨다. "하나님이 보내신 이는 하나님의 말씀을 하나니"(요 3:34), "천지는 없어지겠으나 내 말은 없어지지 아니하리라"(막 13:31)라고 선언하심으로써 자신이 누구신지를 간접적으로 계시하고 계신다.

그리고 새 언약을 세우신 주인으로서 제자들에게 새 계명을 주셨다. 새 언약 백성으로 거듭난 믿음의 공동체에 속한 자들이 지켜야 할 율법과 같은 계명이다. 그 계명은 비록 한 문장에 지나지 않지만, 우리의 삶과 영혼 전반에 걸쳐 지켜야 할 새로운 하나님의 법이었다. "새 계명을 너희에게 주노니 서로 사랑하라 내가 너희를 사랑한 것같이 너희도 서로 사랑하라"(요 13:34).

직접 또는 간접적인 자기계시를 통하여 자신이 하나님이심을 주장하신 예수를 믿고 따르는 믿음은 사람의 이성이나 의지로 되는 것이 아니다. "내 아버지께서 인도하여 주지 아니하시면 누구든지 내게 올 수 없다"(요 6:35)고 예수는 말씀하셨다. 예수의 이 말씀은 바울의 "성령으로 아니하고는 누구든지 예수를 주(主)시라 할 수 없느니라"(고전 12:3)는 말씀과 같은 맥락이다. 그리스도를 따르는 믿음과 그분을 주, 하나님으로 고백하는 믿음은 아버지 하나님과 그분이 보내신 성령 사역의 결과이다. 즉, 믿음은 사람의 의지와 관계없이 예정된 자들을 택하시고 구원하시는 하나님의 전적인 은혜의 선물이다.

B. 언약과 하나님 말씀이신 그리스도

우리는 하나님께서 세우신 언약과 그 성취 과정에 나타나는 하나님의 계시행위를 통하여 좀 더 직접적이고 분명한 삼위일체 하나님의 흔적을 찾아낼 수 있다. 구약의 언약에 계시된 하나님의 구원 약속은 신약의 삼위 하나님이 공동으로 참여하시는 관계적 사역을 통해 최종적으로 성취된다. 구약의 계시자이신 하나님과 신약의 삼위 하나님은 동일 본질을 가지신 한 하나님이시다. 하나님의 계시에서 하나님 말씀은 언제나 하나님 자신과 동일하시기 때문이다.[350]

그 말씀은 언제나 하나님의 임재와 존재가 나타나는 곳에 함께 계셨다. 태초부터 말씀은 하나님과 함께 계셨던 하나님이셨으며(요 1:1), 모든 만물이 그 말씀으로 말미암아 창조되었다(요 1:3). 즉, 현존하는 모든 것의 시초(ἐν ἀρχῇ)와 근원에 있어 하나님과 더불어 계시고(πρὸς τὸν θεόν), 하나님께 속한 그 자신이 하나님이신 분이다. 그 말씀은 모든 현존(現存)하는 것의 존재로 불러내진 만물의 근원이신 하나님이시다.[351]

이 말씀에 관해서 사도 요한이 서술하고자 하는 예수 그리스도는 어둠 가운데 거하시는 빛, 즉 어둠이 파악하지 못하는 빛으로서 하나님보다 더하지도 덜하지도 않게 그 자신이 현존하시는 분이시다.[352] "이 말씀은 곧 하나님이시라"(요 1:1)는 요한의 선포는 "아버지 품 안에 있는 그 자신이 하나님이신 이가 하나님을 우리에게 나타내셨느니라."(요 1:18)라는 반복과 같이 하나님의 독생자인 그리스도는 우리가 볼 수 없는 하나님을 계시하신다.

히브리서는 예수 그리스도에 대하여 다음과 같이 기록하며 첫 구절을 시작한다.

---

350) Barth, 『교회 교의학 I/1』, 395.
351) Barth, 『교회 교의학 I/1』, 515.
352) Barth, 『교회 교의학 I/1』, 515.

옛적에 선지자들을 통하여 여러 부분과 여러 모양으로 우리 조상들에게 말씀하신 하나님이 이 모든 날 마지막에는 아들을 통하여 우리에게 말씀하셨으니 이 아들을 만유의 상속자로 세우시고 또 그로 말미암아 모든 세계를 지으셨느니라 (히 1:1-2)

히브리서는 하나님의 아들이신 예수 그리스도가 세상을 창조하신 하나님의 말씀임과 동시에 그 말씀을 하나의 독립된 위격으로 간주한다. 요한복음 1장은 하나님과 함께 계셨던 말씀은 곧 하나님이시며(1절), 만물이 그로 말미암아 지은 바 되었다고(3절) 기록한다. 이는 곧 모든 세계를 창조하신 그분은 태초부터 하나님과 함께 계셨던 말씀이며, 그 말씀이 하나님의 아들로 세상에 오신 예수 그리스도라는 의미다.

바르트는 "계시는 하나님의 말씀으로 기록된 하나님과 특정한 인간들 사이의 역사다"라고 주장한다. 계시가 역사라는 주장에는 하나님과 인간 사이에 계시를 이행하시는 하나님의 행위가 전제된다. 하나님께서 인간에게 주시는 계시에는 인간의 구원을 위한 그분의 뜻이 담겨있기 때문이다. 따라서 아브라함에게 "여호와의 말씀"으로 임하셔서 자신을 주(主)로 계시하시는 하나님이 그와 언약을 세우시며 보이신 계시적 행위는 모두 구원과 밀접한 관계에 있다. 하나님은 언약의 계시를 통하여 장차 그분이 무엇을 역사(役事)하고 성취하실 것인가를 분명히 드러내신다.

그렇다면 하나님은 죽음의 계시를 통해 맹세하신 땅의 약속을 과연 어떻게 실행하실 것인가? 죽음은 영이신 하나님과는 무관한 죄를 지은 육체와 관련된 인간의 문제다. 결과적으로 하나님께서는 자신이 직접 이행하실 수 없는 불가능한 일을 아브라함에게 스스로의 계시로 보이셨다. 그뿐 아니라 이를 통해 아브라함과 언약을 세우심으로 그 실행에 대한 약속에 스스로를 매이시게 되었다.

창세기 15장 17절을 주석하는 신학자들의 대부분은 이 구절을 하나님께서 앞으로 자신이 직접 행하실 실제적인 계시로 보지 않는다. 이 구절을 단지 하나님께서 그의 약속을 이루시겠다는 의지를 강하게 어필하는 하나의 의례적인 행위로 간주한다. 그러나 하나님께서 직접 계시하신 사건은 결코 의미 없이 성경에 기록되거나 결과 없이 흐지부지 끝나는 법이 없다. 계시적 사건은 하나님께서 자신이 앞으로 행하실 구원 사역에 대한 예견으로 사람들에게 자신의 계획을 미리 알리고 약속하시는 수단이다.

그러므로 우리는 창세기 15장 17절에 기록된 계시적 사건에 대한 실행을 언약의 성취자이신 예수 그리스도에게서 찾는다. 그분은 성령으로 잉태되어 육신을 입고 세상에 오셨지만 원래 말씀으로 계셨던 성부 하나님과 같은 본질의 하나님이시다. 히포의 감독인 어거스틴는 요한복음 1장 1-3절과 14절을 들어 성부와 성자 하나님의 한 본질로서의 위격의 동등성을 다음과 같이 묘사한다.

> 이러한 구절에서 예수는 지금 자신이 하나님일 뿐만 아니라 아버지와 동일한 본질임을 분명히 보여준다. 왜냐하면 "말씀은 하나님과 함께 있었고 그 말씀이 하나님이셨다"라고 말한 후 "이것은 하나님과 함께 시작하였고, 만물이 그를 통해 만들어졌으며 그가 없이 만들어진 것은 하나도 없다"(요 1:2)고 첨부하기 때문이다. 만물이란 오직 피조된 것을 의미하므로 모든 피조물을 말한다. 따라서 모든 만물을 만든 아들은 피조된 것이 아니라는 사실이 아주 명백하다. 그리고 만약 그가 창조된 것이 아니라면 그는 피조물이 아니며, 만약 그가 피조물이 아니라면 그는 성부와 동일한 본질이다.[353]

어거스틴는 말씀이 육신이 되신 예수 그리스도를 성부 하나님과 동일한 본질을

---

353) Augustine, De Trinitate, translated with introduction and notes by Edmund Hill (NY: New York City Press, 1991) 1.9. 김옥주, "어거스틴의 삼위일체론," 웨슬리신학연구소 편, 『관계 속에 계신 삼위일체 하나님』(서울: 아바서원, 2015), 61, n. 25에서 재인용.

가지신 하나님으로 간주했다. 이는 구약에 '여호와의 말씀'이 여호와 하나님의 존재와 함께 그분의 임재를 동시에 드러내는 계시적 사건들을 통해 '말씀'이 독립된 위격으로서의 주(主)되심을 성경은 증언하고 있기 때문이다. 바르트에 따르면 하나님의 말씀은 그의 계시에 있어서의 하나님 자신이다. 왜냐하면, 하나님은 자신을 주(主)로 계시하기 때문이며, 그것은 성경에 따라 계시의 개념에 대하여, 하나님 자신이 파괴되지 않은 통일성에서 그러나 또한 파괴되지 않은 구별성에서 계시자이고 계시이며 계시되어 있기 때문이다.[354]

창세기 15장에 따르면, 아브라함 언약이 세워지기 바로 전에 '여호와의 말씀'이 환상 중에 아브라함에게 임하셨다(1절). 이때 아브라함은 즉시 "주 여호와여 무엇을 내게 주시려 하나이까?"(2절)라고 반문한다. 아브라함은 그에게 임한 '여호와의 말씀'을 대하며 직접 '주 여호와'로 부르며 반응한다. 그는 자신에게 임했던 '여호와의 말씀'이 여호와 하나님과 동일한 존재의 위격임을 미리 파악하고 있었던 것이다.

아브라함이 보인 태도는, "하나님이 그의 계시에서 그 자신의 양면성을 가진다는 것이 그분에게는 불가능하지 않고 또 너무 미소한 것이 아니다."라는 바르트의 주장을 뒷받침한다.[355] 그의 행동은 결과적으로 '여호와의 말씀'이 '여호와 하나님'과 함께 존재의 양면성을 나타내고 있는 하나님 자신과 그분의 존재 자체임을 인정한 셈이다.

사무엘하 7장에서도 하나님은 다윗과 언약을 세우시기 전에 '여호와의 말씀'으로 나단 선지자에게 임하여 다윗과 세울 언약을 이르신다. 그 내용은 첫째, 여호와께서 다윗을 위해 집을 지을 것(삼하 7:11)이며, 둘째는 다윗의 몸에서 날 후손을 세워 그의 나라를 견고케 하실 것이라(삼하 7:12)는 두 가지 언약의 약속이었다. 나단

---

354) Barth, 『교회 교의학 I/1』, 383.
355) Barth, 『교회 교의학 I/1』, 410.

선지자를 통해 다윗에게 전달된 이 언약의 말씀은 모두 다윗과 언약을 세우시는 여호와 하나님 그 자체의 계시였다. 그 계시는 다윗의 후손으로 오실 그리스도에 대한 진전된 약속으로 하나님의 아들이 될 자손을 다윗에게 주심으로써 하나님 자신이 다윗을 위해 집을 짓는다는 내용이었다.[356]

다윗이 죽을 때 하나님은 "내가 네 몸에서 날 네 씨를 네 뒤에 세울 것"(삼하 7:12)을 선언하신다. 이 구절에 대한 히브리어 원어에는 부활에 대한 특별한 암시가 없지만, 구약성경이 헬라어로 번역된 70인경에는 "$και\ ανασ\tau εσο\ \tau ο\ σπερμα\ σου$", 즉 "내가 네 씨를 부활시킬 것이다"로 번역되었다.[357] 이는 베드로가 오순절 설교를 통해 "다윗이 그의 자손 중에 한 사람인 그리스도를 미리 본 고로 그의 부활을 말했다"(행 2:31)라는 선포의 근거가 된다.

구약성경에서 여호와의 말씀과 여호와 하나님이 서로 구분되지 않은 한 분 하나님으로 기록된다는 사실은, 그 말씀이 육신이 되어 세상에 오신 예수 그리스도가 하나님과 더불어 구분되지 않는 동일한 본질의 한 분 하나님이라는 사실의 근거가 된다. 이를 증명하듯 예수께서도 "나와 아버지는 하나"(요 10:30)라고 유대인들에게 직접 선언하셨다. 어거스틴는 성부와 성자의 관계에 대하여 다음과 같이 주장한다.

> 아버지가 오직 그렇게(아버지로) 호칭되는 것은 아들이 있기 때문이며, 아들이 오직 그렇게(아들로) 호칭되는 것은 아버지가 있기 때문이듯, 이러한 명칭들은 본질을 말하는 것도, 그 자체를 말하는 것도 아니고, 오직 상대방에 관하여 말하는 것이다. 그 명칭들은 우발성에 관하여 말한 것도 아닌데, 아버지와 아들이라 는 호칭의 의미는 두 위격이 영원히 그리고 불변적으로 서로에게 속해 있기 때문이다. 그러므로 비록 아버지로 존재하는 것

---

356) Wright, The Challenge of Jesus, 129.
357) Wright, The Challenge of Jesus, 128.

이 아들로 존재하는 것과 상이하다 할지라도 본질에는 차이가 없다. 왜냐하면 그 호칭들은 본질에 관한 것이 아니라 관계에 관한 것이기 때문이다. 그리고 이 관계는 변할 수 있는 것이 아니기 때문에 변형이 아니다.[358]

어거스틴 사상의 근저에는 신적인 관계의 개념을 발전시키면서 하나님에 관한 담론을 확대하려는 의도가 담겨있었다.[359] 태초에 하나님은 자신의 말씀을 선언하고 자신의 영을 보냄으로 만물을 창조하셨다.[360] 이렇듯 하나님의 말씀은 창조사역뿐 아니라 그로 인해 창조된 모든 피조물을 그 목적에 맞게 보전하시는 하나님의 무한한 능력으로 나타난다.

최초의 인간인 아담이 불순종하여 창조 질서를 벗어나 죄를 범하였을 때, 하나님은 그에게 죽음 대신에 오히려 구원을 위한 '여인의 후손'을 약속하는 말씀을 주셨다. 하나님의 말씀은 구원 계시가 점진적으로 진행되어 육신의 아들로서 세상에 오시기까지 사람들에게 여호와 하나님의 존재를 인식하고 경험하게 하는 실제적인 역할을 담당했다. 성경에 기록된 "여호와의 말씀"이 사람에게 임하였다는 사실은 사람이 눈으로 볼 수 없는 하나님의 존재가 그 사람에게 친히 임재하였다는 사실을 나타낸다.[361]

자신의 말씀을 아들의 자격으로 세상에 보내신 분은 여호와 하나님이시다. 신적 존재가 인간의 몸으로 세상에 온다는 것은 인간의 이성으로는 도저히 납득되지 않는다. 그러나 이러한 사실을 믿고 확신하는 것이 기독교의 믿음이다. 이 성도들이

---

358) Augustine, De Trinitate, 5.6. 김옥주, '어거스틴의 삼위일체론', 63, n. 31에서 재인용
359) 김옥주, '어거스틴의 삼위일체론', 63.
360) Barvinck, 『개혁교의학 2』, 324.
361) 창세기 15장은 여호와께서 아브라함에게 후손에 대한 약속을 주시고 그와 가나안 땅에 대한 약속을 언약으로 세우시기 위해 여호와의 말씀이 환상 중에 아브람에게 임하였음을 기록한다(1절). 그리고 이 말씀은 "나는 네 방패요 너의 지극히 큰 상급"임을 이르신다. 아브람에게 임한 '여호와의 말씀'은 하

이러한 신비한 믿음을 가질 수 있도록 성령은 우리를 돕고 계신다.

그런데 왜 하나님은 자신의 존재와 임재의 상징인 "말씀"을 육신의 몸으로 세상에 보내셨는가? 육신의 몸으로 세상에 오신 그분은 왜 십자가에서 죽음의 고난을 당하셨으며, 그분의 십자가 사역이 오늘날 우리의 구원과 무슨 상관이 있는 것인가?

이 질문들에 대한 답은 하나님께서 계시하신 구원 언약의 약속이 무엇이며, 세상에 오신 예수 그리스도의 성육신과 십자가 사건의 목적이 무엇인지를 밝히는 데서 얻을 수 있다. 성경에 기록된 모든 언약은 죄로 타락한 인간의 구원을 위한 은혜의 방편으로서 장차 오실 그리스도에게로 초점이 맞추어져 있다. 일방적인 약속과 맹세로 주신 언약에서 하나님은 자신의 무조건적인 은혜를 사람들에게 드러내신 것이다. 자신과 함께 계셨던 말씀인 아들을 세상에 내어주셔서 자신이 약속한 언약의 계시를 그의 희생을 통해 성취하셨다.

언약에 계시된 약속의 성취는 인간의 구원이 목적이었다. 인간을 죄로부터 구원하기 위해서는 대속적인 피 흘림이 요구되었다. 피 흘림이 없이는 사함(forgiveness)이 없기 때문이다(히 9:22). 죄의 용서를 위해 동물의 피로 드렸던 구약의 제사 제도는 그리스도가 오실 때까지 지속되었던 모형이었다. 구약의 제사 제도는 죄 용서를 위한 방편으로 지속적인 반복이 요구되었다. 그러나 예수 그리스도께서 십자가에서 흘리신 피는 단번에 사람들의 죄를 속량하는 단회적인 영원한 희생 제사였다.

> 나의 인격체로서 그에게 말씀하시고, 또한 자신을 아브람의 방패와 큰 상급이 되시는 주체자로서 언급을 하신다. 구약 성경에서 '여호와의 말씀'은 하나님의 이성과 개념이 아니라 만물을 창조하고 보존하는 선언된 말씀으로 하나님께서 영원부터 소유하고 지명한 자신의 인격으로 제시되며, 자신과 동일함을 스스로 드러내신다. 이러한 '여호와의 말씀'이 다시 다윗과의 언약을 위해 나단 선지자에게 임하셨다(삼하 7:4). 그리고 다윗과 세우실 언약의 내용을 세세히 이르시어 나단이 하나님께로부터 받은 이 모든 말씀들과 계시를 다윗에게 전함으로 다윗과의 언약을 세우신다(삼하 7:5-17).

그렇지만 구원을 위해 사람들의 죄를 용서하는 일은 신적 영역에 속하는 일이다. 그리스도께서는 자신이 흘린 피를 통하여 많은 사람에게 죄 사함을 주시겠다고 제자들에게 말씀하신다. 자신의 하나님 되심을 유월절 만찬의 잔을 통하여 간접적으로 제자들에게 선언하신 것이다.

예수 그리스도의 이 선언에는 두 가지 사실이 암시되어 있다. 첫째는 자신이 하나님이심을 나타낸다. 그리고 두 번째는 자신이 언약에 계시된 약속의 유업에 대한 성취를 드러내신다. 만약 자신이 하나님께서 죽음의 계시로 약속하신 그 유업의 성취자가 아니라면 자신이 생전에 약속하신 영생의 근거가 모호해진다. 그리스도를 믿는 자들의 영생을 위해서는 그들이 영원한 삶을 누릴 수 있는 영원한 안식처가 필요하기 때문이다.

가나안 땅에 대한 약속은 문자적으로 아브라함과 그의 자손들이 살아갈 실제적인 가나안 땅에 대한 약속이었지만, 신약성경의 조명을 통해 드러난 그 약속의 영적 의미는 그리스도를 믿는 자들이 유업으로 얻게 될 영원한 안식의 땅이었다. 이를 위해 하나님은 죽음의 계시를 통해 아브라함과 맹세의 언약을 세우셨고, '말씀'이 육신이 되어 세상에 오신 예수 그리스도는 하나님의 아들로서 약속에 따라 십자가에서 돌아가셨다. 이로 인하여 언약에 계시된 하나님의 약속이 성취되고 구원의 복음이 인종과 민족에 관계없이 온 세계에 전파되어 성령에 의한 믿음으로 새로운 하나님의 백성이 창조되었다.

"네 씨로 말미암아 천하 만민이 복을 받으리라"(창 22:18)는 하나님의 약속이 그리스도에 의해 최종적으로 성취되었다. 그리스도의 성육신과 십자가 사건의 목적이 그리스도의 죽음으로 동시에 성취된 것이다. 이는 창세기 15장의 아브라함에게 주신 '후손'과 '땅'에 대한 약속의 이면적 의미가 그리스도에 의해 영적으로 모두 성취되었다는 의미다. 이로써 구원의 복음이 세상에 전해졌으며, 모든 언약의 계시를 성취하신 그리스도를 믿는 모두에게 옛 언약의 성취로 인한 약속의 결과가 동일하게 주어졌다. 그것은 그리스도의 소유로서 아브라함의 자손이 되어 약속대로 유업을 이을 자가 되는 것이다.

예수 그리스도가 육신으로는 아브라함의 후손으로 오셨지만, 그의 존재의 근원은 말씀이 육신이 되신 하나님이시기 때문에 그가 아브라함 언약의 두 약속을 동시에 성취할 수 있었던 근거가 된다. 만약 예수 그리스도가 인간이 아니라 전적인 하나님으로만 존재했다면 후손에 대한 약속은 성취되지 못했을 것이다. 또한, 마찬가지로 그가 하나님이 아니라 전적으로 인간이셨다면 그의 십자가 사건은 하나님의 약속에 대한 성취를 이룰 수 없었을 것이다. 그는 비록 인간의 몸으로 세상에 오셔서 십자가에서 돌아가셨지만, 죽음을 극복하신 부활로 인하여 그는 하나님으로서 언약의 성취를 이루어 내신 중보자가 되신 것이다.

몰트만은 예수 그리스도에 대한 기독론적 문제 속에는 결국 하나님에 대한 문제가 숨어 있다고 보았다.[362] 그는 "십자가 위에서 일어난 그리스도의 사건은 하나님의 사건이며, 또한 하나님의 사건은 부활한 자의 십자가상의 사건이다"라고 주장한다.[363] 그는 십자가의 사건을 하나님께서 접촉할 수 없는 그의 영광과 영원으로부터 단지 바깥을 향해 행동하신 것이 아니라, 자기 자신에게서 행동하셨고, 그리고 그 결과로 자기 자신으로 고난을 당하셨다고 주장한다.[364]

이러한 몰트만의 주장을 언약의 관점으로 본다면, 하나님께서 십자가에서 행하신 모든 행동은 인간과 맺으신 언약에 그분 자신이 스스로 매이신 결과에서 비롯된다. 하나님이 인간과 맺으신 약속의 이행을 위해 스스로 자신의 존재와 임재의 상징인 말씀의 자리를 비우고 인간의 몸을 입고 세상에 오셔서 고난을 당하셨다는 '케노시스(κενοσισ)'의 의미가 성립되는 것이다.

---

362) Moltmann, 『십자가에 달리신 하나님』, 279.
363) Moltmann, 『십자가에 달리신 하나님』, 288.
364) Moltmann, 『십자가에 달리신 하나님』, 288.

언약의 관점에서 우리는 예수 그리스도의 죽음을 하나님의 죽음으로 간주하며, 그리스도의 십자가를 하나님의 존재 안에서 발생한 삼위일체적인 사건으로 볼 수 있는 정당성을 가진다. 알트하우스(P. Althaus)는 '케노시스'에 대하여 다음과 같이 진술한다.

> 신학은 십자가로부터 사고하여야 한다. 완전한 무능 가운데, 거기로부터 우리가 어떠한 '신적 본성'도 끄집어낼 수 없는 바, 십자가에 달린 그분의 죽음의 신고 가운데 감소될 수 없는 완전한 하나님의 신성이 지배한다. 바울이 자신의 생애를 위한 주님의 말씀으로 받아들였던 것 – "내가 약할 그 때에 곧 강함이라"(고후 12:9) – 을 하나님 자신의 삶의 법칙으로서의 예수 그리스도에 대한 신성 가운데서 인식한다. 이 인식에 있어서는 하나님의 불변성에 대한 과거의 이해가 완전히 무너진다. 그러므로 신학은 하나님 자신이 실제로 아들을 통하여 고난을 짊어지셨으며, 바로 그런 한에서 하나님이시며 또 하나님이 되신다는 사실을 진지하게 취급해야 한다. 우리는 단지 인간적인 것의 한계가 우리의 개념에 따라 부서지지 않는 그러한 정도로, 하나님이 예수 그리스도 안에서 현존하고 또한 활동하시게 되는 하나의 이론을 통하여 이 하나님의 기적을 합리화하려고 하면 안 된다. 그러나 마찬가지로 우리는 하나님을 그리스도의 인간 존재 안에서 존재론적으로 직접 제시하려고 시도해서도 안 된다. 신성은 인간성 아래에 숨겨져 있으며, 단지 신앙인에게만 계시되나, 그렇다고 직관될 수 있는 게 아니다. 그러므로 그것은 모든 이론의 가능성을 초월해 있다. 하나님이 그의 신성이 은폐된 가운데서 인간성을 입으셨다는 사실이 케노시스의 내용이다.[365]

몰트만은 성부 하나님과 관계를 맺고 있는 아들 예수 그리스도의 고난과 죽음에

---

365) P. Althaus, "Art. Kenosis," RGG III, 1243; H. Urs v. Balthasar, aaO, 143: "Die Kenosis und das neue Gottesbild," J. Moltmann, 『십자가에 달리신 하나님』, 289, n. 22에서 재인용.

대하여 인격적으로 이해하고자 한 알트하우스의 진술을 타당하다고 여겼다. 그러나 그는 알트하우스의 케노시스에 근거한 삼위일체론에 대해 잘못된 이해를 지적한다. 즉 예수 그리스도의 죽음을 하나님의 죽음으로 이해해서는 안 되며, 오히려 하나님 안에서의 죽음으로 이해해야만 한다는 것이다. 하나님의 죽음에 대한 진술에는 최소한 삼위일체의 차원이 결여되어 있기 때문이다.[366]

말씀이 육신이 되신 예수 그리스도는 성부 하나님, 그리고 성령과 더불어 삼위일체 하나님으로 위격으로 서로 구별은 되지만 구분되지는 않는다. 그러나 말씀을 통해 계시하시는 계시자와 말씀인 그 계시가 '파괴되지 않은 통일성'안에서 구별되듯이 그리스도의 죽음은 계시자인 하나님 자신의 죽음과는 계시적 사건의 측면에서 서로 구별되어야 할 것이다.

그러나 그리스도의 십자가에 대한 계시적 사건은 바르트의 주장과 같이 계시의 역사(役事)와 계시자가 계시 안에서 동일하다는 것을 전제로 할 때, 하나님께서 죽음의 계시를 통해 세우신 아브라함과의 언약을 위격으로서의 그리스도가 십자가의 죽음을 통해 성취하였다고 말할 수 있다. 그의 위격이 구별되나 구분되지 않는 통일성에서 그가 성부 하나님과 동일 본질의 한 하나님이라는 사실이 밝혀진 계기는 바로 십자가의 죽음 후에 이루어진 그의 부활 사건을 통해서였다.

만약 그분이 겪으신 십자가의 죽음이 부활을 전제로 하지 않은 영원한 죽음이었다면, 십자가에서의 그의 죽음이 언약의 성취를 이루거나, 새 언약을 세우는 일은 절대로 불가능했을 것이다. 부활이 없는 그리스도께는 결코 신성이 존재할 수 없기 때문이다. 만약 부활이 없다면, 모든 사람의 죄를 대속하기 위해 세상에 오신 그리스도가 죄의 열매인 사망의 권세를 극복하지 못한 채 죽음의 단계에 머무르는 결과를 초래하기 때문이다. 그러나 예수 그리스도는 부활하여 사망 권세를 이기심으로써 원래 하나님의 위치로 다시 돌아가신 것이다.

---

366) Moltmann, 『십자가에 달리신 하나님』, 290-291.

바울의 십자가에 관한 말씀은 십자가에 달린 그분의 부활 사건을 근거로 한다. 바울은 그리스도의 부활을 죽음 다음에 오는 사건으로 이해하지 않았다. 오히려 십자가에 달린 지상의 예수를 주(主)로 격상시킴으로써 종말론적 사건으로 이해하였다. 죄의 현재적인 용서로서 복음은 십자가에 달리시고 부활하신 그분의 새롭고 신적이며 종말적인 삶을 전제하고 있기 때문이다.[367]

C. 언약과 십자가 사건

그리스도의 십자가 사건은 앞에서 살펴본 바와 같이 하나님의 존재 안에서 발생한 언약의 성취를 이룩한 삼위일체적 구원 계획의 실행이었다. 그리스도는 언약의 성취를 위해 말씀이 육신이 되어 세상에 오신 참 인간인 동시에 참 하나님이셨다. 그렇다면 언약의 성취로서 오신 그리스도는 언약의 어떤 면을 성취하였다는 말인가? 또한, 그리스도께서 언약의 정점에 계신다는 것은 신학적으로 무엇을 의미하고 있는가?

1. 그리스도와 십자가

몰트만은 그의 저서 『십자가에 달리신 하나님』에서 '그리스도의 고난과 죽음이 우리를 위해서 무엇을 의미하는가?'라는 구원론적 질문을 '그리스도의 고난과 죽음이 하나님을 위하여 무엇을 의미하는가?'라는 신학적 질문으로 뒤바꾸어 놓음

---

367) Moltmann, 『십자가에 달리신 하나님』, 116.

으로써, 삼위일체적 십자가의 발자취를 뒤따른 적이 있다고 진술한다.[368] 그는 앞의 질문에 대하여 그것은 "아들의 죽음에 대한 아버지의 고통이었다"고 대답한다. 예수 그리스도의 십자가 처형으로 인해 아버지도 함께 고통을 당하심으로서, 하나님은 고통의 유발자가 아니라 함께 고통을 당하는 자였다는 의미다.

그러나 그는 아버지께 버림받은 아들이 당한 고통과 죽음은 아들의 죽음에 대한 아버지의 고통과는 다른 고통이었기 때문에, 예수 그리스도의 죽음을 간단히 '성부수난론'적으로 생각하여 하나님의 죽음으로 이해될 수 없다고 주장한다.[369] 그는 다음과 같이 십자가 사건에 대한 설명을 이어간다.

> 그리스도의 십자가 사건이 성부 하나님과 성자 하나님 사이의 사건으로 파악되기 위해서는 이를 '삼위일체론'적으로 생각해야만 한다. 아들은 죽음의 고통을 당하며, 아버지는 아들의 죽음으로 고통을 당하신다. 여기서 아버지가 당하는 아픔은 아들의 죽음만큼 큰 것이다. 아들이 당하는 아버지의 상실은 아버지께서 당하시는 아들의 상실과 상응한다. 그리고 하나님께서 예수 그리스도의 아버지가 되신다면, 아들의 죽음에서 그는 그의 아버지 되심에 대한 죽음의 고통을 당하시는 것이다. 그렇지 않다면, 삼위일체론은 하나의 유일신론적 배경을 극복할 수 없을 것이다.[370]

몰트만이 그리스도께서 지신 십자가의 고난을 성부와 성자 하나님께서 함께 고통받으신 삼위일체적인 사건으로 본 것은 지극히 정당하다. 그렇지만 그가 삼위일체에 대한 명제를 성부와 성자가 함께 겪은 고통의 문제로부터 유추해 내었다는 사실은 근거가 부족해 보인다. 십자가 사건에 대한 그의 삼위일체적인 결론이 구

---

368) Jürgen Moltmann, 『삼위일체와 하나님의 역사』 (서울: 대한기독교서회, 1990), 18.
369) Moltmann, 『십자가에 달리신 하나님』, 347.
370) Moltmann, 『십자가에 달리신 하나님』, 347.

약의 성경적 근거로부터 그 원인과 결과를 통하여 도출되었다기보다는 이미 드러난 결과로부터 결론을 유추해 냈다는 느낌을 준다. 결국, 십자가 사건에 대한 그의 결론은 성경적 근거의 바탕이 아니라, 십자가에서 진행된 현상에 집중된 결론으로 삼위일체 교리에 대한 근원적 근거와 뿌리를 제공하는 데는 미흡하다고 판단된다.

이는 그리스도께서 겪으신 십자가의 죽음이 하나님의 죽음으로 이해될 수 없다는 그의 주장에서 잘 드러난다. 물론 그가 하나님의 죽음을 직접적인 성부 하나님의 죽음으로 간주하여 이러한 주장을 펼쳤는지는 모르겠다. 그러나 적어도 그가 십자가 사건을 언약에 계시된 약속을 성취하시는 삼위일체 하나님의 사건으로 이해하였다면 그리스도의 죽음을 하나님의 죽음으로 간주하지 못할 이유가 없어진다. 삼위일체에서 하나님이라는 칭호는 성부 하나님만을 지칭하는 것이 아니라 서로 구분되지 않는 한 하나님을 통칭하는 용어이기 때문이다.

구약에서 하나님은 여호와 하나님과 말씀, 그리고 그분의 영이 구별되지 않는 유일한 하나님의 모습으로 드러났다. 그러나 신약의 하나님은 언약의 계시를 성취하신 그리스도 중심적인 삼위일체 하나님의 구분된 위격을 나타낸다. 그러나 삼위일체 하나님의 각 위격은 구분된 각자의 사역에도 불구하고 동일 본질의 한 하나님임을 성경은 증언한다. 그러므로 삼위일체론에 근거할 때, 그리스도께서 겪으신 십자가의 죽음을 하나님의 죽음으로 간주하지 못할 이유가 없다.

하나님은 자신의 죽음에 대한 계시를 통하여 땅에 대한 약속을 아브라함과의 언약으로 세우셨다. 그리고 육신의 몸으로 세상에 오신 예수 그리스도는 이 계시의 성취를 위해 십자가에서 돌아가셨다. 그는 삼위일체 하나님으로서 위격상 성부 하나님은 아니셨지만, 그는 근본 하나님의 본체(빌 2:6)이시며, 만물이 그에게서 창조된(골 1:16), 하나님의 창조의 근본이신 분이셨다(계 3:14). 성경의 이러한 구절들은 그리스도가 곧 성부 하나님과 구별될 수 없는 동일 본질의 한 하나님임을 증언한다.

우리는 십자가에서 돌아가신 그분이 주(主), 곧 하나님이심을 고백하는 데 있어서 조금의 주저함도 없다. 그분에 대한 믿음은 하나님에 대한 믿음과 동일한 믿음이다. 따라서 그리스도를 믿어 의롭다 함을 받는 칭의와 여호와의 말씀을 믿어 의롭다 함을 받은 아브라함의 칭의는 죄인을 의롭게 여기시는 동일한 하나님에 대한 믿음에서 비롯되었다.

그리스도는 비록 인간의 몸으로 십자가를 지셨지만 그 죽음은 사람들을 죄에서 해방시키는 결과를 가져왔다. 죽음의 계시를 통해 영적 가나안 땅인 영원한 하늘나라의 유업을 아브라함에게 약속하신 계시자의 언약을 그리스도께서는 자신의 죽음으로 성취하신 것이다. 그리스도가 옛 언약을 성취하셨다는 의미는 약속의 후손으로 세상에 오셨고, 십자가를 지심으로 죽음의 의식으로 계시하신 영적 가나안 땅에 대한 유업을 완성하셨기 때문이다. 이 사실에는 결코 나눌 수 없는 삼위일체 하나님의 신비로운 본질과 함께 감추어졌던 하나님의 구원 경륜의 비밀이 그리스도의 비밀과 함께 포장되어 있었다.

그러므로 기독교의 신앙은 그리스도의 죽음을 하나님의 죽음으로 간주할 수 있어야 한다. 이 신앙은 유일신적인 사고에서 성부 하나님의 본질을 다른 두 위격의 본질에 우선시하여 하나님의 죽음을 터부시하는 신앙을 배격한다. 그리고 삼위 하나님의 각 위격의 사역을 한 하나님 안에서 일어난 사역으로 보기보다는 위계질서에 의한 독립된 위격의 사역으로 간주하는 경향에서 벗어나게 한다. 만약 그렇지 않다면 겉으로는 삼위일체를 말하지만, 내적으로는 삼신론적 사고로 흐를 가능성이 농후해진다.

유대교에 계시된 유일신적인 여호와 하나님은 결코 죽으실 수 없는 분이다. 그러나 하나님은 자신의 죽음에 대한 계시를 스스로 행하여 보이셨다. 이 계시적 행위는 장차 하나님 자신의 죽음을 통해 온 세상에 구원의 축복을 주시겠다는 하나님의 의지를 확증하신 표식이다. 인간의 구원을 위한 하나님의 자기계시는 구약의 유일신적인 계시로부터 그리스도의 십자가에서 절정을 이룬 삼위일체의 계시로 이어진다. 점진적으로 변화된 하나님의 자기계시는 하나님의 또 다른 본질을 세상에 알리시는 계기가 되었다. 그것은 인간의 구원을 위해 자신의 아들을 직접 죽음에 내어주시는 희생적 사랑이었다.

피조물과 관계를 맺으시는 하나님을 올바로 이해하기 위해서는 그리스도의 십자가 사건에 주목해야 한다. 하나님이 어떤 분이신지를 가장 확실히 드러내는 장소인 그리스도의 십자가로부터 하나님에 대한 논의를 시작할 때 비로소 하나님의 계시에 충실할 수 있게 된다.[371]

몰트만은 "아들의 죽음이 아버지의 고통이었다"는 진술을 통해 삼위일체적인 십자가의 발자취를 따르게 되며, 또한 그 십자가에서 하나님의 자기계시가 가장 잘 드러난다고 주장한다. 그의 주장은 성경의 이해 범위를 결코 벗어나지 않는 정당한 주장이다. 하지만 몰트만은 삼위일체적인 십자가 사건에 관한 그의 주장을 뒷받침할 정당한 근거와 논리를 생략한 채 결과적 결론만을 제시하는 데 그쳤다고 본다. 만약 그가 삼위일체론에 대한 신학적 성찰을 언약의 계시와 성취의 측면에서 다루었다면, '그리스도의 십자가 사건이 하나님과 하나님 사이의 사건'이라는 그의 주장이 훨씬 더 설득력 있게 사람들에게 다가왔을 것이다.

성경은 그리스도가 우리의 죄 사함을 위해 십자가에서 죽으시고 부활하셨다는 사실과 함께 그분이 주(主), 하나님이심을 증거하고 있다. 나아가 성경은 그리스도의 주되심의 증거를 제시하는 것에 그치지 않고 그 증거에 대한 근거를 언약의 계시 속에 함께 제시해 놓았다. 다만 그 근거가 신약의 렌즈를 통하여 영적인 눈으로 보아야만 드러나기 때문에 많은 사람이 미처 깨닫지 못하고 있을 뿐이다.

그러므로 우리는 이 깨달음을 얻기 위하여 구약에 기록된 언약의 계시적 사건들

---

371) Moltmann, 『십자가에 달리신 하나님』, 287-288.

을 신약의 렌즈를 통하여 들여다보아야 한다. 예수께서 지상에 계실 때 하신 직접적인 말씀과 계시로 그리스도의 비밀을 깨닫게 된 바울의 증언들은 구약에 계시된 사건들의 영적 의미를 바르게 보여주는 렌즈의 역할을 감당한다. 이를 통해 신구약 성경 전체에 나타난 그리스도의 십자가 사건에 대한 원인과 근거의 실마리를 찾는 일은 삼위일체 하나님에 대한 지식으로 우리를 인도할 것이다.

현대의 신학적 사고는 종종 성경이 증언하는 사실의 원인적 근거를 밝히기 위해 구약의 초기 창조 시대로까지 거슬러 올라갈 것을 요구한다. 이는 그리스도께서 성취하신 구원 사역의 근원이 최초의 인간인 아담의 불순종으로까지 거슬러 올라가기 때문이다. 하나님은 아담이 불순종한 후 즉시 여인의 후손으로 오실 그리스도라는 치료제를 약속하셨다. 그리고 이 약속은 오랜 시간에 걸쳐 점진적 계시의 발전을 통해 사람들에게 구체적인 모습으로 계시되었다.

따라서 그리스도께서 성취하신 구원 사역에 대한 원인과 근거를 옛 언약의 계시에서 찾으려는 노력은 지극히 당연한 시도다. 인간을 죄에서 구원하시려는 하나님의 구원 계획이 언약에 총체적으로 계시되어 있기 때문이다. 따라서 언약 연구를 통하여 하나님의 전체적인 구원 사역을 밝히려는 시도는 인간의 이성적 사고뿐만 아니라 신앙적 사고의 영역에서도 필수적으로 요구되는 과정임이 틀림없다.

하나님의 구원 계획이 총체적으로 담겨있는 언약이라는 도구를 사용하지 않고는 삼위일체 하나님의 구원 사역을 이해하고 해석하기 힘들다. 언약은 신구약 성경 전체에 걸쳐 하나님께서 자신의 구원 계획을 시대별로 그려놓으신 청사진이다. 하나님은 그 도면 위에 당신께서 장차 이루실 구원 계획을 언약이라는 도구를 사용하여 시대에 맞게 치밀하고도 명료하게 계시해 놓으셨다.

십자가 사건은 하나님의 은혜로 주어진 구원 사역의 최종적 성취였다. 하지만 그리스도의 성취로 구원 사역이 모두 끝난 것은 아니었다. 구원은 사람들이 이 사실을 믿음으로 받아들일 때야만 비로소 그 효력이 발휘된다. 그 믿음의 중심은 그리스도가 구원 계시를 성취하신 주(主)되심을 믿는 확신이다.

그러나 이 믿음의 확신은 사람의 의지나 노력으로 얻을 수 있는 것이 아니다. 이는 하나님께서 그분의 예정된 자들에게 주시는 전적인 은혜의 선물이다. 구원에 관한 복음을 전해 들은 사람들이 믿음으로 그리스도를 주로 고백하여 그리스도와 연합되게 하시는 분은 성령 하나님이시다. 제5장 언약과 성령에서 좀 더 자세히 다루겠지만, 성령 하나님은 믿음으로 구원받을 새로운 하나님의 언약 백성을 창조하시고 구원 사역을 완성하시는 분이시다.

결론적으로 하나님의 구원 사역은 성부와 성자 그리고 성령 하나님의 관계적이고 협력적인 사역에 의하여 완성된다. 이를 위해 신구약성경은 언약의 구원 약속을 계시하시는 성부 하나님과 그 약속의 계시를 십자가로 성취하시는 아들이신 그리스도, 그리고 약속의 계시자와 성취자이신 성부와 성자 하나님 사이에 이루어진 구원의 복음을 예정된 자들에게 믿음으로 적용하시는 성령 하나님의 관계적인 사역을 소개한다. 언약의 계시와 성취, 그리고 그 결과로 유업을 이을 새로운 하나님의 백성을 창조하시는 전체 과정이 삼위일체 하나님의 협력적인 구원 사역의 내역이다.

하지만 유감스럽게도 현대의 삼위일체론에 관한 교리는 교회와 신자들에게 별 유익을 주지 못하는 단지 복잡하고 신비스러운 교리로 신자들에게 각인되어 있는 것이 사실이다. 이러한 원인 중의 하나는 바로 삼위일체의 교리와 언약 교리가 구원을 바탕으로 서로 연결되어 있지 않은 데 있다고 본다. 언약의 계시에는 그 계시의 성취를 이루실 삼위 하나님의 구원 사역을 인식할 수 있는 청사진이 뚜렷이 제시되어 있기 때문이다.

이러한 점에서 삼위일체 교리는 성경에 기록된 언약을 바탕으로 채워 나가야 할 부분이 아직도 많다고 본다. 이 작업을 위해서는 먼저 언약 교리가 확고하게 세워져야 할 것이며, 언약 교리 또한 삼위일체 하나님의 구원 사역에 바탕을 둔 실제적인 교리가 되어야 한다. 신구약 성경을 통해 인간의 구원을 위해 제시된 하나님의 언약의 본질은 영원하다. 그리스도의 성취로 연결된 하나의 영원한 언약은 삼위일체 하나님의 구원 사역을 보여주는 중심적 기반으로 자리매김하여야 한다.

2. 언약의 계시와 삼위일체

삼위일체 교리가 기독교의 근간이 되는 핵심 교리라면, 그 교리는 기독교 신학의 중심적 위치를 차지하며 모든 신자가 쉽게 이해하고 공감할 수 있는 교리가 되어야 한다. 성경은 삼위일체 하나님에 대한 직접적인 언급이나 기록을 남기지 않는다. 하지만 성경의 언약을 통해 드러난 계시적 사건의 성취는 삼위일체 하나님의 사역을 전제로 하며, 그 존재를 추론할 수 있는 충분한 정황적 근거를 제시한다. 인간을 위한 하나님의 총체적인 구원 사역은 언약에 계시된 하나님의 자기계시와 그 계시를 통해 그가 장차 행하실 행위의 예언 속에 구체적으로 드러나 있다. 앞서 살펴본 바와 같이 하나님의 말씀은 그의 계시에 있어서의 하나님 자신이다. 왜냐하면, 하나님은 자신을 주(主)로서 계시하기 때문이다.[372]

언약의 계시 사건은 다음과 같은 세 가지 질문을 수반한다.

1) 스스로를 계시하시는 하나님은 누구신가?
2) 이러한 하나님이 스스로를 계시한다는 것이 어떻게 일어나는가?
3) 이러한 계시 사건이 인간에게 일어날 때, 하나님은 인간에게 무엇을 역사(役事) 하시는가?

---

372) Barth, 『교회 교의학 I/1』, 383.

바르트는 스스로를 계시하시는 하나님은 구약에서의 야훼 또는 신약에서의 Θεος(하나님) 혹은 구체적으로 κυριος(主)라고 일컬어지는 그분의 계시라고 말한다. 이 세 가지 질문은 서로 분리될 수 없는 질문으로서, 특히 계시의 주체인 하나님은 계시자가 계시 안에서의 그의 행위와 동일하며, 그 행위의 역사(役事)와 동일하다는 것을 우리가 먼저 이해해야 한다고 주장한다.[373]

바르트의 이러한 주장에 근거하여 다시 한번 창세기 15장 17절의 계시 사건을 살펴본다면, 아브라함에게 죽음의 의식을 통해 언약의 약속을 세우신 계시자이신 여호와 하나님은 장차 자신의 죽음으로 그 언약의 성취를 이루실 계시 행위의 역사(役事)와 동일함을 전제로 한다. 창세기 15장 17절의 기록을 계시적인 하나님의 죽음으로 간주하여 직접 그리스도의 십자가 사건과 연결한 사람은 취리히 종교개혁자이며 언약 신학자인 불링거였다. 그는 바르트보다도 수백 년 전의 종교개혁 신학자였지만 그의 사상은 바르트의 계시 사상과 유사한 점이 있다.

릴백(P. Lillback)은 『칼빈의 언약사상』에서 불링거의 언약에 대한 최초의 논문인 『데 테스타멘토(De Testamento-A brief Exposition of the One and Eternal Testament or Covenant of God)』에서 할례와 피 흘림의 내용에 대하여 다음과 같이 진술한다.

> 불링거에 의하면 할례는 성례다. 고대 언약에 보면, 언약 맺은 자의 적극적 의지 표현의 징표로 짐승을 죽이는 것이 있었다. 이것은 그들이 언약을 위반하면 그 짐승처럼 자신을 죽이라는 것이다. 하나님은 창세기 15장에 바로 이 행동으로 나타나신다. 동시에 하나님께서는 창세기 17장에 아브라함에게 할례의 피 흘리는 예식을 통하여 그것을 요구하신다. 하나님께서는 언약을 만드신 분일뿐만 아니고 마지막 유서의 유언자이시기 때문에 이 징표는 하나님께서 언젠가 죽으실 것을 가르쳤다. 그것은 당신께서 육신을 취하고 오

---

373) Barth, 『교회 교의학 I/1』, 384.

셔서 스스로 피를 흘리실 그때를 말하는 것이다.[374]

불링거의 주장에 따르면, 그리스도의 성육신과 그에 따른 십자가의 죽음은 창세기 15장에 계시된 하나님의 언약적인 죽음의 계시에 대한 실행의 결과로 해석할 수 있다. 그 결과는 하나님의 약속대로 원죄로 인하여 타락한 모든 사람에게 그리스도를 믿음으로 죄 사함과 구원을 얻게 하는 언약의 성취였다. 이에 대해 사도 바울은 다음과 같이 선언한다.

> 그런즉 한 범죄로 많은 사람이 정죄에 이른 것같이 한 의로운 행위로 말미암아 많은 사람이 의롭다 하심을 받아 생명에 이르렀느니라 한 사람이 순종하지 아니함으로 많은 사람이 죄인이 된 것 같이 한 사람이 순종하심으로 많은 사람이 의인이 되리라 (롬 5:18-19)

최초의 인간이 지은 죄의 문제를 해결하기 위해 말씀이 육신이 되신 예수 그리스도가 세상에 오셨다. 보내신 자의 뜻에 순종하여 그가 지신 십자가는 인간의 구원을 위해 언약의 약속을 주신 자의 계시를 직접 자신의 죽음으로 성취하셨다. 그분의 순종으로 인하여 많은 사람이 의롭게 되어 구원에 이르게 된 것이다.

언약의 약속을 주신 계시자와 그 언약의 계시를 성취하신 분은 계시 안에서 본질적으로 같은 분이다. 만약 계시자와 성취자가 다르다면 진정한 계시의 성취가 불가능할 것이다. 외견상으로는 성부와 성자라는 위격의 구분에도 불구하고, 언약의 계시자와 그 성취자는 구별되지 않는 동일한 한 하나님이시다. 몰트만의 주장과 같이 십자가가 하나님과 하나님 사이의 사건이라는 의미도 바로 여기에 근거한다고 볼 수 있다.

---

374) Lillback, 『칼빈의 언약사상』, 165. McCoy and Baker, Fountainhead of Federalism/ Heinrich Bullinger and the Covenantal Tradition, 130-132에서 재인용

그러므로 언약의 성취를 위해 십자가에서 돌아가신 예수 그리스도가 하나님이라는 사실의 근거와 이유는 언약 안에서 자신을 주(主)로 계시하시는 하나님이 그 계시를 통한 그의 계시 행위의 역사와 동일한 점에 놓여 있다는 점이다. 계시자와 그 계시의 행위가 동일함은 그 언약의 약속들을 신실하게 이행하시는 '하나님의 의'를 통하여 증명된다.

바울은 복음에 나타나는 '하나님의 의'에 대하여 로마서에서 다음과 같이 기록한다.

> 내가 복음을 부끄러워하지 아니하노니 이 복음은 모든 믿는 자에게 구원을 주시는 하나님의 능력이 됨이라 먼저는 유대인에게요 또한 헬라인에게로다 복음에는 하나님의 의가 나타나서 믿음으로(에서) 믿음에 이르게 하나니 기록된 바 오직 의인은 믿음으로 말미암아 살리라 함과 같으니라 (롬 1:16-17)

복음은 모든 믿는 자들에게 구원을 주시는 하나님의 능력이다. 그 믿음의 대상은 예수 그리스도시다. 그렇다면 하나님이 그리스도를 믿는 자에게 구원을 주시는 근거는 무엇인가? 그것은 믿는 자에게 구원을 주시는 능력이신 '하나님의 의'다.

언약의 관점에서 '하나님의 의'는 자신이 약속하신 계시를 끝까지 이행하시는 그분의 신실하심이다. 구원 약속의 계시와 그 계시의 성취가 동일하신 하나님의 사역으로 그분의 의에 의하여 완성된다. 복음은 구원 약속의 계시자와 그 성취자가 한 하나님이심이 드러낸다.

바울이 "복음에는 하나님의 의가 나타나서 믿음으로(에서) 믿음에 이르게 한다"고 선언하는 이유가 된다. 복음에는 하나님께서 아브라함에게 언약으로 주신 구원 계시를 자신의 독생자 예수 그리스도의 십자가 죽음으로 성취하신 신실하신 '하나님의 의'가 나타난다. 그리고 그 의로 말미암아 아브라함의 믿음에 의한 칭의와 그리스도를 믿는 믿음의 칭의가 동일 선상에 놓이게 되었다.

　이 구절에서 바울이 언급하는 첫 번째 믿음은 여호와의 말씀을 직접 믿어 의롭다 함을 받은 아브라함의 믿음을 칭한다. 그리고 두 번째 믿음은 그 말씀이 육신이 되어 언약을 성취하신 그리스도를 믿어 의롭다 함을 받는 믿음을 뜻한다. 아브라함에게 주신 약속의 계시를 아들의 죽음을 통해 성취하신 '하나님의 의'는 구원받은 백성의 칭의를 아브라함의 믿음으로 시작하여 그리스도에 대한 믿음으로 끝나게 하셨다.

　복음은 후손에 대한 약속으로 시작되었고, 말씀이 육신이 되신 그 후손의 십자가 사건으로 완성되었다. 후손에 대한 약속의 계시와 그 성취로 말미암아 구원의 복음이 세상에 퍼지게 된 것이다. 이 복음은 하나님께서 일찍이 아브라함에게 약속하신 그의 후손으로 말미암아 천하 만민이 누리게 될 복이 되었다. 그 복을 위해 하나님은 아브라함에게 가나안 땅에 대한 약속을 함께 주셨다. 그 땅은 아브라함과 그의 육신적 자손에게는 지상에 존재하는 가나안 땅을 의미하지만, 장차 오실 후손을 믿는 영적 아브라함의 자손에게는 눈에 보이지 않는 영적 가나안 땅이었다. 하나님의 약속을 성취하신 후손을 믿는 자들에게 그 땅을 유업으로 주시기 위해 하나님은 자신의 죽음으로 그 약속을 확증하셨던 것이다.

　그 땅의 유업은 예수 그리스도를 믿는 자들이 얻을 구원을 의미한다. 신적죽음에 대한 계시가 가나안 땅의 약속에 동반되는 이유다. 구약 사상에 기초한 사람의 이성으로는 가나안 땅의 약속에 이면적으로 담겨있는 영적 구원의 메시지를 인식할 방법이 전혀 없었다. 하나님의 구원 계획과 그 성취는 인간의 이성을 뛰어넘는 오묘함과 신비가 어우러진 하나님의 계시 역사(役事), 그 자체였다.

　그리스도인들에게 복음이라는 말은 가장 귀하고도 흔하게 사용되는 용어이지만, 그 용어를 한마디로 정의하는 일은 그리 쉽지 않다. 복음의 성취 과정에 드러난 하나님의 구원 사역이 계시의 점진성을 통해 사람들에게 단계적으로 그 영적 비밀이 부분적으로 노출되기 때문이다. 그러므로 하나님의 구원 사역을 총체적으로 이해하기 위해서는 구약과 신약을 꿰뚫고 있는 언약을 하나의 영원한 하나님의 언약으로 이해하는 일이 무엇보다도 중요하다. 그 언약들은 구원 약속의 계시와 성취로 서로 긴밀하게 연결되어 있기 때문이다.

예수 그리스도를 주(主), 하나님으로 고백하는 믿음이 이러한 언약에 대한 깊은 이해의 바탕 위에 세워질 때, 그 믿음은 흔들림이 없이 뿌리를 깊게 내릴 것이다. 히브리서는 1세기 당시 박해와 곤경 속에서 그리스도를 믿는 믿음을 져버리거나 배교하는 신자들을 위해서 언약의 성취를 이루신 그리스도의 정체성을 밝히며, 그분에 대한 믿음의 중요성을 강조했다.

복음에 대한 정의는 그 믿음의 본질과 같아야 한다. 그것은 "예수 그리스도가 우리의 구원을 위해 죽고 부활하셨다. 그가 주(主), 곧 하나님이시다"라는 고백이다. 이 믿음의 고백이 기독교 복음으로 정의될 때, 교회와 신자들의 믿음은 더욱 확고해질 것이다. 이는 믿음 후에도 신자들에게 계속 제기되는 그리스도의 신성에 관한 확실한 신학적 답을 제공할 수 있기 때문이다.

그리스도의 신성에 관한 확신은 기독교의 핵심 교리인 삼위일체론의 확고한 기반이다. 이 문제에 대한 확신이 선행되지 않는다면 기독교의 삼위일체론은 이해 불가한 사변적인 교리에 지나지 않는다. 그리고 그 교리는 구원과는 관계없는 삼위 하나님에 대한 외면적인 설명에 그칠 수밖에 없다.

이런 점에서 현대에 들어와 논의가 활발하게 진행되는 경륜적 혹은 관계적 삼위일체론이 종국에는 내재적인 삼위일체론으로까지 나아가야 한다는 주장은 정당하다고 본다. 경륜적 삼위일체론이 그리스도의 언약 성취를 중심으로 구원과정에 드러난 삼위 하나님의 구분된 위격의 사역을 규정하고 기술하는 반면 내재적 삼위일체론은 경륜적 구원 사역에서 드러난 삼위 하나님의 존재 인식의 근거를 제시할 수 있기 때문이다.

인간이 하나님을 파악하고 알 수 있는 범위는 계시를 통해 그분께서 자신을 드러내신 것만큼으로만 한정된다. 이 계시들을 통해 얻을 수 있는 하나님에 대한 지식은 주로 하나님의 본질과 속성에 관한 문제였다. 칼 바르트는 그의 삼위일체론에서 하나님의 계시 이론을 그분의 주(主) 되심에 대한 계시와 그분의 역사(役事), 즉 그분의 행위와 동일시함으로써 삼위일체론의 새로운 지평을 열었다.

하나님의 주(主) 되심의 계시와 계시에 나타난 그분의 역사(役事), 즉 하나님의 행위가 동일하다는 그의 주장에 따르면, 우리는 하나님께서 언약의 계시를 통해 주신 그 약속을 통해 그리스도와 그의 십자가 사건의 근거를 추론할 수 있는 길을 찾게 된다. 바르트의 계시 이론에 근거한다면, 창세기 15장 17절에 나타나는 하나님의 행동은 계시를 통하여 앞으로 행하실 그분의 행위로서 장차 인간의 구원을 위해 행하실 그 행위는 그분의 주(主) 되심과 함께 사랑의 본질에 대한 동일한 자기 계시를 나타낸다.

결론적으로 하나님께서 죽음의 의식을 통해 아브라함에게 언약으로 세우신 계시를 성취하기 위해 말씀이 육신이 되어 세상에 오신 분이 예수 그리스도이셨다. 그가 육신의 몸으로 세상에 오신 목적은 하나님께서 아브라함에게 언약을 세우시며 직접 행하여 보이신 죽음에 대한 계시의 역사(役事)를 실행하시기 위함이었다. 피를 흘려 이를 성취하신 장소가 바로 십자가였다.

이것이 그리스도의 성육신의 목적이며, 십자가를 통해 그분의 주(主) 되심이 선포되는 하나님의 계시 역사(役事)의 결과다. 그러므로 언약의 계시를 통한 약속과 성취는 바르트의 주장과 같이 "파괴되지 않은 통일성에서, 그리고 파괴되지 않은 구별성"에서 계시자인 성부 하나님과 그 계시의 약속을 실행하신 예수 그리스도가 구별되는 존재이기도 하지만 언약의 약속을 실행하고 성취하신 계시자인 동시에 계시의 역사(役事), 혹은 하나님의 행위로 나타난 동일 본질의 한 하나님임을 성경이 증언한다.

구약의 언약을 통해 계시되는 하나님은 유일하신 계시자 여호와 한 분의 모습으로 자신을 드러내셨다. 그러나 신약에서 언약의 성취를 위해 그분이 행하시는 계시의 역사(役事)에는 십자가 사건의 주역이신 예수 그리스도와 구원 사역을 완성하시는 성령 하나님이 계시된다. 구약의 단일신론적인 여호와 하나님의 모습이 인간의 구원을 위해서 언약 성취의 과정에서 관계적인 삼위일체 하나님의 모습으로 드러난다. 그러나 이러한 변화는 내재적인 하나님의 본질에 대한 변화는 결코 아니다. 하나님께서 행하시는 구원 사역을 통해 그동안 드러나지 않았던 삼위 하나님의 내재적인 모습이 그 행위를 통해 그분의 사역 안에서 불가피하게 구별되었을 뿐이다.

고먼(Michael Gorman)에 따르면, 신약에 나타나는 여러 본문(막 10:35-40; 요 12:32; 롬 6:3-6; 고후 5:15,21; 딛 2:14)을 살펴보면, 예수가 지신 십자가 죽음의 궁극적인 목적은 속죄나 구원을 일으키는 방식, 즉 '속죄의 기제'라는 신학적 질문보다는 새롭게 탈바꿈된 백성, 즉 하나님과의 새 언약 관계를 살아내는 새 백성의 창조에 있었다.[375] 그는 그리스도의 죽음의 궁극적인 목적을 '새 언약의 탄생'에 둔 것이다.[376] 언약의 맥락에서 그의 이러한 주장은 제2장의 '칭의 교리와 새 관점'에서 살펴본 바와 같이 그리스도에 대한 믿음으로 얻는 칭의의 목적이 개인의 구원보다는 새 언약 백성의 공동체에 소속되는 자격에 우선한다는 바울의 새관점주의의 주장과 일맥상통하는 점이 있다.

그리스도의 십자가 사건은 인간의 구원을 위한 하나님의 약속과 그 성취의 관점에서 조명될 때, 그 안에 담긴 온전한 의미와 목적이 드러나게 된다. 만약 이 사건이 언약의 연속성 상에서 그 의미와 목적이 드러나지 않는다면, 그분의 존재뿐만

---

375) Michael Gorman, 『속죄와 새 언약(메시아의 죽음과 새 언약의 탄생)』, 최현만 역 (경기: 에클레시아북스, 2016), 18-19.
376) Gorman, 『속죄와 새 언약』, 23.

아니라 십자가 죽음에 대한 근원적 이유나 목적을 파악하기 힘들어지게 된다.

요즈음 많은 신자가 구원에 대한 확신이 흔들리거나 이단(異端)의 사설에 쉽게 넘어가 잘못된 신앙의 길로 빠지는 경우가 종종 발생한다. 그들의 실패는 주로 그리스도의 주(主) 되심의 정체성을 명확히 인식하지 못한 데서 비롯된다. 만약 모든 신자가 그리스도의 근원과 그분의 복음을 하나님의 구원언약과 그 약속의 성취를 통해 깊이 깨닫고 이해한다면, 구원에 대한 확신과 그리스도에 대한 믿음이 결단코 흔들리지 않을 것이다.

인간의 구원을 위해 행동하시는 삼위일체 하나님의 사역은 그분께서 이미 언약에 계시해 놓으신 구원 계획에 따른 결과다. 하나님께서는 언약의 약속 안에 장차 자신이 행하실 행위를 계시하심으로써 구원 사역에 대한 청사진과 함께 자신의 주(主) 되심을 동시에 밝히셨다. 이는 일신론적 하나님의 이해로부터 하나님 안에 서로 연합하여 구원 사역을 이루어 가시는, 명백히 구분되는 성부·성자·성령 하나님의 세 위격의 존재를 증언하는 성경의 기록이다.[377]

기독교의 하나님은 삼위로 계신 한 하나님이시다. 인간의 구원을 약속하시고, 그 약속을 신실하게 이행하심으로 성취를 이루시는 삼위 하나님은 상호 내주와 교제, 그리고 상호 섬김의 모범을 통하여 언약의 약속을 주신 계시자와 그 행위의 동일성을 일관되게 이어가신다.

고먼에 따르면, 신약에서 예수의 죽음은 단순히 우발적인 깨달음의 사건이 아니라, 의도적인 자기계시이자 효과적인 구원 행위였다.[378] 그리스도가 십자가를 지신 것은 그 당시 주변 상황에 의해 발생한 우연적인 사건이 아니었다. 그가 십자가에서 죽으심은 하나님과 그 아들 사이에 언약의 약속에 포함된 '자기계시'의 실현을

---

377) 곽혜원, "위르겐 몰트만의 삼위일체론에 대한 신학적 성찰." 웨슬리신학연구소 편, 『관계 속에 계신 삼위일체 하나님』 (서울: 아바서원, 2015), 227.
378) Gorman, 『속죄와 새 언약』, 44..

위해 예정되었던 사건이라는 것이 그의 주장이다.

예수께서는 세상에 계실 때 제자들에게 "누구든지 나를 따라오려거든 자기를 부인하고 자기 십자가를 지고 나를 따를 것이니라."(막 8:34)라고 말씀하셨다. 예수께서 십자가를 지시기 전까지 십자가는 단지 죄인을 죽이는 사형 틀에 불과하였다. 예수께서 제자들에게 굳이 이러한 십자가를 언급하신 의도는 모든 사람이 꺼리는 그 십자가를 자신이 친히 지실 것을 미리 알고 계셨다는 의미다.

예수 그리스도의 십자가 사건은 언약의 계시를 통해 이미 예정된 사건이었다. 생전에 예수께서도 이를 인지하고 계셨다는 사실이 마가복음 8장 34절을 통해 증명된다. 그 십자가 사건을 언약 성취의 관점에서 조명해보자. 그러면 그분이 겪으신 죽음의 필연성이 드러난다. 동시에 십자가의 구속사적 의미와 이를 감당하신 예수 그리스도의 정체성의 근거가 뚜렷이 드러난다.

몰트만은 현대 교회가 겪고 있는 모든 위기의 배경에는 기독론적인 문제가 숨어있으며, 이 기독론적 문제는 결국 하나님에 대한 문제로 귀결된다고 말한다. 오늘날 신학적 사고의 일치되는 새로운 방향은 하나님에 대한 물음과 하나님 인식을 십자가 상(上)의 그리스도의 죽음으로 집중시키며, 하나님의 존재를 예수의 죽음으로부터 이해하려는 시도이다.[379] 몰트만은 기독론의 테마는 그의 부활과 장차 오실 하나님의 영 안에 있는 그의 현존으로까지 확대되어야 한다고 주장한다.[380]

그는 "그리스도는 우리를 위해 죽기보다는 하나님을 위해 죽었다"는 알트하우스(P. Althaus)의 말을 함축성 있는 주장이라고 받아들였다.[381] 그리고 더 나아가 그리스도의 죽음을 모범적 순종의 고난과 충성스러운 소명의 보증으로 보았던 신(新) 프로테스탄트적인 기독론에 결함이 있다고 생각했다. 그는 십자가를 아버지

---

379) Moltmann, 『십자가에 달리신 하나님』, 279.
380) Jürgen Moltmann, 『예수 그리스도의 길』, 김균진 & 김명용 역 (서울: 대한기독교서회, 1990), 70-71
381) Moltmann, 『십자가에 달리신 하나님』, 280.

와 아들의 관계로부터 이해하지 않고, 그것을 오히려 직접적인 화해의 죽음으로서 인간의 죄와 연결 짓는 옛 프로테스탄트 신학에는 더 막중한 결함이 있다고 보았다.[382]

칼 라너(Karl Rahner)는 "예수의 죽음은 하나님의 자기진술에 속한다."라고 주장한다.[383] 그가 말하는 '하나님의 자기진술'은, 칼 바르트의 '하나님의 자기계시'와 같은 의미를 지닌다. 바르트는 교회교의학(I/1) 제1부분 '삼위일체 하나님'의 첫 부분을 다음과 같이 시작한다.

> 하나님의 말씀은 그의 계시에 있어서의 하나님 자신이다. 왜냐하면 하나님은 자신을 주(主)로서 계시하기 때문이며, 그것은 성경에 따라 계시의 개념에 대하여, 하나님 자신이 파괴되지 않은 통일성에서 그러나 또한 파괴되지 않은 구별성에서 계시자이고 계시이며 계시되어 있음이기 때문이다.[384]

---

382) Moltmann, 『십자가에 달리신 하나님』, 280.
383) Karl Rahner, Sacramenntum Mundi II, 1968, 951f: "피상적-유행적인 '하나님 죽음의 신학'을 후원하기 위해서가 아니라, 오히려 내용상 오늘의 한 기독론에서 예수의 죽음이 그의 구원의 작용에 있어서뿐만 아니라 자기 자체에 있어서 좀 더 정확하게 사고되어져야 하겠다… 만일 육신이 된 로고스는 단순히 그의 인간적인 현실에 있어서만 죽었다고 말한다면, 그리고 이것을 은연중 이해하기를 이 죽음은 하나님과 상관이 없는 것이라 말한다면, 우리는 단지 진리의 반족만을 말하였을 뿐이며 본래의 기독교적 진리는 내버려 둔 것이다. '변화 될 수 없는 하나님'은 실로 자기 자신에게 있어서 아무런 운명도 아무런 죽음도 가지고 있지 아니하다. 그러나 타자뿐만 아니라 그 자신은 성육신으로 인하여 타자 안에 한 운명을 가지고 있다…. 그리하여 그리스도의 인성과 마찬가지로 바로 이 죽음이 하나님을 진술하고 있다. 즉 그가 어떻게 존재하며 자유스러운 결단 가운데에서 우리에 대하여 존재하고자 하며, 영원히 타당하게 존속하는가를 진술하고 있다. 따라서 세계의 타자 안에서 이루어지는 그의 존재와 됨 속에서 하나님의 이 죽음은 우리가 살아야 하는 새롭고 영원한 언약의 역사의 법칙이 분명코 되어야 한다. 우리는 세계에 있어서의 하나님의 운명과 함께 나누어야 한다. 유행적인 무신성에 잠겨서 하나님이 존재하지 않는다든지, 혹은 우리는 하나님과 아무런 관계도 없다고 표명함으로써 이 운명을 함께 나누는 것을 나는 의미하지 않는다. 오히려 우리가 하나님을 소유함이 그 속에서 하나님만이 우리에게 극단적으로 나타나시는 하나님으로부터 버림받은 죽음의 상태를(마 27:46; 막 15:34) 겪어 감으로써 가능하다. 그 까닭은 하나님이 사랑 가운데에서 그 자신을 그리고 사랑으로서 포기하셨으며 이것이 실재화되어 나타나기 때문이다. 예수의 죽음은 하나님의 자기 진술에 속한다." Moltmann, 『십자가에 달리신 하나님』, 281, n. 6에서 재인용.
384) Barth, 『교회 교의학 I/1』, 383.

바르트의 주장에 따르면, 칼 라너가 언급한 '예수의 죽음'은 성경에 기록된 계시자인 하나님의 자기계시로서, '예수의 죽음'은 자신을 주(主)로 계시하시는 그분 자신의 죽음으로 간주해야 한다는 것이다.

그렇다면 '그리스도의 죽음'을 어떻게 '하나님에 대한 진술'로, 혹은 '하나님의 자기계시'와 연결할 수 있을 것인지에 대한 문제가 제기된다. 이 문제는 하나님의 전통적 개념에 있어 하나의 혁명을 의미할 수 있다. 왜냐하면, 하나님이라는 명칭을 성부 하나님의 대명사로 인식해 왔던 신학의 전통하에서는 영이신 하나님은 결코 죽으실 수 없는 분으로 간주되어 왔기 때문이다.

몰트만은 십자가 사건을 하나님과 하나님 사이의 사건으로 간주하였고, 십자가에서 돌아가신 그분이 하나님이심을 확인하였다. 하지만 그는 이러한 견해를 뒷받침할 만한 결정적 이유와 근거를 제시하는 데까지는 나아가지 못했다. 그 이유는 바로 앞선 질문에 대한 충분한 대답을 제공하지 못했기 때문이다. 결국 그의 저서 『십자가에 달리신 하나님』은 저자의 의도와는 달리 '성부 수난설'이라는 뜻하지 않은 오해와 논쟁을 불러일으키는 결과를 초래하게 되었다.

그런데 만약 몰트만이 십자가 사건에 대한 원인과 근거를 언약의 계시에서 찾았더라면 그리스도의 십자가 사건이 바로 하나님과 하나님 사이의 사건이며, 십자가에서 죽으신 그분이 바로 하나님이심을 좀 더 근거 있게 확증할 수 있었을 것이다. 성경은 죽음의 맹세로 아브라함과 언약을 세우신 하나님과 십자가에서 돌아가신 그리스도가 동일한 본질을 가지신 한 하나님이심을 증언한다. 그리스도는 자신을 비워 종의 형체를 가지시고 사람이 되신, 근본 하나님의 본체이시기 때문이다(빌 2:6,7). 칼 라너의 '예수의 죽음이 하나님의 자기진술'이라는 주장이 우리에게 좀 더 명확한 의미로 다가오게 되는 이유다.

우리는 불링거가 하나님이 행하신 죽음의 의식에 대한 계시 행위를 할례의 피 흘리는 예식과 관련하여 '하나님의 죽음'을 가르친다고 말한 사실을 앞서 살펴보

앉다.[385] 그의 주장에 따른다면, 창세기 15장에서 언약을 세우시는 하나님의 제의적 '죽음의 의식'은 예수 그리스도의 십자가 사건의 예언적 사건으로 간주된다. 실제로 예수 그리스도는 하나님께서 계시로 주신 언약의 약속을 십자가의 죽음으로 성취하신 분이다.

따라서 몰트만이 기독교 신학의 근거와 비판으로 그리스도의 십자가 사건을 "십자가에 달리신 하나님"으로 본 사실은 신학적으로 지극히 타당하다고 본다. 그는 자기의 저서 『십자가에 달리신 하나님』의 첫 서두에서 "예수의 수난 속에서 저는 격정적으로 사랑하시는 하나님 자신의 고난을 보았습니다. 십자가에 달린 그분의 얼굴에서 삼위일체 되신 하나님의 열려진 마음을 경험하였습니다"라는[386] 고백은 그리스도의 십자가 사건을 삼위일체 하나님의 사건으로 보는 그의 바른 신앙에 근거한다.

또한, 그는 "예수의 십자가의 죽음은 전 기독교 신학의 중심이다. 그것은 신학의 유일한 주제가 아니라 세상의 문제와 대답에의 출입문과 같은 그런 것이다. 하나님, 창조, 죄 및 죽음에 관한 기독교의 모든 진술은 십자가에 달린 그분을 가리킨다"고 주장한다.[387] 그러나 그리스도의 십자가에 대한 그의 모든 주장에도 불구하고 이에 대한 근거의 제시가 미흡하다. 만약 그가 하나님의 죽음을 대신한 그리스도의 죽음의 필요성을 언약의 계시와 성취로부터 도출해 내었다면, '십자가에 달리신 하나님'의 의미가 삼위일체의 관점에서 훨씬 더 구체적이며 체험적으로 다가왔을 것이다.

---

385) Lillback, 『칼빈의 언약사상』, 163., 이 내용은 저자가 불링거의 "데 테스타멘토"(De Testmento) 개관에서 그의 글을 정리한 글을 인용함. cf. McCoy and Baker, Fountainhead of Federalism, 130-132.
386) Moltmann, 『십자가에 달리신 하나님』, 5.
387) Moltmann, 『십자가에 달리신 하나님』, 286.

D. 새 언약과 중보자이신 그리스도

예수 그리스도가 하나님과 인간 사이의 중보자가 되셨다는 의미에는 신비로운 신학적 함의가 내포되어 있다. 그는 새 언약의 중보자로서 이전 옛 언약의 중보자들-아담, 노아, 아브라함, 모세, 그리고 다윗-의 원형이 되신다. 옛 언약의 중보자들은 하나님과 인간 사이에 인간의 대표자로서 하나님과의 관계를 중재하는 존재들이었지만, 예수 그리스도는 하나님 편에서도 인간 편에서도 치우치지 않고 양쪽을 모두 대변하는 중보자셨다. 그분은 인간인 동시에 하나님이시다.

중보자로서 그리스도를 논할 때, 그의 인성과 함께 신성이 지속적으로 거론된다. 칼빈은 "성경은 인성과 신성의 두 본성이 그리스도 안에서 연합되어 있음을 아주 조심스럽게 표현하는 나머지, 때로는 그것들을 서로 교환하기까지 한다. 이런 비유적인 표현법을 교부들은 '속성 간의 교류'라고 불렀다"고 주장한다.[388] 중보자이신 예수 그리스도의 두 본성이 한 위격 안에 존재한다는 의미다.

바빙크는 중보자의 역할을, 은혜언약 안에서 하나님과 인간을 하나로 묶을 뿐만 아니라, 이에 앞서 양쪽을 서로 화해시켜 그들 사이의 깨어진 관계를 회복시키는 직무로 간주했다.[389] 그는 이러한 중보자의 신분이 성경뿐만 아니라 다른 민족 종교에서도 공통적으로 등장하기 때문에 성경이 모든 사람으로부터 지지를 받고 확증된다고 주장한다.[390] 그가 지금 언급하는 중보자와 그들의 역할은 신과 인간 사이에서 하나님의 복과 계시를 사람들에게 전하는 보편적 중보자들에 관한 언급이다.

---

388) Calvin, 『기독교강요 (상)』, 593.
389) Barvinck, 『개혁교의학 3』, 285.
390) Barvinck, 『개혁교의학 3』, 285.

그러나 중보자로서의 그리스도는 옛 언약의 보편적 중보자들이나 다른 종교에 등장하는 초인적 인물들과는 그 성격이 전혀 다르다. 그들은 비록 종속적 신들이거나, 혹은 그들 신에게 헌신되어 초자연적 능력을 덧입고 인간과 신(神) 사이에 교제를 담당하는 존재들이지만, 그들 자체가 신앙의 대상으로 추앙되는 신(神) 자체는 아니었다.

새 언약의 중보자이신 그리스도는 세상의 다른 모든 중보자와는 다르다. 중보자로서 그리스도의 사역은 언약에 계시된 하나님의 약속을 인간의 몸으로 성취하셨고 계시자이신 하나님이 장차 행하실 일을 십자가의 죽음으로 대신하신 분이다. 그분의 사역은 복음이 되어 세상에 전파되었고 믿는 자에게 구원을 주시는 하나님의 능력이 되었다.

1. 새 언약의 중보자

예수 그리스도는 십자가에서 돌아가셨다. 그분의 죽음은 당시 상황에서 우발적으로 발생한 일이 아니라 하나님께서 오래전부터 계획하시고 언약으로 계시하셨던 사건이었다. 하나님은 아담에게 '여인의 후손'을 약속하시면서, 사탄이 그의 발꿈치를 상하게 할 것을 미리 말씀하셨다. 그리고 하나님은 아브라함에게 후손의 약속과 함께 가나안 땅을 약속하시면서 자신의 죽음에 대한 계시로 땅의 약속을 맹세로 확증하셨다.

하나님께서는 아브라함에게 언약으로 주신 후손과 가나안 땅의 약속 이면에 자신의 구원 사역에 관한 영적 의미를 담아 놓으셨다. 그 영적 의미는 그리스도가 세상에 오셔서 십자가를 지시기 전까지는 사람들에게 알려지지 않은 하나님의 구원 비밀에 속했다. 하나님의 약속이 아브라함을 통하여 이스라엘 백성에게 주어졌지만, 그들은 약속의 문자적 의미 이면에 감추어져 있는 영적 의미를 미처 깨닫지 못하였다. 그 무지의 결과 그들은 영적 후손으로 오신 예수 그리스도를 십자가에 못 박았다.

모든 일이 하나님의 예정 가운데 일어난 일이었지만, 이 일로 인하여 이스라엘은 가지가 꺾인 백성이 되었고, 그 꺾인 가지 위에 이방인들이 접붙임을 받는 결과를 가져왔다. 하나님의 구원이 유대인에게서 이방인으로 확장된 것이다. 그리스도는 유대인의 혈통으로 오셔서 십자가에서 돌아가셨지만, 그가 겪으신 고난은 이방인을 포함한 모든 사람에게 구원을 베푸는 하나님의 사역이었다. 이로써 그리스도는 인간인 동시에 하나님으로서 구원 사역을 완성하신 중보자가 되셨다.

만약 그리스도 안에 인성과 함께 신성이 존재하지 않았다면, 그분은 자신의 죽음으로 구원 약속의 계시를 성취하는 하나님의 죽음을 대신할 수 없었을 것이다. 예수 그리스도는 언약의 계시에 따라 그의 육신의 죽음으로 사람들의 죄를 사하시는 하나님의 역할을 감당하신 것이다. 성경은 중보자에 대해서 다음과 같이 기록하고 있다.

그 중보자는 한 편만 위한 자가 아니나 하나님은 한 분이시니라 (갈 3:20)

하나님은 한 분이시오 또 하나님과 사람 사이에 중보도 한 분이시니 곧 사람이신 그리스도 예수라 (딤전 2:5)

디모데전서는 새 언약의 중보자이신 예수 그리스도가 인성을 가진 사람이셨음을 증언한다. 그러나 이 구절에 대비되는 갈라디아서 3장 20절은 중보자인 그리스도의 신성을 암시하는 함축적인 구절로 간주된다. 사실 이 구절은 바울 서신에서 가장 모호한 구절 중에 하나로 이에 대한 지금까지의 해석만도 이백 가지가 넘는

다고 한다.[391]

    중보자에 관한 그리스도의 사역은 예레미야 31장의 예언과 히브리서 8장에 인용된 새 언약의 기록에서 찾아볼 수 있다. 새 언약의 수립 과정에 나타난 예언을 깊이 있게 살펴본다면, 우리는 갈라디아서 3장 20절에 함축적으로 암시된 하나님으로서의 중보자의 신성을 발견할 수 있다. 새 언약의 중보자 개념은 언약에 계시된 약속과 성취에 따른 십자가 사건이 그리스도의 피로 세워진 새 언약과 직결되기 때문이다. 이러한 사실은 중보자이신 예수 그리스도를 주(主), 곧 하나님으로 고백하는 중요한 근거가 된다.

    앞서 바빙크의 주장에서 살펴본 바와 같이 사람들은 일반적으로 중보자의 역할을 하나님과 인간 사이의 깨어진 관계를 화해와 회복으로 이끄는 일로 간주한다. 그러나 성경은 중보자에 대한 언급을 언약의 바탕 위에 기록한다. 언약이 지향하는 궁극적인 목적이 그리스도의 십자가 사건으로 성취된 죄 사함을 통한 인간의 구원이기 때문이다. 히브리서도 예수 그리스도의 중보 사역을 모두 새 언약과 연관시킨다.

> 그러나 이제 그가 더 아름다운 직분을 얻으셨으니 이는 더 좋은 약속으로 세우신 더 좋은 언약의 중보자시라 (히 8:6)

> 그는 새 언약의 중보자시니 이는 첫 언약 때에 범한 죄를 속하려고 죽으사 부르심을 입은 자로 하여금 영원한 기업의 약속을 얻게 하려 하심이라 (히 9:15)

> 새 언약의 중보자이신 예수와 및 아벨의 피보다 더 낫게 말하는 뿌린 피니라 (히 12:24)

---

391) Richard N. Longenecker, 『갈라디아서, Word Biblical Commentary 41』, 이덕신 역 (서울: 솔로몬, 1990), 392.

히브리서가 예수 그리스도의 중보 사역을 집중적으로 새 언약과 연결하는 이유는, 그분의 사역이 새 언약의 이중적 구조와 더불어 그 수립 과정과 밀접하게 연관되기 때문이다. 원래 언약은 인간의 구원을 위해 하나님께서 인간과 세우신 일방적인 은혜의 약속이었다. 구약의 언약에서는 하나님께서 특정한 인간이나 민족을 선택하셔서 사람인 중보자를 통하여 그들에게 구원에 관한 계시를 언약을 통해 일방적인 은혜로 주셨다.

하나님께서 언약으로 주신 구원 약속은 지속적으로 유효했다. 이스라엘 백성들이 언약을 파기하여 바벨론에 포로로 끌려갔을 때도, 하나님은 예레미야 선지자를 통하여 새 언약을 예언하셨다(렘 31:31-34). 그 예언에는 하나님의 분노와 노여움으로 다른 지방으로 쫓겨났던 사람들을 불러들여 영원한 언약을 세워 그들에게 복을 주고, 그들은 자신의 백성이 되며 자신은 그들의 하나님이 되리라는 내용을 포함한다(렘 32:37-40). 이를 위해 하나님은 날이 이르면 '이스라엘 집과 유다의 집'에 새 언약을 맺을 것을 선언하신다(렘 31:31).

그러나 하나님은 새 언약이 출애굽 한 그들의 조상들과 맺은 언약과 다를 것임을 분명히 하신다(32절). 그리고 그 날 후에 '이스라엘 집'과 맺을 언약의 내용을 밝히신다. 그 내용은 "내가 나의 법을 그들 속에 두며 그들의 마음에 기록하여 나는 그들의 하나님이 되고 그들은 내 백성이 될 것이라"(33절)는 말씀이다.

새 언약의 예언에 언급된 '이스라엘 집과 유다의 집', 그리고 통합적인 '이스라엘 집'이 뜻하는 각각의 의미에는 하나님께서 의도하신 구원 계시의 비밀이 담겨있었다. 그 비밀의 열쇠는 바로 예수 그리스도다. 우리는 새 언약의 예언에 처음 언급된 '이스라엘 집과 유다의 집'이 왜 그 날 후에는 '이스라엘 집'으로 바뀌게 되는지에 대하여 세심한 주의를 기울일 필요가 있다. 이에 대한 해석의 문제는 새 언약이 아브라함 언약을 비롯하여 옛 언약과 맺고 있는 연속성과 함께 불연속성 사이에 존재하는 긴장을 풀어내는 중요한 역할을 한다.

로벗슨(O. Palmer Robertson)에 따르면, 새 언약에 대한 예언에서 하나님은 이 언약을 '이스라엘 집'과 맺으시겠다는 의지를 분명히 하신다. 새 언약의 대상이 '이스라엘 집과 유다의 집' 혹은 '이스라엘 집'이라는 점이다.[392] 이 약속된 언약의 핵심은 문자적으로 '이스라엘 집과 유다의 집'의 완전한 구원을 하나님께서 보증하신다는 것이 그의 주장이다. 그의 주장은 표면적으로 지극히 타당하게 보인다.

그러나 여기에서 '이스라엘 집과 유다의 집' 그리고 '이스라엘 집'을 서로 구분하지 않고 '이스라엘 집'을 단순히 이스라엘과 유다가 통일된 하나님 백성의 상태를 가리킨다는 그의 해석에는 분명치 않은 점이 드러난다. 그의 설명과 같이 '이스라엘 집과 유다의 집'을 통일된 '이스라엘 집'과 동일하게 간주하여 단순히 구원받은 한 하나님의 백성으로 취급하는 것은, 새 언약에 나타난 예수 그리스도의 중보자적 사역의 특성을 잘 설명할 수 없는 취약점이 있다.

새 언약의 예언에는 주의를 기울여야 할 특이한 사항이 두 가지 있다. 첫째는 날이 이르렀을 때 하나님께서 새 언약을 맺을 첫 대상이 '이스라엘 집과 유다의 집'이라는 점이다(렘 31:31). 그리고 이때 맺어질 새 언약은 과거 하나님께서 출애굽 당시 이스라엘 조상과 맺은 언약의 방식과는 전혀 다를 것이 선언된다. 둘째는 '이스라엘 집'이 그 날 후에 하나님과 언약 관계에 놓이게 되는 둘째 대상이라(렘 31:33)는 사실이다.

예수께서 십자가를 지시기 전날 밤에, 제자들과의 마지막 유월절 만찬에서 잔을 들어 그들에게 주시며 새 언약을 세우시는 광경을 복음서에서 다음과 같이 기록한다.

---

392) Robertson은 그의 책 The Christ of the Covenant에서 이에 대하여 다음과 같이 언급한다. "it is not necessary to suppose some textual corruption to explain the distinction between the reference to the covenant "with the house of Israel and with the house of Judah"(v. 31) and to the covenant simply "with the house of Israel"(v. 33). The more abbreviated designation of God's people simply as "Israel" may anticipate the united condition of the people of God at the time of new covenant establishment. Judah and Israel shall be joined into one."

이것은 죄 사함을 얻게 하려고 많은 사람을 위하여 흘리는 바 나의 피 곧 언약의 피니라 (마 26:27)

이것은 많은 사람을 위하여 흘리는 나의 피 곧 언약의 피니라 (막 14:24)

이 잔은 내 피로 세우는 새 언약이니 곧 너희를 위하여 붓는 것이라 (눅 22:20)

이 말씀들과 같이 새 언약은 그리스도께서 자신이 흘린 피로 세우신 언약이다. 몰트만의 주장과 같이 그리스도의 십자가 사건은 성부와 성자 하나님 사이의 사건이었다. 그 결과 그리스도의 피로 세우신 새 언약은 중보자이신 예수께서 성부 하나님과 직접 세우신 언약이었다. 새 언약의 방식이 과거와 다른 이유다. 예수 그리스도는 십자가에서 인간의 피를 흘리셨지만, 그 피는 새 언약을 세우시는 하나님으로서 흘리신 피였다. 이것이 예수께서 제자들에게 자신의 피로 새 언약을 세우시겠다고 말씀하시는 이유다.

그렇다면 예수께서 자신의 피가 많은 사람의 죄 사함을 얻게 하는 새 언약의 피라고 말씀하시는 근거는 무엇인가? 이 질문에 대한 답을 우리는 구약에서 찾을 수 있다. 그리스도의 십자가 사건은 하나님께서 이미 아담 이래 인간의 구원을 위해 준비해 놓으신 그분의 계획이었기 때문이다.

하나님은 이스라엘 백성이 출애굽하기 전날 유월절 밤에 그들에게 문설주에 어린 양의 피를 바르라고 명령하셨다. 그 명령은 자신이 선택한 백성의 장자들이 죽음을 당하지 않게 하시려는 하나님의 은혜의 약속을 담고 있었다. 문설주에 바른 어린 양의 피 자체에 장자의 죽음을 건너뛰게 하는 능력이 있었던 것이 아니라, 그 피에는 확정된 하나님의 약속이 담겨있었기 때문에 그들이 재앙을 피할 수 있었던 것이다.

마찬가지로 그리스도의 피는 인간의 구원을 위한 하나님의 확정된 언약의 약속을 담고 있었다. 그리스도의 십자가 죽음은 아브라함 언약에서 자신의 죽음에 대한 맹세로 '가나안 땅', 즉 영원한 안식의 땅인 하늘나라의 유업에 대한 약속의 계시를 성취한 사건이다. 십자가에서 흘리신 그리스도의 피가 많은 사람에게 죄 사함과 구원을 가져다주는 새 언약의 피가 되는 이유는, 바로 거기에 하나님께서 계시한 언약의 약속이 있었기 때문이다.

비록 새 언약의 형태와 체결 방식은 옛 언약과 다를지라도, 인간의 구원을 위한 하나님의 구원 계시와 성취라는 점에서 서로 연속성을 가진다. 인류의 구원을 위한 그리스도는 인간의 죄 문제를 해결하기 위해 아담으로부터 약속되어왔고, 그 약속이 그분께서 흘리신 십자가의 피로 성취됨으로써 새 언약이 세워진 것이다. 새 언약의 백성들에게는 하나님께서 그들의 죄를 다시는 기억하지 않겠다는 죄 사함의 은총이 주어진다. 하나님께서 죽음의 맹세로 약속하셨던 구원 계시가 예수 그리스도의 죽음으로 성취되어 모든 믿는 자들에게 구원의 유업으로 주어지게 된 것이다.

그러므로 십자가에는 하나님의 구원 메시지와 함께 그 위에서 피를 흘리신 예수 그리스도가 언약의 성취자로서 하나님의 아들이라는 계시가 동시에 담겨있다. 이것이 십자가 사건이 성부와 성자 사이의 사건으로 간주되는 이유다. 따라서 그리스도께서 자신의 피로 세우신 새 언약 또한 성부와 성자 사이의 언약으로 간주한다.

그리스도가 언약의 성취를 위해 성육신하여 세상에 오셨다는 사실은 두 가지 목적의 의미를 지닌다. 첫째는 예수께서 말씀이 육신이 되어 세상에 오신 것은 신(神)적 죽음의 계시를 자신의 죽음으로 성취하기 위함이셨고, 둘째는 그가 십자가에서 흘리신 피로 사람들에게 죄 사함을 주는 새 언약을 세우시기 위함이었다. 즉 자신의 피로 세우신 새 언약의 죄 사함을 통해 예정된 자들을 새로운 하나님의 백성으로 부르시기 위함이셨다. 그 부르심의 최종 목적은 그들에게 약속된 유업을 얻게 하시는 것이었다.

히브리서는 중보자의 궁극적인 사역을 좀 더 상세히 기술한다.

> 그는 새 언약의 중보자시니 이는 첫 언약 때에 범한 죄에서 속량하려고 죽으사 부르심을 입은 자로 하여금 영원한 기업의 약속을 얻게 하심이라 (히 9:15)

영원한 기업의 약속은 하나님께서 아브라함에게 주신 '가나안 땅'에 대한 영적 약속을 의미한다. 제2장에서 살펴보았듯이 '영원한 약속의 유업 혹은 기업'은 가나안 땅에 대한 약속의 이면적 의미인 영원한 하늘나라를 의미한다. 중보자이신 그리스도의 사역을 영원한 기업의 약속과 연결한 히브리서의 기록은 창세기 15장에 기록된 아브라함 언약의 두 약속이 예수 그리스도에 의해 모두 성취되었음을 증언하고 있다.

우리는 언약의 관점에서 그리스도의 성육신의 목적을 좀 더 간단히 말할 수 있다. 그가 인간의 몸으로 세상에 오신 목적은 십자가 죽음을 통하여 과거 하나님께서 아브라함과 세우신 '후손'과 '가나안 땅'의 유업에 대한 언약의 계시를 성취하기 위함이셨다. 그리스도의 십자가는 새 언약 안에서 새로운 하나님의 백성을 창조한다. 그들은 인종과 관계없이 그리스도 안에서 새롭게 창조된 한 새 사람으로서 중보자에 의한 하나님과의 화목을 이루어 약속된 유업을 이어받게 된 사람들이다.

결론적으로 새 언약은 옛 언약의 방식과 달리 하나님께서 인간과 직접 맺으신 언약이 아니었다. 그 언약은 예수 그리스도와 하나님 사이에 보내심을 받은 아들 예수 그리스도의 피로 세워진 언약이었다. 중보자로서 예수 그리스도는 하나님의 죽음을 대신하는 피를 흘리심으로 언약을 성취하셨고, 그가 십자가에서 흘리신 피로 말미암아 사람들은 죄 사함을 받고 영생을 누릴 수 있는 유업을 얻게 되었다.

2. 새 언약의 이중 구조

새 언약의 예언에서 하나님은 "그 날 후에 내가 이스라엘 집과 맺을 언약은 이러하니……."(렘 31:33)라고 말씀을 이어 가신다. '그 날 후에(after that time)'는 시간의 순서에 따라 뒤에 오는 시대를 의미하지만, 말씀 안에 선행사에 대한 구체적인 언급이 없으므로 '그 날'에 대한 의미가 명확히 드러나지는 않는다.

하나님은 예레미야 31장 31절에서 "보라 날이 이르리니 내가 이스라엘 집과 유다의 집에 언약을 맺으리라"라고 선포하신 후, 33절에서 '그 날 후에'라고 언급하신 것이다. WBC(World Biblical Commentary)의 예레미야 저자는 '그 날 후'가 31절에 있는 언약 체결 이후일 수는 없다고 해석한다. 저자는 루돌프(W. Rudolph)의 주장을 다음과 같이 인용한다.[393]

> '그 날'은 에브라임의 약속된 귀환의 시기로 말한다. 위로의 책이라는 이 문맥에서 '그 날'은 심판이 완료되고 하나님께서 또다시 그 땅에 자기 백성을 심고 세우고 다시 거주하도록 하기 시작하실 예레미야 31:27-30에 묘사된 날들을 의미한다.[394]

그러나 앞서 살펴본 바와 같이 새 언약은 중보자인 그리스도께서 자신의 피로 새운 언약이었다. 옛 언약은 하나님께서 언약의 상대자인 인간 혹은 인간 중보자들과 맺으신 언약이었지만, 새 언약은 그리스도께서 자신의 피로 세우신 언약에 그를 믿는 믿음을 통하여 새로운 백성들이 참여하게 되는 이중적 구조로 되어 있다. 즉 그리스도께서 세우신 새 언약에 그분에 대한 믿음을 통해 성령으로 그리스

---

393) Gerald J. Keown, Palela J. Scalise, and Thomas G. Smothers, 『예레미야 26-52, World Biblical Commenttary 27』, 정일오 역 (서울: 솔로몬, 2014), 243.
394) Keown, Scalise, and Smothers, 『예레미야 26-52』, 243-244.

도와 연합된 새로운 하나님 백성들이 참여하게 되는 이중적 구조로 되어 있다는 사실이다.

부르심을 입은 자들은 새 언약이 세워진 그 날 후에 예수 그리스도를 믿는 믿음을 통해 성령으로 그분과 연합을 이룬 사람들이다. 그들은 성령에 의한 믿음으로 새롭게 창조된 하나님의 백성들이며, 그리스도와 한 영으로 그의 지체에 붙어있는 사람들이다. 이들이 바로 그리스도에 대한 믿음으로 새 언약에 참여하는 참 아브라함의 후손인 '이스라엘 집'인 것이다.

이러한 사실은 신약의 조명을 통해서야 비로소 드러난다. 언약의 관점에서 볼 때, 그 날에 하나님과 새 언약을 맺는 '이스라엘 집과 유다의 집'은 바울의 기록과 같이 여러 명의 아브라함의 육신적 자손들이 아니라, 언약의 약속에 따라 아브라함의 유일한 후손으로 오신 오직 한 사람인 예수 그리스도를 가리킨다(갈 3:16). 새 언약의 방법이 이스라엘의 조상들과 맺은 옛 언약과 같지 아니할 것이라는 선지자의 예언은 혈통적 이스라엘과 유다의 집이 새 언약의 직접적인 대상이 아니라는 점을 암시한다. 이러한 암시에는 선택된 백성이었던 그들이 자신들을 위해 세우셨던 여호와 하나님의 언약을 깨뜨렸기 때문이라는(렘 31:32) 기록을 통해서도 잘 드러난다.

아브라함 언약에 약속된 후손은 혈통적 후손인 이스라엘과 유다를 모두 포함하고 있지만, 바울은 하나님의 약속이 주어진 유일한 후손은 오직 한 사람인 예수 그리스도임을 밝혔다. 그리고 그분에 대한 믿음으로 의롭게 된 자들은 모두가 아브라함의 자손임을 선언한다(갈 3:7). 예수 그리스도는 약속에 따라 세상에 오신 분으로, 그는 혈통적 아브라함의 후손인 '이스라엘 집과 유다의 집'을 대표하는 유일한 아브라함의 참 후손이다. 동시에 그는 새 언약의 중보자로서 옛 언약의 계시를 모두 성취하신 하나님이다.

새 언약의 중보자이신 예수 그리스도를 믿음으로써 의롭게 된 자들은 그리스도와 합하여 한 영이 된 새로운 하나님의 백성들이다. 그들은 하나님의 약속이 주어진 유일한 아브라함의 후손인 그리스도와 연합된 자들로서, 그리스도의 소유가 된 아브라함의 자손이요 약속대로 유업을 이을 자들인 것이다(갈3:29). 이들이 바로 그리스도 안에서 믿음으로 새롭게 창조된 '이스라엘 집'인 것이다.

그렇다면 구약성경은 새로운 하나님의 백성에 대하여 어떻게 예언하고 있는가? 이사야 2장 1-3절과 미가서 4장 1-2절에서 마지막 날에는 언약의 이스라엘뿐만 아니라 이방인들에게까지 율법이 주어지는 비전이 제시된다. 이 본문들은 이스라엘 포로기 이후 유대 공동체의 종말론적 희망과 비전을 나타내는 것으로, 시온이 완전히 회복될 때, 이스라엘은 언약의 하나님에 의하여 원복되며 심지어 이방인들도 시온의 토라를 지키며 언약 공동체에 참여할 것이라고 예언한다.

시온이 완전히 회복되는, 때, 이방인들도 언약 공동체에 참여하게 된다는 구약의 예언은 그동안 유지되었던 언약 백성의 구성이 순수한 이스라엘에서 유대인과 이방인이 함께 참여하는 공동체로 확장됨을 예견한다. 결과적으로 이러한 예견은 언약의 성취로 오신 예수 그리스도의 십자가 사건으로 그분 안에서 실현되었다. 성경은 다음과 같이 기록한다.

> 그는 우리의 화평이신지라 둘로 하나를 만드사 원수된 것 곧 중간에 막힌 담을 자기 육체로 허시고 법조문으로 된 계명의 율법을 폐하셨으니 이는 이 둘로 자기 안에서 한 새 사람을 지어 화평케 하시고 또 십자가로 이 둘로 한 몸으로 하나님과 화목하게 하심이라 (엡 2:14-15)

그리스도의 십자가로 인해 새로 지음을 받은 한, 새 사람은 새롭게 재창조된 피조물이다. 그 안에서는 모든 혈통적, 육체적 구별이 사라지고 오직 그리스도에 대한 믿음만이 하나님 나라의 새로운 백성임을 공언하는 표징이 된다. 덤브렐(William J. Dumbrell)은 새 사람과 새로운 백성에 대해 다음과 같이 말한다.

> 사도 바울의 초기 사역 가운데 그가 집중했던 주된 관심사는 이방인들이 오직 믿음으로 신앙 공동체 안에 들어가는 것이었다. 사도 바울은 구원과 성화 둘 다 오직 믿음으로 말미암는다고 주장한다. 왜냐하면 오직 한 하나님의 백성만 있을 뿐이며, 참 아브라함의 후손은 그리스도인이기 때문이다. 그러므로 기독교는 구약의 이스라엘, 즉 참 예배 공동체 - 민족 이스라엘이 추구했던 정치적 외형적 제도는 사라진다 - 를 계승한다. 동시에 그리스도인들은 또한 그리스도 안에서 새 사람, 새로운 피조물(엡 2:15; 골 3:10)이 된다. 그렇지만 바울은 유대교로의 개종이 아닌, 그리스도 안에서 이루어진 이스라엘 언약의 성취를 바라보면서 이스라엘과 새 백성 사이의 연속성을 강조한다.[395]

그리스도 안에서 믿음으로 새롭게 창조된 백성은 새 언약 백성임이 틀림없다. 그러나 그들은 '이스라엘 집'으로서 하나님과 새 언약을 직접 맺은 당사자들이 아니다. 그들은 그리스도께서 세우신 새 언약의 수혜자들로서 '그 날 후'에 그리스도에 대한 믿음으로 그분과 연합되어 언약 공동체에 참여하는 의롭다 함을 받은 새로운 하나님의 백성들이다.

새 언약이 맺어질 당시 그 언약 백성의 대상은 불특정 다수의 모든 민족이었다. 그들은 외형적 조건과 관계없이 오직 그리스도에 대한 믿음으로 의롭다 함을 받고 그분께서 세우신 새 언약에 참여하게 될 것으로 예정된 사람들이었다. 그러므로 새 언약은 그리스도의 피로 세워진 언약에 그분에 대한 믿음으로 의롭다 칭함을 받은 백성들이 참여하게 되는 이중적 구조를 가진다. 이것이 바로 하나님께서 그

---

395) William J. Dumbrell, 『언약신학과 종말론』, 장세훈 역 (서울: 기독교문서선교회, 2000), 359.

리스도의 믿음을 통해 예정된 자들을 새 언약에 참여시킴으로써 그의 새로운 백성과 교회를 창조해 가시는 방법이기도 하다.

결론적으로 새 언약의 대상이 두 종류로 분류된 이유는, 새 언약이 옛 언약과는 달리 이중적 구조로 되어 있기 때문이었다. 십자가의 죽음으로 언약을 성취하신 예수 그리스도는 자신의 피로 새 언약을 먼저 세우셨고, 그 후에 예정된 자들이 믿음으로 그리스도와 연합하여 새 언약에 참여하는 구조를 가진다. 새 언약의 대상이 처음에는 '이스라엘 집과 유다의 집'에서 '이스라엘 집'으로 바뀌는 이유다. 아브라함의 유일한 후손으로 오신 예수 그리스도가 '이스라엘 집과 유다의 집' 모두를 대표하는 분이셨고, 그분에 대한 믿음으로 새롭게 창조된 하나님의 백성들이 믿음 안에서 하나로 통합되어 새 언약에 참여하게 되는 두 번째 대상이 '이스라엘 집'인 것이다.

언약과 삼위일체

제5장
언약과 성령

제5장 언약과 성령

성령은 하나님의 영으로서 그리스도께서 성취하신 언약의 계시를 신자들에게 적용하심으로써 새로운 하나님의 백성을 창조하시고 그들을 보존하시는 분이다. 하나님의 뜻과 계획안에 예정된 주(主)의 백성들을 교회의 머리가 되신 그리스도와 연합시킴으로써 '그의 몸인 교회'(엡 1:23)의 지체로 삼으시고 새롭게 구원받은 백성들의 여정을 보전하시기 위해 약속에 의해 보내지신 분인 것이다. 즉 성령은 하나님께서 그리스도의 이름으로 보내신 분이며, 그는 신자들에게 예수께서 하신 말씀을 생각나게 하며 신자들에게 모든 것을 가르치시는(요 14:26) 삼위 하나님이시다.

언약에 따라 "그리스도께서는 죄인 된 우리를 위해 죽으심으로 하나님께서 우리에 대한 자기의 사랑을 확증"(롬 5:8)하셨고, 성경대로 죽은 지 사흘 만에 부활하신 후(고전 15:3-4), 그의 제자들에게 아버지께서 약속하신 것을 보내시겠다고 약속하셨다(눅 24:29). 이 약속에 따라 마가의 다락방에 오순절 성령이 부어짐으로 인하여 '구약의 예언'(욜 2:28-29)을 통해 마지막 시대에 하나님의 백성들에게 은혜의 선물을 부어주시겠다고 하신 약속이 성취되었다.

후크마(Anthony A. Hoekema)는 웨스트민스터 신앙고백서[396]의 말을 빌려 "성령은 구원의 적용을 이루시는 유일한 동인(動因)이시다. 바울은 디도서 3장 5절에서 하나님이 우리를 구원하시되 우리의 행한 바 의로운 행위로 말미암지 않고 오직 성령의 새롭게 하심을 통해서"라고 말한다.[397] 이어서 그는 "구원의 과정에서 성령

---

396) 웨스트민스터 신앙고백서 9장 3절, "사람이 타락해서 죄를 지은 상태에서는 구원을 동반하는 영적 선을 원할 의지력을 전적으로 잃어버렸기 때문에(롬 5:6; 8:7; 요 15;5), 자연인은 선을 싫어하여(롬 3:10, 12), 죄 안에서 죽었으며(엡 2:1, 5; 골 2:13), 자기의 힘으로는 선을 향해서 돌아서거나 준비할 수 없습니다.(요 6:44, 65; 엡 2:2-5; 고전 2:14; 딛 3:3-5).
397) Anthony A. Hoekema, 『개혁주의 구원론』, 류호준 역 (서울 기독교문서선교회, 1995), 49.

의 주된 역할은 우리를 그리스도와 하나 되게 하는 것이다"라고 주장한다.[398] 즉 성령의 주된 역할은 우리를 그리스도와 연합하게 하여 그와 한 몸을 이루어 한 영이 되게 하시는 사역이다(고전 6:17).

하나님은 성령을 통하여 언약을 성취하신 그리스도의 유익을 새로운 하나님의 백성들에게 적용하시고 그 가운데서 자신의 사역을 행하여 자신의 영광을 증진하신다. 따라서 성령의 사역이 적용되는 '구원의 서정(via salutis)'은 구속 혹은 구속을 소유하는 길로서 세상의 다른 종교나 철학 체계들에서 추구하는 것과는 근본적으로 다른 성경 안에서의 고유한 성격을 지닌다.[399]

이미 구약성경에서 하나님은 인간의 타락 후에 곧바로 은혜로 말미암아 인간을 자기편에 서게 하시고, 아브라함과 그에게서 태어난 이스라엘 백성을 자신의 소유로 선택하기 위해 그들과 언약을 맺으셨다. 또한, 언약의 조건으로 할례를 비롯한 율법을 제공하시고 속죄를 위한 제사제도를 마련해 주셨다. 그렇지만 하나님과 인간 사이의 언약관계는 선행 조건으로서의 그 율법의 준수에 달려 있지 않았다. 그것은 그 어떤 행위언약이 아니었으며, 오로지 하나님의 선택인 사랑에 기초했다.[400]

하나님은 인간의 지혜와 노력으로 구원을 획득하려는 인간의 사상과 노력을 배제한다. 선택에 따른 구원은 하나님이 예정하신 것으로 전적으로 하나님의 영역이다. 하나님은 자신의 언약 백성들에게 그리스도의 죽음과 부활을 통한 언약의 성취와 유익을 구원의 서정 가운데 성령의 사역을 통해 온전히 적용하신다. 이는 약속된 언약을 자신의 백성들에게 신실하게 이행하시는 '하나님의 의'에 의한 선물이었다.

---

398) Hoekema, 『개혁주의 구원론』, 50.
399) Bavinck, 『개혁교의학 3』, 607.
400) Bavinck, 『개혁교의학 3』, 610-611.

그리스도께서 세우신 새 언약의 가장 큰 유익은 성령의 선물이었다. 바울은 분명하게 아브라함과 성령의 약속을 연결한다. 그는 갈라디아서 3장 14절에서 그리스도가 우리를 구속하심은 "그리스도 안에서 아브라함의 복이 이방인에게 미치게 하여 우리로 하여금 믿음으로 말미암아 성령의 약속을 받게 함이라"고 기록한다.

물론 창세기 15장에 나타나는 아브라함의 언약에는 성령에 관한 언급이 전혀 나타나지 않는다. 그럼에도 불구하고 바울은 담대하게 '아브라함의 복'을 '성령의 약속'과 연결한다. 바울의 해석은 구약에 나타나는 모든 언약의 약속들, 특히 아브라함 언약의 약속을 철저하게 새 언약의 조명을 통해 인식했다는 사실에 근거를 둔다.

새 언약을 새롭게 만드는 것은 다음과 같은 두 가지 요소에 의해 결정된다. 첫째는 완전하고 최종적인 '죄 용서'이며, 둘째는 언약 공동체의 모든 구성원에게 성령을 부어주심이다.[401] 이 두 가지 면은 구약에서 언급한 새 언약의 예언에 주어진 하나님의 위대하신 은혜의 선물이었다.

구약에서 지시한 새 언약의 예언은 예레미야 31장 31-34절이 유일하다. 하지만 에스겔 36장 26-27절도 새 언약에 대한 중요한 근거 구절로 취급된다. 하나님의 영에 관한 에스겔의 두 구절은 새 언약을 통해 주어질 성령의 사역을 예언하고 있다. 하나님께서 그의 백성들에게 먼저 새 영과 새 마음을 주심으로 그들의 마음을 부드럽게 한 후에 하나님의 영을 그들 속에 두어 하나님의 율례를 행하게 하신다는 말씀이다.

성령은 새 언약의 선물이다. 먼저 성령은 믿음으로 새로운 하나님의 백성을 창조하신다. 그리고 그들의 구원 여정을 견인하시기 위해 하나님의 율례를 기억하고 행하게 하시는 하나님의 법의 역할을 감당하신다. 바울이 갈라디아서 3장 14절에

---

401) White, What is The New Covenant Theology?, 13.

서 아브라함에게 약속된 축복에 성령의 선물이 포함되어 있다고 말하는 이유이다.[402]

이것은 바울이 아브라함의 믿음에 의한 칭의와 그리스도에 대한 믿음을 성령의 사역으로 연결하는 고리가 된다. 그는 갈라디아서에서 "아브라함이 하나님을 믿으매 그것을 그에게 의로 정하셨다 함과 같으니라. 그런즉 믿음으로 말미암은 자들은 아브라함의 자손인 줄 알지라"(갈 3:6-7)라고 기록한다. 그리스도에 대한 믿음으로 얻는 '의'가 아브라함이 하나님의 말씀을 믿어 의롭다 함을 받은 그 믿음에 동일하게 적용됨을 바울은 아브라함 언약의 조명을 통해 선포하였다.

그리스도에 대한 믿음은 복음으로 정의되는 "그리스도가 죄인인 우리를 위해 십자가에서 죽으시고 부활하셨다. 그가 주(主), 하나님이시다"라는 사실을 그대로 받아들이고 고백하는 데서 비롯된다. 구약의 아브라함의 믿음은 하나님의 말씀에 대한 직접적인 순종과 신뢰에서 비롯되었지만, 신약의 그리스도에 대한 믿음은 복음에 나타나 있는 사실에 대한 믿음과 확신으로부터 비롯된다.

그러나 믿음에 대한 고백과 확신은 인간의 노력이나 의지에 의해서는 얻을 수 없다. 바울은 성령의 도움이 없이는 아무도 예수를 주(主)라고 시인할 수 없음을 분명히 밝힌다(고전 12:3). 그리스도에 대한 믿음은 인간의 노력이나 의지에 의한 것이 아니라 오로지 성령의 사역으로부터 비롯된다는 사실이다.

이 사실은 그리스도의 십자가 사건이 언약에 계시된 구원 사역의 완성을 위한 기념비적인 성취 사건임에도 불구하고 이에 대한 최종적인 완성을 위해서는 예정된 자들에게 믿음으로 이를 확신케 하시는 성령의 사역이 필수적임을 드러낸다. 하나님의 경륜적인 구속사역은 성부와 성자 사이의 십자가 사건으로 끝나지 않는다. 그 사역의 완성은 성부와 성자, 그리고 성령 하나님이 함께 참여하시는 세 위격의

---

402) White, What is The New Covenant Theology?, 14.

상호 관계적 사역으로 최종적으로 완성된다.

 이러한 삼위일체적인 구원 사역의 결과는 하나님의 예정된 선택과 그리스도에 대한 믿음을 통하여 유대인뿐 아니라 이방인에게도 구원의 문을 활짝 열어 놓는 결과를 가져왔다. 바울의 서신서에 나타난 복음의 기록들은 새롭게 기독교인이 된 자들에게 언약을 기반으로 이러한 사실을 설명한다. 이것은 대부분 외형적으로 이해할 수 있는 사실이지만, 때로는 구절 속에 함의(含意)된 사실을 통해 암시되기도 한다. 대표적인 예로 로마서 1장 17절을 살펴보기로 하자. 이 구절은 이미 앞에서 칭의와 '하나님의 의'에 관한 논의에서 몇 번 인용되었지만, 지금의 논의는 그 초점이 조금 다르다.

> 복음에는 하나님의 의가 나타나서 믿음으로 믿음에 이르게 하나니 … (개역한글)
>
> For in the gospel a righteousness from God is revealed, a righteousness that is by faith from first to last … (NIV)
>
> δικαιοσύνη γάρ θεου ἐν αὐτῶ ἀποκαλύπτεται ἐκ πίστεως εἰς πίστιν …
>
> (헬라어분해대조) (롬 1:17)

 루터는 로마서의 가장 중심적인 이 구절에서 '이신칭의'의 교리를 발견하고 '오직 믿음'(sola fide)이라는 종교개혁의 중심 교리를 확고히 세웠다. 루터가 세운 이 교리는 종교개혁 이후 개신교를 로마 가톨릭교회와 구별되게 하는 핵심 교리의 역할을 감당하게 되었다.

 그렇지만 언약의 구속사적 관점에서 이 구절은 자세히 살펴보면, 그 내용은 '이신칭의'의 범위를 넘어서 구속사를 완성하시는 삼위 하나님의 상호 관계적인 사역이 함의되어 있음을 깨닫게 된다. 만약 이 구절에서 '이신칭의'의 교리만을 찾는다면, "믿음으로 믿음에 이르게 한다"는 구절에 대한 해석이 모호해질 수밖에 없다.

이 구절에서 언급되는 두 믿음이 각각 어떤 믿음을 지칭하고 있는지 바울은 밝히지 않고 있기 때문이다.

아직도 이 두 믿음에 대한 해석이 서로 일치점을 찾지 못하여 각기 다른 해석들이 난무하는 이유는 바울이 이 두 믿음의 낱말 속에 언약의 계시와 그리스도에 의한 성취를 함축적으로 담아 독자들에게 암시하는 문장의 기법을 사용했기 때문이다.

그러므로 이 구절은 언약의 계시와 성취의 관점에서 해석할 때에야 그 뜻이 비로소 드러나게 된다. 바울은 이 구절에서 성령에 대한 언급은 생략하고 있지만, 믿음에 대한 그의 언급에는 성령의 사역이 포함되어 있다고 보아야 한다. 옛 언약의 모든 계시를 성취하신 그리스도에 대한 믿음은 오직 성령께서 주관하시기 때문이다. 바울도 성령으로 아니하고는 누구든지 그리스도를 주(主)로 고백할 수 없다고 밝히고 있기 때문이다(고전 12:3).

복음은 앞서 언급한 바와 같이 "그리스도가 죄인인 우리를 위해 십자가에서 죽으시고 부활하셨다. 그가 곧 주(主) 하나님이심"에 대한 선포이다. 그 복음에는 '하나님의 의(δικάοσύνη λὰρ θεοῦ)'가 나타난다. 그런데 이 '하나님의 의'라는 말도 교회사 전체에 걸쳐 계속된 논란이 되어 왔으며, 그 결과 여기에 대해 엄청나고 다루기 어려울 만큼 많은 문헌이 쓰여졌다.[403]

---

403) John Stott, 『로마서 강해』, 정옥배 역 (서울: 한국기독학생회출판부, 1996), 70-73. 스토트는 '하나님의 의'에 대해 다음과 같이 세 가지로 요약한다. 첫째, '하나님의 의'가 신적 속성 혹은 성질이라는 점을 강조한다는 것이다. 그분은 세상을 심판하시는 분이기 때문에 언제나 공의를 행하신다. 그분은 정의를 사랑하고 악을 미워하시며 의가 그 나라의 '홀'이다. 하나님이 하시는 일은 구원이나 심판 등 무슨 일에서든 그분의 의로우심이 절대적이라는 것이다. 즉 '하나님의 의'는 무엇보다도 자신의 의로우신 성품에 대한 하나님의 신실하심을 보여주는 의, 그분의 성실하심, 그분의 일관성이라는 것이다. 둘째, '하나님의 의'는 신적 활동, 즉 그분이 자기 백성을 위해 간섭하시고 구원하시는 행위라는 점을 강조한다. 시편과 이사야 40-66장에 나오는 대구법에서는 종종 그분의 '구원'과 그분의 '의'가 결합되어 있다. 존 지슬러(John Ziesler)는 "구원은 하나님의 의가 취하는 …형태다"라고 말했고, 케제만(Ernst Kasemann)은 하나님의 의를 능력, 곧 자신의 언약에 충실하사 악의 세력들을 타도하고 그 분의 백성

스토트는 그가 쓴 『로마서 강해』에서 '하나님의 의'를 법정적인 칭의의 개념으로 보아 하나님께서 죄인들에게 '하나님의 의'를 주심으로써, 그들과 자신의 관계를 바로잡으시는 하나님의 의로운 주도권이라고 단언한다.[404] 따라서 그는 '하나님의 의'는 불의한 자에 대한 하나님의 의로운 칭의, 의롭지 않은 자를 의롭다고 선언하시는 하나님의 의로운 방식으로, 그 안에서 그분은 자신의 의를 보이시며, 또한 우리에게 의를 주신다고 말한다. 하나님은 불의한 자를 위해 죽으신 의로운 분인 예수 그리스도를 통해 그 일을 하셨다는 것이다.[405]

그러나 제임스 던은 WBC 로마서 주석에서 '하나님의 의'는 '언약을 이행하시는 그의 신실하심'이며, 특별히 시편과 이사야의 언약적 은혜의 논리(logic) 안에 '하나님의 의'는 사실상 구원과 동의어로 나타난다고 주장한다. 즉, '하나님의 의'는 언약 안에서 그 자신을 회복시키시고 그 백성을 보존하신다는 것이다.[406] 그의 주장에 따르면 바울은 로마서 1장 17절에서 '하나님의 의'에 대한 개념을 '구원을 위한 하나님의 능력'을 명시하는 16절의 '복음'의 개념과 연관시켰다.

로마서와 갈라디아서에 기록된 복음에 관련된 바울의 언급은 상당 부분이 아브라함 언약에 나타난 그의 믿음과 후손의 근거로부터 비롯된 것으로 나타난다. 아브라함은 그의 행위나 율법이 아니라 오직 그의 믿음으로 의롭다 함을 얻었다(롬

을 옳다고 입증하시는 하나님의 구원의 능력이라고 말한다. 라이트도 하나님의 의는 본질적으로 아브라함에게, 믿음이라는 특징을 지니고 있는 전 세계적 가족을 주시겠노라고 약속하신 언약적 신실함, 언약적 정의라고 주장한다. 셋째, 복음에 나타난 '하나님의 의'는 신적 성취라는 것이다. 그 소유격이 더 이상 주관적인 것(하나님의 성품과 활동에 대한 언급에서처럼)이 아니며, 객관적인 것으로 보아, 단순 소유격('하나님의 의') 대신 하나님이 요구하시며, 십자가의 속죄의 희생을 통해 이루시고 복음에서 나타내시며, 예수 그리스도를 믿는 모든 사람들에게 값없이 주시는 의로운 상태를 말한다. 스토트는 바울이 '하나님의 의'라는 표현을 이 세 번째 의미로 사용한다고 보았지만, 그는 우리가 왜 위 와 같은 세 가지 주장들을 모두 결합하여 사용하면 안 되는지 의아하게 생각한다.

404) Stott, 『로마서 강해』, 73.
405) Stott, 『로마서 강해』, 73.
406) James D. G. Dunn, Romans 1-8, Word Biblical Commentary 38A (Dallas: Word Incorporated, 1988), 41.

4:2, 3, 13). 그리고 믿음으로 의롭다 함을 받은 아브라함의 칭의는 단지 그만을 위한 것이 아니라 궁극적으로 약속의 후손으로 오신 예수 그리스도를 믿는 우리를 위한 것이었다(롬 23-24).

그러므로 하나님의 아들에 대한 믿음은 언약의 약속을 성취하신 그분에 대한 믿음을 의미하며, 이는 언약의 약속을 주신 여호와 하나님에 대한 아브라함의 믿음이 그 약속을 성취하신 그리스도에 대한 우리의 믿음에 그대로 적용되기도 한다. 아브라함이 여호와를 믿어 의롭다 함을 받은 것 같이, 우리도 동일한 믿음으로 예수 그리스도를 주(主)로 시인함으로써 의롭다 함을 받게 되는 것이다. 따라서 복음에 나타나는 '하나님의 의'는 여호와를 믿어 의롭다 함을 얻은 아브라함의 믿음을 십자가의 죽으심을 통해 언약을 성취하신 예수 그리스도에 대한 믿음에 이르게 하는 계시 안에서의 한 하나님의 역사(役事)를 이행하시는 그분의 신실하신 본성이라 말할 수 있다.

그러므로 "믿음으로 믿음에(ἐκ πίστεως εἰσ πίστιν)이르게 하나니"의 의미는 그동안 많은 설명이 제시되어왔지만, 결론을 얻을 수는 없었다. 다만 언약에 계시된 약속의 성취의 관점에서 본다면 이는 하나님의 말씀을 믿어 의롭다 함을 받은 아브라함의 믿음이 성령의 도움으로 그 언약의 성취를 이루신 예수 그리스도에 대한 믿음에 이르게 한다는 의미로 해석할 수 있다.

만약 이처럼 해석한다면, 로마서 1장 17절은 그 구절에 나타난 '복음'과 '하나님의 의' 그리고 '믿음과 믿음'이 동일한 언약의 연속성을 가지고 서로 긴밀하게 연결된다. 우리는 이 연결을 통하여 계시 안에서 언약의 약속을 성취하시는 성부와 성자 하나님의 십자가 사건을 주목할 수 있다. 그리고 예정된 자들에게 그리스도에 의한 구원 언약의 성취를 믿음으로 적용하시는 성령의 사역을 읽을 수 있게 된다.

언약의 맥락에서 복음에 나타난 '하나님의 의'는 계시된 구원 약속의 성취를 위해서 자신의 아들을 십자가에 내어주시는 약속을 끝까지 이행하시는 하나님의 신실하심으로 정의할 수 있다. 하나님께서는 아브라함을 믿음으로 의롭다 하심과 같이, 또한 십자가의 죽음으로 자신의 언약을 성취하신 예수 그리스도를 믿는 자들을 아브라함과 같이 의롭다 하신다. 언약을 신실하게 이행하시는 '하나님의 의'로 인하여 자신의 언약을 성취하신 그리스도를 믿는 자들을 하나님은 동일하게 의롭다 여기시는 것이다.

그러므로 믿음을 주관하시는 성령의 사역으로 인하여 '복음'과 '하나님의 의' 그리고 '믿음에 의한 칭의'는 언약에 계시된 하나님의 구원 사역을 완성한다. 그러므로 복음은 삼위 하나님의 구원 사역을 함축한다. 바울이 로마서 1장 17절에서 설명 없이 두 믿음을 제시한 것으로 보아 그 당시 로마서를 읽는 사람들에게는 그 믿음에 대한 이해가 보편적인 사실이었을 가능성이 있다.

루터는 이 구절에서 종교개혁의 동인(動因)인 '이신칭의'의 교리를 발견해 냈다. 또한, 이 구절은 언약의 맥락에서 훨씬 더 심오한 내용을 담고 있다. 언약의 관점에서 이 구절은 삼위일체 하나님의 구원 사역을 총체적으로 인식할 수 있는 핵심적 복음의 메시지이다.

예수 그리스도는 아브라함에게 주어진 복의 약속을 성취하시기 위해 오신 유일한 언약의 후손으로, 하나님께서는 그로 말미암아 천하 만민이 복을 얻을 것을 미리 말씀하셨다(창 22:18). 사도 요한은 그를 태초부터 하나님과 함께 계셨던 말씀($\Lambda o \gamma o \varsigma$)이며 하나님(요 1:1)이라고 선언한다. 이 선언은 예수 그리스도께서 세상에 계실 때 자신이 하늘에서 내려온 신적 존재라고 주장하는 자기계시와 일치한다.

그러므로 아브라함이 '여호와의 말씀'을 믿어 의롭다 함을 받은 그 믿음은 장차 그 말씀이 육신이 되어 오신 예수 그리스도를 믿어 의롭다 함을 받는 믿음과 전혀 다르지 않다. 그렇지만 그리스도를 믿는 믿음은 우리의 자의적 노력에 의해서는 얻을 수 없다. 이 믿음은 하나님의 예정 가운데 있는 자들에게 은혜로 주어지는 성령 사역의 결과다.

성령의 사역은 언약의 예정 가운데 있는 성도들의 믿음으로부터 시작하여 구원의 전체 과정(소명, 중생, 회심, 믿음, 칭의, 성화 견인, 영화)에 동시적으로 수반된다. 그 사역은 그리스도와의 연합을 통한 주권적인 구원의 적용이라 할 수 있다. 예정으로 선택된 하나님 백성의 구원 사역이 성도의 '구원의 서정(via salutis)'으로 열매를 맺기까지 성령은 하나님께서 그의 백성을 보전하시기 위해 보내신 하나님의 선물이다.

후크마는 구원의 과정에서 성령의 주된 역할은 우리를 그리스도와 하나 되게 하는 것이라고 말한다. 그리스도 안에 있다거나 성령 안에 있다 함은 두 가지 별개의 상황을 지칭하는 것이 아니라 같은 것을 의미한다고 주장한다.[407] 구원의 과정에 나타나는 모든 주요 요소들이 성령의 사역으로 발생한다는 것은 구속사적으로 당연한 일이다. 이러한 사실은 그리스도의 피로 세워진 새 언약에 수반되는 결정적인 은혜가 성령의 선물이라는 점을 뒷받침한다.

성령은 신자들의 삶 속에서 모든 필요한 것들을 제공하시고 신자들을 위해 친히 일하신다. 따라서 언약의 성취를 통해 새 언약을 세우신 분은 그리스도이지만, 새 언약의 예언과 약속에 포함된 실제적 은혜의 혜택은 성령의 사역으로 주어진다. 성령을 통해 새 언약에서 완성되는 하나님의 구원 사역은 다음과 같은 두 가지 면을 뚜렷이 드러낸다. 첫째는 성령은 믿음에 의한 그리스도와의 연합을 통해 참 아브라함의 후손인 하나님의 새로운 백성을 창조하시는 일이다. 그리고 두 번째 사역은 새롭게 창조된 백성의 마음과 생각에 하나님의 법을 두고 기록함으로써 기존의 성문화된 율법의 외적인 속박에서 벗어나 그리스도 안에서 자유를 얻게 하신다.

---

407) Hoekema, 『개혁주의 구원론』, 50-51.

A. 새 언약 백성의 창조자로서의 성령

1. 구약에 예언된 새 언약 백성의 변형

구약에서 새 언약을 직접 명기한 곳은 예레미야 31장이 유일하다. 선지자는 새 언약에 대한 예언을 31장에 기록한 후, 33장에서 '이스라엘 집과 유다의 집'에 일러준 선한 말(새 언약)을 성취할 날이 이를 것이라는 여호와 하나님의 말씀을 기록하고 있다. '선한 말을 성취하다'라는 히브리어 단어는 "קוּם(쿰)"의 히필형으로, 이 단어는 주로 언약을 체결할 때 사용된다.[408]

예레미야 33장 14-26절은 내용상 새 언약을 통해 다윗의 자손이 출현하고, 그가 공의로 통치한다는 것을 말함으로써, 유다와 예루살렘의 회복을 강조한다.

> 여호와의 말씀이니라. 보라 내가 이스라엘 집과 유다의 집에 대하여 일러준 선한 말을 성취할 날이 이르리라 그 날 그때에 내가 다윗에게서 한 공의로운 가지가 나게 하리니 그가 이 땅에 정의와 공의를 실행할 것이라 그날에 유다가 구원을 받겠고 예루살렘이 안전하게 살 것이며 이 성은 여호와는 우리의 의라는 이름을 얻으리라 여호와께서 이와 같이 말씀하시니라 이스라엘 집의 왕위에 앉을 사람이 다윗에게 영원히 끊어지지 아니할 것이며 내 앞에서 번제를 드리며 소제를 사르며 다른 제사를 항상 드릴 레위 사람 제사장들도 끊어지지 아니하리라 하시니라 여호와의 말씀이 예레미야에게 임하여 이르시되 여호와의 말씀이 이와 같이 말씀하시니라 너희가 능히 낮에 대한 나의 언약과 밤에 대한 나의 언약을 깨뜨려 주야로 그 때를 잃게 할 수 있을 진대 내 종 다윗에게 세운 나의 언약도 깨뜨려 그에게 그의 자리에 앉아 다스릴 아들이 없게 할 수 있겠으며 내가 나를 섬기는

---

408) 김창대, "새 언약 안에서 백성의 변형(예레미야 33: 14-26의 분석)", 『성경원문연구』 37, (2015), 115.

레위인 제사장에게 세운 언약도 파할 수 있으리라 하늘의 만상은 셀 수 없으며 바다의 모래는 측량할 수 없나니 내가 그와 같이 내 종 다윗의 자손과 나를 섬기는 레위인을 번성케 하리라 하시니라 여호와의 말씀이 예레미야에게 임하니라 이르시되 이 백성이 말하기를 여호와께서 자기가 택하신 그들 중에 두 가계를 버리셨다 한 것을 네가 생각하지 아니하느냐 그들이 내 백성을 멸시하여 자기들 앞에서 나라로 인정하지 아니하도다 여호와께서 이와 같이 말씀하시니라 내가 주야와 맺은 언약이 없다든지 천지의 법칙을 내가 정하지 아니하였다면 야곱과 내 종 다윗의 자손을 버리고 다시는 다윗의 자손 중에서 아브라함과 이삭과 야곱의 자손을 다스릴 자를 택하지 아니하리라 내가 그 포로 된 자를 돌아오게 하고 그를 불쌍히 여기리라 (렘 33:14-26)

위의 본문을 통해 한 가지 유추할 수 있는 사실은 예레미야가 전하려는 궁극적인 뜻은 새 언약이 성취될 때 하나님의 백성이 회복될 것이라는 사실에 초점을 맞추고 있다는 점이다. 그렇다면 새 언약이 하나님의 백성을 회복시킨다는 의미는 과연 무엇일까?

김창대 교수는 위 본문의 의미를 해석하고 그 의도를 찾기 위해 텍스트 언어학 방법론을 사용한다.[409] 그는 구문론적 특성과 단락의 수사학적 구조, 그리고 의미의 일관성에 집중하여 위 본문이 제시하는 새 언약의 의미가 백성의 변형의 관점에서 해석하고 있다. 그것은 미래에 회복될 다윗과 레위인 제사장들이 단순히 문

---

409) "텍스트 언어학은 기본적으로 본분의 최종 완성된 형태에서 본문의 의도를 찾는 일에 주안점을 둔다. 주로 유럽에서는 텍스트 언어학(text linguistics)이라는 명칭을 사용하는 반면, 미국에서는 담화 분석(discourse analysis)이라는 명칭을 선호한다. 이런 점에서 텍스트 언어학 방법론은 공시적인 접근 방법이다. 그렇다고 텍스트 언어학이 본문의 역사적 상황과 사회적 산황에 관심이 없다는 말은 아니다. 텍스트 언어학 분야 안에서도 다양한 주류가 있기 때문에 어떤 것이 주류라고 말하기는 어렵다. 하지만 기본적인 텍스트 언어학은 최종 완성된 본문을 매개로 저자가 본문에 심어놓은 의도를 찾는데 주력한다." 참조, 김창대, "새 언약 안에서 백성의 변형(예레미야 33:14-26의 분석), 107-108.

자적으로 언급된 사람들만을 지칭하는 것인지, 아니면 백성 전체를 아우르는 표현인지에 대한 분석이다.

그에 따르면 위 본문의 의미는 다윗과 레위 제사장의 회복에 있으며, 이 회복이 새로운 하나님의 백성을 왕 같은 제사장으로 만든다는 것을 함의하고 있다. 따라서 본문의 의도는 새 언약의 도래로 하나님의 백성이 왕 같은 제사장으로 변형된다는 것을 독자들에게 설득시켜서 그와 같은 이상에 부합하는 삶을 살도록 도전을 주는 일에 궁극적인 목적이 있다는 주장이다.[410]

하지만 새 언약에 대한 예레미야의 예언으로 볼 때, 새 언약 시대가 도래하면 하나님께서는 그의 법을 우리 마음에 기록하신다. 이 사실로 미루어 볼 때 더 이상 레위 제사장에 대한 언급은 필요한 것처럼 보이지 않는다. 더구나 예레미야는 초반부에 번제나 희생제사에 관한 제도를 비판하고(7:22) 있기에 레위 제사장의 회복에 대한 예언은 문자적으로만 해석한다면 잘 납득되지 않는 부분이다.

그러나 이와 관련해서 주목할 것은 예레미야 30-33장이 자체적으로 전통적인 제사장 역할에 변화가 있음을 시사하고 있다는 점이다. 예레미야 31장 38-40절은 이미 새 언약으로 회복될 예루살렘은 단순히 이전의 예루살렘으로 돌아가지 않고 지형적으로 더욱 확대될 것을 내비친다.[411] 이렇게 확대된 예루살렘 전체가 여호와의 거룩한 곳이라는 선언으로(40절) 예루살렘 전체가 하나님의 거룩한 성전이 되고, 그 성읍의 이름이 '여호와 삼마'(겔 48:35)가[412] 될 것이라는 암시를 내포하고 있다.

---

410) 김창대, "새 언약 안에서 백성의 변형(예레미야 33:14-26의 분석)", 109-114.
411) 김창대, "새 언약 안에서 백성의 변형(예레미야 33:14-26의 분석)", 117.
412) '여호와 삼마'는 '여호와가 여기 계시다(The Lord is here)'란 뜻으로 에스겔서 49장 35절에서 에스겔은 이스라엘의 죄로 인하여 여호와의 영광이 예루살렘을 떠난 것으로 보았으나, 이제 새 언약을 통해 하나님의 영광이 영원토록 자기 백성 가운데 거하심을 보았을 때 이렇게 외쳤다. 곧 이 약속은 임마누엘이신 예수 그리스도의 성육신으로 온전히 성취되었다(요 1:14). 개역개정 NIV 한영스터디 성경 1230 참조.

하나님이 '여기 계신다'는 뜻의 '여호와 삼마'가 미래의 확대된 예루살렘 전체에 적용된다는 의미는 임마누엘로 오신 예수 그리스도의 성육신을 통해 성취된 '하나님의 의'-언약을 실행하시는 하나님의 신실하심 - 가 그분을 통해 예루살렘 전체 성읍, 즉 하나님의 모든 백성에게 적용됨을 나타낸다.

> 여호와의 말씀이니라 보라 때가 이르리니 내가 다윗에게서 한 의로운 가지를 일으킬 것이라 그가 왕이 되어 지혜롭게 다스리며 세상에 정의와 공의를 행할 것이며 그의 날에 유다는 구원을 받겠고 이스라엘은 평안히 살 것이며 그의 이름은 여호와 우리의 공의라 일컬음을 받으리라 (렘 23:5-6)

> 그날 그때에 내가 다윗에게서 한 공의로운 가지가 나게 하리니 그가 이 땅에 정의와 공의를 실행할 것이라 그날에 유다가 구원을 받겠고 예루살렘이 안전히 살 것이며 이 성은 여호와는 우리의 의라는 이름을 얻으리라 (렘 33:15-16)

위의 두 본문은 예레미야서에 기록된 내용이 서로 비슷한 구절들이다. 하지만 자세히 살펴보면 두 가지 차이점을 발견할 수 있다. 하나는 첫 본문에 나타나는 이스라엘이 두 번째 본문에서는 예루살렘으로 바뀐다는 점이다. 그 다음은 '여호와 우리의 의'라는 말이 첫 번째 본문에서는 미래의 왕이신 메시아에게 적용된 반면, 두 번째 본문에서는 예루살렘 성읍이 '여호와 우리의 의'라는 이름을 얻게 됨을 알 수 있다.

예루살렘이 곧 이스라엘을 지칭한다는 일반적인 견해가 있지만, 예레미야서에서 새 언약을 통해 나타나는 예루살렘은 거기에 거하는 백성들과 동일시된다.[413] 복

---

413) 김창대, "새 언약 안에서 백성의 변형(예레미야 33:14-26의 분석)", 116.

음서에서는 '이스라엘'이라는 말과 '주의 백성'이라는 말이 별다른 구별 없이 언급된다.[414] 예루살렘과 거기 사는 사람이 동일시된다는 생각은 예레미야 31장 27절에서 미래의 예루살렘 백성들을 씨를 뿌려 자라게 한 나무에 비유한 것처럼, 예레미야 31장 40절에서도 예루살렘 성읍을 씨를 뿌려 나온 것에 비유한다는 사실에서 지지를 얻는다.[415] 따라서 두 번째 본문에 나타나는 예루살렘은 새로운 언약으로 형성된 하나님의 백성을 지칭하고 있다고 본다. 그리하여 여호와의 의가 미래의 왕이신 메시아에게, 한편으론 확대된 예루살렘, 즉 새 언약 아래 있는 하나님의 백성에게 적용된다는 점이다.

여기서 메시아는 예수 그리스도에게 적용될 수밖에 없다. 왜냐하면 본문 하반절에 언급된 '다윗의 자손'인 이상적인 왕이 유다 역사에 등장한 일이 없기 때문이다. 즉 예수 그리스도의 이름에 부여된 '여호와의 의'가 확대된 새로운 하나님의 백성들에게도 적용됨을 두 본문이 암묵적으로 제시하고 있다.

미래의 왕이신 메시아와 확대된 예루살렘과 연관된 모습은 언약의 주권자이신 하나님과 그의 백성이 최종적으로 성취된 언약 아래 긴밀한 언약 파트너가 되는 모습을 지닌다. 미래의 왕이신 메시아의 죽음으로 새롭게 창조된 백성은 언약을 세우신 그분의 '의(義)'로 말미암아 자신의 신분과 관계없이 의로운 하나님의 백성이 되고, 이 언약 백성의 지위는 그 누구도 흔들거나 빼앗을 수 없는 확대된 하나님 나라의 주권적 통치 아래 놓이게 된다.

그러므로 새 언약이 성취될 때 다윗에게서 한 의로운 가지를 나게 하실 것을 선언한(렘 33:15) 말씀은, 새 언약이 다윗 왕권으로 대변되는 하나님 나라를 성취하는 언약이기 때문이다. 특별히 다윗 왕권은 하나님의 주권을 대변하는 것이기에, 그

---

414) Hermann Ridderbos, 『하나님 나라』, 오광만 역 (서울: 솔로몬, 2012), 269.
415) 김창대, "새 언약 안에서 백성의 변형(예레미야 33:14-26의 분석)", 116.

때가 도래하면 하나님의 주권이 온전히 회복될 것을 일깨워 주고 있다.[416]

더욱이 앞에 인용된 본문 예레미야 33장 19-22절은 새 언약이 도래할 때 하나님 나라의 영역인 새로운 창조 질서가 출현할 것을 내다본다. 따라서 새 언약을 통해 완성된 하나님 나라에 거하는 백성들은 새로운 창조 질서 속에서 영원한 왕 같은 제사장이 되어 살게 될 것이라는 암시를 더욱 발전시켜 나간다.[417]

이같이 구약의 예레미야 선지자는 새 언약을 예언하였고, 또한 새 언약이 도래하게 될 때 그 안에 있는 하나님 백성의 변형을 확실하게 내다보았다. 신약의 베드로 사도는 예레미야 선지자가 예언한 하나님 백성의 변형을 다음과 같이 증언한다.

> 너희는 택하신 족속이요 왕 같은 제사장들이요 거룩한 나라요 그의 소유가 된 백성이니 이는 너희를 어두운 데서 불러내어 그의 기이한 빛에 들어가게 하신 이의 아름다운 덕을 선포하게 하려 하심이라 (벧전 2:9)

또한, 요한계시록 22장 3-5절에 묘사되는 새롭게 형성된 믿음의 공동체는 구약의 이스라엘이 수행했던 그 역할과 동등한 역할을 하고 있음을 나타낸다.

> 다시 저주가 없으며 하나님과 그 어린 양의 보좌가 그 가운데에 있으리니 그의 종들이 그를 섬기며 그의 얼굴을 볼 터이요 그의 이름도 그의 이마에 있으리라 다시 밤이 없겠고 등불과 햇빛이 쓸 데 없으니 이는 주 하나님이 그들에게 비치심이라 그들이 세세토록 왕 노릇 하리로다 (계 22:3-5)

---

416) 김창대, "새 언약 안에서 백성의 변형(예레미야 33:14-26의 분석)", 117.
417) 김창대, "새 언약 안에서 백성의 변형(예레미야 33:14-26의 분석)", 120.

4절의 "그의 얼굴을 볼 터이요"는 제사장으로서 하나님과의 대면을 두드러지게 부각하는 것이며, 5절은 새 공동체의 왕적 특성을 보여준다. 따라서 하나님의 제사장이요 왕으로서의 새 공동체는 민족 이스라엘에게 주어진 모든 약속의 수령자가 된다. 이 그룹 속에는 인간 구조 속에 존재하는 모든 구별이 제거되며, 역사적 이스라엘이 결코 이루지 못한 그 이상을 보여주게 된다.[418]

새 언약의 도래에 따른 백성의 변화를 복음서에서 찾아보면 예수께서는 좀 더 구체적으로 그리고 급진적으로 말씀하신다. 그는 포도원 농부의 비유(마 21:33-41)를 들어 유산을 차지하려고 포도원 주인의 아들을 죽인 농부들을 진멸하고 제 때에 열매를 바칠만한 다른 농부들에게 세를 주신다고 말씀하신다. 그리고 최종적으로 유대인의 지도자인 대제사장들과 바리새인들을 향해 다음과 같이 선언하신다.

> 내가 너희에게 이르노니 하나님 나라를 너희는 빼앗기고 그 나라의 열매를 맺는 백성이 받으리라 (마 22:43)

준엄한 예수님의 말씀이 예언과 같이 실현되었다.

2. 이스라엘의 신약적 의미

1세기 유대인들의 언약적 종말론의 세계관 안에는 약속의 땅, 성전, 토라, 그리고 이스라엘의 소명과 같은 부속 이야기가 존재한다.[419] 약속의 땅은 아브라함 언약, 성전은 다윗 언약, 그리고 토라는 시내산 언약을 대표하는 이야기로서 이스라엘

---

418) Dumbrell, 『새 언약과 새 창조』, 204.
419) 이강택, "이스라엘 언약 이야기의 관점에서 본 마태복음의 율법", 『성서학술세미나』10, (2011), 1.

소명과 함께 전체 구약의 핵심을 이루는 요소들이다.

그러나 신약의 마태는 이러한 유대인들의 믿음에 반하여 예수의 토라(율법)에 대한 견해는 급진적이었으며, 예수의 죽음과 부활을 통해 이스라엘의 언약 이야기가 갱신되었음을 보여 준다.[420] 마태복음의 첫 번째 부분인 아브라함과 다윗과 예수 그리스도의 족보는 예수께서 진정한 이스라엘의 모든 언약을 총체적으로 완성한 분이라는 시각을 반영한다. 즉 예수 안에 이스라엘의 모든 역사가 총망라되어 있으며, 그 역사의 목표가 예수이시며 그가 모든 구약의 역사와 언약의 정점이라는 것을 그 족보가 암시하고 있다.

예수께서 이 땅에 오셔서 이스라엘의 회복을 위해 하신 일들은 언약에 의해 계획되고 약속되어진 모든 것들을 원래의 위치에 가져다 놓는 것이었다. 구약에 나타난 언약의 결론은 앞서 살펴본 것과 같이 약속의 땅, 성전, 토라, 그리고 이스라엘의 소명의 회복이었다.[421]

먼저 이스라엘의 소명에 관한 문제를 신약의 조명을 통해 살펴보자. 하나님께서는 원래 "이스라엘을 이방의 빛으로 삼아 나의 구원을 베풀어서 땅끝까지 이르게 하리라"(사 49:6)는 소명을 분명히 밝히셨다. 이스라엘이 세상으로부터 구별되어 선택된 백성이 된 것은 그들로 하여금 '이방인들을 비추는 빛'이 되도록 하기 위함이었다.[422] 하지만 그들은 끝내 언약을 배반함으로 언약 백성의 지위를 잃고 이방인의 포로로 끌려가 나라를 잃은 백성이 되었다. 그리스도께서 오시기 전까지 이스라엘은 그들의 원래 소명을 감당할 능력을 상실하였던 것이다.

그러나 마태복음은 예수께서 선지자 이사야를 통해 말씀하신 이스라엘의 소명을 성취한 분이심을 선언한다.

---

420) 이강택, "이스라엘 언약 이야기의 관점에서 본 마태복음의 율법", 15.
421) 이강택, "이스라엘 언약 이야기의 관점에서 본 마태복음의 율법", 1.
422) Dumbrell, 『새 언약과 새 창조』, 155.

> 이는 선지자 이사야를 통하여 하신 말씀을 이루려 하심이라 일렀으되 스불론 땅과 납달리 땅과 요단강 저편 해변 길과 이방의 갈릴리여 흑암에 앉은 백성이 큰 빛을 보았고 사망의 땅과 그늘에 앉은 자들에게 빛이 비치었도다 하였느니라 (마 4:14-16)

하나님의 구원을 땅끝까지 이르게 할 주체가 유기적 이스라엘에서 진정한 이스라엘이신 예수 그리스도로 바뀌었음을 마태는 증언하는 것이다. 즉 이방의 빛으로 하나님의 구원을 베풀 주체가 이스라엘에서 그리스도로 바뀜으로써 이스라엘의 소명을 성취할 참 이스라엘이 예수 그리스도시라는 증언이다.

성전에 대한 언약도 그리스도 안에서 결말에 이르렀다는 사실이 예수의 수태고지 장면에 나타난다. 예수 그 자신이 하나님이 우리와 함께하시는 임마누엘이라는 사실이다(마 1:23). 구약의 성전은 하나님의 임재를 상징하는 장소였다. 일 년에 한 번 대제사장만이 자신의 몸을 정결케 한 후 하나님을 뵙는 지성소를 통해 하나님이 불결함과는 철저히 분리된 분임을 나타내는 곳이 곧 성전이었다. 또한 하나님의 백성들이 죄 용서를 받고 다시 언약 공동체 안으로 들어가기 위해 제사를 드리는 곳도 성전이었기에, 성전은 이스라엘 백성들의 삶의 중심이 되는 곳이었다.

그러나 임마누엘로 오신 그리스도로 말미암아 하나님이 자신의 백성과 함께하시는 일이 더 이상 물리적인 성전에 한정되지 않게 되었다. 신자들 자신이 성전이 되어 성령 하나님이 그들 안에 거하시게 된 것이다(고전 3:16). 더는 죄나 더러움 때문에 하나님과 분리되지 않고 죄 사함을 통해 하나님과의 연합으로 들어서는 길을 찾았다. 그 길을 참 이스라엘이신 예수 그리스도께서 마련하심으로써 성령이 베푸는 축복이 신자들 모두에게 주어지게 되었다.

또한 언약 역사 안에서 약속의 땅은 하나님 자신이 언약 백성에게 안식과 축복을 베풀어 주시는 장소였다. 그러나 그리스도 안에서 갱신된 새로운 언약에서 약속의 땅에 대한 부분은 더이상 유기적인 가나안 땅에 대한 약속이 될 수 없다. 새 언약으로 탄생한 새로운 하나님의 백성들은 단지 그리스도의 이름만을 취한 자들이 아니라 성령에 의해 실제적으로 그리스도와의 연합을 통해 그 안에서 하나가 된 자들이다. 이들은 유대인뿐만이 아니라 그리스도 안에서 하나가 된 열방의 모든 민족을 포함한다.

그러므로 가나안 땅에 대한 약속은 새 언약 아래서 새로운 하나님의 백성들을 위한 것으로 가시적인 땅에 대한 약속에 한정될 수가 없다. 그리스도와의 연합을 통해 새 언약 안으로 들어온 하나님의 백성을 위한 안식과 축복의 땅은 "하나님께서 계획하시고 지으실 터가 있는 성"(히 11:10), 곧 영원한 하나님 나라를 의미한다. 이는 그리스도의 죽음과 부활을 통해 이루어진 종말론적 하나님 나라에서 "아브라함의 자손이요 약속대로 유업을 이을 자"(갈 3:29)들에게 주어진 최종적인 안식의 장소이다.

바울은 아브라함 언약에 지칭된 아브라함의 자손에 대해 앞에서 살펴본 바와 같이 갈라디아서 3장 16절을 통하여 그분이 그리스도임을 분명하게 선언한다. 화이트(A. White)는 "아브라함의 자손이라 함은 곧 '이스라엘'을 지칭하는 또 다른 방법이다."라고 주장한다.[423] 그의 주장과 같이 여기에서 바울은 '아브라함의 자손' 곧 진정한 이스라엘은 예수 그리스도 한 사람이라는 것을 밝히고 있다.

또한 바울은 "주(主)와 합한 자는 한 영이니라"(고전 6:17)라고 선포한다. 바울에 따르면 믿음과 성령의 사역을 통해 '진정한 이스라엘'이신 그리스도와 연합된 모든 자는 그와 한 영을 이루므로 그들 자신이 현재의 이스라엘 집이며, 새 언약 공동체의 구성원인 새로운 하나님 백성의 신분을 가진다는 의미이다. 성경은 이를 다음과 같은 구절들로 나타낸다.

---

423) White, What is the New Covenanr Theology?, 45.

믿음으로 말미암은 자들은 아브라함의 자손인 줄 알지어다 (갈 3:7)

너희가 다 믿음으로 말미암아 그리스도 예수 안에서 하나님의 아들이 되었으니 (갈 3:26)

너희가 그리스도의 것이면 곧 아브라함의 자손이요 약속대로 유업을 이을 자니라 (갈 3:29)

모두가 새 언약 아래 새롭게 형성된 하나님의 백성들과 새로운 이스라엘의 관계를 보여주고 있다. 그리스도의 소유이며 그를 믿는 믿음을 가진 이들로 구성된 공동체가 바로 교회이다. 교회는 하나님을 믿는 백성들의 믿음의 공동체로 그리스도를 통해 약속의 유업을 이을 자들의 모임이다. 유업이란 말은 구약의 아브라함 언약과 관련해서는 약속의 땅을 유업으로 얻는 일과 연계되어 있지만, 갈라디아서에서는 종말론적 의미로 발전되어 '하나님의 나라를 유업으로 얻는다'는 뜻을 갖는다(갈 5:21).[424] 하나님 나라를 유업으로 이을 그들이 곧 현재의 진정한 '이스라엘 집'인 것이다.

민수기 12장은 이스라엘 집에 충성한 모세를 하나님께서 직접 두둔하시는 사건을 기록하고 있다. 모세가 구스 여자를 취하였을 때 그의 형 아론과 그의 여동생 미리암은 모세를 비방하였다. 이때 하나님께서 그들을 회막으로 불러내어 "너희 중에 선지자가 있으면 나 여호와가 환상으로 나를 그에게 알리기도 하고 꿈으로 그와 말하기도 하거니와 내 종 모세와는 그렇지 아니하니 그는 내 온 집에 충성함이라"(민 12:6-7)라고 말씀하신다.

모세는 하나님의 백성인 이스라엘 집의 충실한 종으로서 선지자들과는 달리 환상이나 꿈에서가 아니라 하나님께서 그를 직접 대면하여 말씀하셨음을 그들에게

---

424) 이한수, 『언약신학에서 본 복음과 율법』, 335.

일깨우시며 모세를 비방한 그들에게 진노하셨다. 모세를 비방한 사건으로 인해 미리암은 하나님의 진노를 받아 나병에 걸렸으나 모세의 간절한 탄원으로 간신히 회복되는 사건이 있었다. 하나님께서 '하나님의 집'에 충성된 종으로서의 모세의 권위를 아론과 미리암 앞에서 분명히 세워주신 사건이었다.

그런데 히브리서는 '하나님의 온 집에서 종'으로서 신실했던 모세와 비교하여 하나님의 집을 맡은 아들로서의 예수 그리스도의 신실함을 증언한다.

> 그는 자기를 세우신 이에게 신실하기를 모세가 하나님의 온 집에서 한 것과 같이 하셨으니 그는 모세보다 더욱 영광을 받을 만한 것이 마치 집 지은 자가 그 집보다 더욱 존귀함 같으니라 (히 3:2-3)

모세가 '하나님의 집'의 종으로 묘사된 것과 달리 예수 그리스도께서는 그 집을 실제로 지으신 자, 혹은 그 집의 주인이라는 의미이다. 그리고 이어서 히브리서는 다음과 같이 기록한다.

> 그리스도는 하나님의 집을 맡은 아들로서 그와 같이 하셨으니 우리가 소망의 확신과 자랑을 끝까지 굳게 잡고 있으면 우리는 그의 집이라 (히 3:6)

그리스도로 인해 성취된 새 언약 아래에서 '하나님의 집'은 그리스도의 믿음 안에 있는 하나님의 백성과 그의 권속으로 구성되었음을 증언하는 구절이다. 원래 이스라엘은 선택된 나라의 역사 시초부터 단순히 민족적인 아브라함의 후손으로만 정의될 수 없는 나라임이 명백하였다. 비록 이방인이라 할지라도 여호와 하나님에 대한 신앙을 고백하고 할례를 받음으로써 어엿한 유대인이 될 수 있었던 반면, 아브라함의 민족적 후손 중 누구라도 율법과 언약을 범하면 언약 공동체인 이스라엘 백성에게서 제외되는 것이 사실이었다.

　이 문제에 대한 신약 성경의 관점은 단순히 민족적인 혈통을 따라 '이스라엘'을 정의하려는 노력을 거부한다. 반면에 성경적 관점으로부터 이스라엘을 하나님의 선택된 백성과 동일시하는 것도 문제를 너무 단일화하는 것이다.[425] 새 언약 신학은 교회를 종말론적 이스라엘로 보며, 예수 그리스도를 통한 이스라엘의 연속이라고 가르친다. 물론 새 언약 신학은 언약 신학자들이 일반적으로 말하는 것과 같이 교회가 이스라엘을 대신한다고 가르치지는 않는다. 단지 교회는 예수 그리스도와의 연합에 의한 이스라엘의 성취라고 주장한다.[426]

　바울은 "무릇 이 규례를 행하는 자에게와 하나님의 이스라엘(Israel of God)에게 평강과 긍휼이 있을지어다"(6:16)라는 말로 그의 갈라디아서를 마무리한다. 바울은 '하나님의 이스라엘'이라는 명칭을 이곳에서 처음으로 쓰고 있다. 그렇다면 이 '하나님의 이스라엘'은 바로 앞에 언급된 "'무릇 이 규례를 행하는 자'와 같은 사람들인가? 바울은 바로 앞 절인 6장 15절에 "할례나 무할례가 아무것도 아니로되 오직 새로 지으심을 받는 것만이 중요하니라"라고 기록한다. 이 구절에서 새로 지으심(new creation)에 해당하는 헬라어 '크티시스(κτίσις)'는 하나님의 행위를 의미하기도 하며, 피조물을 뜻하는 '크티시마(κτίσμα)'와 같은 의미로 사용되기도 한다.

　갈라디아서는 바울이 유대교에 대항하여 쓴 논증의 편지다. 이런 점에서 그가 서신의 말미에 축복을 전하는 대상은 유대인들이라기보다는 갈라디아 교인들과 그리스도인이 된 이방인들일 확률이 높다. 덤브렐(W. Dumbrell)은 할례가 아무런 문제가 되지 않는 '이 규례를 행하는 자'는 '하나님의 이스라엘'이라는 표현에 대한 좀 더 구체적인 묘사라고 말한다.[427] 김세윤 박사도 갈라디아서 6장 16절의 쟁점을

---

425) Robertson, 『계약 신학과 그리스도』, 294.
426) White, What is New Covenant Theology?, 45.
427) Dumbrell, 『새 언약과 새 창조』, 200.

논의하면서 그들은 대체로 그리스도인을 가리킨다고 보았다.[428]

예수 그리스도는 이스라엘 역사를 통해 약속의 계시로 세워진 언약의 정점을 이룬 분으로, 그분 안에서 이스라엘 역사가 요약되고 하나님의 의도된 구원 계시가 성취되었다. 따라서 마태는 신약의 첫 번째 복음서를 "아브라함과 다윗의 자손 예수 그리스도의 계보라"(마 1:1)는 말로 시작한다. 그리고 사도 바울도 약속이 주어진 아브라함의 자손은 오직 한 사람인 예수 그리스도라고 명백하게 밝혔다. 예수 그리스도는 하나님의 약속을 잇는 유일한 아브라함의 자손 곧 진정한 이스라엘이시다.

그분의 수태고지 장면에서 볼 수 있듯이 주의 사자가 마리아에게 현몽할 때 이름을 예수라 지으라고 한 후, 그가 자기 백성을 죄에서 구원할 자임을 이른다(마 1:21). 그런데 '자기 백성' 즉 죄에서 구원을 받게 될 자들은 민족 이스라엘에 한정된 것이 아니라 새 시대의 남은 자 공동체를 의미하며, 그들은 새로운 공동체, 즉 민족 이스라엘을 위한 예수의 사역의 결과로 말미암아 일어나게 될 새로운 믿음의 공동체를 암시하고 있다. 예수의 사역을 맞이할 이 새로운 백성들은 민족 이스라엘과 구별된다.[429]

"너희가 그리스도의 것이면 아브라함의 자손"(갈 3:29)이라는 바울의 선언은 이스라엘의 메시아인 예수 그리스도와 연합된 사람은 이스라엘 가족의 일원이라는 뜻이다. 바울이 말하는 '아브라함의 자손'이라는 단어는 '이스라엘'을 언급하는 또 다른 방법이기 때문이다.[430] 따라서 바울의 갈라디아서 3장 29절의 선언에는 두 가지 의미를 포함한다. 첫째, 기독교인들은 그리스도로 말미암아 하나님과의 언약 관계 안에 있는 사람들이며, 둘째, 그리스도께서 성취한 새 언약에 속한 백성들은 하

---

428) Seyoon Kim, The Original of Paul's Gospel (Tübingen/Grand Rapids: Mohr Siebeck, 1981), 327.
429) William J. Dumbrell, 『언약신학과 종말론』, 201.
430) White, What is New Covenant Theology?, 46.

나님께서 아브라함에게 약속하신 가나안 땅, 곧 영원한 안식의 땅인 하늘나라를 유업으로 받게 된다는 사실이다.

신약의 복음서는 혈통적 이스라엘의 버림받음에 초점을 두는 반면, 사도행전과 바울 서신들은 대체로 새로운 공동체의 출현을 강조한다.[431] 사도 요한은 요한복음 1장 11-13절을 통해 예수 그리스도의 공적(公的) 사역이 자기의 민족인 이스라엘의 배척으로 인하여, 그리스도를 믿는 새로운 하나님의 백성이 탄생할 것을 예고했다. 결과적으로 예수의 사역을 영접하지 않은 민족 이스라엘은 스스로 예수께서 세우신 새 언약에서 소외되었다.

요한은 예수께서 이스라엘 민족에게 거절당한 후 예수의 사역이 남은 이스라엘 공동체를 창조하는 데 집중되었음을 분명히 한다. 비록 오순절 성령 강림이 새로운 공동체를 예언자적 사역으로 인도한다고 할지라도, 요한은 오순절 이전부터 이미 부름받아 새로워진 이스라엘 – 요한복음은 이 공동체의 출현을 오래전에 예고했다(요 1장 10-13, 31절과 2-4장에 나오는 구 이스라엘을 대치할 참 이스라엘을 언급한 예수의 말씀을 참조) – 을 소개한다.[432]

하나님은 아브라함과의 언약을 통해 그를 '모든 사람의 조상'(롬 4:16) 또는 '많은 민족의 조상'(롬 4:17)으로 세우시고 그의 후손들을 '"세상의 상속자'(롬 4:13)가 되게 하셨다. 이는 바울의 증언과 같이 그의 후손들이 받을 유업이 율법에서 난 것이 아니라(갈 3:18), 그리스도를 믿음으로 말미암는 약속을 믿는 자에게 주어진 것이다(갈 3:22). 즉 '세상의 상속자'가 될 그의 후손들은 율법에 의한 혈통적 이스라엘이 아니라 그리스도에 대한 믿음으로 탄생한 새로운 하나님의 백성이라는 것이다.

따라서 '세상의 상속자'로 유업을 이을 새롭게 회복된 이스라엘은 그리스도의 십자가 사건을 통해 죄 사함을 받은 새로운 피조물들의 공동체이다. 이 공동체를

---

431) Dumbrell, 『언약신학과 종말론』, 192.
432) Dumbrell, 『언약신학과 종말론』, 333.

통해 유대인과 이방인들이 혈연이나 종족과 상관없이 서로 연합하게 된다. 바로 이 공동체의 머리가 되시는 분이 이스라엘의 메시아로 오신 예수 그리스도이시다.[433] 그가 자신의 피로 세운 새 언약 안에서 유대인과 이방인을 묶어 하나의 새로운 인종을 만들어 내셨다. 이들이 바로 성령에 의해 믿음으로 탄생한 새로운 피조물인 '하나님의 이스라엘'이다.

새로운 피조물인 '하나님의 백성' 즉 하나님 나라에 속한 '새 언약 백성'을 세우시는 일은 하나님의 고유한 주권적 사역이다. 그리스도께서 십자가에 죽으심으로 이 주권적 사역을 감당하셨다는 사실은 곧 그의 낮아지심으로 하나님의 최종 구속 사역이 새 언약을 통해 성취되었음을 알리는 일이다. 동시에 십자가의 사건이 하나님과 인간 사이의 사건이 아니라, 언약의 약속과 성취를 이루시는 성부와 성자 하나님 사이의 사건임을 증거한다. 바울은 이 십자가의 사건이 "그리스도 예수 안에서 아브라함의 복이 이방인에게 미치게 하고 또 우리로 하여금 믿음으로 말미암아 성령의 약속을 받게 함이라"라고 기록하고 있다(갈 3:14).

우리가 가진 조건과 관계없이 그리스도 안에서 받을 아브라함의 복은 하나님의 약속의 자녀가 되어 하나님 나라의 백성이 되는 구원이다. 구원을 받기 전에 우리는 죄로 말미암아 우리의 존재의 근원인 창조주 하나님으로부터 분리되었다. 그 결과 하나님의 무한한 자원을 공급받지 못하고, 우리 자신의 내적 자원에만 갇혀서 그 자원의 결핍에서 오는 갖가지 고난을 겪고 있었다.

그 고난들은 우리가 죽음의 권세 아래 놓여 있음을 나타내는 증상들이다. 이 죽음의 권세 아래서의 삶은 하나님의 통치에서 벗어나 사단의 통치 아래 떨어진 '이 세상'에서의 삶이었다. 구원은 바로 이 죽음의 권세로부터의 해방이다.[434]

성경은 우리의 실존을 죽음의 권세 아래에서 죽을병에 걸려있는 관점에서 말하

---

433) Dumbrell, 『언약신학과 종말론』, 333.
434) 김세윤, 『복음이란 무엇인가』 (서울: 두란노서원, 2013), 36-37.

기도 하며 한편 죽음의 권세 아래 있지만 살아있는 상태의 관점으로 말하기도 한다. 첫 번째 관점에서 말할 경우 성경은 구원을 죽음에서 '생명'으로 옮기는 것 또는 '생명'을 얻는 것(요 5:21-29)으로 기술하며, 두 번째 관점에서의 구원은 현재적 삶과 구분된 '영생'(요 5:24)이라고 말한다.[435]

결과적으로 구원은 인간의 원초적 타락으로 죽음의 상태에 놓인 인간이 창조주이며 존재의 근원이신 하나님 아버지께로 돌아감을 의미한다. 탕자가 스스로 아버지 곁을 떠나 모든 재산을 탕진한 후 거의 죽음의 상태에 이르렀을 때 아버지께 돌아감과 같다. 아버지의 친아들이었기에 그에게는 다시 돌아갈 수 있는 길이 열려 있었고, 돌아가자마자 아버지의 극진한 환대를 받을 수 있던 것이다.

그런데 만약 탕자가 아버지의 친아들이 아니었다면 어떠했을까? 그가 만약 아버지와 아무 관계가 없는 아들이었다면 자신의 친아들이 돌아왔을 때만큼 기뻐하였겠는가? 잃어버린 한 마리 양에 대한 비유(마 18:12)도 마찬가지다. 잃어버린 한 마리 양을 찾았을 때 주인이 기뻐하였던 이유는 그 양이 원래 자기의 소유였기 때문이다.

열 드라크마를 가진 한 여인이 잃어버린 동전 하나를 찾았을 때, 벗과 이웃을 불러 모으고 즐기자고 한 비유(눅 15:8-10)는 자신의 소유를 찾은 주인의 기쁨을 극대화시킨다. 비유는 돌아온 자기의 아들에서 기르던 동물로, 그리고 생명이 없는 동전에 이르기까지 자신의 소유인 것은 그 어떠한 것도 소중하게 여기시는 하나님의 극진한 사랑을 나타낸다.

구원은 인간의 관점에서 보면 아버지께로 돌아감을 의미한다. 하지만 하나님의 편에서는 자신의 피조물들이 죽음의 권세로부터 자신의 품으로 되돌아온다는 사실을 의미한다. 죄인들이 자신에게 돌아와 편히 쉴 수 있는 길이 있음을 하나님께

---

435) 김세윤, 『복음이란 무엇인가』, 37.

서는 아브라함 언약의 약속으로 사람들에게 이미 계시하셨다. 그 약속은 아브라함의 후손으로 오실 예수 그리스도와 그를 믿는 믿음 안에서 죄인 되었던 그들을 자신의 가족 혹은 백성의 일원으로 새롭게 받아들이신다는 의미를 포함한다.

그러나 이 약속은 단순히 계시적 말씀과 예언만으로 주어진 것이 아니었다. 하나님 자신의 고난과 죽음의 맹세가 그 언약의 약속 안에 확증되어 있어야 한다. 그 약속의 확증이 성령에 의해 언약을 성취하신 그리스도를 믿는 믿음으로 우리에게 적용된다. 이것이 바로 예수 그리스도께서 십자가의 죽음으로 성취하신 하나님 나라의 구원이며, 그 구원을 우리에게 적용하시는 성령 하나님의 사역이시다.

자신의 피로 새 언약을 세우신 예수께서는 부활하신 후에 그의 제자들에게 자신이 떠나는 것이 유익이라고 말씀하셨다. 성자 하나님으로서 언약에 계시된 그의 모든 사역을 성취하시고 자신이 떠난 후, 성령 보혜사를 그들에게 보내실 것을 약속하셨다(요 16:7). 약속된 성령이 오시면 그가 그들을 모든 진리 가운데로 인도하시고, 그리스도를 증언하며 그의 영광을 나타내실 것을 말씀하셨다(요 16:13-14). 그가 십자가에서 행하신 구원 사역이 보혜사 성령에 의해 지속적으로 완성될 것을 그들에게 알리신 것이다.

그러므로 언약을 통해 계시된 신적(神的) 구원 역사는 삼위 하나님의 관계적이며 협력적인 사역으로 완성된다. 성부 하나님은 사람들과 언약을 맺으심으로 전체적인 구속 사역을 계시하셨고, 말씀이 육신이 되신 예수 그리스도는 십자가에 죽으심으로써 그 약속의 계시를 실행하고 성취하셨다. 그리고 성령 하나님은 성부와 성자 사이에 이행된 그 언약의 약속을 믿는 자들에게 믿음으로 적용하심으로써 전체 구속 사역을 완성해 가신다. 이것이 아브라함 언약에 계시된 약속과 성취를 통해 펼쳐진 성부와 성자 그리고 성령 하나님의 관계적인 구속 사역의 내역이다.

B. 언약을 내면화하시는 성령

1. 율법과 성령의 구속사적 기능의 차이

하나님의 법, 즉 율법은 예수 그리스도가 오시기 전까지 이스라엘 백성들의 신앙과 삶을 규정하는 중심 요소였다. 반면 성령은 새 언약 시대를 특징짓는 중심 요소로 그 모습을 뚜렷이 드러내신다. 성령은 예전에 이스라엘 백성을 지배하던 조문화된 율법으로부터 마음과 생각에 기록된 하나님의 법으로 새 언약 백성들을 자유롭게 하신다.

구약시대를 지배하던 율법으로부터의 해방은 그리스도께서 세우신 새 언약의 선물인 성령을 통해 가능해졌다. 이는 새 언약 시대를 살아가는 그리스도인들의 신분과 삶은 새 시대의 성령을 통해 규정되고 지배를 받아야 한다는 것을 시사한다.[436] 이는 복음과 율법 간의 논쟁적인 대조를 보여주는 바울 서신에서 시대 전환의 구분으로서 율법과 성령 간의 대조가 등장하는 계기가 된다.

그러나 언약의 연속성을 고려한다면, 율법과 성령의 대조는 그 본질에 대한 부정적인 대조가 아니다. 오히려 구속사적인 의미와 기능으로서의 대조를 이룬다. 원래 율법은 하나님의 선택된 백성에게 주어진 언약의 조건이었다. 불링거에 따르면 언약의 당사자들은 각각 그들에게 지워진 의무로 알려진 특정한 규례, 즉 주 당사자가 상대방에게 지는 책임과 함께 그에 대한 반대급부로 상대방에게 원하는 것들로 서로 연결되어 있다.[437]

성경에서 언약의 주 당사자인 하나님은 먼저 우리에게 그분 자신을 계시하시기

---

[436] 이한수, 『언약신학에서 본 복음과 율법』, 365.
[437] McCoy and Baker, Fountainhead of Federalism: Heinrich Bullinger and the Covenantal Tradition, 108.

위해 자신의 속성을 표현하고 그것을 확정하신다. 그런 다음 하나님은 그 답례로 우리에게 요구하시는 것이 무엇인지와 함께 그것을 수행하기에 필요한 것들을 설명하신다. 여기에서 하나님은 모든 능력을 갖추고 계시며, 사람들에게 필요한 모든 것을 공급하시기에 전혀 부족함이 없는 그 자신의 본질을 함께 드러내신다.[438]

이러한 점에서 율법은 하나님께서 언약을 통해 주신 자신의 주(主) 되심에 대한 계시와 함께 장차 자신이 행하실 구원 행위에 대한 답례로 우리에게 요구하시는 언약의 조건에 해당한다. 이 율법은 언약의 약속이 유형적(有形的)인 것에 대한 약속일뿐만 아니라 영적인 것에 관한 약속과 같이 동일한 이중적인 면을 갖는다.[439] 옛 언약 시대에는 율법이 돌판에 새긴 의문의 형태로 주어졌지만, 새 언약 백성들에게는 성령이 우리의 마음에 기록한 하나님의 법으로 나타나는 것이다.

예레미야 선지자는 새 언약의 예언 속에 하나님의 법에 대한 영적인 면을 다음과 같이 기록한다.

> 그러나 그 날 후에 내가 이스라엘 집과 맺을 언약은 이러하니 곧 내가 나의 법을 그들의 속에 두며 그들의 마음에 기록하여 나는 그들의 하나님이 되고 그들은 내 백성이 될 것이라 여호와의 말씀이니라 (렘 31:33)

바울은 여기에서 한 걸음 더 나아가 옛 언약에 주어진 유형의 율법 조문에 대한 부정적인 면을 성령에 의한 율법의 영적 직분의 영광과 대조함으로써 새 언약으로 인하여 주어진 성령의 사역에 의해 율법의 기능이 완전히 대치었음을 선언한다.

---

438) McCoy and Baker, Fountainhead of Federalism: Heinrich Bullinger and the Covenantal Tradition, 108-109.
439) McCoy and Baker, Fountainhead of Federalism: Heinrich Bullinger and the Covenantal Tradition, 110.

돌에 써서 새긴 죽게 하는 율법의 조문의 직분도 영광이 있어 이스라엘 자손들은 모세의 얼굴의 없어질 영광 때문에도 그 얼굴을 주목하지 못하였거든 하물며 영의 직분은 더욱 영광이 있지 아니하겠느냐 정죄의 직분도 영광이 있은즉 의의 직분은 영광이 더욱 넘치리라 (고후 3:7-9)

새 언약 백성들에게 적용되는 율법은 더 이상 옛 언약에 조문화된 율법이 아니다. 그 법은 성령께서 그들의 생각에 두고 마음에 기록한 하나님의 법이다. 옛 언약의 율법과 새 언약의 하나님의 법이 바울의 주장과 같이 의문과 영의 직분에 따라 "죽이는 것과 살리는 것"(고후 3:6)이라는 극단적 대조를 이루고 있는 이유는 무엇일까?

이한수 교수에 따르면, 구약에 예언된 새 언약은 성문화된 율법을 가졌으면서도 그것에 순종할 수 없었던 옛 이스라엘 백성의 한계를 교정할 수 있는 '마음의 근본적인 변화' 또는 '새 창조'를 지향한다고 할 수 있다.[440] 그러나 새 언약은 이스라엘 백성이 그들의 남편이 되었던 하나님과의 언약을 깨뜨렸기 때문에 주어진 언약이다. 이는 성문화 된 율법에 대한 순종으로는 이스라엘 백성의 '마음의 근본적인 변화'가 애초에 기대되지 않았다는 뜻이다. 결국, 새 언약이 지향하는 것은 '새 창조'라고 말할 수 있다.

모든 사람이 받게 될 구원의 축복은 예수 그리스도의 피로 세워진 새 언약 안에서 성취되고 실현된다. 새 언약으로 말미암아 유대인과 이방인들 사이에 막힌 담이 허물어지고 믿음을 주관하시는 한 성령 안에서 새로운 하나님의 백성이 탄생하게 된 것이다. 더 이상 유대인과 이방인을 구분 짓던 성문화된 율법이 필요치 않게 된 것이다.

---

440) 이한수, 『언약신학에서 본 복음과 율법』, 368.

사도 바울은 이를 예수 그리스도가 자신의 육체로 이 둘 사이에 막힌 담을 허신 것이며(엡 2:14), 이는 곧 법조문으로 된 계명의 율법을 폐하심으로 자기 안에서 이 둘로 한 새 사람을 지어 화평케 하셨다고(엡 2:15) 기록한다. 그 당시 율법은 이스라엘을 이방인들의 부정으로부터 보호하기 위한 장막의 역할 뿐만 아니라 이방인들을 소외시켜 적대감의 원인이 된 유대교 민족주의의 한 증표였다.[441] 이러한 율법이 계속 존재하는 한 유대인과 이방인이 그리스도 안에서 한 새 사람으로 지음을 받는다는 것은 불가능한 일이었다.

그렇다면 예수께서 "자기의 육체로 계명의 율법을 허무셨다"고 하신 말씀은 무슨 의미인가? 그리고 예수 그리스도의 십자가 사건이 계명으로 된 율법을 허무는 계기가 된 이유는 무엇인가?

옛 언약의 성문화 된 율법과 성령께서 신자들의 마음에 기록한 새 언약의 율법은 둘 다 언약 백성이 지켜야 할 하나님의 법이다. 외형적으로 시대에 따른 종교적 의식을 규정하는 제도상의 차이는 있을 수 있으나, 그 외에 이 둘은 하나님께서 자신의 언약 백성에게 요구하시는 언약의 조건이라는 점에서 동일한 성격을 갖는다. 즉 율법의 내면적인 근본 성격은 서로 다르지 않다는 것이다. 그러나 바울은 고린도후서에서 이 둘을 '율법과 성령'의 대조를 통하여 극단적으로 대비시킨다.

> 그가 또한 우리를 새 언약의 일꾼 되기에 만족하게 하셨으니 율법 조문으로 하지 아니하고 오직 영으로 함이니 율법 조문은 죽이는 것이요 영은 살리는 것임이니라 (고후 3:6)

바울의 이러한 극단적인 대조는 6절 전반부의 기록과 같이 새 언약의 일꾼을 형성하시는 일과 관련이 있다. 바울이 편지에서 언급한 새 언약의 일꾼은 고린도 교

---

441) Andrew T. Lincoln, 『에베소서: Word Biblical Commentary 42』, 배용덕 역 (서울: 솔로몬, 2012), 357.

회와 아가야 지방에 있는 이방인 그리스도인들이었다. 그들은 율법의 조문이 아니라 성령에 의한 그리스도의 믿음으로 새 언약의 일꾼이 된 자들이다.

그리스도께서 세우신 새 언약은 아브라함 언약과 그의 믿음의 순종에 따른 최종적인 하나님의 약속-"네 씨로 말미암아 천하 만민이 복을 받으리라(창 22:18)"-에 대한 성취의 결과였다. 모든 사람이 받을 복은 예수 그리스도 안에서 누리게 될 구원의 축복이다. 이를 위한 첫 단계는 그리스도를 믿는 믿음이다. 이 믿음을 주관하시는 분은 오로지 성령이시다.

바울이 율법에 대하여 그토록 부정적으로 반응하며 반대의 견해를 보인 것은 새 언약의 성취로 인한 하나님의 구원 방식이 예전과는 전혀 다른 방법으로 바뀌었다는 데 있었다. 과거의 율법으로는 결코 그리스도를 주(主)로 시인하는 믿음을 가질 수 없기 때문이다. 율법의 조문은 오히려 사람들이 믿음을 가지는 데 방해가 되었다. 그러므로 바울은 '율법과 성령'의 극단적인 대조를 통하여 "… 율법 조문은 죽이는 것이요 영은 살리는 것이라"(고후 3:6)라고 말하는 이유다.

그러나 바울도 한편으로는 율법이 언약 백성에게 주어진 하나님의 법이라는 점에서 신령하며 선한 것임을 인정한다(롬 2:18; 7:14, 16; 딤 1:8). 율법과 성령은 외형적으로는 서로 대립되는 관계에 놓여 있는 것 같지만, 이는 옛 언약에 의문으로 쓰인 율법과는 달리 새 언약에서는 믿음과 율법의 주관자가 성령이라는 점에서 서로 대비를 이루는 것이다.

새 언약 시대에도 이전과 마찬가지로 하나님의 법은 여전히 유효하다. 단지 그 법은 옛 언약에서와같이 돌판에 새겨진 성문화된 법이 아니라 성령께서 믿음으로 새 언약 백성이 된 자들을 보존하시기 위해 마음에 기록된 하나님의 법이다. 옛 이스라엘이 언약 백성으로서 자신들에게 주어진 율법을 지켜야 했듯이, 새 언약 백성들도 성령께서 각자의 마음에 기록한 하나님의 법을 지속적으로 지켜나가야 한다. 이와 같은 행위는 자신이 하나님의 백성임을 증명하는 것이며 동시에 그분과 언약 관계를 맺었다는 증거가 되는 것이다.

그러나 율법의 준수는 언약 백성이 되는 절차와는 전혀 상관이 없다. 언약 백성의 지위는 오직 하나님의 은혜로 주어진다는 점에서 구속사에서 갖는 율법과 성령의 위치가 전혀 다른 것이다. 앞에서 언급한 바와 같이 율법은 언약의 조건으로서의 역할은 담당하지만, 언약의 성취에 따른 새 언약 백성의 창조에는 전혀 개입할 수 없는 한계가 있다.

바울은 계시를 통해 그리스도의 비밀을 알게 되었다고 고백한다(엡 3:3). 그 비밀은 이방인들이 복음으로 말미암아 그리스도 예수 안에서 함께 상속자와 지체가 되며 약속에 참여하는 자가 되는 것이다(엡 3:6). 구원의 방식이 그리스도로 말미암아 유대인으로부터 이방인을 포함한 모든 사람에게 확대된 것이다.

예수 그리스도의 십자가 죽음과 부활 사건은 보혜사 성령의 약속을 동반하였다. 예수께서는 세상에 계실 때 자신은 세상에서 떠나가겠으나 자신이 아버지께 구한 보혜사 성령을 보내심으로 그분께서 우리와 함께 거하시고 우리 속에 계실 것을 약속하셨다(요 14:16-17). 성령은 우리에게 모든 것을 가르치시고, 예수께서 명하신 모든 말씀을 생각나게 하시는 분이시다(요 14:26).

성령은 예수 그리스도께서 십자가로 성취하신 구원의 복음을 지속적으로 믿음의 백성들에게 현재화시키시는 분이시다. 예수 그리스도의 십자가 사건은 구원 약속의 계시가 성취된 2,000년 전의 사건이었다. 그렇지만 성령은 과거에 성취되었던 성부와 성자 사이의 이 사건을 미래 세대의 그리스도를 믿는 자들에게 지속적으로 현재화시키시는 분이시다. 하나님의 구원 사역을 세상 끝날까지 완성으로 이끌어 가실 분이신 것이다. 하나님의 백성을 인도하는 율법의 기능이 효력을 잃고 성령으로 대치된 것이다.

그리스도에 의해 바뀐 구원 방식은 언약에 이미 계시된 영적 약속이었다. 하지만 과거 이스라엘과 예수님 당시의 유대인들은 그 구원 방식을 전혀 이해하지 못했다. 하나님께서 성령으로 이것을 밝히시기 전까지는 사람들은 이 깊은 비밀을 깨달을 수 없었기 때문이다. 바울은 이사야 64장 4절과 65장 17절을 인용하여 다음과 같이 기록한다.

> 기록된 바 하나님이 자기를 사랑하는 자들을 위하여 예비하신 모든 것은 눈으로 보지 못하고 귀로 듣지 못하고 사람의 마음으로 생각하지도 못하였다 함과 같으니라 (고전 2:9)

오직 성령만이 우리에게 하나님의 깊은 계획과 생각을 깨우치게 하신다. 성령께서 하나님이 우리에게 은혜로 허락하신 구원의 비밀에 관한 영적 진리를 깨닫게 하시는 것이다. 이 구원의 비밀은 사람들에게 은밀하게 감추어졌던 것으로 그리스도인들의 영광을 위하여 만세 전에 미리 예정하셨던 하나님의 지혜였다.

성령은 예수를 증거하신다. 그리고 그분은 우리에게 모든 것을 가르치시고 예수께서 말씀하신 모든 것을 생각나게 하심으로써 우리를 진리 가운데로 인도하신다. 성령의 사역은 그리스도가 '주(主)되심'을 깨닫는 기독론적 인식과 더불어 언약의 성취로 말미암아 그리스도의 안에서 구원의 축복이 모든 사람에게 믿음으로 주어졌음을 깨닫게 하신다. 인간의 구원은 피조물들이 믿음과 회개로 먼저 하나님을 향해 나아감으로 시작되는 것이 아니라, 창조주 하나님께서 피조물들을 향한 은혜와 자비의 전향으로부터 시작된다.[442]

인간의 구원을 위한 하나님의 자비로운 전향은 은혜로 언약의 계시를 주신 하나님 아버지로부터 비롯된다. 구약에서 자신을 유일신으로 계시하시며 인간의 구원을 주도하셨던 분은 여호와 하나님이시다. 그 하나님께서 자신의 구원 계시의 완

---

442) Cornelis P. Venema, Heinrich Bullinger and the Doctorine of Predestination (Grand Rapids: Baker Academic, 2002), 11.

성을 위해서 그동안 드러내지 않으셨던 삼위일체적 모습을 자신의 아들과 성령을 통해 밖으로 드러내셨다. 이것이 언약에 약속된 계시를 신실하게 이행해 가시는 '하나님의 의'를 통해 드러난 경륜적 삼위일체 하나님의 모습이다. 그리고 동시에 언약의 계시에 함의된 내재적 삼위일체 하나님의 모습이기도 하다.

2. 성령에 의한 인치심의 구속사적 의미

그리스도의 피로 세워진 새 언약의 중요한 특징적 요소는 성령이다. 앞서 살펴본 바와 같이 성령은 그리스도에 대한 믿음을 통하여 신약의 '이스라엘 집'으로 간주되는 새 언약 백성을 창조하시는 일에 관여하신다. 그리고 성령은 새롭게 창조된 새 언약 백성들에게 하나님의 법을 그들 마음에 기록함으로써 그들을 하나님의 백성으로 인(印)치시는 사역을 감당하신다.

하나님의 법 즉 율법은 사람이 하나님과 언약 관계에 놓여 있음을 증명하는 대표적 표징이다. 옛 이스라엘 백성이 자신들에게 주어진 율법으로 인하여 그들 자신이 하나님의 백성임을 드러냈듯이, 그리스도 안에서 믿음으로 새롭게 태어난 사람들은 성령이 그들 안에 거하심으로써 그들이 하나님과 새로운 언약 관계에 놓인 언약 백성임이 판명된다.

바울은 이러한 성령의 사역을 에베소서에서 다음과 같이 기록한다.

> 그 안에서 너희도 진리의 말씀 곧 너희의 구원의 복음을 듣고 그 안에서 또한 믿어 약속의 성령으로 인치심을 받았으니 이는 우리 기업의 보증이 되사 그 얻으신 것을 속량하시고 그의 영광을 찬송하게 하여 하심이라 (엡 1:13-14)

"그 안에서 또한 믿어 약속의 성령으로 인치심을 받았으니(ἐν ᾧ καὶ πιστεύσαντες ἐσφραγίσθητε τῷ πνεύματι τῆς ἐπαγγελίας τῷ ἁγίῳ)"는 부정과거 분사의 행동과 주동사의 행동 사이의 시간적 관계를 결정하는 문맥에 의존하고 있다. 여기서 부정과거 분사 '믿어(πιστεύσαντες)'는 주동사 '인치심을 받았으니(ἐσφραγίσθητε)'의 행위와 시간상으로 동시에 일어나는 행위를 가리킨다.[443] 그리스도 안에서의 믿음과 성령의 세례, 곧 성령의 인치심이 동시적으로 발생한다는 의미다.

복음과 관련하여 볼 때 믿는 것과 성령을 받는 것 사이에는 중대한 연관성이 있다.[444] 구약성경에서 하나님은 그분이 선택한 백성을 자신의 백성으로 구별하시고 그들을 파멸에서 보호하시기 위해 표시를 하셨다고 말씀하신다(겔 9:4-6 참조). 아울러 그 표시인 인(印)은 '인치심을 받은 자'를 언급하는 요한계시록 7장 1-8절과 9장 5절에서도 같은 의미를 지니고 있다. 따라서 믿는 자들이 성령을 받는 것은 그들이 하나님께 속해 있다는 표시이며, 또한 그들의 소유자의 특징으로 도장이 찍혀 있음을 나타낸다.[445]

그렇다면 성령을 받는다는 것은 구체적으로 무엇을 의미하는가? 바울은 에베소서 1장 13절에서 성령을 언급하며 '약속의 성령'으로 칭한다. 여기에는 하나님께서 구약의 선지자들에게 하신 약속과(겔 36:27; 욜 2:28) 함께 예수 그리스도께서 자신이 떠난 후에 보내시겠다고 약속한 분이라는 의미가 있다.

성령은 독립적 위격을 가진 삼위일체 하나님이시다. 성령은 우리에게 모든 것을 가르치시고 예수께서 말씀하신 모든 것을 생각나게 하심으로써 그분을 증거하는 분이시다. 따라서 성령을 받는다는 것은 우리를 위해 일하시는 하나님의 은혜가 우리에게 임하신다는 의미다.

---

443) Lincoln, 『에베소서: Word Biblical Commentary 42』, 199-200.
444) Lincoln, 『에베소서: Word Biblical Commentary 42』, 200.
445) Lincoln, 『에베소서: Word Biblical Commentary 42』, 200

바울은 에베소서의 독자들에게 그리스도를 믿어 성령으로 인(印)치심을 받았다고 기록하고 있다(엡 1:13). 이미 그리스도 안에 들어온 자의 성령의 인치심은 그리스도를 주(主)로 고백하는 믿음과 병행되는 성령 사역의 결과임을 나타낸다. 따라서 성령을 보내시겠다는 하나님의 약속은 믿음으로 언약 백성에 소속된 자들뿐만 아니라 하나님께서 예정하신 미래의 모든 신자를 포함하는 과거와 현재, 그리고 미래를 아우르는 은혜의 약속이었다.

바울은 성령이 하나님께서 약속하신 선물이며, 우리를 하나님의 소유로 표시하는 하나님의 '인(印)'인 동시에 우리가 받을 유업의 보증이 되신다고 말한다. 하나님은 그분의 백성을 자신의 소유라고 표시하기 위해 그들 안에 성령을 두신다.[446] 이는 하나님의 백성을 구별하는 믿음의 표식일 뿐만 아니라 실제로 성령에 의해 신자들의 마음에 기록된 하나님의 법을 적용하심으로써 그들의 삶이 거룩해지고 성화되도록 하나님께서 의도하신 새 언약의 약속이었다.

"내 법을 그들의 속에 두며 그들의 마음에 기록하여"라는 말씀은 하나님께서 "나는 그들의 하나님이 되고 그들은 나의 백성이 될 것이라"라는 언약의 결론적인 하나님의 선포와 바로 연결된다. 이러한 하나님의 최종적인 선포는 새 언약 백성들의 불의를 긍휼히 여기시고 그들의 죄를 다시는 기억하지 않으시겠다는 축복의 메시지로 막을 내린다. 성령이 율법(하나님의 법)의 주관자이심을 암시하는 동시에, 그 사역의 결과가 완전한 죄 사함을 통한 구원을 가져온다는 것이 새 언약의 예언 속에 나타난 사실이다.

구약에서 돌판에 새겨져 이스라엘 백성들에게 수여된 의문의 율법은 그 자체가 언약 백성의 정체성과 삶을 규정하는 효력을 가지고 있었다. 그러나 새 언약에서 하나님 백성의 정체성과 삶은 그들과 함께 계시는 성령으로 규정된다. 성령은 하

---

446) Jonh Sttot, 『에베소서 강해』, 정옥배 역 (서울: 한국기독학생회출판부, 2007), 58.

나님의 백성들로 하여금 그들의 생각과 마음속에 기록된 하나님의 법을 따르게 하신다. 결과적으로 하나님 백성으로서의 삶을 벗어난 잘못에 대한 정죄가 과거에는 율법의 조문에 따라 외형적으로 드러났지만, 이제는 성령의 법에 따라 스스로의 자각을 통해 모든 판단과 정죄가 자신에게 국한된다.

이는 그리스도를 믿는 자들이 과거의 율법에 더이상 얽매이지 않고 자유함을 얻었다는 의미다. 이를 가능하게 만든 분이 바로 새 언약의 선물로 약속된 성령이셨다. 성령은 새 언약 백성들을 인(印)치시고 또한 그들을 하나님의 백성으로 끝까지 보존하시는 분이기 때문에, 자신의 법을 따라 그들 스스로 죄를 깨닫게 하시고 또한 회개의 영을 주어 그들 스스로 뉘우치게 하심으로써 영원한 죄 사함의 은총을 주신다.

이로 인해 새 언약 백성의 공동체에 소속됨을 표시하는 방식도 과거의 율법으로부터 성령에 의한 믿음으로 바뀌게 되었다. 그리스도는 모든 믿는 자에게 의를 이루기 위하여 율법의 마침이 되신 것이다(롬 10:4). 그리스도로 말미암아 율법이 하나님의 백성을 구분하는 시대는 끝이 났고, 이제는 성령에 의한 믿음으로 대치되었다.

그러나 바울 당시에 그리스도를 믿는 유대인들조차도 복음에 나타난 이 사실을 완전히 깨닫지 못하고 있었다. 그들은 복음에 더하여 할례에 관한 율법의 규정을 계속 고집한 것이다. 바울이 율법을 부정적인 면에서 신랄하게 공격했던 이유는 유대인과 이방인 그리스도인들을 깨우치기 위함이었다.

바울은 율법과 성령의 대조를 통하여 "율법 조문은 죽이는 것이요 영은 살리는 것이라"고 한 이유는 우리를 새 언약의 일꾼이 되게 하시는 것이 율법의 조문이 아니라 오직 성령으로 하시기 때문이라고 말한다(고후 3:6). 바울은 지금 자신의 백성에 대한 하나님의 선택 기준이 과거와는 달리 그리스도에 대한 믿음으로 바뀌었음을 알렸다. 그 기준은 더 이상 율법이 아니라 성령에 의한 믿음이었다.

그러나 바울이 모든 면에서 율법을 부정적으로 본 것은 아니었다. 그리스도 안에서 구원 방식이 율법과는 상관이 없음을 강조하기 위해 율법의 부정적인 면을 이야기하였지만 그 기능이나 취지에 대하여는 긍정적인 견해를 피력한다. 바울은 "율법의 교훈을 받아 하나님의 뜻을 알고 지극히 선한 것을 분간하며"(롬 2:18)라고 말하며, "사람이 율법을 적법하게 쓰면 선한 것임을 아노라"(딤전 1:8)라고 율법의 긍정적인 면을 언급하기도 한다.

새 언약의 궁극적인 목표는 성령에 의해 믿음으로 새롭게 창조된 하나님 백성의 '죄 사함'에 있다. 하나님의 법을 새 언약 백성의 마음속에 두고 기록하는 성령은 하나님의 백성으로 인(印)치심을 받은 그들이 '죄 사함'을 통해 하늘나라의 유업을 받도록 그들을 견인하신다. 이 사역은 하나님의 법을 그들의 마음속에 새기시며 끊임없이 적용하시는 성령의 사역에 의한 '죄 사함'의 결과에서 비롯된다.

그러나 이러한 성령의 사역에도 불구하고 죄는 끊임없이 사람들을 유혹한다. 바울은 "유대인이나 헬라인이나 다 죄 아래 있다"(롬 3:9)고 기록한다. 그 자신조차도 "선을 행하기 원하는 나에게 악이 함께 있다"(롬 7:21)고 토로하며 "내 자신이 마음으로는 하나님의 법을 육신으로는 죄의 법을 섬기노라"(롬 7:25)라고 고백한다. 만약 성령의 사역에도 불구하고 누구나 끊임없이 죄를 지을 수밖에 없는 존재라면, 어떻게 죄 사함의 은총이 새로운 하나님의 백성들에게 적용될 수 있는 것인가?

하나님께서는 새 언약의 예언을 통해 "자신의 법을 그들의 속에 두며 그들의 마음에 기록하여 나는 그들의 하나님이 되고 그들은 내 백성이 될 것이라"(렘 31:33; 히 8:10)라고 명백하게 선포하신다. 이 선포에는 인간의 죄 문제에 대한 하나님의 주도적인 메시지가 담겨 있다. 과거에는 죄 문제가 사람들 자신이 책임져야 하는 멍에와 같은 짐이었지만, 그리스도께서 모든 사람의 죄 사함을 위해 십자가로 언약의 약속을 성취하심으로써 이제 죄 문제는 인간의 책임에서 벗어났다. 그리스도를 믿는 그분 백성의 죄 문제는 새 언약의 예언과 같이 전적인 하나님의 사면(赦免)

에 속한 문제가 되었다.

그리스도인의 마음속에 있는 성령의 임재는 곧 하나님께서 새 언약 백성들의 마음에 기록한 하나님의 법과 같다. 이는 하나님께서 자신의 백성을 구분하기 위해 주신 내적이고 보이지 않는 인(印)과 같은 역할을 한다. 따라서 과거 이스라엘 백성을 하나님의 백성으로 구분하고 그들의 삶을 인도하였던 율법은 새 언약에서 그 역할이 성령으로 대치된 것이다. 사람이 회개하고자 하는 마음을 가지게 되는 것은 마음속에 내재한 성령의 변함없는 역사 때문이다. 우리는 성령에 의존하여 그리스도의 피로 얻은 죄 사함의 은총을 지속적으로 누리게 되는 것이다.

3. 언약의 표징으로서의 할례와 세례

창세기 15장에서 하나님께서는 자신의 일방적인 은혜로 아브라함과 언약을 세우셨다. 그리고 이어서 17장에서는 아브라함 언약의 공식적인 표징으로 할례의 명령을 주신다. 하나님과 언약 관계에 들어간 아브라함과 그의 모든 후손은 자신의 몸에 언약의 표징인 할례를 행할 의무를 부여받게 될 것이다.

아브라함 언약의 기념비적인 장인 창세기 15장과 17장의 사이에는 아브라함의 신앙의 타락을 16장에 기록되고 있다. 그는 하나님으로부터 후손의 약속을 받았음에도 불구하고 그의 여종 하갈을 취하여 그 사이에서 이스마엘을 낳는 신앙의 타락을 경험하게 된다. 비록 그는 하나님의 약속을 그대로 믿어 의롭다 함을 받았지만, 하나님의 약속이 지연되자 그는 오히려 자신의 육신에 의존하는 잘못을 범한 것이다.

하나님은 그가 구십구 세 되던 때에 다시 나타나셔서 "너는 내 앞에서 행하여 완전하라"(창 17:1)라고 말씀하신 뒤 "너희 중 남자는 다 할례를 받으라 이것이 나와 너희와 너희 후손 사이에 지킬 내 언약이니라"(창 17:10)라고 명령하신다. 로벗슨(O. P. Robertson)은 "하나님과 그의 관계에서 좀 더 영원한 표적이 세워지게 된 것은 아마도 아브라함의 신앙적 실패에서 비롯된 것 같다. 그에게는 경험적인 환상의 상태를 넘어 지속되는 어떤 표적이 필요했었다. 아브라함 언약의 표적으로서 할례는 약속의 확실성을 깨우치기 위해 그와 함께 영원히 남게 된다"고 주장한다.[447]

창세기 17장에 나타난 할례 언약의 해석에서는 종교 개혁자들 사이에서도 서로 의견이 일치되지 않았다. 그래서 불링거를 중심으로 한 스위스 종교 개혁자들과 비텐베르크의 루터파 사이에는 상당한 긴장감이 조성되고 있었다. 창세기 17장이 할례에 대한 문제를 다루고 있기에 이들 사이에 의견 대립이 있었던 것이다.

루터는 창세기 17장 강해에서 다음과 같이 말한다.

> 만일 어떤 사람이 이 장을 부지런히 강조한다면, 그는 수많은 후원자와 학생을 찾을 것이다. 그 안에 모세가 바울이 모든 힘을 동원하여 저지해야만 했던 할례를 선호하는 매우 강한 주장들을 수집했기 때문이다.[448]

루터는 언약의 표징인 할례에 관하여 처음부터 강한 부정적 시각을 가지고 있었다. 그는 할례의 명령이 주어진 창세기 17장의 언약이 유대인에게 한정된 일시적인 언약이라고 간주했다. 그러나 불링거는 루터와는 달리 그것은 하나님의 영원한 언약이며, 성경 전체를 통하여 오직 하나의 언약이 존재한다고 주장한다.[449]

---

447) Robertson, 『계약신학과 그리스도』, 151.
448) Luther, Luther's Works Volume 3, Lectures on Genesis Chapter 15-20, 76-77.
449) "하나님께서 아브라함과 맺으신 언약이 모든 언약 가운데 첫 번째가 아니다. 첫 번째는 하나님께서 아담과 맺으신 것이다. 그러므로 분명한 말씀으로 후에 나오는 언약에서 하나님께서는 '내가 세울 것이다' 또는 '내가 확인할 것이다' 또는 '내가 너희와 내 언약을 세울 것이다', 즉 '나는 언약의 시작을 견고

창세기 17장 1-14절은 언약을 구성하는 말씀이다. 창세기 15장과 마찬가지로 그 말씀의 내용은 문자적 의미 안에 영적 의미가 내포된 양면적 의미를 포함하고 있다.

여기에서 하나님은 모든 면에서 인간의 눈높이에 맞춰 인간의 관습에 따라 언약을 세우셨다. 첫째, 이 구절들은 누가 누구와 서로 언약에 매이는지를 기준으로 하여 언약의 당사자를 규정한다. 그들은 언약의 계시자이신 하나님과 아브라함, 그리고 그의 후손들이다. 둘째, 본문은 언약의 당사자들이 어떠한 조건으로 매이게 되는지를 보고 언약의 조건을 언급한다. 여기에서 하나님은 아브라함 후손들의 하나님이 되기를 원하시며, 그 후손들은 하나님 앞에서 완전하게 행할 조건적 의무가 주어진다. 셋째, 하나님께서는 이 언약이 아브라함과 하나님 사이에 맺어진 영원한 언약임을 선언하신다. 맺어진 언약은 유효 기간이 영원하다는 말이다. 그리고 마지막은 언약의 인준 방식에 대한 것으로 전체 언약은 피의 특별한 의식인 할례를 통해 확증된다.[450]

"내 앞에서 행하여 완전하라"(창 17:1)는 하나님의 명령은 자신의 은혜로 세운 언약의 모든 약속이 철저히 언약의 당사자에게 적용되도록 그들에게 요구하는 하나님의 규례이다. 이 규례는 그들의 삶 속에서 구원의 약속을 주신 하나님의 은혜를 깨닫게 하는 동시에 그들과 언약을 세우신 하나님의 백성임을 확인하는 보증의 역할을 담당한다. 따라서 하나님은 이를 위하여 그들이 자신의 백성임을 공식적으로 확증하는 언약의 징표로서 할례를 주신 것이다(창 17:10-14).

히 지킬 것이다'등의 말씀을 하신다. 실로 그것은 홍수 후 노아와, 지금은 아브라함과, 나중에는 모세와 같이 정확한 이유를 가지고 종종 갱신된다. 그럼에도 그것은 각각의 경우에 확인되고 제정된 유일하고 동일한 언약이다" Lillback, The Binding of God, appendix, paragraph 13, 514-515 참조

450) McCoy and Baker, Fountainhead of Federalism/ Heinrich Bullinger and the Covenantal Tradition, 104.

1) 옛 언약의 표징으로서의 할례

할례는 초대 교회 안에서도 큰 논쟁거리가 되었다. 신약에서 할례가 주로 사도행전과 바울 서신에 나타난다는 사실은, 바울과 유대인들 사이에 있었던 할례에 관한 논쟁이 율법과 서로 연계되었음을 증명한다. 할례는 유대인을 다른 민족과 구분하는 특별한 의식이었으며 그들의 민족적이고 종교적인 특색을 드러내는 구별된 표식이었다. 이러한 할례에 대해 선민으로서의 유대인들이 가지는 자부심은 대단하였다. 그들은 흔히 이방인들을 멸시하여 부를 때 '할례 없는 자'들로 칭하곤 하였다(삼상 14:6; 17:26,36; 대상 10:4).

할례는 모세의 율법에 포함되어 있지만(출 12:44; 레 12:3), 모세의 율법에서 시작된 것이 아니라, 하나님께서 아브라함에게 직접 언약의 징표로 주신 것이다. 예수께서는 유대인들과의 논쟁에서 다음과 같이 언급하신다.

> 모세가 너희에게 할례를 행하였으니 (그러나 할례는 모세에게서 난 것이 아니요 조상들에게서 난 것이라) 그러므로 너희가 안식일에도 할례를 행하느니라 모세의 율법을 범하지 아니하려고 사람이 안식일에도 할례를 받는 일이 있거든 내가 안식일에 사람의 전신을 건전하게 한 것으로 너희가 내게 노여워하느냐 (요 7:22-23)

율법에 준하여 안식일과 할례의 비중을 논할 때 할례가 안식일보다 우선시 되었다. 예수께서는 유대인에게 할례는 안식일에라도 사람을 구원하는 일과 같은 중요한 의미가 있는 의식임을 암시하신다. 그러나 할례에 대한 그들의 의식은 율법의 범위에서 벗어나지 못하고 있으므로, 모세의 법대로 할례를 받지 않으면 능히 구원을 얻지 못한다고 주장한다(행 15:1).

할례를 율법의 대표적인 상징으로 간주하는 유대인들의 사고방식처럼 오늘날 기독교인들 사이에서도 할례를 율법과 동일하게 취급하려는 경향이 있는 것이 사실이다. 이는 바울이 갈라디아서에서 밝힌 주장을 짐작해보면 당시 기독교인과 유대인 그리스도인들 사이에 일어난 할례에 대한 격렬한 논쟁에서 비롯되었다고 파악할 수 있다. 할례에 관한 바울의 격렬한 부정적 반론이 갈라디아서를 읽는 많은 독자에게 할례와 율법에 대한 강한 부정적 인식을 전달한다는 사실을 부인할 수 없다.

그렇지만 바울이 제기한 반론은 할례와 율법에 대한 부정적 인식에서 비롯된 것이 아니었다. 다만 옛 언약에 속한 율법과 그 행위들이 그리스도에 의해 성취된 새 언약 시대에는 더이상 필요하지 않는다는 것을 그리스도인들에게 확고하게 전달하기 위해서였다. 바울은 새 언약은 율법의 조문으로 하지 아니한 성령의 언약이라고 분명하게 선을 긋는다(고후 3:6).

할례는 백성들을 외적으로 조직된 공동체 이스라엘 속으로 이끄는 표시가 된 동시에 언약의 핵심인 하나님과의 관계를 나타내기 위한 것이었다.[451] 칼빈의 주장과 같이 할례는 그들이 하나님의 백성과 가족으로 선택되었음을 확인하는 표였으며, 그들로서는 하나님을 섬기는 백성에 참가하겠다고 고백하는 표였다.[452]

하나님께서는 이스라엘 자손을 애굽에서 인도하여 내시기 바로 전 모세와 아론을 통하여 유월절 규례를 세우셨다. 이 규례에는 이방 사람은 참여하지 못하되 이스라엘 사람과 함께 거류하는 이방인이 유월절을 지키고자 하면 그 모든 남자는 할례를 받은 후에야 유월절을 지킬 수 있음을 분명히 하셨다(출 12:43, 48). 그리고 레위기 12장 3절에 "여덟째 날에는 그 아이의 포피를 벨 것이요"라는 규례를 모세에게 주신다.

---

451) Robertson, The Christ of The Covenant, 148.
452) Calvin, 『기독교강요 (하)』, 399.: "유대인들에게 할례를 받는 것은 하나님의 언약 공동체인 교회에 처음으로 가입하는 것이다"

하나님은 언약의 표징으로 아브라함에게 주신 할례를 모세에게 율법의 규례로 다시 규정하게 하셨다. 그러나 성경은 모세가 할례의 규례를 충실하게 따르지 못하였음을 기록한다. 그 첫 번째 기사는 출애굽기 4장에 나타난다. 모세는 하나님으로부터 그의 백성을 구하라는 최초의 소명을 받고 애굽으로 내려가는 도중에 숙소에서 하나님을 만났다. 그때 하나님은 느닷없이 모세를 죽이려 하셨다.

> 모세가 길을 가다가 숙소에 있을 때에 여호와께서 그를 만나사 그를 죽이려 하신지라 십보라가 돌칼을 가져다가 그의 아들의 포피를 베어 그의 발에 갖다 대며 이르되 당신은 참으로 내게 피 남편이로다 하니 여호와께서 그를 놓아 주시니라 그 때에 십보라가 피 남편이라 함은 할례 때문이었더라 (출 4:24-26)

하나님께서 모세를 만나 그를 죽이시려 한 이유는 그가 자기의 아들에게 할례를 행하지 않았기 때문이었다. 이 일이 일어난 시기는 모세가 이스라엘의 지도자로 소명을 받고 가족과 함께 애굽으로 내려가는 도중이었다. 이스라엘 백성의 출애굽 역사의 과정에 삽입된 이 이해할 수 없는 계시의 사건은 분명 성경의 독자들에게 중요한 구속사적 의미를 제시하고 있다.

이 사건의 의미를 이해하기 위해서는 창세기 17장 10-14절에서 할례의 언약을 주시는 하나님의 명령에 대한 이해가 먼저 요구된다. 할례는 율법의 한 조항으로 주어진 것이 아니라 별도의 언약으로 주어졌다. 창세기 17장 10절에서 하나님은 "너희 중 남자는 다 할례를 받으라 이것이 나와 너희와 너희 후손 사이에 지킬 내 언약이니라"라고 말씀하신다. 그리고 14절에서는 "할례를 받지 아니한 남자 곧 그 포피를 베지 아니한 자는 백성 중에서 끊어지리니 그가 내 언약을 배반하였음이라"라는 엄중한 선포가 이어진다.

성경은 하나님의 명령대로 할례를 받지 아니한 자가 백성 중에서 끊어질 것을 기록하지만, 자식에게 할례를 행하는 일차적인 책임은 부모에게 있다. 할례는 갓 태어난 아기에게 부모의 신앙적 책임으로 시행되는 것이기 때문이다. 따라서 만약 태어난 아이가 난지 팔 일 만에 할례를 받지 못하면 하나님께서 명하신 할례 언약을 배반한 일차적인 책임을 그 부모에게 물었다.

하나님이 자신의 소명을 받고 애굽으로 내려가는 모세를 만나 느닷없이 그를 죽이시려 한 이유도 바로 여기에 있었다. 그의 아내 십보라가 돌칼을 가져다가 그의 아들의 표피를 베어 모세에게 댐으로써 그는 죽음의 위기를 넘겼다. 하나님은 이 사건을 통해 모세에게 할례 언약의 중요성과 함께 이를 행하지 않았을 때 겪을 무서운 결말에 대한 하나님의 선포(창 17:14)를 깨우치게 하셨다.

그렇다면 모세는 이 사건을 겪은 후 어떻게 달라졌는가? 그는 광야 40년 동안 이스라엘 백성을 인도하면서 하나님께서 깨우쳐주신 할례 언약을 철저히 이행하도록 그 백성을 인도하였는가? 이 질문에 대한 답을 여호수아서는 다음과 같이 기록한다.

> 그 때에 여호와께서 여호수아에게 이르시되 너는 부싯돌로 칼을 만들어 이스라엘 자손들에게 다시 할례를 행하라 하시매 여호수아가 부싯돌로 칼을 만들어 할례산에서 이스라엘 자손들에게 할례를 행하니라 여호수아가 할례를 시행한 까닭은 이것이니 애굽에서 나온 백성 중 남자 곧 모든 군사는 다 할례를 받았으나 다만 애굽에서 나온 후 광야 길에서 난 자는 할례를 받지 못하였음이라 (수 5:2-5)

이 구절은 이스라엘 백성이 출애굽하고 난 뒤 광야 생활 사십 년 동안 그들에게서 태어난 자녀들에게 전혀 할례를 행하지 않았다는 사실을 증명한다. 할례가 시행되지 않았던 이유를 성경은 자세히 밝히지 않는다. 다만 "길에서는 그들에게 할례를 행하지 못하였으므로"라고 7절에 간단히 기록하고 있을 뿐이다.

우리는 성경의 기록만으로 모세가 광야에서 태어난 이스라엘 백성들의 자녀들에게 할례를 행하지 않았던 이유를 명확히 파악할 수 없다. 성경도 그 이유를 추론할 만한 어떠한 근거도 제시하고 있지 않다. 그렇지만 분명한 사실은 과거 40년 동안 광야에서 태어난 이스라엘 백성의 자녀들이 할례를 받지 않았음을 성경이 증언한다는 점이다. 그런데 여기에서 한 가지 더 주목할 점은 할례 사건을 기록한 5절과 7절의 중간인 6절에, 이스라엘 백성들의 불순종에 관한 이야기가 삽입되어 있다는 사실이다.

> 이스라엘 백성들이 여호와의 음성을 청종하지 아니하므로 여호와께서 그들에게 대하여 맹세하사 그들의 조상에게 맹세하여 우리에게 주리라고 하신 땅 곧 젖과 꿀이 흐르는 땅을 그들이 보지 못하게 하리라 하시매 애굽에서 나온 족속 곧 군 사들이 다 멸절하기까지 사십 년 동안을 광야에서 헤매었더니 (수 5:6)

이스라엘 백성들이 여호와의 음성을 청종하지 아니한 불순종에 관한 이야기가 할례에 대한 기록 사이에 삽입된 것에는 확실한 의도가 있어 보인다. 그들이 가나안 땅에 들어가지 못한 주요 원인인 "여호와의 음성을 청종하지 아니함"이 궁극적으로 할례와 연관되어 하나님의 언약을 배반한 것임을 성경이 암시하고 있다고 본다. "할례를 받지 않아 하나님의 언약을 배반한 자"(창 17:14)는 하나님의 음성을 청종치 않은 자, 즉 하나님의 명령을 따르지 않은 자들로 하나님의 선포와 같이 백성 중에서 끊어질 수밖에 없는 운명을 자초한 자들이다.

성경은 이스라엘 백성들이 약속의 땅인 가나안에 들어가지 못한 이유를 "하나님의 음성을 청종하지 아니하므로"라고 간접적으로 기록하고 있다. 하지만 약속의 땅인 가나안은 하나님의 언약과 밀접하게 연관되어 있다. 이스라엘 백성이 그 땅에서 추방되어 이방에 포로로 잡혀간 이유는 그들이 하나님의 언약을 배반하였기 때문이었다. 마찬가지로 하나님께서 약속하신 그 땅에 들어가지 못하게 하신 일도 그들이 하나님의 언약을 배반하였기 때문으로 볼 수 있다.

물론 그들은 광야 40년 동안 하나님을 원망하며 수도 없이 배반하는 잘못을 저질렀다. 그렇지만 하나님은 그 사건에 연루된 사람들을 재앙을 통해 직접 처벌하시거나, 모세의 간절한 중보기도 혹은 하나님께서 제정하신 속죄 제사를 통하여 그들의 죄를 용서해 주심으로써 그 사건들을 종결하셨다.

그러나 하나님께서 언약의 징표로 주신 할례의 시행에 대한 하나님의 준엄한 명령(창 17:14)에 대한 거역은 선포된 바와 같이 하나님의 언약을 배반한 죄로 결단코 용서받을 수 없는 죄였다. "할례를 받지 않은 자는 내 언약을 배반하였으므로 백성 중에서 끊어지리라"라는 하나님의 선포는 결코 뒤집을 수 없는 불순종에 대한 최종적인 선언이었다. 하나님께서 백성을 구하라는 자신의 명령을 받고 애굽으로 내려가는 모세를 만나 갑자기 그를 죽이시려 했던 이유도 할례가 언약 백성에게 그만큼 엄중하였음을 보여주는 계시적 사건이었기 때문이다.

광야 40년 동안 자신들에게서 태어난 자녀들에게 할례를 행하지 않았던 이스라엘 백성들의 행동은 어떤 이유에서든 간에 하나님의 언약을 배반한 불순종의 행위였음이 명백하다. "난 지 팔 일 만에 할례를 행하라"는 하나님의 명령은 유대인들에게는 안식일에 관한 율법조차 초월하는 우선권을 가진다. 아기가 난 지 팔 일째 되는 날이 만약 안식일이라면, 안식일에 관한 율법과 상관없이 팔 일째 되는 날에 어김없이 할례를 행하는 것이 현재까지도 전해져 내려오는 그들의 전통이다.

모세가 이스라엘 백성들에게 광야에서 태어난 그들의 자녀들에게 할례를 시행하도록 인도하지 않았던 이유를 성경이 언급하지 않기 때문에 우리는 자세히 알 수가 없다. 하지만 성경은 그들의 최후를 통해 자녀들에게 할례를 행하지 않은 것이 얼마나 큰 잘못이었는지를 명백히 알려준다. 결과적으로 여호수아와 갈렙을 제외한 그 모든 백성은 약속의 땅 가나안에 들어가지 못하고 예외 없이 모두 광야에서 죽었다. 그들의 지도자였던 모세도 결코 예외는 아니었다.

모세가 느보산에 올라 여리고 맞은 편 비스가 산꼭대기에 이르렀을 때 하나님께서는 가나안 온 땅을 모세에게 보이시며 이르셨다.

> 내가 아브라함과 이삭과 야곱에게 맹세하여 그의 후손에게 주리라 한 땅이라 내가 네 눈으로 보게 하였거니와 너는 그리로 건너가지 못하리라 하시매 이에 여호와의 종 모세가 여호와의 말씀대로 모압 땅에서 죽어 (신 34:4-5)

하나님은 모세에게 가나안 땅을 보여주셨지만, 그가 그 땅에 들어가는 것을 절대 허락하지 않으셨다. 그가 죽을 때 나이 백 이십 세였으나 그의 눈이 흐리지 않았고 기력이 쇠하지 않았다(신 34:7). 그러나 하나님은 그가 가나안 땅에 들어가는 것을 허락지 않으시고 그를 데려가셨다.

민수기는 모세가 하나님께서 그의 자손에게 준 땅에 들어가지 못하는 이유를 므리바 물에서 하나님의 말씀을 거역한 까닭이라고 밝힌다(민 20:24). 또한 신명기도 다음과 같이 기록한다.

> 네 형 아론이 호르 산에서 죽어 그의 조상들에게 돌아간 것과 같이 너도 올라가는 이 산에서 죽어 네 조상에게로 돌아가리니 이는 너희가 신 광야 가데스의 물가에서 이스라엘 자손 중 내게 범죄하여 내 거룩함을 이스라엘 자손 중에서 나타내지 아니한 까닭이라 (신 32:50-51)

모세가 가나안 땅에 들어가지 못한 이유는 성경의 기록과 같이 므리바 사건 때문임이 틀림없다. 하나님께서는 모세에게 반석을 명하여 물을 내라고 말씀하셨다(민 20:8). 하지만 모세는 원망하는 백성들을 모으고 지팡이를 잡고 반석을 두 번 쳐서 물이 솟아 나오게 하였다(민 20:11). 모세와 아론은 하나님을 믿지 아니하고 이스라엘 자손의 목전에서 하나님의 거룩함을 나타내지 아니하였기에 가나안 땅에 들어가는 것을 하나님께서 막으셨다(민 20:12).

광야 사십 년 동안 하나님께서는 이스라엘 백성들에게 율법을 주시고 직접적인 인도와 보살핌으로 언약 백성의 지위를 그들에게 허락하셨다. 그럼에도 불구하고 그들은 끊임없는 불평과 불만 그리고 원망을 일삼았다. 그들 마음속에는 하나님과의 언약 관계에서 오는 보호와 신뢰에 대한 적극적인 믿음을 가지겠다는 의지가 전혀 없었던 것으로 보인다.

할례는 하나님께서 아브라함과 세운 언약의 징표로, 하나님께서 그와 그 후손들의 하나님이시라는 언약 관계를 몸에 새기고 기억하는 표식이다. 그러나 출애굽 후 이스라엘 백성들의 광야 생활 동안 줄곧 할례를 행하지 않았다는 사실은 그들이 실제적으로 하나님과의 언약 관계밖에 머물고 있었다는 사실을 암시한다. 그들은 어떤 조건에서도 할례를 행함으로써 하나님과의 언약 관계를 유지했어야만 했었다. 출애굽 한 후 하나님의 음성을 청종치 않았던[453] 1세대 이스라엘 백성들은 하

---

453) 필자는 하나님의 음성을 청종치 않은 대표적인 사건이 창세기 17장에 명령하신 할례에 대한 언약을 어긴 것으로 추정한다. 이스라엘 백성들은 출애굽 한 후, 하나님께서 행하신 모든 표적과 이적에도 불구하고 끊임없이 하나님을 배반하고 원망과 불평을 쏟아내었다. 그러나 이러한 모든 사건에도 불구하고 모세의 기도와 탄원, 그리고 다른 여러 가지 이유와 조건으로 그들을 용서하시고 멸하시지 않으셨다. 그렇지만 하나님께서 언약으로 선포하신 약속의 조항에는 변함이 없으시고 또한 예외가 있을 수 없다. 할례는 아브라함의 후손인 이스라엘 백성과 하나님 사이에 언약으로 맺어진 반드시 지켜야할 그들의 의무사항이다. 언약 백성의 신분은 전적으로 하나님의 선택으로 주어지는 일방적인 은혜이다. 따라서 이 신분을 상징하는 할례에 대한 하나님의 명령에 대한 불순종은, 곧 하나님의 은혜에서 벗어나 있음에 대한 표시로, 자의적으로 언약 백성의 지위에서 이탈해 있음을 나타낸다. 하나님의 일방적인 선택으로 나타나는 은혜를 자신의 몸에 새기고 기억하라는 명령에 대한 순종은 언약의 당사자로써 지켜야 할 당연한 의무이다. 이 의무에 대한 이행 없이는 언약의 조건이 성립되지 않는다. 따라서 할례에 대한 명령을 지키지 않는 자는 자신에게 주어진 언약적인 책임을 이행하지 않은 자이다. 결과적으로 이들은 약속의 언약을 배반하는 자로 백성 중에서 끊어질 것이라는 하나님의 언약적 선포에 해당하는 자가 된다.

나님의 인도를 받고 그 보호 아래 있었지만, 결과적으로 그들은 할례를 행하지 않음으로써 스스로 하나님과의 언약을 배반하는 백성이 되고 말았다.

모세도 백성의 지도자로서 이스라엘 백성이 광야 40년 동안 그들의 자녀들에게 할례를 행하지 않았던 책임에서 자유롭지 못한 것이 분명하다. 모세는 앞서 언급한 출애굽기 4장의 사건을 겪었음에도 이 사건 후에도 그는 이스라엘 백성들을 인도하던 사십 년 동안 할례를 행하도록 인도하지 않았다.[454]

성경에 기록된 이러한 모든 사실을 종합해 볼 때, 루터가 창세기 17장의 강해에서 "모세가 바울이 모든 힘을 동원하여 저지해야만 했던 할례를 선호하는 강한 주장을 수집했다"는 그의 주장에 대한 성경적 근거는 찾기 힘들다. 그 이유는 하나님께서 모세에게 출애굽기 4장의 사건을 통하여 할례의 중요성을 깨우치게 하셨음에도 불구하고, 그는 이스라엘 백성들에게 할례에 관한 법도를 하나님의 말씀대로 시행하도록 인도하지 못함으로써 그들이 하나님의 언약에 충실하지 못하게 만들었다. 어떠한 이유에서든 태어난 지, 팔 일 만에 그들의 자녀들에게 할례를 시행하지 않은 부모들의 책임은 하나님의 '언약을 배반하는 행위'(창 17:14)였다.

그러므로 할례를 모세가 선호한 율법의 대표적 행위로 간주하여, 복음과의 대조

---

[454] 박윤선,『출애굽기 (박윤선 성경주석 2권)』(서울: 영음사, 1994), 44. 박윤선 교수는 이 이유에 대하여 3가지 견해가 있음을 말한다. "첫째, 광야생활 동안에는 이스라엘 백성들이 스스로 다른 민족과 구별된 상태였기 때문에 구태여 할례를 받을 필요가 없었다는 견해, 둘째, 시내산 언약에서 할례에 대한 언급이 없을 뿐 아니라, 할례는 본래 가나안 언약에 대한 표징이므로(창 17:10) 광야 생활 동안에는 할례의 의무가 주어지지 않았다는 견해. 셋째, 광야 생활 동안에는 자주 이동해야 했기 때문에 일정한 휴식을 요하는 할례가 시행될 수 없었다는 견해." 하지만 연구자는 이러한 세 가지 견해 모두, 하나님께서 언약의 표징으로 명하신 할례의 원래 취지에 부합하기 어렵다고 본다. 할례에 대한 규례는 유월절과 긴밀한 관계를 가지고 있는데, 율법으로 유월절을 지켜야 된다는 규례를 모세에게 주셨음에도 불구하고 성경은 출애굽한 후 첫해를 제외하곤 유월절에 관한 기사를 광야 생활에서 찾을 수 없다. 유월절에 관한 기사는 여호수아가 길갈에서 이스라엘 백성 들에게 할례를 행한 후 그 곳에 진을 치고 유월절을 지켰다는 기사가 등장한다(수 5:10).

를 통해 이를 폐지해야 한다는 루터의 주장은 할례의 규례를 주신 하나님의 근본 취지에 대한 오해로부터 비롯된 결과이다. 비록 구약의 할례가 언약의 성취로 인하여 그리스도의 믿음에 의한 성령의 '인치심'으로 대치되었지만, 과거에 하나님께서 자신의 백성을 구별하여 세우시기 위한 언약의 징표로서의 기능은 그 누구도 부정할 수 없는 사실이다.

그러나 여기에는 구속사의 흐름에서 분명하게 짚고 넘어가야 할 사항이 하나 있다. 그것은 할례가 비록 이스라엘 백성을 언약 백성으로 인(印)치시는 징표였지만, 자기 백성에 대한 하나님의 선택은 할례에 우선한다는 점이다. 하나님이 아브라함에게 할례를 요구하시기 이전에 그가 이미 하나님의 약속의 수혜자로 받아들여졌으며 믿음으로 인하여 의롭다 함을 얻었다는 사실을 바울이 로마서 4장에서 강조하고 있는 이유이기도 하다. 하나님의 주권적인 선택이 할례나 성례를 통하여 그의 백성을 구별하고, 인치시는 행위에 선행됨으로써 하나님의 전적인 은혜가 그의 백성들에게 적용되는 것이다.

하나님께서 언약의 계시를 통해 구약의 역사 속에 드러내신 아브라함의 믿음에 의한 칭의, 할례와 율법, 그리고 제사제도를 통한 속죄 등 이 모든 것들은 그리스도가 오심으로 최종적으로 성취될 옛 언약에 나타난 모형들이었다. 이러한 모형들은 그리스도가 오셔서 언약에 계시된 약속들을 모두 성취하심에 따라 모형의 역할을 다하게 되었다. 그리고 그리스도께서 보내시겠다고 약속하신 성령의 사역으로 인해 새 언약 시대가 열렸다.

물론 성령의 활동은 신구약을 막론하고 하나님의 말씀과 더불어 늘 함께 있었다. 하나님의 말씀인 성경이 성령의 감동으로 기록되었고, 인간들이 하나님의 말씀과 함께 하는 자신들의 역사에서 경험하는 것을 성령의 활동이라고 부르기 때문이다.[455] 그러나 그리스도의 부활 승천 후에 오신 약속된 성령의 사역은 구약에 계

---

455) Moltmann, 『삼위일체와 하나님의 역사』, 143.

시된 구원 사역에 관한 모형으로서의 제도와 규례들을 새 언약의 성취로 대치하신다. 그는 그리스도를 믿는 자로 예정된 자들을 하나님의 새 백성으로 창조하시고, 그들의 마음에 새겨진 하나님의 법으로 죄를 사하시고 그들을 구원으로 이끌어 가신다.

그러므로 모형으로서의 구약의 할례 제도는 새 언약이 성취된 후로는 그 역할이 '성령의 인치심'으로 바뀌게 되었다. 바울은 성령의 선물을 종말론적인 것과 동일한 것 또는 할례의 성취로 보았다.[456] 바울은 그리스도가 오심으로 그분 안에서 할례의 방식이 바뀌었음을 주장하지만, 할례를 부정하거나 거부하지는 않는다. 그는 골로새서에서 다음과 같이 기록한다.

> 또 그(그리스도) 안에서 너희가 손으로 하지 아니한 할례를 받았으니 곧 육의 몸을 벗는 것이요 그리스도의 할례니라. 너희가 세례로 그리스도와 함께 장사되고 또 죽은 자들 가운데서 그를 일으킨 하나님의 역사를 믿음으로 말미암아 그 안에서 함께 일으킴을 받았느니라 또 범죄와 육체의 무할례로 죽었던 너희를 하나님이 그와 함께 살리시고 우리의 모든 죄를 사하시고 (골 2:11-13)

바울은 위의 본문에서 할례가 세례와 서로 연관되어 있음을 언급하고 있다. 할례와 그리스도인의 세례가 언약 관계의 유사한 표지라는 사실을 암시하는 동시에, 할례와 세례가 모두 하나님의 예정과 선택 가운데 있는 자들을 '인치심'으로 하나님 백성의 공동체가 형성된다는 점에서 연속성을 지니고 있다고 한다.

그러므로 할례는 그리스도의 언약 성취에 따라 비록 그 제도가 폐지되고 그 방법이 성령을 통한 세례로 바뀌었지만, 할례를 제정하신 하나님의 원래 의도가 바

---

456) Dunn, 『로마서 1-8: Word Biblical Commentary 38 상』, 400.

뀐 것은 아니었다. 만약 그렇지 않다면 바울이 '손으로 하지 않은 할례' 또는 '그리스도의 할례'라는 용어를 굳이 사용할 필요가 없었을 것이다.

2) 새 언약의 표징으로서의 세례

할례가 구약 시대에 하나님께서 자신의 백성을 구별하기 위한 언약의 징표였다면, 성령의 세례 혹은 성령의 '인치심'은 신약에서 새 언약 백성을 구별하는 새 언약의 징표다. 이들을 통하여 하나님께서는 그의 선택된 백성들에게 자신이 그들의 주(主) 되심에 대한 계시와 더불어 그들이 자신의 백성임을 각인(刻印)하신다. 구약의 할례는 이스라엘이 하나님의 언약 백성임을 확인하는 표로써 아브라함이 할례를 받기 전에 '믿음으로 된 의(義)'를 인친 것이다(롬 4:11).

할례는 하나님께서 이스라엘이 자신의 소유임을 증거하시며, 그들과 언약 관계에 놓여있음을 몸의 표식을 통하여 확신하게 하시는 징표였다. 할례는 모세의 율법이 주어지기 430년 전에 이미 아브라함에게 언약과 함께 주어졌던 규례였다. 이 규례는 모세에 의해 율법으로 지지되는 언약의 표가 되었다. 할례는 모세의 율법보다 훨씬 먼저 세워졌지만, 그 규례는 모세 율법에 포함되어 이스라엘의 대표적인 종교적 전통으로 전해져 내려왔다. 따라서 할례는 율법이 온전하게 지켜질 때 유익해진다.

바울은 "하나님 앞에서는 율법을 듣는 자가 의인이 아니요 오직 율법을 행하는 자라야 의롭다 하심을 얻는다"(롬 2:13)라고 율법 준수의 의를 말한다. '믿음으로 된 의'를 인친 할례가 율법의 준수로부터 얻는 의에 의하여 지지가 될 때 할례의 유익함이 드러난다는 것이다. 그런데 만약 할례를 지지하고 있는 율법을 어기게 되면 할례의 유익함이 소멸하고 오히려 무할례가 된다고 바울은 강조한다(롬 2:25).

바울은 율법을 소유한 유대인들이 행함이 없이 그 소유만을 자랑삼는 행위가 오히려 하나님을 욕되게 한다고 판단했다. 율법이 없는 이방인의 행위가 유대인의 행위보다 의롭다면, 즉 그들이 율법을 온전히 지킨다면, 오히려 그 사실이 유대인을 정죄한다고 말한다(롬 2:27). 바울은 할례받은 유대인들이 율법을 범함으로 하나님 백성의 역할을 제대로 감당하지 못하는 점을 지적하는 것이다. 그는 율법의 행위로는 누구든지 하나님 앞에서 의롭다 함을 얻을 육체가 없다(롬 3:20)는 점을 밝히면서 그리스도의 의를 전한다.

그리스도는 모든 믿는 자에게 의를 이루기 위하여 율법의 마침이 되셨다. 그리스도 안에서 모든 율법이 성취되었다면 이제는 율법의 외형적이고 육신적 할례도 그 방식이 바뀌어야 한다. 이것이 바울이 "표면적 유대인이, 유대인이 아니요, 표면적 육신의 할례가, 할례가 아니다"(롬 2:28)라고 선언하는 이유다. 이제 더 이상 하나님께 속한 백성의 표가 육체의 외적인 할례에 있는 것이 아니라 성령으로 인(印)치심을 받는 '마음의 할례'로 대치되었다는 의미다. 다시 말하면, 새로운 하나님의 백성을 창조하고 구분하는 새 언약의 방법이 육신적 할례에서 그리스도로 말미암는 성령에 의한 "손으로 하지 않은 할례 곧 그리스도의 할례"(골 2:11)로 대치되었다는 사실이다.

신약에 들어와서는 그리스도 안에서 창세 전에 택함을 받은 자(엡 1:4)는 하늘에 속한 신령한 복을 받은 사람으로, 그리스도 안에서 진리의 말씀인 구원의 복음을 듣고 그 안에서 믿어 약속의 성령으로 인치심을 받은(엡 1:13) 자이다. 곧 성령으로 '마음의 할례'를 받은 자들이 새 언약 백성인 하나님의 새로운 백성이다. 그들이 곧 믿음으로 성령의 인치심을 받은 그리스도인들이다.

바울은 골로새 교인들에게 신성의 모든 충만이 그 안에 거하신 그리스도 안에서 손으로 하지 아니한 할례 곧 육적인 몸을 벗는 '그리스도의 할례'를 받았다고 말한다(골 2:9-11). 이 '그리스도의 할례'는 세례 요한이 증거한 바와 같이 그리스도께서 성령으로 주시는 세례이며(막 1:8), 성령으로 내면에 받는 '마음의 할례'인 것이다 (롬 2:29).

'그리스도의 할례(성령 세례 혹은 마음의 할례)'는 하나님께서 그리스도를 믿는 믿음 안에서 성령을 통해 그의 백성을 인치시고 의롭게 하시는 행위다. 이는 그동안 감추어져 왔던 구속사의 비밀이 그리스도를 통해 외형적으로 드러난 삼위일체 하나님의 구속 사역으로써 새 언약 백성을 창조하시고 구별하시는 방법이다. 성령의 사역을 통해 새 언약 백성이 된 우리에게 하나님은 우리의 불의를 긍휼히 여기시고 우리의 죄를 다시 기억하지 않으시는 죄 사함의 은총을 허락하신다(히 8:12).

칼빈은 골로새서 2장 11-12절 주석에서 "바울은 그리스도의 할례가 세례로 대치되었음을 설명한다"고 말한다.[457] 바울은 11절의 '그리스도의 할례'를 12절에서는 '세례'라는 말로 바꾸었다. 곧 '그리스도의 할례'는 '세례'와 동일한 의미로 사용되었다. 여기에서 바울은 세례를 통하여 그리스도의 죽으심에 동참하는 자가 되었기에 그리스도의 통치 아래서는 더 이상 할례가 필요 없다고 말한다. 그리스도께서는 신자의 내면에 마음의 할례를 베푸시되 아브라함 시대부터 행해 오던 외적 할례의 방법으로 하지 않으시고 세례라는 방법으로 대신하셨음을 의도하는 것이다."[458]

바울은 세례에 대하여 로마서 6장에서 다음과 같이 진술한다.

> 무릇 그리스도 예수와 합하여 세례를 받은 우리는 그의 죽으심과 합하여 세례를 받은 줄을 알지 못하느뇨 그러므로 우리가 그의 죽으심과 합하여 세례를 받음으로 그와 함께 장사되었나니 이는 아버지의 영광으로 말미암아 그리스도를 죽은 자 가운데서 살리심과 같이 우리로 또한 새 생명 가운데서 행하게 하려 함이니라 (롬 6:3-4)

---

457) John Calvin, 『골로새서』(서울: 성서교재간행사, 1995), 443. cf. 벨직 신앙고백서 제 34장에서도 "그리스도께서 피 흘려 주심으로 할례를 폐기하고 그 대신에 세례를 규정하셨음을 믿는 바이다."라고 고백된다.
458) Calvin, 『골로새서』, 587.

레이몬드(R. Reymond)는 "바울은 신약의 세례의 영적 취지를(성령의 내적인 세례 역사의 외적인 표증과 인침) 구약의 할례와 동일한 것으로 보고 있다."라고 말한다.[459] 범죄와 육체의 무할례로 인하여 하나님과 관계없이 죽었던 이방인이 세례를 받음으로써 그리스도와 함께 장사 된 바 되고, 또한 그리스도의 살아나심과 함께 살아남으로 모든 죄에서 사함을 받는다고 말한다(골 2:12-13). 그리스도께서 오시기 전까지 하나님의 백성을 구별하는 중요한 표식이 되어 왔던 할례가 그리스도가 오심으로 세례로 대체되었음을 나타내는 근거다.

구약에서는 하나님께서 그분의 언약을 확증하시기 위해 할례를 제정하셨지만, 할례가 폐지된 후에도 그분의 언약을 확증할 필요는 여전히 존재한다. 하나님의 언약은 하나의 영원한 언약으로 시대에 따라 그것을 확증할 이유가 각기 다르지 않기 때문이다. 다만 확증하는 방법만 다를 뿐이다. 즉 이스라엘 백성들에게는 할례였던 것이 우리에게는 세례로 대체되었다는 것이다.[460] 그러므로 할례와 세례는 서로 대조의 관점에서가 아니라 그 의미에 있어서 연속성을 지닌다. 한편 칼빈은 할례와 세례는 그 내적인 신비와 약속과 가치와 효력이 완전히 일치한다고 주장한다.[461]

그러나 루터의 생각은 달랐다. 그는 창세기 17장에 나타나는 할례 언약이 유대인만을 위한 언약이라고 생각하며 다음과 같이 선언한다.

> 그러므로 여기서 하나님 말씀은, 할례가 영원히 계속되게 되어 있는 것이라고 주장하여 그것을 이방인에게도 강요하기를 원하는 유대인의 주장을 반박한다. 하나님께서 "너와 너의 후손은 너의 언약을 지킬 것이다"라고 강하게 말씀하셨기 때문이다. 그러므로 이 언

---

459) Robert Reymond, 『바울의 생애와 신학』, 원광연 역 (서울: 크리스챤 다이제스트, 2005), 629.
460) 고재수, 『세례와 성찬』 (서울: 성약출판사, 2005), 16-17.
461) 김성봉, 『성령과 교회』 (서울: 도서출판하나, 1996), 51.

약은 이방인과 상관이 없다. 추가로 하나님은 "그들의 세대들을 통하여'라고 말씀하신다. 즉, 왕국과 제사장직이 계속하여 존재하는 동안이란 말이다.[462]

루터는 하나님께서 창세기 17장에 당신을 엘로힘(Elohim)으로 드러내지 않으셨고 엘 샤다이(El Shaddai)란 이름으로 드러낸 것은 유대인으로 하여금 이 언약이 오직 그들만을 위한 것을 알도록 한 것이라고 주장한다.[463] 그는 이 언약이 이스라엘이 그 땅에 있는 동안에만 유효했다고 강조하고 창세기 17장에는 두 가지 다른 언약이 있다고 확신했다. 그는 다음과 같이 말한다.

> 그러나 본문의 해설로 돌아가 보자. 아브라함은 두 언약이 확인되는 것을 듣는다. 하나는 가나안 땅과 관련된 물질적 언약이며, 다른 하나는 영원한 축복과 관련된 영적 언약이다.[464]

할례에 의하여 표시된 물질적인 언약은 중단되었으나, 아브라함과 맺은 영적 언약은 그리스도에 의해 지속되었다고 루터는 선언한다. 영적 언약은 창세기 15장에서 나온 것이지 창세기 17장에서 나온 것이 아니라는 주장이다. 루터는 이를 이삭과 이스마엘이 하나님의 언약 약속을 통해 유익을 얻었던 점으로 설명한다. 양쪽에게 공통된 언약은 할례였지만, 이스마엘에게는 없는 다른 하나의 언약을 이삭에게만 주셨는데, 그 언약은 명확하게 그리스도에 관한 약속이었다는 주장이다.[465]

---

462) Lillback, 『칼빈의 언약사상』, 169. cf. Martin Luther, Luther's Works Volume 3, Lectures on Genesis Chapter 15-20,(American Edition), 127.
463) Lillback, 『칼빈의 언약사상』, 169. cf. Luther, Luther' Works Volume 3, Lectures on Genesis Chapter 15-20, 81.
464) Luther, Luther's Works Volume 3, Lectures on Genesis Chapter 15-20, 111.
465) Luther, Luther's Works Volume 3, Lectures on Genesis Chapter 15-20, 162.

그는 구약의 율법처럼 할례에 의한 언약을 일시적인 율법언약으로 생각했다. 따라서 그는 창세기 17장을 할례언약, 즉 '율법언약'의 제정으로 본다. 그것은 복음과는 상관이 없는 것이라는 것이 그의 생각이었다.[466]

그러나 불링거는 루터의 주장에 반대한다. 그는 창세기 17장은 하나님이 창세기 15장에서 시작하신 언약의 완성이라고 말한다.[467] 이것은 여전히 은혜언약이지 율법언약이 아니라는 주장이다. 할례의 피 흘린 예식에는 또 하나의 진리가 담겨 있다고 그는 주장한다.

> 그리고 할례에, 하나님은 또 하나의 신비를 내놓으신다. 바울은 "언약 (testatement, 유언)은 죽음을 통하여 체결되는데, 그 이유는 유언자가 살아 있는 동안에는 효력이 없기 때문이다"라고 말한다. 더욱이 하나님은 유언자이시다. 그러므로 하나님은 죽으셔야 했다. 비록 하나님은 변치 않으시고 영원불멸하시지만, 아브라함 후손을 취하셨고, 취하신 육신으로 고난을 당하시고 당신의 피를 쏟으셨으며, 이런 방법으로 하나님은 언약을 체결하셨다. 더욱이 하나님께서 이 신비를 조상들에게 가르치시며, 아브라함의 후손이 할례 받기를 원하셨고, 아브라함의 진정한 후손인 예수 그리스도께서 그의 죽음과 피로 언약을 확인하는 것을 표시했다. 주 예수 자신이 마태복음의 새 언약 성례를 언급하시며 이 문제의 은혜에 대하여 말씀하신다. "이것은 죄 사함을 위하여 많은 사람을 위해 흘려진 새 언약의 내 피다"[468]

불링거는 할례의 언약 징표를 복음과 전혀 상충하지 않은 것으로 보아, 그것을 앞으로 오실 그리스도의 죽음의 예표로 보았다.[469] 모든 것이 그리스도의 죽음으로

---

466) Lillback, 『칼빈의 언약사상』, 174.
467) Lillback, 『칼빈의 언약사상』, 174.
468) Lillback, 『칼빈의 언약사상』, 175.
469) Lillback, 『칼빈의 언약사상』, 175.

완성되었고, 언약 자체가 성취되었기 때문에 그리스도의 미래의 죽음을 예시하였던 그러한 표시들이 수정되어, 그 자리에 가장 완전한 칭의를 나타내는 대체된 표시로 바꾸어야 했다.[470] 그 '대체된 표시'는 신약의 성례적 징표로, 세례(Baptism)와 유아세례(Eucharist)의 신비에 기인하는 것이다.[471] "더욱이 양피를 자르는 것은 마음의 할례와 믿음으로 인한 순종으로 하나님을 섬기는 필요성을 의미했다. 실제로 이것에서 언약 전체가 언약의 성례에 포함되는 것으로 보인다. 우리의 성례와 마찬가지로 세례와 성찬 안에 언약 갱신의 전체적인 판단이 포함되는 것처럼 말이다."[472]

창세기 17장에 나타난 '할례언약'에 대한 입장차이가 같은 종교 개혁자 사이에도 판이함을 살펴보았다. 루터는 할례언약이 오직 유대인만을 위한 일시적 언약이었으며 창세기 17장 안에는 두 가지 다른 언약이 존재한다고 주장했다. 반면 불링거는 할례언약이 모든 시대의 교회를 위한 언약으로, 인간의 구원을 위한 하나님의 영원한 언약이며 창세기 17장에는 오직 하나의 언약만 있다고 강조했다. 그리고 할례는 은혜언약의 진정한 성례이며 성찬과 세례와 더불어 그 의미가 동일하다고 간주했다. 결과적으로 창세기 17장의 언약이 루터에게는 율법이었고 불링거에게는 복음이었다.[473]

구약의 할례와 신약의 세례는 구속사적으로 서로 연속성을 가진다. 율법으로 간

---

470) McCoy and Baker, Fountainhead of Federalism/ Heinrich Bullinger and the Covenantal Tradition, 132. cf. Peter A. Lillback, 『칼빈의 언약사상』, 175, 각주 37. "실제로 옛 성례는 바뀌어야 했고 새로운 것을 제정해야 했다. 그리스도의 죽음 후에 모든 것이 완성되었고, 바로 그 언약이 확인되었다. 당신의 죽음을 예표했던 그 징표들은 바뀌어야 했다. 그리고 그 자리에 중요성에 있어서 완전한 것 또는 가장 완전한 칭의를 표시하는 것으로 대치해야 했다. 이것이 우리가 신비스러운 세례와 성찬의 중요한 의미로 보는 것이다."
471) McCoy and Baker, Fountainhead of Federalism/ Heinrich Bullinger and the Covenantal Tradition, 132.
472) Lillback, 『칼빈의 언약사상』, 176.
473) Lillback, 『칼빈의 언약사상』, 176.

주되었던 할례가 그리스도에 의한 언약의 성취로 인하여 성령의 세례 혹은 마음의 할례로 대체된 것이다. "나는 그들의 하나님이 되리라"는 구원 선포에 포함될 하나님의 백성을 확증하는 방식이 언약의 성취를 이루신 그리스도로 말미암아 변형된 것뿐이다.

신약의 하나님이 구약의 하나님과 결코 다른 분이 아니다. 언약의 약속을 주신 하나님과 그 약속을 성취하신 하나님은 여전히 동일하신 하나님이시다. 구약의 할례와 율법이 신약의 성령과 대조되는 이유는 모든 민족을 구원하시려는 하나님의 구원 계획이 그리스도의 십자가로 성취되었기 때문이다.

이제는 더 이상 조문으로 기록된 율법이 아니라, 말씀이 육신이 되어 오신 그리스도와 그에 대한 믿음으로 예정된 자들을 인치시는 성령에 의해 모든 민족에게 구원의 복음이 전해진다. 그동안 숨겨져 왔던 삼위일체 하나님이 만인을 구원하시기 위해 그 모습을 세상에 드러내신 것이다. 구원의 방법이 할례와 율법의 지배를 받던 구약과 확연히 달라졌다.

그러나 이 모든 것은 우연히 변한 것이 아니라 하나님께서 과거 언약에 계시해 놓으셨던 약속의 성취에 따른 예정된 결과였다. 구약의 하나님의 백성을 규정하던 할례와 율법은 새 언약을 세우신 그리스도의 믿음으로 새로운 하나님의 백성을 창조하시는 성령 하나님의 모형이었던 셈이다. 그러므로 구약의 할례나 율법을 성령 사역과 극단적으로 대조시켜 이를 무시하거나 부정하는 일은 결과적으로 하나님의 예정된 구원 의지를 왜곡하는 결과를 초래할 수 있다. 이는 결국 언약의 연속성이나 그 성취에 관한 부정적인 시각으로 이어져 그리스도의 존재의 근원과 십자가 사건의 근거를 제시하는데 어려움을 초래할 수 있다.

수천 년에 걸친 언약의 역사 속에서 하나님의 은혜 외의 것으로 세워지는 언약은 없으며, 그리스도에게로 그 성취의 초점이 모이지 않는 다른 언약 또한 존재하지 않는다. 언약이 시대에 따른 불연속성을 가질 수는 있으나 그 궁극적인 목표는 항상 언약에 계시된 성취자로서의 그리스도이다. 그리고 언제나 언약의 초점은 약속된 성령의 사역에 의한 믿음과 인치심을 통해 새로운 하나님의 백성을 창조해 가시는 하나님의 구원 사역에 맞추어져 있다.

그러므로 언약의 역사는 하나님의 구원 역사와 분리될 수 없는 동질의 역사다. 하나님은 영적 언약의 계시를 통하여 자신의 구원 계획을 사람들에게 미리 밝혀 놓으셨다. 언약의 약속과 그 성취는 하나님께서 언약을 통해 이미 계시하신 구원 계획에 따른 삼위일체 하나님의 사역으로 완성된다.

새 언약에서 성령의 주된 사역은 선택된 백성들에게 그리스도를 주(主)로 고백하는 믿음을 주심으로써 그분과 신비로운 연합(unio mystica cum Christo)을 이루게 하신다. 그리고 그분께서 십자가의 죽음으로 성취하신 구원의 축복으로 그들을 인도하신다. 예수 그리스도가 그의 생애와 사역과 죽음에서 가져온 모든 은사가 죄인의 구원의 현실이 될 수 있는 것은 바로 성령이 중재하시는 사역 때문이다.[474] 새로운 하나님의 백성과 구원의 방주로써의 언약 공동체인 그들의 교회는 하나님의 구원 계시의 완성을 알리는 성령 사역의 결과다.

그러므로 인간의 구원 역사는 결코 단일신론적인 하나님의 사역으로 규정될 수 없다. 언약에 계시된 구원의 축복은 계시자인 성부 하나님과 그 계시의 성취자이신 성자 하나님 그리고 그 계시의 성취를 예정된 자들에게 믿음으로 적용하시는 성령 하나님의 각 위격에 의한 관계적인 사역에 의하여 완성된다. 그리스도를 주(主)로 고백하며 믿는 자들 안에 임재하시는 성령은 그들을 위해 예비하신 하나님의 위대한 구원의 완성자이시다. 그분의 임재 자체가 임마누엘을 상징하는 삼위 하나님의 영광의 표지다.

---

474) 유태화, 『삼위일체론적 성령론』, (서울: 백석대학교 신학대학원, 2015), 56-57.

언약과 삼위일체

제6장

결 론

제6장 결론

필자는 지금까지 언약의 계시와 성취의 과정을 삼위일체 교리와 연결함으로써 새 언약 시대의 구원이 그리스도 중심적인 삼위일체 하나님의 관계적인 사역을 통해 이루어졌음을 살펴보았다. 삼위 하나님은 각기 고유의 인격체로서 언약의 약속에 따라 서로 협력하는 사역을 통해 구원 성취를 이루어 가신다. 언약은 성부께서 약속하신 구원 계시가 성자의 십자가 죽음으로 성취되었다는 사실을 증거하고, 성령은 예정된 자들에게 성자이신 그리스도가 주(主), 곧 하나님이심을 고백하는 믿음으로 새로운 하나님 백성을 창조하신다.

하나님은 언약을 통해 구원 약속과 함께 자신을 나타내신다. 하나님의 자기계시는 언약이 자신의 일방적인 은혜로 주어진 것이며, 그 약속이 결코 변치 않을 것임을 확증하는 표시이다. 하나님은 인간을 구원하시겠다는 약속뿐만 아니라 그 약속의 성취를 위해 자신이 장차 행하실 사역을 함께 언약에 계시해 놓으셨다.

아브라함 언약은 그리스도께서 세우신 새 언약을 가장 완벽하게 예비한 구약의 계시적 언약이었다. 하나님은 아브라함에게 언약을 통해 후손의 약속과 함께 가나안 땅의 약속을 일방적인 은혜로 주셨다. 이 두 약속은 문자적 의미에 그치지 않고 그 이면에 영적 의미를 포함하고 있었다. 그 영적 의미에는 후손으로 오실 예수 그리스도 안에서, 그를 믿는 자들이 얻을 가나안 땅에 대한 유업이 포함되어 있었다. 바울은 그 후손이 오직 한 사람 예수 그리스도임을 갈라디아서에서 밝힌다.

하나님께서 아브라함에게 약속하신 후손은 인간의 구원을 위해 아담에게 약속되었던 '여인의 후손'이셨다. 하나님의 후손의 약속에 대한 점진적 계시가 이루어진 것이다. 이 후손은 다윗 언약에서 그의 자손으로 더욱 구체적으로 계시된 후, 그 계보를 따라 성육신하신 예수 그리스도가 세상에 오신 것이다. 아담으로부터 아브라함과 다윗에게 약속된 후손의 약속이 예수 그리스도에 의해 최종적으로 성취된 것이다.

가나안 땅에 대한 약속도 이 후손과 연결된 영적 의미를 포함한다. 그 땅의 문자적 의미는 이스라엘 백성이 하나님의 통치 아래 살아가야 할 지상에 속한 팔레스타인 땅이었다. 그러나 영적 의미에서 그 땅은 후손으로 오실 예수 그리스도를 믿어 의롭게 된 새로운 하나님의 백성들이 누리게 될 영적 유업으로 주어질 하나님 나라였다.

영적 땅의 약속을 확증하시기 위해 하나님은 쪼개 놓은 짐승 사이를 횃불로 지나가는 제의 의식을 통해 미래에 있을 자신의 죽음을 계시하셨다. 그 계시는 성자 하나님의 십자가 죽음을 통해 성취될 하늘나라의 유업에 대한 예언적 계시였다. 불 링거는 하나님께서 행하신 이 죽음의 의식이 예수 그리스도의 성육신과 그분의 십자가 죽음을 예표한다고 말한다.

유업은 약속한 당사자가 죽은 다음에야 비로소 효력이 발휘된다. 원어 성경은 '유업' 대신에 '약속의 상속자(επαγγελιαν κληρονόμοι)'로 기록하고 있지만, 그 의미는 유업과 동일하다. 아브라함에게 언약으로 약속하신 가나안 땅에는 구원에 관한 영적 의미가 포함되어 있었다. 그 땅은 죽음의 의식으로 언약을 세우신 계시자 자신의 죽음으로 성취될 유업을 뜻하기 때문이다.

인류의 구원을 위해 자신이 죽으실 것을 언약에 계시하신 하나님은 그 계시의 성취로 오신 예수 그리스도 안에서 자기 자신을 드러내신다. "나와 아버지는 하나이니라"(요 10:30)는 예수 그리스도의 선언은 자신의 정체성에 대한 계시이자 성부 하나님의 자기계시이기도 하다. 삼위는 나눌 수 없는 한 하나님이시기 때문에 성자 예수께서 겪으신 십자가의 죽음은 곧 계시자이신 아버지의 죽음과 동일시되며, 한 하나님이시기에 그 죽음 역시 대신할 수 있었던 것이다.

그러나 창세기 15장 17절에 기록된 신적 계시 행위의 의미는 예수 그리스도께서 십자가를 지시기 전까지는 사람들이 알아챌 수 없는 하나님의 구원 경륜의 비밀에 속했다. 구약에 따르면 하나님은 본질상 결코 죽으실 수 없는 분이기 때문이다. 그러나 하나님의 말씀이 육신을 입고 세상에 오셔서 그 계시의 성취를 위해 십자가에서 돌아가셨다. 구약은 하나님을 유일신으로 계시하였다. 그러나 신약에서는 하나님은 구원을 위한 자신의 약속을 성취하시기 위한 그리스도 중심적인 삼위 하나님의 모습으로 드러내신다.

때를 따라 그리스도가 세상에 오셨고, 그가 십자가에서 죽음으로써 많은 사람의 죄를 사하시는 새 언약을 세우셨다. 사람의 죄를 사하고 언약을 세우는 일은 오직 하나님께 속한 일이다. 비록 예수 그리스도는 십자가에서 인간의 피를 흘리셨지만, 그 피의 결과는 하나님이 계획하신 구원 사역의 성취로 나타났다.

그리스도가 하나님의 구원 계시를 성취하신 것이다. 그 결과 바울은 "너희가 그리스도의 것이면 곧 아브라함의 자손이요 약속대로 유업을 이을 자"라고 선포한다. 이 선포에는 아브라함에게 전해졌던 복음의 내용이 담겨 있다.

태초부터 하나님과 함께 계셨던 말씀이 약속의 유업을 성취하시기 위해 육신으로 세상에 오셨다. 그분은 인간의 몸으로 오셨지만 신성을 함께 지니신 분이셨다. 예수 그리스도가 새 언약의 중보자가 되셨다는 의미가 바로 여기에 담겨 있다. 그는 인간인 동시에 하나님으로서 양편을 모두 대표하시는 분이다.

예레미야 31장과 히브리서 8장에 기록된 새 언약에 대한 예언의 말씀은 새 언약이 옛 언약과 다름을 분명히 선언한다. 이 선언은 그리스도의 중보자적 성격뿐 아니라 새 언약의 외형적 특성까지 모두 함의하고 있다. 옛 언약은 이스라엘 백성들에 의해 깨질 수 있는 언약이었지만, 새 언약은 성부 하나님과 중보자 그리스도에 사이에 세워진 영원한 언약이었다. 이 언약은 성령에 의한 믿음으로 그리스도와 연합된 새로운 하나님의 백성들이 참여하게 되는 이중적인 구조를 띠고 있다.

성령은 믿는 자들로 하여금 그리스도를 주(主)로 믿고 고백하게 하신다. 그리스도에 대한 믿음은 그분께서 세우신 새 언약에 참여하게 되는 가장 중요한 요소다. 예정된 자들은 언약을 성취하신 예수 그리스도를 주(主) 곧 하나님으로 고백하는 믿음을 통해 성령으로 그분과 연합하여 새 언약 백성으로 거듭나게 된다. 믿음의 칭의는 믿는 자로 하여금 아브라함의 자손, 곧 하나님의 새로운 언약 백성이 되게 할 뿐 아니라 그 백성의 일원으로서 약속의 유업을 잇게 되는 것이다.

그러므로 믿음에 의한 칭의는 바울의 새 관점주의자들의 주장처럼 새 언약 공동체에 참여하는 자격에 관한 '교회론'만의 문제가 아니다. 또한 루터의 주장과 같이 믿음의 공동체에 소속됨을 외면한 채 오직 개인의 구원에 관한 '구원론'만의 문제도 아니다. 언약의 관점에서 믿음에 의한 칭의는 교회 공동체의 소속과 개인의 구원에 관한 동시적 언급인 것이다.

성경에 기록된 모든 언약의 토대는 하나님의 구원 계획을 따라 그리스도께서 성취하시는 단 하나의 영원한 언약 위에 세워져 있다. 약속의 계시를 주시는 하나님이 어떤 분이시며, 그가 그 계시에서 무엇을 행하시며, 또한 그분이 그 계시의 실행과 성취를 위해 어떤 일을 행하시는지를 지속적으로 물어야 한다. 이 질문들에 대한 답을 차례로 찾을 때 언약의 계시와 성취를 통해 구원 역사를 완성해 가시는 삼위일체 하나님을 더욱 분명히 알 수 있게 된다.

언약의 계시와 성취의 관점에서 볼 때, 예수 그리스도를 믿는 믿음은 언약의 약속을 주셨던 여호와의 말씀을 믿은 아브라함의 믿음과 동일하다. 로마서 1장 17절에서 "믿음으러 믿음에 이르게 하나니"라는 구절은 언약을 신실하게 이행하신 '하나님의 의'로 인하여 구원 약속을 믿은 아브라함의 믿음이 언약의 성취를 이루신 그리스도를 믿는 믿음에까지 이르게 한다는 뜻을 지닌다. 이 두 믿음이 모두 언약을 계시하고 성취하시는 동일한 한 하나님을 믿는 믿음이기 때문이다.

삼위일체 하나님에 의한 구원 성취는 언약에 계시된 약속의 결과다. 언약 교리와 삼위일체 교리의 초점은 모두 인간의 구원에 맞추어져 있으며, 그리스도의 십자가 사건이 그 중심에 놓여있다. 성경의 구원 계시를 공유하는 이 두 교리가 서로 연관되어 조명될 때, 언약을 통해 자신을 계시하시는 성부 하나님과 그 약속의 계시를 성취하시는 성자 하나님, 그리고 그 성취를 모든 신자에게 적용하시는 성령 하나님이 동일 본질의 한 하나님이라는 사실을 발견할 수 있게 된다.

참고문헌

1. 국내 문헌

강은중. 『메시아 언약신학』. 서울: 도서출판 영문, 2006.

고재수. 『세례와 성찬』. 서울: 성약출판사, 2005.

곽혜원. "위르겐 몰트만의 삼위일체론에 대한 신학적 성찰." 웨슬리신학연구소 편, 『관계 속에 계신 삼위일체 하나님』, 223-253. 서울: 아바서원, 2015.

권연경. 『갈라디아서 어떻게 읽을 것인가』. 서울: 성서유니온선교회, 2013.

김성룡. 『성령과 교회』. 서울: 도서출판하나, 1996.

김석환. 『삼위일체론과 성령론』. 경기: 한국학술정보(주), 2007.

김세윤. 『구원이란 무엇인가』. 서울: 두란노아카데미, 2012.

_____. 『복음이란 무엇인가』. 서울: 두란노서원, 2013.

_____. 『바울 신학과 새 관점』. 서울: 두란노아카데미, 2002.

_____. 『요한복음 강해』. 서울: 두란노아카데미, 2012.

김옥주. "어거스틴의 삼위일체론." 웨슬리신학연구소 편, 『관계 속에 계신 삼위일체 하나님』, 51-76. 서울: 아바서원, 2015.

김재성. 『개혁주의 성령론』. 서울: 기독교문서선교회, 2012.

김창대, "새 언약 안에서 백성의 변형(예레미야 33:14-26의 분석)." 『성경 원문연구』 37 (2015): 107-131.

박동근. 『칭의와 복음』. 경기: 합동신학대학원출판부, 2014.

박영돈. 『톰 라이트 칭의론 다시 읽기』. 서울: 한국기독학생회출판부, 2016.

_____. 『일그러진 성령의 얼굴』. 서울: 한국기독학생출판부, 2013.

박윤선. 『출애굽기(박윤선 성경주석 2권)』. 서울: 영음사, 1994.

배기만. 『히브리서의 새 언약』. 서울: 도서출판 영문, 2008.

신옥수. 『몰트만 신학 새롭게 읽기』. 서울: 새물결플러스, 2015.

안상혁. 『언약신학 쟁점으로 읽는다』. 경기: 도서출판 영음사, 2016.

양용의. 『마태복음 어떻게 읽을 것인가』. 서울: 성서유니온선교회, 2012.

웨슬리신학연구소 편. 『관계 속에 계신 삼위일체 하나님』 서울: 아바서원, 2015.

유태화. 『삼위일체론적 성령론』. 서울: 백석대학교 신학대학원, 2015.

유해무. 『삼위일체 하나님을 향한 송영』. 서울: 성약출판사, 2011.

_____. 『삼위일체론』. 경기: 살림출판사, 2015.

이강택. "이스라엘 언약 이야기의 관점에서 본 마태복음의 율법." 『성서학 학술 세미나』 10 (2011): 1-26.

이경직. "이신칭의에 대한 올바른 이해" 『한국개혁신학』 37 (2013): 48-83.

이동영. 『송영의 삼위일체론』. 서울: 새물결플러스, 2017.

이한수. 『언약신학에서 본 복음과 율법』. 서울: 생명의말씀사, 2006.

장재일. 『히브리적 관점으로 다시 보는 마태복음』. 서울: 쿰란출판사, 2012.

정요석. 『삼위일체 관점에서 본 조나단 에드워즈의 언약론』. 경기: 킹덤북스, 2011.

최영백. 『삼위일체론과 최종 구원』. 서울: 목회갱신연구원, 2009.

한규삼. 『요한복음 다시보기』. 서울: 아가페출판사, 2005.

홍인규. 『바울의 율법과 복음』. 서울: 생명의말씀사, 2005.

황덕영. "칼 바르트의 계시론에 근거한 관계적 삼위일체론." 웨슬리신학연구소 편, 『관계 속에 계신 삼위일체 하나님』, 183-222. 서울: 아바서원, 2015.

황용현. 『여자의 후손』. 경기: 아미출판사, 2013.

2. 번역 문헌

Barth, Karl. 『교회 교의학 I/1』. 박순경 역. 서울: 대한기독교서회, 2013. Barvinck, Herman. 『개혁교의학』. Vol. 1-4. 박태현 역. 서울: 부흥과개혁사, 2014.

Berkhof, Louis. 『성경해석학』. 박문재 역. 고양: 크리스챤다이제스트, 2008.

Buchanan, James. 『칭의 교리의 진수』. 신호섭 역. 서울: 지평서원, 2014.

Bultmann, Rudolf. "예언과 성취." Clause Westerman 편. 『구약 해석학』. 박문재 역, 57-77. 서울: 크리스챤다이제스트, 2006.

Calvin, John. 『기독교 강요(상, 중)』. 원광연 역. 고양: 크리스챤다이제스트, 2003.

_____. 『골로새서』. 서울: 성서교재간행사, 1995.

Dennison, Charles G. "언약론 소고."『개혁주의 논문 선집(1)』. 고려신학교 교수회 역, 9-39. 경기: 고려신학교출판부, 2013.

Dunn, James D. G.『로마서 1-8: Word Biblical Commentary Vol. 38A』. 김철 & 채천석 역. 서울: 솔로몬, 2003.

_____.『바울신학』. 박문재 역. 서울: 크리스챤다이제스트, 2003.

Dumbrell, William J.『언약신학과 종말론』. 장세훈 역. 서울: 기독교문서선교회, 2000.

_____.『새 언약과 새 창조』. 장세훈 역. 서울: 기독교문서선교회, 2003.

Eichrodt, Walter. "모형론적 석의는 적절한 방법론인가." Clause Westerman 편.『구약 해석학』. 박문재 역. 230-251. 서울: 크리스챤다이제스트, 2006.

Frame, John.『존 프레임의 조직신학』. 김진운 역. 서울: 부흥과개혁사, 2017.

Friedman, R. E.『누가 성서를 기록했는가』. 이사야 역. 서울: 한들출판사, 1992

Gentry, Peter J. & Wellum, Stephen J.『언약과 하나님 나라』. 김귀탁 역. 서울: 새물결플러스, 2017.

Golding, Peter.『언약신학』. 박동근 역. 경기: 그나라출판사, 2015.

Gorman, Machael.『속죄와 새 언약-메시아의 죽음과 새 언약의 탄생』. 최현만 역. 경기: 에클레시아북스, 2016.

Hamilton, Victor. NICOT, The Book of Genesis, Chapter 1-17. 임요한 역. 서울: 부흥과개혁사, 2016.

Horton, Michael.『언약신학』. 백금산 역. 서울: 부흥과개혁사, 2013.

Hoekema, Anthony.『개혁주의 구원론』. 류호준 역. 서울: 기독교문서선교회, 2012.

Kaiser, Walter C. Jr.『구약에 나타난 메시아』. 류은상 역. 서울: 크리스챤출판사, 2008.

Keown, Gerald, Palela J. Scalise & Thomas G. Smothers.『예레미야 26-52: World Biblical Commentary 27』. 정일오 역. 서울: 도서출판 솔로몬, 2014.

Kline, Meredith G.『언약』. 노춘희 역. 서울: 새순출판사, 1994.

_____.『언약과 성경』. 이용중 역. 서울: 부흥과개혁사, 2013.

_____.『하나님 나라의 서막』. 김구원 역. 서울: 개혁주의신학사, 2007.

Lane, William L.『히브리서: World Biblical Commentary 47』. 채천석 역. 서울: 솔로몬, 2006.

Lillback, Peter A.『칼빈의 언약사상』. 원종천 역. 서울: 기독교문서선교회, 2009.

Leupold, H. C.『신구약성경주석, 창세기(上)』. 최종태 역. 서울: 크리스챤서적, 1993.

Lincoln, Andrew T.『에베소서: Word Biblical Commentary 42』. 배용덕 역. 서울: 솔로몬, 2012.

Longenecker, Richard N.『갈라디아서: Word Biblical Commentary 41』. 이덕신 역, 서울: 솔로몬, 1990.

Moltmann, Jürgen.『십자가에 달리신 하나님』. 김균진 역. 서울: 한국신학연구소, 2011

_____.『삼위일체와 하나님의 역사』. 이신건 역. 서울: 대한기독교서회, 1990.

_____.『삼위일체와 하나님나라』. 김균진 역. 서울: 대한기독교출판사, 1980.

_____.『예수 그리스도의 길』. 김균진 & 김명용 역. 서울: 대한기독교서회, 1990.

Murray, John. "은혜언약론-성경신학적 연구." 고려신학교 교수회 편,『개혁주의 신학 논문 선집(1)』, 43-77. 경기: 고려신학교출판부, 2013.

Raymond, Rebort.『바울의 생애와 신학』. 원광연 역. 서울: 크리스챤다이제스트, 2005.

Renan, Joseph Ernest.『예수의 생애』. 강경애 역. 서울: 동서문화사, 2012.

Ridderbos, Herman.『하나님 나라』. 오광만 역. 서울: 솔로몬, 2012.

Robertson, Palmer O.『계약신학과 그리스도』. 김의원 역. 서울: 기독교문서선교회, 2000.

Smith, Malcom.『새 언약의 비밀』. 황의무 역. 서울: 기독교문서선교회, 2007.

St. Augustinus.『삼위일체론』. 김종흡 역. 경기: 크리스챤다이제스트, 2014.

Stott, John.『그리스도의 십자가』. 황영철 & 정옥배 역. 서울: IVP, 2007.

_____.『에베소서 강해』. 정옥배 역. 서울: IVP, 2007.

_____.『로마서 강해』. 정옥배 역. 서울: IVP, 1996.

Ursinus, Zacharias.『하이델베르크 요리 문답 해설』. 원광연 역. 서울: 크리스챤다이제스트, 2014.

Von Rad, Gerhard. "구약의 모형론적 해석." Clause Westerman 편. 『구약 해석학』. 박문재 역, 17-40. 서울: 크리스챤다이제스트, 2006.

Vanhoozer, Kevin I. "속죄." Kelly M. Kapic & Bruce L. McCormack 편. 『현대 신학 지형도』. 박찬호 역, 303-348. 서울: 새물결플러스, 2016.

Waters, Guy Prentiss. 『칭의란 무엇인가』. 신호섭 역. 서울: 부흥과개혁사, 2014.

Wenham, Gordon J. 『모세 오경』. 박대영 역. 서울: 성서유니온선교회, 2012.

Westermann, Clause. 『구약 해석학』. 박문재 역. 서울: 크리스챤다이제스트, 2006.

_____. "구약의 해석: 역사적 개관." Clause Westerman 편. 『구약 해석학』. 박문재 역, 41-50. 서울: 크리스챤다이제스트, 2006.

Wright N. T. 『바울의 복음을 말하다』. 최현만 역. 경기: 에클레시아북스, 2012.

_____. 『신약성서와 하나님의 백성』. 박문재 역. 서울: 크리스챤다이제스트, 2003.

_____. 『예수와 하나님의 승리』. 박문재 역. 서울: 크리스챤다이제스트, 2004.

_____. The Challenge of Jesus, 이진섭 & 박대영 역. 서울: 한국성서유니온선교회, 2006.

Zimmerli, Walter. "약속과 성취." Clause Westerman 편. 『구약 해석학』. 박문재 역, 91-125. 서울: 크리스챤다이제스트, 2006.

3. 외국 문헌

Baker, Wayne J. Heinrich Bullinger and the Covenant. Athens: Ohio University Press, 1980.

Barth, Karl. The Humanity of God. Lousville: John Knox Press, 1960. Brueggemann, Walter. Interpretation, A Bible Commentary for Teaching and Preaching, Genesis. Atlanta: John Knox Press, 1982.

Coxe, Nehemiah, and Owen, John. Covenant Theology (from Adam to Christ). Edited by Ronald D. Miller, James M. Renihan, and Francisco Orozco. Palmdale: Reformed Baptist Academic Press, 2005.

Dunn, James D. G. The New Perspective on Paul. Grand Rapids: Eerdmans Publishing, 2005.

_____. The Theology of Paul the Apostle. Grand Rapids: Eerdmans Publishing, 1998.

Ha, John. Genesis 15. Berlin: Walter de Gruyter, 1989.

Horton, Michael S. Covenant and Salvation: Union with Christ. Louisville: Westminster/John Knox Press, 1982.

House, Wayne H. Israel, The Land and the People. Grand Rapids: Kregel Publications, 1997.

Kaiser, Walter C. The Land of Israel and the Future Return: An Evangelical Affirmation of God's Promises. Grand Rapids: Kregel Publications, 1997. Kim, Seyoon. The Original of Paul's Gospel. Tübingen/Grand Rapids: Mohr Siebeck, 1981.

Kline, Meredith. By Oath Consigned. Grand Rapids: Eerdmans Publishing, 1968. Levy, Ian Christopher. The Letter to The Galatians. Grand Rapids: Eerdmans Publishing, 2011.

Luther, Martin. Luther's Work's. Vol.3, Lectures on Genesis Chapter 15-20. Edited by Jaroslav Pelikan. St. Louis: Concordia Publishing House, 1961.

_____. Luther's Commentary on Genesis. Translated by J. Theodore Mueller. Grand Rapids: Zondervan Publishing House, 1958.

McCoy, Charles S., and J. Wayne Baker. Fountainhead of Federalism: Heinrich Bullinger and the Covental Tradition, with a Translation of De Testamento seu foedere Dei unico et aeterno(1534) by Heinrich Bullinger. Louisville: Westminster/John Knox Press, 1991.

Murray, John. Collected Writing of John Murray, vol.2: Select Lectures in Systematic Theology. Edinburgh: The Banner of Truth Trust, 1977.

Piper, John. The Future of Justification: A Response to N. T. Wright. Wheaton: Crossway Books, 2007.

Rahner, Karl. The Trinity. Translated by Joseph Donceel. New York: The Crossroad Publishing, 1997.

Reisinger, John. Abraham's Four Seeds. Frederick.: New Covenant Media, 1998.
_____. New Covenant Theology & Prophecy. Frederick: New Covenant Media, 2015.

Robertson, Palmer O. The Christ of the Covenant. Phillipsburg: Presbyterian and Reformed Publishing, 1980.

Sanders, E. P. Paul and Palestinian Judaism: A Comparison of Patterns of Religion. London: SCM, 1977.

_____. Paul, the Law and the Jewish People. Minneapolis: Fortress Press, 1983.

Venema, Cornelis P. Heinrich Bullinger and the Doctrine of Predestination. Grand Rapids: Baker Academic, 2003.

_____. Getting the Gospel Right. Carlisle: The Banner of Truth Trust, 2009.

_____. The Gospel of Free Acceptance in Christ. Carlisle: The Banner of Truth Trust, 2006.

Von Rad, Gerhard. Genesis: A Commentary. Philadelphia: The Westerminster Press, 1976.

_____. The Problem of the Hexateuch and Other Essays. London: Oliver and Boyd, 1966.

Waters, Guy Prentiss. Justification and the New Perspectives on Paul, Phillipsburg: P&R Publishing, 2004.

Wenham, Gordon J. Genesis 1–15: Word Bible Commentary 1, Grand Rapids: Thomas Nelson, 1987.

Westerman, Clause. Genesis 12–36. Translated by John J. Scullion. Minneapolis: Augsburg Publishing House, 1985.

White, Blake A. What is the New Covenant Theology? Frederick: New Covenant

Media, 2015.

_____. The Newness of the New Covenant. Frederick: New Covenant Media, 2015.

Wright, N. T. What Saint Paul Really Said. Grand Rapids: Eerdmans Publishing, 1997.

_____. The Climax of the Covenant (Christ and the Law in Pauline Theology). Minneapolis: Fortress Press, 1993.

_____. Justification: God's Plan. St. Paul's Vision. Downers Grove: IVP Academic, 2009.

_____. "The Paul of History and the Apostle of Faith", Tyndale Bulletin 29 (1978): 61-88.

마루는 ①꼭대기 ②가족이 생활하는 방과 방 사이를 연결하는 공간을 뜻하는 순우리말로서 가장 높은 하늘의 것을 책에 소중히 담아 우리네 삶의 작은 구석까지 풍성하게 채우고자 합니다.